**이병일**의 나홀로 하는
# 부동산등기

이병일

# 머 리 말

2020년은 글로벌 Covid-19 대유행으로 어느 해보다 힘든 시기였습니다.

이러한 상황에서도 부동산투기를 막기 위한 정책 일환으로 조정지역내에서의 주택의 취득세 중과세율 부과조치가 있었는데 금번 '나홀로 하는 부동산등기' 취득세에도 반영하였습니다.

금번 출판은 전체적으로 실무에서 주로 하는 등기신청을 그 구체적 신청방법, 비용계산은 물론 그 납부방법, 등기소 접수까지의 일련의 과정을 상세히 소개하여 부동산등기 신청을 어려워하는 분들에게 처음 등기신청을 접하여도 스스로 준비할 수 있도록 하였습니다. 알기 쉽게 메뉴얼 위주로 편제가 된 것이 특징입니다.

무엇보다도 최근 비용에 관한 도표, 세율표 등을 소개하여 한 눈에 알아 볼 수 있도록 하였고, 2020. 1. 1. 고시된 건물시가표준액을 부록편에 반영하였습니다.

현재 부동산등기 분야에서도 거래건수가 실종되는 등 관련 종사자들의 어려움이 가중되고 있으나, 이럴 때일수록 등기 및 법무 분야 전문가로서의 실력을 배양하여 다가올 미래를 대비해야 할 것입니다. 아울러 본 지면을 통하여 '나홀로 시리즈'를 애독하여 주신 분들께 진심으로 감사하다는 말씀을 올립니다.

아무쪼록 이 책으로 인하여 나도 전문가 못지않은 법무실무가가 되었다라는 자신감을 심어준 교재가 되기를 바라면서 하나님께 감사드리며, 이렇게 교재를 집필 할 수 있도록 물심양면으로 도움을 주신 유로 김정원 사장님과 더 좋은 교재를 위하여 아낌없이 지원을 해 주신 링컨로펌의 장인태 대표변호사와 주위 법사모 지인들, 그리고 모교인 한국외국어대학교의 박규하 은퇴 교수님에게 감사의 말씀을 드립니다.

2020년 12월에
저자 이 병 일

# 차 례

머리말 • 3

# 제1장
# 등기의 신청

| | |
|---|---|
| 제1절  등기신청 행위 | • 21 |
| 　1. 등기신청행위 | • 21 |
| 　2. 등기신청의 요건 | • 23 |
| 　　1) 등기신청능력 | • 23 |
| 　　2) 등기신청의 진의 | • 24 |
| 　　3) 등기신청의 요식성 | • 24 |
| 제2절  등기신청의 일반원칙 | • 25 |
| 　1. 당사자 신청주의 | • 25 |
| 　2. 서면신청주의 | • 26 |
| 　3. 당사자 출석주의 | • 27 |
| 제3절  등기신청인 | • 29 |
| 　1. 등기권리자・등기의무자의 개념 | • 29 |
| 　2. 공동신청의 원칙 | • 30 |
| 　3. 공동신청원칙의 예외 | • 30 |
| 　　1) 판결에 의한 등기 | • 30 |
| 　　2) 상속에 의한 등기신청 | • 36 |

4. 권리명의인 이외의 자의 신청 · 37
　　　　1) 상속인에 의한 등기 · 37
　　　　2) 대위등기 · 37
　　　5. 등기신청 대리인 · 40
　　　　1) 누구나 등기신청대리인이 될 수 있는 것이 원칙 · 40
　　　　2) 미성년자의 법정대리인 · 40
제4절　등기신청에 필요한 서면 · 42
　　1. 신 청 서 · 42
　　　　1) 신청서 작성방법 · 42
　　　　2) 신청서의 기재사항 · 43
　　2. 원인을 증명하는 서면 · 50
　　　　1) 등기원인을 증명하는 서면의 요건 · 50
　　　　2) 실거래가의 신고 · 52
　　　　3) 검인계약서 · 52
　　3. 등기필증(등기필정보) · 54
　　　　1) 등기필증의 요건(적격성) · 54
　　　　2) 등기필증의 제출을 요하지 않는 경우 · 55
　　　　3) 등기필증(전자신청의 경우 등기필정보) 등이 멸실된 경우 · 56
　　　　4) 등기필정보의 통지 · 60
　　4. 제3자의 허가, 동의 또는 승낙을 증명하는 서면 · 64
　　　　1) 관청의 허가서 · 64
　　　　2) 임대인의 동의서 · 70
　　5. 대리권한을 증명하는 서면 · 70
　　6. 주소를 증명하는 서면 · 72
　　　　1) 대한민국 국민의 경우 · 72
　　　　2) 재외국민의 경우 · 72
　　　　3) 외국인의 경우 · 75
　　　　4) 법인의 경우 · 77
　　7. 주민등록번호를 증명하는 서면 · 79
　　8. 상속인을 증명하는 서면 · 83
　　9. 대위원인을 증명하는 서면 · 83

10. 인감증명서 • 84
  1) 인감증명서의 제출을 요하는 경우 • 84
  2) 인감증명서의 제출을 요하지 않는 경우 • 85
  3) 인감증명의 종류 • 85
  4) 인감증명의 유효기간 • 88
  5) 용도와 매수인의 표시 • 88
  6) 본인서명사실확인서를 제출한 경우 • 89
11. 대장등본(부동산표시 증명서면) • 90
12. 기타의 서면 • 90
  1) 법인아닌 사단 또는 재단이 등기신청할 때 요구되는 첨부서면 • 90
  2) 주식회사 이사와 회사간의 거래시 이사회의사록 • 91
13. 취득세 등 등기신청시 여러 비용 • 92
  1) 등록면허세의 '취득세'로의 통합 • 92
  2) 취득세율표(지방세법 제11조) • 94
  3) 교 육 세 • 97
  4) 농어촌특별세 • 97
  5) 등기신청수수료 • 98
  6) 국민주택채권매입 • 101
  7) 인 지 세 • 110
14. 첨부서면의 원용과 원본환부 • 112
  1) 첨부서면의 원용 • 112
  2) 첨부서면의 원본환부의 청구 • 112

# 제2장
# 건물의 소유권보존등기

제1절  단독건물 소유권보존등기 • 115
  1. 소유권보존등기의 의의 • 115
  2. 단독건물 보존등기 • 116
  3. 등기신청작성례 • 117

　　　　4. 등기신청서 작성방법 · 119
　　　　5. 기타의 서식례 · 124
　　　　6. 등기소가기 · 126
　　　　　　1) 등기신청서류 준비하기 · 126
　　　　　　2) 거쳐야할 기관 · 126
　　　☞ 구청에서 할 일 · 126
　　　☞ 등기소에서 할 일 · 127

제2절　집합건물 소유권보존등기 · 129
　　　　1. 집합건물의 보존등기 · 129
　　　　2. 등기신청서 작성례 · 130
　　　　3. 등기신청서 작성방법 · 133
　　　　4. 기타의 서식례 · 137
　　　　5. 기타 집합건물등기시 유의사항 · 140
　　　　　　1) 대장소관청이 등록거부시 등기신청 · 140
　　　　　　2) 대지권등기 · 140
　　　　　　3) 첨부서면에 관한 사항 · 140
　　　　　　4) 등기의 실행 · 143

# 제3장
# 매매에 의한 소유권이전등기

제1절　부동산실거래가 신고제도 · 147
　　　　1. 실거래가 신고제도의 의의 · 147
　　　　2. 실거래가 신고의 절차와 방법 · 148

제2절　매매에 의한 소유권이전등기 · 162
　　　　1. 의 의 · 162
　　　　2. 등기신청방법 · 162

제3절　등기신청 작성례 · 164

제4절　등기신청서 작성방법 · 166

제5절  기타의 서식례 • 180

제6절  등기소 가기 • 182
    1. 등기신청서류 준비하기 • 182
    2. 거쳐야할 기관 • 183
       ☞ 구청에서 할 일 • 183
       ☞ 은행에서 할 일 • 185
       ☞ 등기소에서 할 일 • 187

# 제4장
# 상속으로 인한 소유권이전등기

제1절  상속으로 인한 소유권이전등기 • 195
    1. 서 설 • 195
       1) 상속으로 인한 소유권이전 • 195
       2) 현행 상속순위(민법 제1000조~제1003조) • 196
    2. 상속에 의한 소유권이전(법정상속) • 196
       1) 의 미 • 196
       2) 상속분 (민법 제1009조~제1010조) • 197
       3) 단독신청주의 • 197
    3. 협의분할에 의한 소유권이전 • 198
       1) 협의분할 • 198
       2) 상속재산분할협의서 • 198
    4. 상속인에 의한 등기 • 199
       1) 의 미 • 199
       2) 유 효 성 • 199
       3) 등기의 신청 • 199

제2절  상속에 의한 소유권이전(법정상속) • 201

제3절  협의분할에 의한 소유권이전 • 211

| | | |
|---|---|---|
| 제4절 | 등기소 가기 | • 220 |
| | 1. 등기신청서류 준비하기 | • 220 |
| | 2. 거쳐야할 기관 | • 221 |
| | ☞ 구청에서 할 일 | • 221 |
| | ☞ 은행에서 할 일 | • 222 |
| | ☞ 등기소에서 할 일 | • 222 |

# 제5장
# 증여에 의한 소유권이전등기

| | | |
|---|---|---|
| 제1절 | 등기신청서 작성례 | • 227 |
| 제2절 | 등기신청서 작성방법 | • 229 |
| 제3절 | 기타의 서식례 | • 235 |
| 제4절 | 등기소 가기 | • 237 |
| | 1. 등기신청서류 준비하기 | • 237 |
| | 2. 거쳐야할 기관 | • 238 |
| | ☞ 구청에서 할 일 | • 238 |
| | ☞ 은행에서 할 일 | • 239 |
| | ☞ 등기소에서 할 일 | • 240 |

# 제6장
# 판결에 의한 소유권이전등기

| | | |
|---|---|---|
| 제1절 | 등기신청서 작성례 | • 243 |
| 제2절 | 등기신청서 작성방법 | • 245 |
| 제3절 | 기타의 서식례 | • 254 |

제4절 등기소 가기 • 255
    1. 등기신청서류 준비하기 • 255
    2. 거쳐야할 기관 • 256
    ☞ 구청에서 할 일 • 256
    ☞ 은행에서 할 일 • 256
    ☞ 등기소에서 할 일 • 257

# 제7장
# 경락에 의한 소유권이전등기

제1절 경락에 의한 등기촉탁신청 • 261
    1. 경락등기 촉탁신청 • 262
    2. 말소기준권리 • 262
    3. 경락인의 매각대금납부와 소유권취득 • 264
    4. 촉탁하여야 할 등기 • 264
    5. 촉탁의 시기 • 264

제2절 등기신청서 작성례 • 265

제3절 법원에 접수하기 • 270
    1. 신청서 꾸미기 • 270
    2. 거쳐야할 기관 • 271
    ☞ 구청에서 할 일 • 271
    ☞ 은행에서 할 일 • 274
    ☞ 법원에서 할 일 • 275

# 제8장
# 저당권 설정 · 이전 · 변경등기

제1절 저당권설정등기 • 283
    1. 의 의 • 283

| | | |
|---|---|---|
| | 2. 저당권의 목적 | ● 283 |
| | 3. 근저당권과의 차이점 | ● 284 |
| | 4. 등기신청방법 | ● 285 |
| 제2절 | 등기신청 작성례 | ● 286 |
| 제3절 | 등기신청서 작성방법 | ● 288 |
| 제4절 | 관련 서식례 | ● 293 |
| 제5절 | 저당권의 이전등기 | ● 296 |
| | 1. 저당권의 이전등기 | ● 296 |
| | 2. 채권양도 | ● 296 |
| 제6절 | 저당권의 변경등기(채무자변경) | ● 299 |
| | 1. 면책적 채무인수 | ● 299 |
| | 2. 중첩적 채무인수 | ● 300 |
| 제7절 | 등기소 가기 | ● 302 |
| | 1. 등기신청서류 준비하기 | ● 302 |
| | 2. 거쳐야할 기관 | ● 302 |
| | ☞ 구청에서 할 일 | ● 302 |
| | ☞ 은행에서 할 일 | ● 303 |
| | ☞ 등기소에서 할 일 | ● 304 |

# 제9장
# 근저당권 설정·이전·변경등기

| | | |
|---|---|---|
| 제1절 | 근저당권 설정등기 | ● 309 |
| | 1. 근저당권이란 | ● 309 |
| | 2. 근저당권의 확정 | ● 310 |
| | 3. 저당권과의 차이점 | ● 311 |
| | 4. 등기신청방법 | ● 311 |
| 제2절 | 등기신청 작성례 | ● 313 |

| | |
|---|---:|
| 제3절  등기신청서 작성방법 | • 315 |
| 제4절  관련 서식례 | • 322 |
| 제5절  근저당권 이전등기 | • 324 |
|    1. 근저당권의 피담보채권이 확정되기 前 | • 324 |
|       1) 확정전 양도에 대하여 | • 324 |
|       2) 계약양도 | • 325 |
|    2. 근저당권의 피담보채권이 확정된 後 | • 326 |
|       1) 확정후의 양도에 대하여 | • 326 |
|       2) 확정채권양도 | • 327 |
|       3) 확정채권 대위변제 | • 328 |
| 제6절  근저당권 변경등기(채무자변경) | • 330 |
|    1. 피담보채권 확정 前 | • 330 |
|       1) 의  의 | • 330 |
|       2) 계약인수 | • 331 |
|    2. 피담보채권 확정된 後 | • 332 |
|       1) 의  의 | • 332 |
|       2) 확정채무의 면책적인수 | • 332 |
|       3) 확정채무의 중첩적 인수 | • 334 |
| 제7절  등기소 가기 | • 336 |
|    1. 등기신청서류 준비하기 | • 336 |
|    2. 거쳐야할 기관 | • 337 |
|      ☞ 구(군)청에서 할 일 | • 337 |
|      ☞ 은행에서 할 일 | • 337 |
|      ☞ 등기소에서 할 일 | • 338 |

# 제10장
# 전세권 설정등기

제1절  전세권 설정등기 • 343
    1. 전세권이란 • 343
    2. 전세권의 취득 및 존속기간 • 343
    3. 전세권등기관련 문제 • 344

제2절  등기신청서 작성례 • 346

제3절  등기신청서 작성방법 • 348

제4절  관련 서식례 • 354

제5절  등기소 가기 • 358
    1. 등기신청서류 준비하기 • 358
    2. 거쳐야할 기관 • 359
    ☞ 구(군)청에서 할 일 • 359
    ☞ 등기소에서 할 일 • 359


# 제11장
# 임차권 설정등기

제1절  임차권 설정등기 • 363
    1. 임차권이란 • 363
    2. 임차권의 등기 • 363
    3. 등기신청방법 • 364

제2절  등기신청서 작성례 • 365

제3절  등기신청서 작성방법 • 367

제4절  관련 서식례 • 371

제5절  등기소 가기 • 373
    1. 등기신청서류 준비하기 • 373
    2. 거쳐야할 기관 • 374
    ☞ 구(군)청에서 할 일 • 374
    ☞ 등기소에서 할 일 • 374

# 제12장
# 가 등 기

제1절  가등기의 의미 • 379
    1. 가등기란 • 379
    2. 가등기에 기한 본등기 • 380
    3. 가등기를 할 수 있는 경우 • 381

제2절  등기신청서 작성례 • 383

제3절  등기신청서 작성방법 • 385

제4절  관련 서식례 • 388

제5절  등기소 가기 • 390
    1. 등기신청서류 준비하기 • 390
    2. 거쳐야할 기관 • 390
    ☞ 구(군)청에서 할 일 • 390
    ☞ 등기소에서 할 일 • 391

# 제13장
# 본등기에 의한 소유권이전등기

제1절  소유권이전 본등기 • 395
    1. 가등기에 기한 본등기 • 395
    2. 본등기후의 조치 • 396

| | | |
|---|---|---|
| 제2절 | 등기신청서 작성례 | • 397 |
| 제3절 | 등기신청서 작성방법 | • 399 |
| 제4절 | 기타의 서식례 | • 410 |
| 제5절 | 등기소 가기 | • 412 |
| | 1. 등기신청서류 준비하기 | • 412 |
| | 2. 거쳐야할 기관 | • 413 |
| | ☞ 구청에서 할 일 | • 413 |
| | ☞ 은행에서 할 일 | • 416 |
| | ☞ 등기소에서 할 일 | • 418 |

# 제14장
# 가등기 말소

| | | |
|---|---|---|
| 제1절 | 가등기 말소 | • 425 |
| | 1. 말소등기란 | • 425 |
| | 2. 공동신청의 원칙 | • 426 |
| | 3. 단독신청이 가능한 경우 | • 426 |
| | 4. 가등기의 말소등기 | • 427 |
| 제2절 | 등기신청서 작성례 | • 428 |
| 제3절 | 등기신청서 작성방법 | • 430 |
| 제4절 | 관련 서식례 | • 433 |
| 제5절 | 등기소 가기 | • 435 |
| | 1. 신청서 꾸미기 | • 435 |
| | 2. 거쳐야할 기관 | • 435 |
| | ☞ 구(군)청에서 할 일 | • 435 |
| | ☞ 등기소에서 할 일 | • 438 |

# 제15장
# 저당권 등기말소

제1절 저당권 말소등기 · 441
    1. 말소등기란 · 441
    2. 공동신청의 원칙 · 442
    3. 단독신청이 가능한 경우 · 442
    4. 저당권 말소등기 · 443

제2절 등기신청서 작성례 · 444

제3절 등기신청서 작성방법 · 446

제4절 관련 서식례 · 449

제5절 등기소 가기 · 451
    1. 신청서 꾸미기 · 451
    2. 거쳐야할 기관 · 451
    ☞ 구(군)청에서 할 일 · 451
    ☞ 등기소에서 할 일 · 452


# 제16장
# 근저당권 등기말소

제1절 근저당권 등기말소 · 455
    1. 근저당권 말소등기란 · 455
    2. 등기신청방법 · 455

제2절 등기신청서 작성례 · 456

제3절 등기신청서 작성방법 · 458

제4절 관련 서식례 · 461

| | |
|---|---|
| 제5절 등기소 가기 | • 464 |
|     1. 신청서 꾸미기 | • 464 |
|     2. 거쳐야할 기관 | • 464 |
|     ☞ 구(군)청에서 할 일 | • 464 |
|     ☞ 등기소에서 할 일 | • 466 |

# 제17장
# 등기명의인 표시변경등기

| | |
|---|---|
| 제1절 등기명의인 표시변경등기 | • 469 |
|     1. 변경등기 | • 469 |
|     2. 등기명의인 표시변경등기 | • 470 |
|     3. 등기명의인 표시변경등기의 신청인 | • 471 |
| 제2절 등기신청서 작성례 | • 472 |
| 제3절 등기신청서 작성방법 | • 474 |
| 제4절 관련 서식례 | • 478 |
| 제5절 등기소 가기 | • 480 |
|     1. 신청서 꾸미기 | • 480 |
|     2. 거쳐야할 기관 | • 481 |
|     ☞ 구(군)청에서 할 일 | • 481 |
|     ☞ 등기소에서 할 일 | • 482 |

# 제18장
# 등기명의인 표시경정등기

| | |
|---|---|
| 제1절 등기명의인 표시경정등기 | • 485 |
|     1. 경정등기 | • 485 |
|     2. 경정등기의 요건 | • 486 |

3. 등기명의인 표시경정 • 487

제2절 등기신청서 작성례 • 489

제3절 등기신청서 작성방법 • 491

제4절 관련 서식례 • 495

제5절 등기소 가기 • 498
 1. 신청서 꾸미기 • 498
 2. 거쳐야할 기관 • 499
 ☞ 구(군)청에서 할 일 • 499
 ☞ 등기소에서 할 일 • 499

# 제19장
# 인터넷 등기신청

제1절 e-form에 의한 등기신청 • 503
 1. e-Form에 의한 등기신청의 의의 • 503
 2. e-Form 등기신청의 절차 • 504

제2절 등기전자신청제도 • 508
 1. 전자신청제도 • 508
 2. 등기전자신청의 절차 • 509
 3. 등기필의 통지 • 509

**부록** • 513
**찾아보기** • 587

# 등기의 신청

**제1절** 등기신청 행위 • 21

**제2절** 등기신청의 일반원칙 • 25

**제3절** 등기신청인 • 29

**제4절** 등기신청에 필요한 서면 • 42

# 제1장
# 등기의 신청

## 제1절 등기신청 행위

### 1. 등기신청행위

등기신청행위란 등기신청인이 국가기관인 등기소(지방법원, 지원 또는 등기소)에 대하여 '등기할 사항'에 관하여 등기를 할 것을 요구하는 '행위'이다.

여기서 '등기할 사항'이란 「집합건물의 표시와 일정한 권리[1]의 설정,[2] 보존,[3] 이전, 변경,[4] 處分의 제한[5] 또는 소멸」에 관한 사항을 말한다. 그리고 등기를 통하여 비로소 '등기의 효력'이 생기는 것이다.

---

1) 소유권, 지상권, 지역권, 전세권, (근)저당권, 임차권 등 등기할 수 있는 권리를 말한다.
2) 설정이란 당사자간의 계약에 의하여 물건 위에 새로이 소유권 이외의 권리를 창설하는 것을 말하는데, 물권의 설정은 설정등기를 하여야만 효력이 발생한다.
3) '보존'이란 보존등기를 말하며 이는 미등기의 부동산에 대하여 이미 취득하여 가지고 있던 소유권의 존재를 공시하기 위하여 처음으로 하는 등기로서, 소유권만이 보존등기를 할 수 있다.
4) '변경'이란 권리의 내용변경(권리의 존속기간의 연장, 지료나 임료의 증감)인 '실체법상의 변경' 외에 부동산표시의 변경이나 등기명의인 표시의 변경 등 '절차법상의 변경'을 포함한다.
5) 처분의 제한은 소유권자나 기타 권리자가 가지는 권리의 처분기능을 제한하는 것을 말하는데, 공유물의 분할금지, 압류, 가압류, 가처분에 의한 처분금지 등을 말하는 것으로 이러한 처분의 제한에 해당하는 것은 법률에 규정되어 있는 것에 한한다.

□ 등기의 효력

가. **권리변동적 효력** : 부동산에 관한 법률행위로 인한 물권변동은 등기를 하여야 그 효력이 생기는 것이므로(민법 제186조), 등기의 효력으로서 가장 중요한 것이다. 물권변동의 효력이 생기는 시기는 등기소에 등기를 신청한 때가 아니라 실제로 등기사항을 등기부에 기재한 때이다.

나. **대항력** : 어느 권리를 등기하지 않으면 그 권리는 당사자 사이에 채권적 효력이 있을 뿐이나 이를 등기한 때에는 제3자에 대하여도 주장할 수 있는 효력이 생길 때, 그 등기로 인하여 제3자에게 주장할 수 있는 효력을 등기의 대항력이라고 한다. 대항력이 있는 등기에는 임차권의 등기(부동산등기법 제74조), 환매권특약 등기(법 제53조), 지상권 및 전세권의 존속기간 등에 관한 약정의 등기(법 제69조, 제72조), 저당권의 변제기 등에 관한 약정의 등기(법 제75조) 등이 있다.

다. **순위확정적 효력** : 동일한 부동산에 관하여 등기한 권리의 순위는 법률에 다른 규정이 없는 때에는 등기의 전후에 의하여 정하여진다. 등기의 전후는 등기용지중 같은 區에서 한 등기에 대하여는 '순위번호'에 의하고, 다른 區에서 한 등기는 '접수번호'에 의한다(법 제4조).

라. **권리추정력** : 법에 명문의 규정은 없으나 등기가 있으면 그에 대응하는 실체관계가 존재하는 것으로 추정한다. 등기의 추정력은 명문규정은 없으나 학설·판례상 인정되고 있다 [대법원 99다65462 판결 ; 등기예규 제401호].

---

〈특별법에 의한 처분제한의 例〉
○ 주택법 제61조는 주택건설사업자들의 부도발생시 채권자들의 가압류·가처분 등으로 인한 입주예정자들의 피해를 막기 위하여 입주자 모집공고승인 신청일 이후부터 입주예정자가 당해 주택 및 대지의 소유권이전등기를 신청할 수 있는 날( ; 사업주체가 입주예정자에게 통보한 입주가능일) 이후 60일까지의 기간동안 입주예정자의 동의없이는 양도(ex 매매, 증여) 또는 제한물권(ex 저당권, 가등기담보, 전세권, 지상권, 임차권)을 설정하거나 압류, 가압류·가처분 등의 대상이 될 수 없는 재산임을 소유권등기에 부기등기 하도록(제61조 제3항) 되어있다.
○ 이때 위 금지사항의 부기등기를 신청하기 위하여는 '주택건설사업계획승인서'와 '입주자모집공고승인 신청을 하였다는 확인서'를 첨부하여야 한다. 등기원인은 '○○년 ○월 ○일 입주자모집공고승인신청'이 된다.
○ 위 부기등기를 말소하기 위해서는 사업계획승인의 취소를 증명하는 서면 또는 사업주체가 입주예정자에게 입주가능일을 통보한 경우 이를 증명하는 서면(ex 사업주체의 확인서나 내용증명우편)을 첨부하여 금지사항 부기등기의 말소를 할 수 있다(등기예규 제1195호).

마. **후등기저지력** : 등기가 존재하고 있는 이상은 그것이 유·무효를 막론하고 형식상의 효력을 가지는 것이므로, 법정의 요건과 절차에 따라 그것을 말소하지 않고서는 그것과 양립할 수 없는 등기는 할 수 없다.

바. **공신력은 없음** : 등기의 공신력(公信力)이란 등기를 신뢰하고 거래한 자를 보호하기 위하여 설사 그 등기가 실체관계에 부합하지 않더라도 등기에 대응하는 실체관계가 있는 것과 같은 효력을 부여하는 것을 말한다. 그러나 우리나라는 등기에 공신력이 없다[대판 68다199]. 그 결과 등기를 믿고 거래를 하였다 하더라도 그 등기가 실체관계에 부합하지 아니할 때에는 이를 믿고 거래를 한 자는 권리를 취득하지 못한다.

사. **가등기의 순위보전적 효력** : 가등기에 기하여 본등기를 한 때에는 본등기의 순위는 가등기의 순위에 의한다(법 제6조 제2항). 그 결과 가등기 이후에 경료된 제3자의 권리에 관한 등기는 본등기의 내용과 저촉되는 범위 내에서 실효되거나 후순위로 된다. 단, 담보가등기는 저당권과 같은 효력이 있는 것으로 본다.

아. **점유적 효력** : 점유로 인한 부동산의 시효취득기간은 20년이지만(민법 제245조①), 부동산의 소유자로 등기되어 있는 자는 10년 동안의 자주점유로 소유권을 취득한다(민법 제245조②). 그러므로 부동산의 시효취득에 있어서는 마치 동산의 시효취득에 있어서의 점유와 같은 효력을 가진다고 할 수 있다.

등기사무는 비송사건에 속하므로(법원조직법 제2조 제3항), 등기신청행위는 '비송행위'의 일종이다. 또한 국가기관인 등기소에 대하여 등기를 할 것을 요구하는 행위이므로 '공법상의 행위'이다.

## 2. 등기신청의 요건

### 1) 등기신청능력

(1) 의사능력

등기신청행위는 국가기관인 등기소에 대하여 등기를 할 것을 요구하는 의사표시이므로, 신청인의 의사능력이 있어야 한다. 신청인이 의사능력이 없는 경우에는 등기신청행위는 법정대리인이 대리하여야 한다.

### (2) 행위능력

통설의 견해에 의하면, 권리변동에 영향이 없는 등기명의인 표시변경, 부동산의 표시변경, 보존등기 등은 의사능력이 있는 한 행위무능력자라도 등기를 신청할 수 있다고 본다.

그러나 등기부상 권리를 잃게 되는 등기의무자는 행위능력까지 갖추어야 한다. 따라서 미성년자 소유의 부동산을 미성년자가 스스로 소유권이전 등기신청을 하는 경우에는 그 등기신청은 각하하여야 한다. 등기실무에서는 부동산 등기법 제29조 제4호의 '당사자나 그 대리인이 출석하지 아니한 경우'에 해당하는 것으로 보기 때문이다. 다만 행위능력이 없음을 간과한 채 경료된 등기라도 실체관계에 부합되는 한 그 등기를 무효의 등기라고 할 수는 없다.

### 2) 등기신청의 진의

등기신청은 의사표시이므로 그 신청이라는 행위에 신청인의 진정한 의사가 있어야 한다. 등기관에게 형식적 심사권한 밖에 없는 우리 법제상 등기신청에 있어서의 당사자의 출석은 당사자에게 등기신청의 진의가 있음을 인정하는 주요한 기준이 되고 있다.

### 3) 등기신청의 요식성

등기의 신청은 대법원규칙이 정한 방식에 맞지 아니한 경우 그 등기신청은 각하된다(법 제29조 제5호). 이러한 의미에서 등기신청은 일종의 '요식행위'이다.

## 제 2 절  등기신청의 일반원칙

### 1. 당사자 신청주의

① 등기는 '당사자의 신청 또는 관공서의 촉탁[6]에 따라 한다. 다만 법률에 다른 규정이 있는 경우에는 그러하지 아니하다.'고 규정함으로써(부동산등기법 제22조 제1항) 등기에 관하여 「신청주의 원칙」을 취하고 있다. 물론 예외적으로 등기관의 '직권에 의한 등기' 또는 등기관을 감독하는 '법원의 명령'에 의한 등기도 있다.

등기는 부동산에 대한 사권(私權)을 공시하고 보호하는 것을 그 본래의 목적으로 하고 있으므로 사적 자치의 원칙이 지배한다. 따라서 등기절차는 원칙적으로 당사자의 신청이 있을 때에만 개시되는 것이 원칙이라는 점을 잊지 않도록 한다.

당사자의 신청 또는 관공서의 촉탁이 없이도 개시되는 경우로는 등기관의 직권으로 하는 등기[7]와 법원의 명령에 의하여 하는 등기가 있는데 촉탁에 의한 등기절차에 관하여는 신청절차에 관한 규정을 준용한다.

② 신청주의의 구체적 내용으로서 누구를 신청권자로 하느냐에 관하여는 입법례가 나누어진다.

입법례는 대체적으로 등기권리자 또는 등기의무자가 단독으로 신청할 수 있는 단독

---

6) 촉탁등기의 例▷
 · 가압류·가처분결정, 임차권등기명령에 의한 법원의 등기촉탁
 · 관공서가 기업자일 때 토지수용으로 인한 소유권이전 등기촉탁(법 제99조③)
 · 관공서가 공매처분, 체납처분으로 인한 압류등기등의 촉탁(법 제96조, 97조)
 Cf) 수소(受訴)법원의 예고등기촉탁 (2011. 10. 13. 폐지)

7) 직권등기의 例▷
 (a) 미등기부동산에 대한 처분제한의 등기를 위한 소유권보존(법 제66조)
 (b) 직권에 의한 **경정**등기(법 제32조②)
 (c) 직권에 의한 **변경**등기(법 제36조①)
 (d) 가처분등기 이후 권리의 이전, 말소 등기가 이루어질 때 가처분말소(법 제94조②).
 (e) 가등기 후 **본등기**사이의 중간처분의 등기는 그 본등기와 양립할 수 없는 한 직권말소 된다(법 제92조).
 (f) 소유권이전등기시 등기의무자의 등기상 주소가 주소변경으로 인하여 신청서와 다를 경우 직권에 의한 등기명의인 표시변경등기(부동산등기규칙 제122조).

신청주의를 채택하고 있는데, 통상 등기의 진정성을 담보할 수 있는 일정한 안전장치(공증 등)를 마련하고 있다.

　　우리 법은 등기는 등기권리자[8]와 등기의무자[9]가 공동으로 신청하여야 한다고 규정하고 있다(법 제23조①). 즉 '공동신청주의'를 채택하고 있다.

③ 그러나 등기신청을 공동으로 하여야 하는 것은 부실등기 내지는 허위의 등기를 방지하기 위한 제도적 장치로서 요구되는 것이므로 그러한 염려가 없는 경우라면 공동신청을 강제할 필요는 없다. 따라서 단독신청을 하더라도 등기의 진정을 해할 염려가 없거나 실질상 등기의무자의 개념이 없는 등기 등은 공동신청이 요구되지 않는다.[10]

> **예고등기의 폐지**
>
> 종래 등기원인의 무효 또는 취소로 인한 말소 또는 회복의 소송(물권적 청구권에 기함)이 제기된 경우 법원의 직권에 의한 촉탁등기로서 경고적 의미를 갖는 '예고등기'가 있었으나, 예고등기로 말미암아 등기명의인이 거래상 받는 불이익이 크고 경매 방해의 목적으로 소를 제기하여 예고등기가 행하여지는 사례가 빈번하여 부동산등기법에서 폐지되었다(2011. 10. 13. 시행).

## 2. 서면신청주의

등기를 신청할 때에는 '신청서'라는 서면을 제출해야 한다.

구술로 신청함을 허용하지 않는다. 이는 등기신청에 있어서 착오를 방지하고 또한 등기관으로 하여금 등기신청의 접수에 관하여 오로지 형식적인 서면만을 심사 할 수 있게 하여 등기처리의 신속을 도모하여 거래의 원활을 기하고자 함에 있다.

▶ 등기소는 민원인의 편의를 위하여 서식함을 비치하여 두고 있다.

---

8) '등기권리자'는 신청된 등기가 행하여짐으로써 권리를 얻거나 의무를 면하게 되는 등 이익을 받는 자이다.
9) '등기의무자'는 '신청된 등기가 행하여짐으로써 권리를 상실하거나 그 밖의 불이익을 받는 자이다.
10) 단독등기신청의 예 : 소유권보존등기(법 제23조②), 상속등기, 판결에 의한 등기, 표시변경등기(법 제23조④), 가등기의무자의 승낙있는 가등기(법 제89조) 등이다.

신청서는 제출시 전산정보처리조직에 신청 정보를 입력하고 그 입력한 신청정보를 서면으로 출력한 '전자표준양식'을 등기소에 제출하는 방법으로 등기신청 할 수 있다.

## 3. 당사자 출석주의

① 등기는 신청인 또는 그 대리인이 등기소에 출석하여 이를 신청하여야 하고 우편에 의한 신청은 인정되지 않는다(법 제24조①).

당사자 또는 대리인이 등기소에 출석하여 등기를 신청하게 하는 것은 등기의 진정을 확보하고 등기신청의 우송 등으로 인한 접수순서 결정의 혼란을 피하고 즉일 보정을 명하는 경우에 구두전달이 용이하고 기타 등기필증 등의 송달의 불편을 없애기 위한 것이다. 여기서 '출석'이라 함은 신청서에 기재된 당사자 쌍방의 출석, 즉 당사자 본인의 출석이고 의사능력이 있는 당사자의 출석이어야 한다.

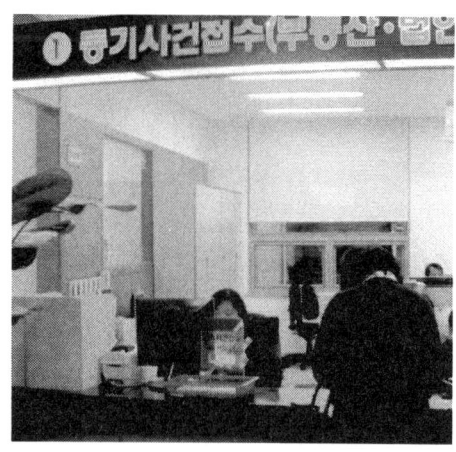

▶ 등기신청은 직접 출석하여 신청하여야 한다.

② 등기신청대리인의 자격에는 아무런 제한이 없다.[11] 대리인이 있는 경우 대리인이 등기소에 출석하면 되고, 대리인이 변호사나 법무사인 경우에는 대법원규칙이 정하는 '등기소출입지정사무원'을 등기소에 출석하게 하여 등기를 신청할 수 있다(법 제24조①). 여기서 신청서를 제출할 수 있는 사무원은 법무사 등의 사무소 소재지를 관할하는 지방법원장이 허가하는 1인으로 한다.[12]

---

[11] 다만 법무사가 아닌 자는 등기신청사무를 업(業)으로 하지 못한다(법무사법 제3조 제1항).
판례- 법무사가 아닌 자가 법무사의 사무를 '業으로' 하였는지의 여부는 사무처리의 반복 계속성, 영업성 등의 유무와 그 행위의 목적이나 규모, 회수, 기간, 태양 등 여러 사정을 종합적으로 고려하여 사회통념에 따라 판단하여야 하고, 반복 계속하여 보수를 받고 그러한 사무를 처리하는 것은 물론, 반복 계속할 의사로써 그 사무를 하면 단 한 번의 행위도 이에 해당한다[대법원 2007. 5. 10. 선고 2007도1674 판결].
[12] 다만 법무법인, 법무사 합동법인의 경우에는 그 구성원 및 구성원이 아닌 변호사 또는 법무사 수만큼의 사무원을 허가할 수 있다.

> **注意** **위임장**
> 대리인에 의하여 등기를 신청할 때에 그 대리권을 증명하는 서면으로 제출하는 '위임장'에는 위임인이 날인하는 것이 원칙인바, 그 위임인이 법에 따라 반드시 인감증명을 날인하여야 하는 경우 외에는 반드시 인감을 날인할 필요는 없다. (2004. 12. 20. 부등3402-647 질의회답)

> **注意** **법인이 신청인인 경우**
> '법인'의 등기권리자나 등기의무자인 경우에는 법인의 대표자가 그 대표권한을 증명하는 서면인 법인등기부등본을 첨부하여 직접 등기신청을 하거나 대리인에게 위임하여 신청할 수 있으며, 이 경우 대리인의 재직증명서를 첨부할 필요는 없다. (2004. 12. 20. 부등 3402-647질의회답)

③ 서면신청주의의 예외로서 2006. 6. 1.부터 '전자신청'이 도입되었다. 전자신청은 신청정보와 첨부정보를 전자문서로 등기소에 송신하는 방법으로 한다(부동산등기규칙 제67조②).

전자신청의 대리(代理)는 일반인은 불가하고 '자격자대리인'(법무사, 변호사)만이 할 수 있다. 따라서 자격자대리인이 아닌 경우에는 자기 사건이라고 하더라도 상대방을 대리하여 전자신청을 할 수 없다.

전자신청을 하기 위하여는 자격자대리인이 등기신청 전에 등기소에 출석하여 사용자등록(유효기간 3년)을 하여야한다(규칙 제68조①). 사용자등록 후 인터넷등기소에 접속한 후 '인터넷전자신청'을 선택하여 모든 문서를 전자문서로 작성한다. 인감증명서 등 첨부서류는 스캐닝을 하여 인터넷등기소로 업로드 방식으로 송신하여 등기신청을 할 수 있다.

▶ 인터넷등기소 www.iros.go.kr
전자신청은 서면신청·출석주의의 예외로서 업로드 방식으로 등기신청한다.

## 제3절 등기신청인

### 1. 등기권리자·등기의무자의 개념

'등기권리자'는 신청에 따른 등기가 행하여짐으로써 등기부상으로 권리를 얻게 되는 새로운 등기명의인 또는 등기부의 기재형식상 유리한 위치에 서게 되는 기존의 등기명의인을 말한다.

이에 반하여 '등기의무자'는 등기가 행해짐으로써 등기부상으로 권리를 잃는 기존의 등기명의인 또는 등기부의 기재형식상 불리한 위치에 서게 되는 기존의 등기명의인을 말한다.

등기권리자인지 등기의무자인지의 여부는 등기부상으로 보아 '형식적'으로 판단하여야 한다. 따라서 실체법상의 등기권리자(등기청구권자)와 등기의무자(등기협력의무자)의 개념과는 구별하여야 한다.

## 2. 공동신청의 원칙

등기권리자와 등기의무자 또는 그 대리인이 등기소에 출석하여 등기를 신청하여야 하는 원칙을 공동신청의 원칙(공동신청주의)이라고 한다. 이는 등기관에게 형식적 심사권만 인정되는 현행 제도하에서 등기의 진정을 확보하고, 부실한 등기로 인하여 등기의무자에게 불측의 손해발생 등의 폐해를 방지하기 위하여 공동으로 신청하게 한 것이다.

## 3. 공동신청원칙의 예외

공동신청의 원칙은 등기의 진정을 확보하기 위한 것이므로 공동신청에 의하지 아니하더라도 등기의 진정이 확보될 수 있는 경우에는 굳이 공동신청에 의하지 않아도 된다. 등기의무자가 존재하지 않거나, 일정한 사정으로 권리관계가 명확하여 단독신청을 허용해도 등기의 진정을 해할 염려가 없거나 등기로 인하여 권리의 변동이 일어나지 않는 경우 등은 공동신청을 강요할 수 없고 단독신청을 인정하게 된다.

▶ 등기신청은 권리자와 의무자 공동으로 신청함이 원칙이다.

### 1) 판결에 의한 등기

판결에 의한 등기는 승소한 등기권리자 또는 등기의무자만으로 이를 신청할 수 있도록 규정(부동산등기법 제23조④)하여 등기의 공동신청원칙에 대한 예외를 인정하고 있다.

▶ 법정에서의 재판진행 모습

#### (1) 이행판결

여기에서 판결은 이행판결만을 의미하고 확인판결과 형성판결은 포함되지 않는 것이 현재의 통설이며, 등기 실무의 입장이다.

민사집행법 제263조 제1항은 "의사의 진술을 명한 판결이 확정된 때에는 그 판결로 권리관계의 성립을 인낙하거나 의사를 진술한 것으로 본다."고 규정하고 있다.

따라서 부동산등기법 제23조 제4항[13]의 '판결'은 채무자에 대하여 등기신청의 의사표시를 할 것을 명하는 이행판결을 의미하기 때문이다. 다만 공유물분할판결은 형성판결에 해당하나 공유물분할 판결이 확정되면 공유자는 각자의 취득 부분에 대하여 소유권을 취득하게 되는 것이므로 그 소송의 당사자는 원, 피고에 관계없이 각각 공유물분할을 원인으로 한 지분이전등기를 신청 할 수 있다는 것이 등기실무이다(등기선례).

| 유의사항 |
❖ 이행판결을 요함
화해조서의 화해조항에 "본 건 건물의 소유권 지분 10분의 3을 양도한다."고 되어 있지만 '**소유권이전등기절차를 이행한다.**'고 되어 있지 아니하면, 위 화해조서가 소유권이전등기의 의사진술을 한 것이라고 보기는 어렵고, 그렇다면 이 화해조서를 가지고 소유권이전등기의 집행을 할 수는 없으므로 위 화해조서의 존재에도 불구하고 위 소유권이전등기의 소송을 제기할 이익이 있다(대판 91다11476).

### (2) 확정판결

부동산등기법 제23조 제4항의 판결은 '확정판결'임을 요한다. 의사의 진술을 명한 판결이 확정되어야만 그 판결을 의사의 진술로 볼 수 있기 때문이다. 확정판결임은 판결확정 증명서에 의하여 증명된다.

따라서 가집행선고부 판결은 법 제23조 제4항을 적용할 수 없다. 또한 일반의 강제집행절차에서는 '확정증명원'외에 '송달증명원'을 제출하여야 하지만 의사의 진술을 명한 판결이 확정된 경우에는 피고의 등기소에 대한 의사표시는 판결에 의하여 의제되기 때문에 별도로 송달증명은 필요하지 않게 된다.

### (3) 확정판결에 준하는 집행권원[14]

확정판결과 동일한 효력이 있는 기타의 집행권원도 그 내용이 의사진술을 명하는 것이면

---

13) 부동산등기법 제23조 (등기신청인)
 ④ 판결에 의한 등기는 승소한 등기권리자 또는 등기의무자가 단독으로 신청한다.
14) 용어변경 : 채무명의 → 집행권원

판결에 준하여 부동산등기법 제23조 제4항을 적용한다는 것이 학설, 판례의 입장이다.

이에 속하는 例로는 소송상 화해조서(민사소송법 제220조), 제소전 화해조서(민사소송법 제386조), 민사에 관한 조정조서(민사조정법 제29조), 조정에 갈음하는 결정(민사조정법 제30조), 가사조정조서(가사소송법 제59조 제2항) 등이다.[15]

그러나 공증인이 작성한 공정증서는 채무자가 강제집행을 승낙한 취지의 기재가 있는 경우(민사집행법 제56조 제4호)라도 이를 등기원인서면으로 하여 등기권리자가 단독으로 등기신청을 할 수 없다. 왜냐하면 민사집행법 제56조 제4호[16] 소정의 '공정증서'에는 원래 의사진술을 명하는 내용을 담을 수 없는 것이고, 잘못하여 의사진술을 명하는 내용의 기재가 있다고 하더라도 그 부분은 효력이 없는 것이기 때문이다.

### (4) 가집행선고

일반적으로 재산권의 청구에 관한 종국판결에는 상당한 이유가 없는 한 당사자의 신청 유무를 불문하고 담보를 제공하게 하거나 담보를 제공하지 아니하고 가집행할 수 있음을 선고하여야 하며, 어음금 또는 수표금의 청구에 관한 판결에는 담보를 제공하지 아니하고 가집행선고를 하여야 한다(민사소송법 제213조 제1항).

그러나 부동산에 관한 소유권이전등기절차의 이행을 명하는 종국판결에는 '가집행선고'를 붙일 수 없다는 것이 통설이다.

왜냐하면 ① 현행 부동산등기법상 가집행선고부 판결에 의한 등기권리자의 단독등기신청을 허용하는 취지의 명문의 규정이 없고 ② 가등기가처분 또는 처분금지가처분등기가 인정되어 있으므로 등기권리자에게는 가집행선고부 판결에 의한 등기의 필요성이 그다지 크지 않음에 반하여 ③ 상소심에서 취소의 가능성이 있는 불안정한 등기를 가집행선고부 판결만에 기하여 등기를 하면 오히려 거래의 안전을 해칠 우려가 있기 때문이다. 실무에서도 이를 따르고 있다.

---

15) 각종 '조서'에 의한 등기신청시 확정증명원을 첨부할 필요가 없다. 그러나 강제조정결정, 화해권고결정 등은 확정증명원을 첨부하여야 한다. 어느 경우이든 송달증명원은 첨부하지 않는다(등기예규 제1214조).
16) 민사집행법 제56조 (그 밖의 집행권원)
   강제집행은 다음 가운데 어느 하나에 기초하여서도 실시할 수 있다.
   4. 공증인이 일정한 금액의 지급이나 대체물 또는 유가증권의 일정한 수량의 급여를 목적으로 하는 청구에 관하여 작성한 공정증서로서 채무자가 강제집행을 승낙한 취지가 적혀 있는 것.

### (5) 집행문부여

등기절차를 명하는 판결은 집행문부여를 요하지 않는 것이 원칙이다. 왜냐하면 의사진술을 명한 판결은 확정에 의하여 즉시 그 의사진술이 있는 것으로 의제되기 때문에 상대방의 등기신청의 의사진술을 명한 확정판결과 본인의 등기신청의사에 의하여 본인 단독으로 등기신청을 함으로써 족하고 달리 상대방의 의사표시를 하도록 강제하는 집행절차는 필요 없기 때문이다.

다만 반대급부의 이행이 있은 후에 또는 반대급부와 동시에 등기신청 등의 의사의 진술을 할 것을 명한 판결이거나 의사표시가 일정한 조건에 걸려있는 경우에는 집행문의 부여를 받아야 한다(민사소송법 제263조 제2항). 따라서 등기절차의 이행과 반대급부의 이행을 독립적으로 명한 판결에 의한 등기신청의 경우에는 집행문은 부여받을 필요가 없다.

### (6) 승계집행문

확정판결의 효력은 당사자, 변론종결 후의 승계인 또는 그를 위하여 청구의 목적물을 소지한 사람에 대하여 미치므로(민소 제218조 제1항),[17] 판결의 확정 후에 당사자의 승계가 있는 경우 승계인을 위하여 또는 승계인에 대하여 집행하기 위해서는 승계집행문을 부여받아야 한다(민집 제31조).

승계인의 범위에 관하여 현행 판례는 소송물인 청구가 대세적 효력을 갖는 「물권적 청구권」[18]일 때에만 당사자의 지위를 승계한 자가 승계인으로 되고, 대인적 효력밖에 없는 「채권적 청구권」[19]일 때에는 승계인이 아니라고 한다(대판 74다1046, 대판 92다25151).

등기선례에 나타난 사례를 보면, 원인무효에 의한 소유권이전등기의 '말소등기'를 명하는

---

17) 민소법 제218조 (기판력의 주관적 범위)
　① 확정판결은 당사자, 변론을 종결한 뒤의 승계인(변론 없이 한 판결의 경우에는 판결을 선고한 뒤의 승계인) 또는 그를 위하여 청구의 목적물을 소지한 사람에 대하여 효력이 미친다.
18) 용어해설 '물권적 청구권' : 등기청구권이 '물권적 청구권'인 경우는 실체관계와 등기가 일치하지 않는 경우인데, 예컨대 A 소유의 부동산에 관하여 무권리자 B가 위조문서를 사용하여 B명의로 소유권이전등기를 한 경우와 같이 A에게는 실체적 권리관계에 일치하지 않는 B명의의 등기를 말소하기 위하여 인정된다. 물권적 청구권은 소멸시효에 걸리지 않는다.
19) 용어해설 '채권적 청구권' : 등기청구권의 발생원인이 계약행위 등 채권에 기한 경우 '채권적 청구권'으로 본다. 예컨대, 매매, 증여 등에 의한 소유권이전등기청구권, 점유취득시효를 주장하는 소유권이전등기청구권은 채권적 청구권이며, 소멸시효에 걸린다.

판결(이 경우의 말소청구권은 물권적 방해배제청구권으로서 물권적 청구권에 해당됨)에서 변론종결 후에 경료된 소유권이전등기(선례 4-482), 지상권설정등기(선례 2-143), 가압류등기, 체납처분에 의한 압류등기(선례 4-645) 등은 '승계집행문'을 부여받아 원고 단독으로 말소신청을 할 수 있다.

반면 매매에 기한 소유권 '이전등기' 청구소송에서 변론종결 후에 피고로부터 소유권이전등기를 경료받은 양수인에 대하여는 단순히 승계집행문을 부여받는 것으로 원고가 자기 앞으로 소유권이전등기를 할 수는 없다.

> **┃유의사항┃**
> **❖ 원인무효에 의한 등기말소 판결 후의 압류등기**
> 소유권이전등기의 말소를 명하는 판결이 확정되었으나 그 확정판결의 사실심 변론종결 후에 체납처분에 의한 압류등기가 경료된 경우에는 원고로서는 그 체납처분권자에 대한 승계집행문을 부여받아 압류등기의 말소를 할 수 있다(1994. 4. 7. 등기3402-312 질의회답).

### (7) 집행정지

의사표시의무의 강제집행은 의사표시의 의제에 의하여 완료하기 때문에 그 후에 집행의 정지 및 취소의 신청 그리고 집행에 대한 이의나 청구이의의 소의 제기 등을 할 여지가 없다.

### (8) 판결에 의한 등기의 신청절차

판결에 의한 등기는 승소한 등기권리자뿐만 아니라 승소한 등기의무자[20]도 단독으로 신청할 수 있다(법 제23조④). 다만 등기권리자가 제기한 소송에서 패소한 등기의무자가 그 판결에 기하여 단독으로 등기신청을 할 수는 없다.

---

20) 등기의무자가 제기하는 소유권이전등기청구를 특히 '등기수취청구권'이라 한다. 이 경우 소장의 청구취지는 「피고는 원고로부터 별지목록 부동산에 관하여 2009. 2. 7. 매매를 원인으로 한 소유권이전등기절차를 수취하라」와 같이 기재한다.
　　승소한 등기의무자가 단독으로 등기를 신청할 때에는 그의 권리에 관한 등기필증을 제출하여야 함에 유의한다.

① 등기원인과 그 연월일
　ⅰ. 이행판결
　　　원칙적으로 등기절차의 이행을 명하는 판결에 의하여 등기를 신청하는 경우에는 그 판결 '주문에 명시된 등기원인'과 '그 연월일'을 등기신청서에 기재한다.
　　　예외적으로 판결주문에 등기원인과 그 연월일이 명시되어 있지 아니한 경우 등기신청서에는 등기원인은 '확정판결'로, 그 연월일은 '판결선고일'을 기재한다.
　ⅱ. 형성판결
　　　권리변경의 원인이 판결 자체, 즉 형성판결인 경우 등기신청서에는 등기원인은 '판결에서 행한 형성처분'을 기재하고, 그 연월일은 '판결확정일'을 기재한다.
　　ex) 예 시
　　　○ 공유물분할판결의 경우 등기원인은 '공유물분할'로, 그 연월일은 '판결확정일'을 기재.
　　　○ 사해행위취소판결의 경우 등기원인은 '사해행위취소'로, 그 연월일은 '판결확정일'을 기재.
　　　○ 재산분할심판의 경우 등기원인은 '재산분할'로, 그 연월일은 '심판확정일'을 기재.
　ⅲ. 화해조서 등
　　　화해조서·인낙조서, 화해권고결정, 민사조정조서·조정에 갈음하는 결정, 가사조정조서·조정에 갈음하는 결정 등에 등기신청에 관한 의사표시의 기재가 있고 그 내용에 등기원인과 그 연월일의 기재가 있는 경우 등기신청서에는 '그 등기원인'과 '그 연월일'을 기재한다.
　　　그런데 등기원인과 그 연월일의 기재가 없는 경우 등기신청서에는 등기원인은 '화해', '인낙', '화해권고결정', '조정' 또는 '조정에 갈음하는 결정' 등으로, 그 연월일은 '조서기재일' 또는 '결정확정일'을 기재한다.

② 첨부서면(판결정본 및 확정증명서)
　ⅰ. 판결정본과 확정증명서를 첨부한다.
　ⅱ. 조정조서, 화해조서 또는 인낙조서를 첨부하는 경우에는 확정증명서를 첨부할 필요가 없다.

iii. 조정에 갈음하는 결정정본 또는 화해권고결정정본을 첨부하는 경우에는 확정증명서를 첨부하여야 한다.

※ 위 모든 경우 '송달증명서'는 요하지 않는다(이상 등기예규 제1214호).

### ③ 판결에 의한 대위신청시 - 피고의 주소증명서면

갑은 을에게, 을은 병에게 각 소유권이전등기절차를 순차로 이행하라는 판결에 의하여 병이 을을 대위하여 갑으로부터 을로의 소유권이전등기를 신청할 때에는 을의 '주소를 증명하는 서면'을 첨부하여야 한다.

또한 미등기 건물에 관하여 건축물대장상의 소유명의인을 피고로 하여 소유권이전등기절차의 이행을 명하는 판결을 받은 후, 피고를 대위하여 소유권보존등기를 신청하는 경우에는 그 보존등기명의인인 피고의 '주소를 증명하는 서면'을 제출하여야 한다(부동산등기규칙 제46조 제1항 제6호).

> **│유의사항│**
> ❖ **승소한 자만이 단독등기신청**
> 판결에 의한 등기는 승소한 등기권리자 또는 등기의무자만으로 이를 신청할 수 있는데, 승소판결을 받은 甲이 그 판결에 의한 등기신청을 하지 아니하는 경우에 패소한 乙이 판결에 기하여 직접 등기를 신청하거나 대위신청을 할 수는 없다. 이 경우 등기의무자인 乙은 등기권리자인 甲을 상대로 등기를 인수받아 갈 것을 구하는 별도의 소송을 제기하여 그 승소판결에 기해 등기를 신청하여야 한다(대판 2000다60708, 2004. 3. 15. 부등3402-123질의회답).

### 2) 상속에 의한 등기신청

상속에 의한 등기는 등기권리자만으로 신청할 수 있다. 상속등기의 경우는 등기의무자가 존재하지 않으며 상속을 증명하는 서면인 시·구·읍·면 장의 서면(제적등본 또는 가족관계증명서)에 의하여 상속개시 사실이 명백하여(규칙 제49조) 상속인이 '단독신청'을 하여도 등기의 진정이 보장될 뿐만 아니라 상속에 의한 권리변동은 상속개시로 인하여 등기 없이 피상속인의 권리의무가 포괄적으로 상속인에게 귀속되므로 상속등기 자체에 의하여 새로운 권리변동이 발생하는 등기가 아닌 보존행위에 불과하기 때문이다.

상속에 의한 소유권이전등기는 법정상속지분에 따른 상속등기와 상속인들간의 협의분할에 의한 상속등기로 구분할 수 있다.
① 법정상속등기 : 상속지분에 따라 전원 명의로 상속등기를 신청한다.
② 협의분할에 의한 상속등기 : 상속인간에 협의가 되어 특정인 명의로 혹은 지분으로 등기할 수 있다.

## 4. 권리명의인 이외의 자의 신청

등기의 신청은 권리명의인 또는 권리명의인이 될 자가 신청하는 것이 원칙이지만 일정한 경우에는 권리명의인 이외의 자로부터 신청대리인으로서가 아니라 독자적으로 신청인의 자격을 인정하는 경우가 있는데, 상속인에 의한 신청과 대위신청이 있다.

### 1) 상속인에 의한 등기

등기원인은 이미 발생하였으나 그 등기신청을 하지 아니하고 있는 동안에 등기권리자 또는 등기의무자가 사망하여 상속이 개시된 경우에는 피상속인(사망자)의 등기신청권은 '상속인'에게 승계된다(법 제27조). 이 때 상속인이 하는 등기신청을 말한다. 따라서 등기의무자의 상속인과 등기권리자 또는 등기권리자의 상속인과 등기의무자가 공동으로 등기를 신청하여야 한다.

상속뿐만 아니라 포괄승계인 회사합병의 경우에도 같이 해석하여야 한다. 이 때 등기의 원인서면은 피상속인이 생전에 법률행위시 작성한 원인서면을 첨부하여야 하고 상속인 간에 새로 원인서면을 작성하여 제출하는 것은 아니다.

이 상속인에 의한 등기는 피상속인의 사망으로 인하여 피상속인 명의의 등기가 상속인에게 이전하는 상속등기와는 구별이 됨에 주의하여야 한다.

### 2) 대위등기

등기신청은 등기권리자, 등기의무자 또는 그 대리인이 하여야 하고 그 이외의 사람은 이를 하지 못하는 것이 원칙이나 예외적으로 등기신청권자 또는 그 대리인이 아니면서 등기신청권자의 등기신청권을 대위하여 자기이름으로 피대위자명의의 등기를 신청하는 것을 '대위등기'라고 하는데 민법상 채권자대위권에 기한 것과 부동산등기법이 특별히 인정하는 경우의 대위신청이 있다.

　채권자는 민법 제404조[21])의 일정한 요건을 갖춘 경우 채권자는 자기의 채권을 보전하기 위하여 채무자의 권리를 행사할 수 있으므로 채권자는 자신의 등기청구권 행사를 하기 위하여 채무자명의의 등기신청을 채무자를 대신하여 '채권자이름'으로 이를 신청할 수가 있다.

　부동산등기법은 등기의 공시기능을 원활하게 하기 위하여 특별히 규정을 두어 아래와 같이 대위등기신청을 할 수 있도록 하였다.

　① 구분건물 표시, 표시변경, 대지권 변경의 경우의 대위등기신청(법 제41조 제3항, 제46조), ② 건물의 멸실등기의 대위신청(법 제43조 제2항), ③ 신탁등기의 대위신청(법 제82조 제4항) 등의 규정을 두고 있다.

　대위등기 신청서에는 일반 신청서의 기재사항(규칙 제43조)외에 채권자와 채무자의 성명 또는 명칭, 주소 또는 사무소와 대위원인을 기재하고 원인을 증명하는 서면을 첨부해야 한다(법 제28조).

　대위원인을 증명하는 서면은 매매계약서, 차용증서 등 사문서이거나, 압류조서 등 공문서이거나, 가압류·가처분결정 등의 재판서이거나를 불문한다. 채권자의 주민등록번호는 기재할 사항이 아니다. 대위신청권의 대위도 가능하고 말소등기의 대위신청도 가능하다.

---

21) 제404조 (채권자대위권)
　① 채권자는 자기의 채권을 보전하기 위하여 채무자의 권리를 행사할 수 있다. 그러나 一身에 전속한 권리는 그러하지 아니하다.
　② 채권자는 그 채권의 기한이 도래하기 전에는 법원의 허가없이 前항의 권리를 행사하지 못한다. 그러나 보존행위는 그러하지 아니하다.

**┃유의사항┃**
❖ 채권자대위에 의한 등기절차
　가. 일반적인 경우
　　(1) 신청서에는 대위권의 발생원인, 즉 보전하여야 하는 채권이 발생된 법률관계를 간략히 기재한다.
　　(2) 대위원인 : 매매인 경우에는 "202○년 2월 7일 매매에 의한 소유권이전등기청구권", 대여금채권인 경우에는 "202○년 2월 7일 소비대차의 대여금반환청구권" 등
　　(3) 대위원인증서 : 대위의 기초인 권리가 특정채권인 때에는 당해 권리의 발생원인인 법률관계의 존재를 증명하는 서면(ex 매매계약서 등)을, 금전채권인 때에는 당해 금전채권증서(ex 금전소비대차계약서 등)를 첨부하여야 한다. 이때의 매매계약서 등은 공정증서가 아닌 사서증서라도 무방하다.
　나. 가압류등기촉탁과 채권자의 대위에 의한 상속등기
　　(1) 상속등기를 하지 아니한 부동산에 대하여 가압류결정이 있을 때 가압류채권자는 그 기입등기촉탁 이전에 먼저 대위에 의하여 상속 등기를 함으로써 등기의무자의 표시가 등기부와 부합하도록 하여야 한다.
　　(2) 대위원인 : "202○년 3월 2일 서울중앙지방법원의 가압류 결정"이라고 기재한다.
　　(3) 대위원인증서 : 가압류결정의 정본 또는 그 등본을 첨부한다.
　다. 근저당권자의 대위에 의한 상속등기
　　(1) 근저당권설정자가 사망한 경우에 근저당권자가 임의경매신청을 하기 위하여 근저당권의 목적인 부동산에 대하여 대위에 의한 상속 등기를 신청하는 때에는 다음의 예에 의한다.
　　(2) 대위원인 : "202○년 3월 9일 설정된 근저당권의 실행을 위한 경매에 필요함"이라고 기재한다.
　　(3) 대위원인증서 : 당해 부동산의 등기부등본을 첨부한다. 다만, 등기신청서 첨부서류란에 "**대위원인을 증명하는 서면은 202○년 3월 9일 접수번호 제9833호로 본 부동산에 근저당권설정등기가 경료되었기에 생략**"이라고 기재하고 첨부하지 않아도 된다.
　라. 등기필의 통지 등
　　(1) 채권자대위에 의한 등기신청이 있는 경우에 등기를 함에는 사항란에 채권자의 성명 또는 명칭, 주소 또는 사무소와 대위원인을 기재하여야 한다(부동산등기법 제57조 제3항).
　　(2) 등기관이 등기를 완료한 때에는 등기권리자에게 등기필의 통지를 하여야 하며, 대위채권자에게 그 등기필증을 교부하여야 한다(**등기예규 제1019호**).

## 5. 등기신청 대리인

### 1) 누구나 등기신청대리인이 될 수 있는 것이 원칙

등기는 등기권리자와 등기의무자 또는 대리인이 출석하여 신청서를 제출하는 방법으로 신청하여야 한다(법 제24조 제1항). 여기서의 대리인은 임의대리인[22]과 법정대리인[23]을 불문한다.

또한 등기신청행위는 채무의 이행에 준하는 것으로 해석하고 있으므로 자기대리, 쌍방대리가 허용되는 것이 실무이다.

<u>임의대리인의 자격에 대하여는 특별한 제한이 없으므로 '누구나' 등기신청의 대리인이 될 수 있으나</u> 변호사 또는 법무사 아닌 자는 법원에 제출하는 서류의 작성이나 그 서류의 제출 대행을 業으로 할 수 없다.[24]

일반인이 등기신청의 위임을 받아 대리인으로서 등기를 신청하는 경우 그 대리인이 業으로 한다는 특별한 사유가 발견되지 않는 한 등기소는 그 등기신청을 수리하여야 한다.

종래 등기소는 대리인이 수시로 반복하여 등기신청을 하는 등 業으로 한다는 의심이 있을 경우에는 신청인과 대리인의 관계를 밝히고 보수를 지급하지 않았다는 취지의 신청인이 인감날인하여 작성한 '무보수확인서' 및 인감증명을 요구한바 있지만(등기예규 제986호), 2005. 1.경부터 이 제도는 폐지되었다.

현재의 실무는 원칙상 등기신청의 대리를 허용하지만 대리인이 등기신청의 대리를 업으로 한다는 판단을 한 경우 등기신청당사자와 특별한 관계성을 소명하도록 하고 있다.

### 2) 미성년자의 법정대리인

미성년자는 법률행위 무능력자로서 미성년자의 법률행위는 부모인 친권자가 법정대리권을 갖고 행사하게 된다.[25] 이때 미성년자와 그 법정대리인인 친권자와의 사이에 '이해상반행

---

[22] '위임장'을 첨부한다.
[23] 법정대리인의 경우 '가족관계증명서 또는 사건본인의 기본증명서'(친권자의 경우) 또는 '법원의 선임결정문'(후견인의 경우)을 첨부한다.
[24] '법무사법' 제3조에서 법무사 아닌 자는 법원에 제출하는 서류의 작성이나 그 서류의 제출의 대행을 업으로 할 수 없다고 규정하고 있다. 따라서 법무사 또는 변호사 아닌 자(ex 공인중개사, 행정사)는 다른 사람을 대리하여 업으로 등기신청행위를 할 수 없다.

위'를 하는 때에는 가정법원의 특별대리인의 선임을 받아(민법 제921조) 그 특별대리인이 미성년자를 대리하게 하여야 한다. 이때에는 첨부서류로 가정법원의 특별대리인 선임결정 등본을 제출하여야 한다.

> **유의사항**
>
> 1. 부모와 미성년자인 자녀간 이해상반행위가 되는 사례
>    ① 미성년자가 소유부동산을 <u>친권자에게</u> 매매 또는 증여하는 경우.
>    ② 상속재산협의분할서를 작성하는데 있어서 친권자와 미성년자 1인이 <u>공동상속인인</u> 경우 (친권자가 부동산 취득치 않는 경우도 포함).
>    ③ 친권자와 미성년자의 공유부동산을 <u>친권자의 채무</u>에 대한 담보로 제공하고 그에 따른 근저당권설정등기를 신청하는 경우.
>    ④ 미성년자인 <u>자녀 2인간의</u> 공유부동산에 관하여 공유물분할계약을 하는 경우(미성년인 자녀 1인에 관한 특별대리인의 선임이 필요함).
>
> 2. 이해상반행위가 되지 않는 사례
>    ① 친권자가 그 소유 부동산을 미성년자에게 증여하는 경우.
>    ② 친권자가 미성년자 소유의 부동산을 제3자에게 증여하는 경우.
>    ③ 친권자가 미성년자 소유의 부동산을 채무자인 그 미성년자를 위하여 담보로 제공하거나 제3자에게 처분하는 경우.
>    ④ 친권자와 미성년자의 공유부동산에 관하여 친권자와 그 미성년자를 공동채무자로 하거나 그 미성년자만을 채무자로 하여 저당권설정등기를 신청하는 경우.
>    ⑤ 친권자와 미성년자가 근저당권을 준공유하는 관계로서 근저당권말소를 신청하는 경우.
>    ⑥ 친권자가 민법 제1041조의 규정에 의하여 상속포기를 하고 미성년자 1인을 위하여 상속재산분할협의를 하는 경우.
>    ⑦ 이혼하여 상속권없는 피상속인의 전처가 자기가 낳은 미성년자 1인을 대리하여 상속재산분할협의를 하는 경우.

---

25) 미성년자를 위하여 부와 모, 공동친권자가 있는 경우 등기신청을 할 때에는 부모 중 어느 일방 단독으로 행사할 수 없고 부와 모 '공동'으로 하여야 한다. 다만 법률상·사실상 친권을 행사할 수 없는 경우에는 그 사실을 증명하는 서면(친권행사금지가처분결정문 등)을 첨부하여 단독으로 미성년자인 자를 등기신청 대리할 수는 있다.

공동친권자중 한 사람만이 이해상반이 되는 경우 이해상반 되는 친권자는 미성년자를 대리할 수 없고, 이 경우 <u>특별대리인이 이해가 상반되지 않는 다른 일방의 친권자와 공동하여</u> 그 미성년자를 대리하여야 한다(등기예규 제1088호).

## 제4절 등기신청에 필요한 서면

## 1. 신 청 서

등기를 신청함에 있어서는 '등기신청서'를 제출하여야 하며, 구술에 의한 신청은 인정되지 않는다. 관공서의 촉탁의 경우에도 '등기촉탁서'라는 서면으로 하게 된다.

### 1) 신청서 작성방법

**가. 1件 1申請主義의 원칙과 예외**

등기는 1개의 부동산에 관하여 1개의 등기원인 또는 1개의 등기목적마다 별개의 신청을 하는 것이 원칙이다.

그러나 예외적으로 '일괄신청'을 허용하고 있는 경우가 있다. 즉 동일한 등기소의 관할 내에 있는 수개의 부동산에 관한 등기를 신청하는 경우에도 등기 '원인'과 '목적'이 동일한 때에 한하여 동일한 신청서로써 '일괄신청'할 수 있다(법 제25조).

부동산의 소유권을 수인의 공유자가 취득하여 소유권이전등기를 신청하는 경우에는 각자의 지분을 신청서에 기재하여 일괄신청할 수 있으며, 합유로 취득하는 경우에는 합유인 취지를 기재하여 1개의 신청서로 그 등기를 신청할 수 있으며, 또 공유자 중 1인이 다른 공유자의 지분의 전부 또는 일부를 동시에 같은 원인으로 취득하는 경우에는 실무상 1개의 신청서로서 등기신청을 하고 있다.

다만 일괄신청의 경우에도 실질적으로는 수개의 신청이므로 국민주택채권의 매입과 등기신청 수수료는 별도로 계산한다.

**나. 신청서의 기재문자**

등기신청서의 작성에 사용하는 문자는 등기부 기재에 사용하는 문자에 준한다. 따라서 한글과 아라비아 숫자로써 기재하되, 아라비아숫자를 手記로 기재할 때는 한글로 기재한다.

외국인의 성명을 기재할 때에는 국적을 함께 기재한다. 그러나 상업, 법인 등기에 있어서 상호 및 명칭이 한자인 경우에는 이를 한자로 기재한다. 등기를 하거나 신청서 기타 등기에 관한 서면의 작성에는 자획을 명료히 하여야 한다. 문자는 이를 변개할 수 없다. 만일 정정,

삽입 또는 삭제를 한 때에는 그 자수를 난외에 기재하며 문자의 전후에 괄호를 부하고 이에 날인하여야 한다. 삭제문자는 이를 해독할 수 있게 자체를 남겨 두어야 한다(규칙 제57조 제2항).

### 다. 신청인의 기명날인
신청서에는 신청인이 기명날인하여야 한다. 위임에 의한 대리인이 등기를 신청하는 경우에는 신청서에는 대리인이 기명날인하여야 하고, 신청인은 대리권을 증명하는 서면인 위임장에 기명날인해야 한다.

### 라. 신청서의 간인
신청서는 甲지와 乙지로 나뉘게 되는데 신청인은 갑지와 을지를 간인을 하여야 한다. 그러나 등기권리자 또는 등기의무자가 다수인 때에는 그 중 1인이 간인하는 방법으로 한다(규칙 제56조 제2항).

## 2) 신청서의 기재사항

등기신청서에는 일반적으로 기재하여야 할 사항(일반적 기재사항)과 각종 등기신청에 있어서 특별히 기재하여야 할 사항(특수한 기재사항)이 있다. 또한 일반적 기재사항과 특수한 기재사항에는 각 필요적 기재사항과 임의적 기재사항이 있다.

### 가. 필요적 기재사항
'필요적 기재사항'(규칙 제43조 제1항)이란 신청서가 유효하기 위하여 반드시 기재해야 할 사항으로 기재가 없으면 부동산등기법 제29조 제5호의 '신청정보의 제공이 대법원규칙으로 정한 방식에 맞지 아니한 경우'에 해당하므로 각하된다.

(1) 부동산의 표시에 관한 사항

① 부동산의 소재와 지번
소재는 행정구역의 명칭대로 기재하며, 번지라는 문자는 생략하며, 동일한 등기신청서상의 부동산표시란에 2개 이상의 부동산을 기재하는 경우에는 그 부동산의 일련번호를 기재하

여야 한다. 행정구역의 명칭을 기재함에 있어서는 서울특별시를 '서울'로, 부산광역시를 '부산'등과 같이 약기하여서는 아니된다. 건물의 경우 도로명 주소가 병기되어야 한다.

### ② 지목과 면적

등기할 권리의 목적물이 토지일 때에는 지목과 면적을 기재하여야 한다. 지목이라 함은 토지의 주된 사용목적에 따라 토지의 종류를 구분, 표시하는 명칭으로서 전, 답, 대(垈) 등 현재 28종류[26]가 있다.

면적이라 함은 지적측량에 의하여 지적공부에 등록된 토지의 수평면적을 말한다. 면적의 단위는 법정 계량단위인 ㎡를 사용한다.

### ③ 건물의 종류[27]

등기할 권리의 목적이 건물인 경우에는 그 종류, 구조와 면적을 기재하고 1필지 또는 수필지상에 수 개의 건물이 있는 때에는 그 종류, 구조, 면적을 기재해야 한다(법 제40조 제1항 제3, 4호).

### ④ 구분건물의 경우

건물이 1동의 건물을 구분한 것일 때에는 그 1동의 건물의 소재, 지번, 종류와 구조 및 면적을 기재하고 1필지 또는 수필지상에 수동의 건물이 있는 때에는 그 번호를 기재하여야 한다.

구분건물에 집합건물법 제2조 제6호의 대지사용권으로서 건물과 분리하여 처분할 수 없는 것(대지권)이 있을 때에는 신청서에 그 권리의 표시를 기재하여야 한다. 즉 구분건물에

---

[26] 「측량·수로조사 및 지적에 관한 법률」 제67조, 종래 지적법은 2010. 1. 폐지
지적의 종류 28가지 : 전·답·과수원·목장용지·임야·광천지·염전·대(垈)·공장용지·학교용지·주차장·주유소용지·창고용지·도로·철도용지·제방·하천·구거(溝渠)·유지(溜池)·양어장·수도용지·공원·체육용지·유원지·종교용지·사적지·묘지·잡종지.

[28] 건축법 시행령 제3조의5 [별표]의 건축의 종류
주택은 단독주택, 공동주택으로 나뉘며, 단독주택에는 단독주택, 다중주택, 다가구주택이 포함된다. 공동주택에는 아파트, 연립주택, 다세대주택이 있다. 여기서 공동주택인 다세대주택, 연립주택, 아파트의 구별이 문제된다.
  ○ 다세대주택 : 1개동 연면적이 660㎡이하로서 층수가 4층 이하인 경우.
  ○ 연립주택 : 1개동 연면적이 660㎡를 초과하고 층수가 4층 이하인 경우.
  ○ 아파트 : 1개동 연면적이 660㎡를 초과하고 층수가 5층 이상인 경우.

대지권이 있을 때에는 그 신청서에 그 권리를 표시하여야 한다(규칙 제43조 제1항 제1호).

(2) 신청인에 관한 사항

① 신청인의 성명, 명칭, 주소, 주민등록번호 등

신청인이 자연인일 때에는 그 성명과 주소 및 주민등록번호를, 법인일 때에는 그 명칭과 사무소 및 부동산등기용등록번호를 각각 기재하여야 한다. 또한 신청인이 법인 아닌 사단이나 재단일 때에는 그 사단, 재단의 명칭과 사무소를 기재하는 외에 그 대표자나 관리인의 성명과 주소 및 주민등록번호도 기재하야 한다.

② 대리인의 성명, 주소

대리인에 의하여 등기를 신청할 때에는 그 성명, 주소를 기재하여야 한다. 대리인은 임의대리인과 법정대리인을 불문한다. 비법인 사단이나 재단의 대표자, 관리인을 제외하고 신청서에 기재한 대리인의 성명, 주소는 등기부에 기재함을 요하지 않는다. 그러므로 비법인 사단이나 재단의 대표자나 관리인의 성명, 주소, 주민등록번호는 이를 등기부에 기재하여야 한다.

③ 대위등기신청의 경우

채권자가 채무자에 대위하여 등기를 신청할 때에는 채권자와 채무자의 성명 또는 명칭, 주소 또는 사무소와 대위원인을 기재하고 대위원인을 증명하는 서면을 첨부하여야 한다. 또한 구분건물의 표시의 등기를 대위로 신청할 때에는 대위자 및 피대위자의 성명(명칭), 주소(사무소), 대위원인을 기재하여야 한다.

④ 등기권리자가 2인 이상인 경우

등기권리자가 2인 이상인 경우에는 신청서에 그 지분을 반드시 기재하여야 하며, 등기할 권리가 합유인 때에는 그 취지를 기재하여야 한다(규칙 제105조).

(3) 등기원인과 그 연월일

등기원인은 부동산에 관한 권리변동의 원인 또는 표시 등의 변경원인을 말한다. 그 원인이 법률행위일 수도 있고 그 밖의 법률사실일 수도 있다. 등기원인의 연월일이란 그 등기원인인 법률행위 기타 법률사실 등이 성립 내지 효력이 발생하게 된 연월일을 말한다.

다만 법률행위에 제3자의 허가, 승낙 등이 그 효력발생요건일 때에는 그 허가일이, 시기부 또는 조건부일 때에는 그 시기의 도래일 또는 조건의 성취일이 이에 해당한다.

### (4) 등기의 목적

신청하는 등기의 내용 내지 종류를 말한다. 예를 들면 소유권보존등기, 소유권이전등기, 소유권이전청구권의 가등기 등을 등기의 목적란에 기재한다.

### (5) 등기필정보

등기필정보를 제공하게 하는 이유는 등기의무자의 본인 확인증명을 통하여 등기의 진정을 담보하기 위한 것이므로 표시에 관한 등기를 신청하거나 당사자 일방만으로 등기신청(ex 상속등기, 판결에 의한 등기)을 하는 경우에는 등기필정보를 제공할 필요는 없다.

단 승소한 등기의무자의 단독신청에 의한 경우에는 그 등기의무자의 의사는 판결문에 나타나 있지 않기 때문에 등기의무자의 등기필정보는 등기소에 제공하여야 한다.

### (6) 등기소의 표시

신청하는 부동산의 소재지를 관할하는 등기소를 표시하여야 한다. 다만 등기소는 법원의 관할이므로 예를 들어, 동인천등기소인 경우 '인천지방법원 동인천등기소'라고 표기함이 정확한 것이다.

### (7) 신청연 월 일

신청서 작성일이 아니라 등기소에 신청서를 실제로 제출하는 날짜를 기재한다.

### (8) 거래신고필증에 기재된 거래가액

'거래가액등기'는 2006. 1. 1.이후 매매계약을 체결한 경우에 적용되며, 등기원인이 매매라 하더라도 등기원인증서가 판결이나 조정조서 등 매매계약서가 아닌 경우 또는 가등기신청을 하는 경우에는 등기하지 않는다(등기예규 제1395호).

### (9) 취득세 등 기타의 기재사항

취득세 등의 세액과 그 과세표준액 및 다른 법률에 의하여 부과된 의무사항이 있을 때에는 이를 기재하여야 한다(규칙 제44조). 취득세는 지방세법의 규정에 의하여, 국민주택채권은 주택법에 의하여 부과된 의무사항이다.

### (10) 등기신청수수료액

등기신청수수료는 15,000원과 3,000원의 2종류가 있다. 다만 전자표준양식(이폼)에 의한 신청은 13,000원과 2,000원, 전자신청에 의한 신청은 10,000원과 1,000원이다.

등기신청수수료는 종래 '등기수입증지'를 붙이는 방법에 의하였으나 2013. 5. 1.부터 전면 현금수납방식으로 변경되었다.

현금수납방식은 ① 법원행정처장이 지정하는 취급 은행에서 아래 '현금납부서'에 의한 납부를 하거나, ② 인터넷등기소(www.iros.go.kr)를 이용하여 전자적인 방법(신용카드, 계좌이체, 선불형지급수단)으로 납부하거나, ③ 무인발급기에서 현금으로 납부하는 방식이다. 납부 후 발급받은 '영수필확인서'를 등기신청서 을지에 첨부하여야 하며, 등기신청서(을지)에는 은행수납번호(납부번호)를 기재하여야 한다.

## 등기신청수수료의 현금영수필통지서(법원제출용)

| 기 번 조작자 수납일 수납점 등기소 수납액 은행수납번호 |
|---|

| 등기소명 | 의정부등기소 | 관서계좌 | |
|---|---|---|---|
| 금 액 | 삼만원정 | 숫자금액 | 30,000원 |
| 납부의무자 성명(명칭) | 이성준 | 주민등록번호 | 890626-1006311 |
| 납부의무자 주소(소재지) | 경기도 의정부시 신촌로 45(가능동) | | |
| 등기유형 | 소유권이전등기 | | |

위와 같이 등기신청수수료를 현금으로 납부합니다.

202O년 2월 일

납부인 이성준 (서명 또는 날인)

※ 법인 또는 비법인단체는 그 명칭, 등록번호, 본점 등의 소재지로 기재하여야 함.
※ 납부의무자는 등기신청인이며, 등기권리자와 등기의무자가 공동신청하는 경우 등기권리자가 이를 납부하여야 하고, 납부의무자인 등기신청인의 인적사항을 기재하여야 함.

### 나. 임의적 기재사항

 신청서에 기재할 것이 허용되는 사항으로서 반드시 법률의 규정이 있어야 한다. 필요적 기재사항과는 달리 당사자간에 약정이 없으면 등기신청서에 기재하지 아니하여도 그 등기신청이 부적법한 것은 아니다. 그러나 당사자 간에 <u>이에 관한 약정이 원인서면에 기재되어 있는 한 이를 신청서에 기재하지 않으면</u> 그 등기신청서는 방식에 적합하지 못하여 부적법한 등기신청이 되는 사항이다.

 예컨대 전세권설정계약서에는 존속기간, 위약금이나 배상금 또는 민법 제306조 단서의 약정이 있음에도 불구하고 이를 신청서에 기재하지 아니한 경우에는 신청서가 방식에 적합하지 아니한 때에 해당(법 제29조 제5호)하는 것으로 각하될 것이다.

## (1) 일반적 임의적 기재사항

등기원인에 등기의 목적인 권리의 소멸에 관한 약정이 있는 경우(법 제54조[28])나 공유물불분할의 약정, 권리의 존속기간, 지료, 변제기, 이자지급시기는 신청서에 그 사항을 기재하여야 한다. '권리의 소멸에 관한 약정'이란 등기원인인 법률행위의 부관으로서 해제조건이나 종기 등을 가리킨다.

예를 들면 증여로 인한 소유권이전등기를 하면서 수증자가 사망하면 소유권이전등기의 효력은 상실한다는 약정을 한 경우에 그 약정은 등기할 수 있다.

## (2) 기타의 임의적 기재사항

일반적인 임의적 기재사항 외에 부동산등기법은 각 권리에 관한 등기의 신청에 있어서 아래 다음과 같은 개별적인 사항을 당사자 간의 약정이 있으면 이를 신청서에 기재하고 등기할 수 있게 규정하고 있다.

---

① 공유물불분할의 특약(법 제52조 제8호)
② 지상권의 존속기간, 지료, 그 지급시기, 토지의 사용제한(법 제69조)
③ 저당권의 변제기, 이자 및 그 발생시기, 지급시기, 원본과 이자의 지급장소, 채무불이행으로 인한 손해배상 약정, 저당권의 효력범위 약정(법 제75조)
④ 환매권의 경우 환매기간(법 제53조)
⑤ 지역권의 경우에는 부종성에 관한 특약, 용수공급 특약, 승역지소유자의 의무와 승계에 관한 특약(법 제70조)
⑥ 전세권의 경우 존속기간, 위약금이나 배상금 또는 민법 제306조[29] 단서에 의한 약정(법 제139조)
⑦ 임차권의 경우에는 존속기간, 차임의 지급 및 그 지급시기나 임차보증금의 약정, 임차권의 양도 또는 임차물의 전대 동의(법 제74조)

---

28) 부동산등기법 제54조 (권리소멸약정의 등기)
　　등기원인에 등기의 소멸에 관한 약정이 있을 경우 신청인은 그 약정에 관하여 등기를 신청할 수 있다.
29) 민법 제306조 (전세권의 양도, 임대 등)
　　전세권자는 전세권을 타인에게 양도 또는 담보로 제공할 수 있고 그 존속기간 내에서 그 목적물을 타인에게 전전세 또는 임대할 수 있다. 그러나 설정행위로 이를 금지한 때에는 그러하지 아니하다.

그러나 법에서 정하지 않은 당사자 간의 특약, 즉 예를 들면 저당권에 기한 경매절차는 취할 수 없다든지 하는 특약 등은 절차법상 등기할 사항이 아니다.

## 2. 원인을 증명하는 서면

등기원인을 증명하는 서면이라 함은 등기할 권리변동의 원인인 법률행위 기타 법률사실의 성립을 증명하는 서면을 말한다. '등기원인증서'라고도 한다.

예를 들면 소유권이전등기의 경우에 매매계약서, 증여계약서, 대물반환계약서 등이 이에 해당한다. 각종 권리의 설정등기에 있어서는 근저당권설정계약서, 지상권설정계약서 등이 이에 해당하며, 각종 변경등기에 있어서는 권리변경계약서가, 말소등기에 있어서는 해지증서가 이에 해당한다. 판결에 있어서는 판결정본이 등기원인을 증명하는 서면이 된다.

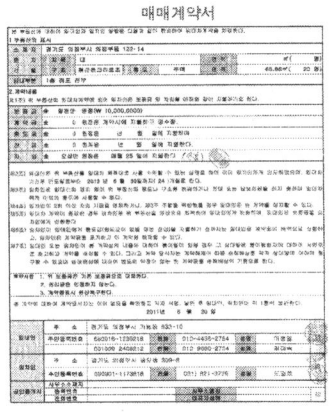

▶ 매매계약서는 등기원인서면이다.

### 1) 등기원인을 증명하는 서면의 요건

(1) 부동산표시의 기재

① 종래 구법하에서 등기원인증서에는 등기의 목적인 부동산의 표시가 기재되어 있어야 한다고 보았다. 왜냐하면 등기가 완료되면 등기원인증서를 이용하여 등기필증을 만들었기 때문이며 그 등기필증에 의하여 어느 부동산에 대한 어떤 등기가 행하여졌는지 알 수 있어야 하기 때문이었다.

그러나 이제는 등기필정보 제도의 도입과 더불어 원인증서의 개념은 변경되어야할 필요가 있다고 본다. 하지만 본서에서는 이에 관한 부분은 연구자들의 몫이라 보고, 우선은 종전의 개념에 따라 정리한다.

부동산의 표시는 등기부 및 신청서에 기재한 표시와 같아야 한다. 그러나 계약서상의 부동산표시가 등기신청서의 그것과 엄격히 일치하지 아니하더라도 양자 사이에 同一性을 인정할 수 있으면 된다.

② 등기원인증서에 기재한 수 개의 부동산중 일부의 부동산에 대한 등기신청도 가능하다. 또한 1필의 토지 전부에 대하여 소유권이전등기 절차이행을 명하는 확정판결을 원인서면으로 첨부하여 그 토지의 4분의 1지분에 대한 이전등기를 경료 받는 것도 가능하다.

③ 상속으로 인한 소유권이전등기에 있어서 등기원인은 '상속'이며 이 경우 상속을 증명하는 서면인 제적등본 또는 가족관계증명서를 첨부한다. 종래 이를 원인서면으로 보지 않았으나, 등기필정보 제도가 도입된 현재에 와서는 상속의 등기원인서면으로 보아도 무방하리라 본다. 그 외 상속재산협의분할서 등도 종래 원인증서로 보지 않았으나 현재에 와서는 원인서면으로 보아도 볼 수 있다.

### (2) 등기사항의 기재

등기원인을 증명하는 서면에는 당해 신청에 의하여 요구하는 등기의 내용인 권리변동에 관한 사항이 명확히 나타나 있어야 한다. 또한 등기원인서면에는 등기의 원인과 그 연월일도 기재되어 있어야 한다.

신청서에 기재한 등기사항 및 등기원인과 그 연월일은 등기원인증서에 기재되어 있는 사항에 부합되어야 한다. 신청서에 기재된 등기사항과 등기원인서면에 기재된 등기사항이 서로 부합하지 아니하는 등기신청은 부동산등기법 제29조 제5호에 해당하여 각하대상이 된다.

### (3) 당사자의 표시와 날인

등기원인서면에는 당사자의 표시 및 날인이 있어야 한다. 당사자 중 등기의무자의 표시는 등기부상의 등기명의인이므로 등기부의 그것과 부합하여야 하고 신청서상의 그것과도 부합하여야 하고, 등기권리자의 표시는 신청서상의 등기권리자와 부합하여야 한다. 그러나 등기원인을 증명하는 서면인 계약서 등의 계약당사자의 표시가 신청서의 그것과 엄격하게 일치하지 아니하더라도 다른 제출서면에 의하여 양자 사이의 동일성이 인정될 수 있으면 그 등기신청을 수리하여도 무방하다. 등기원인서면인 매매계약서, 설정계약서 등에 당사자의 날인이 인감증명과 부합할 필요는 없지만 적어도 날인은 있어야 한다.

### (4) 등기원인증서가 없는 경우

구법에 따르면 등기원인증서가 처음부터 없거나 제출할 수 없는 경우 신청서 부본을 제출하여야 했다(구법 제45조). 구법이 등기원인증서가 없는 경우 신청서 부본을 제출하도록 한 것은 등기필증 작성을 위한 것이었다.

등기필 정보 제도가 시행된 이후에는 본 규정은 필요가 없게 되어 개정법에서 삭제되었다. 그렇더라도 등기신청의 요식성으로 인하여 원인증서가 없는 경우(ex 분실, 구두계약)에는 어떤 형태가 되었건 원인증서는 제출되어야 할 것이다.

### 2) 실거래가의 신고

2006. 1. 1.부터 토지, 건물 또는 부동산을 취득할 수 있는 권리(ex 분양권, 입주권)에 대한 '매매계약' 체결시에는 거래당사자(공동) 또는 중개업자는 30일[30] 이내에 당해 부동산 소재지 관할 시장·군수·구청장에게 실거래가를 신고하고 이에 따라 발부된 실거래가신고필증을 등기신청시 첨부하게 되었다(부동산 거래신고 등에 관한 법률 제3조).

따라서 판결, 교환, 증여, 신탁해지, 분양권매매에 의한 소유권이전은 실거래가신고 대상에서 제외되지만 '검인신고'는 하여야 한다. 신고 후 매매계약의 해제, 무효, 취소시에는 그 확정된 날로부터 30일 이내에 신고하여야 한다.

### 3) 검인계약서

매매를 제외한[31] 계약을 원인으로 한 소유권이전등기를 신청할 때에는 일정한 사항을 기재한 계약서에 시장, 구청장, 군수의 **'검인'**을 받아 이를 등기소에 제출하여야 한다(부동산등기특별조치법 제3조 제1항, 규칙 제1조 제6항).

이때에 등기원인을 증명하는 서면이 집행력 있는 판결서 또는 판결과 같은 효력을 갖는 조서인 때에도 판결서 등에 검인을 받아서 제출하여야 한다(동조 제2항).

---

30) 종래 60일에서 30일로 단축되었다(2020. 2. 21. 시행).
31) 다음에서 보는바와 같이 '매매'인 경우는 실거래가신고 대상이며 검인을 받을 필요는 없다.

## (1) 검인을 받아야 하는 경우

① <u>계약을 등기원인으로 하여 소유권이전등기를 신청할 때</u>(ex 증여계약, 교환계약, 명의신탁해지약정, 공유물분할약정, 이혼에 따른 재산분할약정, 계약에 기한 소유권이전판결)에는 계약의 일자 및 종류를 불문하고 검인을 받은 계약서의 원본 또는 판결서(화해, 인낙, 조정조서를 포함)의 정본을 등기원인증서로 제출하여야 한다. 따라서 명의신탁해지약정서 또는 명의신탁해지를 원인으로 하는 판결서, 공유물분할약정서, 집행력 있는 판결서 또는 확정판결과 같은 동일한 효력이 있는 조서 등에도 검인을 받아서 제출해야 한다.

② 검인을 받을 필요가 없는 경우는 경매 또는 공매의 등기원인서면, 계약의 일방당사자가 국가 또는 지방자치단체인 경우의 계약서, 수용의 경우, 보존등기의 경우 등이다.

## (2) 검인절차

검인신청을 할 때에는 계약서 원본 또는 판결서 등의 정본과 그 사본2통32)으로 최소 3통을 제출하여 검인을 받는다.

검인권자는 목적부동산의 소재지를 관할하는 시장(구청장), 군수 또는 그 권한의 위임을 받은 자(읍, 면, 동장)로부터 받아야 한다.

검인신청을 받은 시장 등은 형식적 심사권만 있으며 계약 또는 판결서 등의 형식적 요건의 구비여부만을 확인하여 그 요건에 하자가 없으면 지체없이 검인하여 신청인에게 교부하여야 한다.

▶ '지적과' 접수창구 앞에 검인고무인이 준비되어 있으므로 검인받고 싶은 만큼의 계약서에 각 날인하여 공무원에게 건넨다.

※ 검인신청을 할 수 있는 자

> 계약체결당사자 중 1인이나 그 위임을 받은 자, 계약서를 작성한 변호사·법무사·중개업자이다.

---

32) 2개 이상의 시·군·구에 있는 수개의 부동산의 소유권이전을 내용으로 하는 계약서 등을 검인받고자 하는 경우에는 시·군·구의 수에 1을 더한 수를 제출한다.

## 3. 등기필증(등기필정보)

등기권리자와 등기의무자가 공동으로 '권리에 관한 등기'를 신청할 때에는 '등기의무자'가 권리취득 당시 등기필증을 교부받은 경우에는 신청서에 등기의무자의 등기필증을 첨부하고, 등기필정보를 통지받은 경우에는 그 정보를 등기소에 제공하여야 한다(규칙 제43조 제1항 제7호).

여기서 권리에 관한 등기필정보라 함은 ① 소유권, ② 지상권, ③ 지역권, ④ 전세권, ⑤ (근)저당권, ⑥ 임차권 등기를 보존, 이전, 설정, 변경하는 경우와 각 이에 대한 가등기를 말한다.

종전의 등기필증은 등기관이 등기를 완료하였을 때에 신청서에 첨부한 등기원인을 증명하는 서면 또는 신청서부본에 신청서의 접수연월일, 접수번호, 순위번호와 등기필의 취지를 기재하고 등기소인을 압날하여 등기권리자에게 교부하는 등기완료의 사실을 증명하는 서면을 의미하는데, 최근 전자신청등기를 한 바가 없다면 등기필증을 첨부하여야 한다.

※ 등기권리자에게 등기필증이 교부된 후에는 어떠한 사유로든 등기소가 재교부할 수 없다.

### 1) 등기필증의 요건(적격성)

(1) 등기의무자의 적법한 소지

등기필증[33]은 등기의무자가 적법하게 교부받아 소지하는 것이어야 한다.

다만 <u>아래의 자(소유자)는 등기의무자로서 등기필증이 없는 경우이므로</u> 소유자(등기의무자)가 우연히 등기필증을 입수하여 신청서에 첨부하여도 이를 등기필증으로 인정할 수는 없다.[34]

> 1. 판결에 의해 승소한 등기의무자가 등기신청[35] 하여 소유자가 된 경우.
> 2. 채권자가 민법 제404조의 규정에 의해 대위등기 신청하여 소유자가 된 경우.
> 3. 미등기부동산에 대하여 처분제한의 등기촉탁이 있어 소유자가 된 경우.
> ※ 위 경우 등기소는 소유자(등기권리자)에게 '등기필의 통지서'를 보낼 뿐이며, '등기필증'은 채권자에게 교부한다(규칙 제109조 제2항).

---

[33] 전자신청의 경우는 '등기필정보'를 말한다.
[34] 등기필증 대신에 '등기필의 통지서'가 등기필증의 역할을 한다. Cf) 등기필통지

### (2) 권리에 관한 등기필증

 등기의무자의 등기필증은 '권리에 관한 것'이어야 한다. 따라서 분필, 변경 또는 경정등기, 등기명의인 또는 부동산의 표시변경에 관한 등기필증은 여기에 포함되지 않는다.
 저당권이 이전된 부기등기를 한 저당권등기의 말소등기를 하는 경우에 있어서 등기의무자의 권리에 관한 등기필증은 저당권이전등기의 등기필증을 말하는 것이지 저당권의 설정등기를 할 때의 등기필증을 말하는 것이 아님을 주의해야 한다. 왜냐하면 이때의 등기의무자는 저당권의 이전등기를 받은 자이기 때문이다.

## 2) 등기필증의 제출을 요하지 않는 경우

 등기필증을 제출하지 아니하더라도 등기신청의 진정이 담보되는 경우, 등기필증의 제출을 특히 면제할 필요성이 인정되는 경우, 처음부터 그 등기필증이 존재하지 않는 경우에는 등기필증의 제출을 요하지 않는다.

① 소유권보존등기, 등기명의인표시변경·경정등기, 부동산표시변경·경정등기와 같은 단독신청의 경우 등기필증을 요하지 않는다.
② 등기원인을 증명하는 서면이 판결인 때에는 등기의무자와 공동하여 등기를 신청하는 경우에도 판결에 표시된 등기의무자와 등기부상의 등기의무자가 형식상 동일인인 이상 현실의 등기의무자라 칭하는 자와 등기부상의 등기의무자가 가령 동일인이 아니라고 하여도 그로 인하여 등기의 진정을 해할 위험은 없다.
 따라서 등기법은 판결로 인한 등기신청의 경우에는 등기의무자의 권리에 관한 등기필증의 제출을 요하지 않고 있다(규칙 제46조 제3항).
③ 상속으로 인한 등기를 신청하는 경우에도 등기의무자의 권리에 관한 등기필증의 제출을 요하지 않는 것이 실무이다. 상속으로 인한 등기에는 '상속'을 증명하는 서면을 제출하는 정도로 등기의 진정성이 있다라고 보는데, 이는 상대되는 등기의무자가 없기 때문이다.
④ 관공서가 '등기의무자'로서 등기권리자의 청구에 의하여 등기를 촉탁하거나 부동산에 관한 권리를 취득하여 '등기권리자'로서 그 등기를 촉탁하는 경우에는 등기필증을 첨부할 필요가 없다. 이 경우 관공서가 촉탁에 의하지 아니하고 법무사 또는 변호사에게

---

35) '승소한 등기의무자'가 등기를 신청하는 경우에는 등기필증을 첨부하여야 하나, '승소한 등기권리자'가 등기를 신청하는 경우에는 등기필증을 첨부할 필요가 없다.

위임하여 등기를 신청하는 경우에도 같다.

### 3) 등기필증(전자신청의 경우 등기필정보) 등이 멸실된 경우

'등기필증' 또는 '등기필 정보'는 멸실되어도 재교부되지 아니한다. 따라서 이를 멸실한 자가 후에 등기의무자로서 등기를 신청하는 경우에는 그 등기신청이 진정한 것인지를 보장하기 위한 방법이 필요하게 된다.

이러한 방법에는 부동산등기규칙 제111조에서 규정하는 3가지의 방법이 있다. 여기에서의 '멸실'이라는 것은 물리적인 멸실, 분실 등을 의미하며 다른 사람의 수중에 있기 때문에 사실상 그것을 돌려받기 어려운 경우까지 포함하는 것은 아니다.

> **注意** 실무상 '상속등기신청'(또는 소유권보존등기)과 동시에 상속받은(보존된) 부동산의 '이전등기신청'을 접수 하는 경우, 이전등기신청서에 첨부하여야 하는 등기필증은 없지만 상속등기를 필한 후의 등기필증을 바로 원용할 수 있는 것이므로 이전등기신청을 위하여 확인서면 등을 첨부하지 않아도 무방하다.

#### (1) 확인조서

등기필증 또는 등기필정보(전자신청의 경우) 멸실되어 이를 제출할 수 없는 경우에는 법무사, 변호사가 아닌 대리인에 의하여 등기를 신청하는 경우에도 등기의무자 또는 그 법정대리인이 **등기소에 출석**하여야 한다.

이 경우에 등기관은 **주민등록증, 외국인등록증, 국내거소신고증, 여권, 운전면허증**에 의하여 등기의무자 또는 법정대리인이 본인인지의 여부를 확인하고, 그 증명서의 사본을 첨부한 조서를 작성하여 이에 기명날인하여야 한다. 이를 '확인조서'라고 한다.

등기관이 확인조서를 작성할 때에는 '특기사항란'에 등기의무자 또는 그 법정대리인의 신체적 특징과 등기의 목적을 기재하고 등기의무자의 무인을 찍도록 하여야 한다.

등기가 완료된 때에는 등기관은 확인조서등본에 등기필의 취지를 기재하고 등기소인을 날인하여 등기의무자에게 교부한다(규칙 제51조).

> ※ 법인인 경우 확인조서 작성은 대표권을 가진 임원 또는 사원이, 법인 아닌 사단 또는 재단의 경우에는 그 대표자 또는 관리인의 본인여부를 확인한다.

# 확 인 조 서

| 등기할 부동산의 표시 | 1동 건물의 표시: 서울특별시 서대문구 홍제동 43 그린빌아파트 301동<br>[도로명주소] 서울특별시 서대문구 통일로19길 20<br>전유부분 건물의 표시<br>    건물의 번호: 301-12-1201<br>    구    조: 철근콘크리트조<br>    면    적: 12층 1201호 73.34㎡<br>대지권의 표시<br>    토지의 표시: 서울특별시 서대문구 홍제동43 대 12181㎡<br>    대지권의 종류: 1. 소유권<br>    대지권의 비율: 13329분의 49.43  끝. |||
|---|---|---|---|
| 등기<br>의무자 | 성    명 | 이 현 숙 | 신청서<br>접 수 | 년 월 일<br>제    호 |
| | 주민등록번호 | 550210-2903932 | | |
| | 주    소 | 서울 강남구<br>삼성로61길 11-2 | 등기의<br>목적 | 소유권이전 |
| 본인확인<br>정 보 | 주민등록증, 외국인등록증, 국내거소신고증, 여권, 운전면허증 각 사본 ||||
| 특기사항 | ※ 등기의무자를 면담한 일시, 장소, 당시 상황 그 외 특수한 사정을 기재한다.<br>2020. 3. 23. 오후 3시경 본 서대문등기소에 방문하였는바 계란형의 미인형 백색얼굴, 키는 약158cm, 경상도억양의 사투리를 사용함 ||||
| 필적기재 | 본인은 위 등기의무자와 동일인임을 확인합니다. || 성 명 | |
| | 본인은 위 등기의무자와 동일인임을 확인합니다. || 이 현 숙 | |
| 우 무 인 | | | | |

위 첨부서면의 원본에 의하여 등기의무자 본인임을 확인하고 부동산등기법 제111조 제1항의 규정에 의하여 이 조서를 작성합니다.

2020년 3월 23일

서울서부지방법원 서대문등기소

등기관 김 성 실

## (2) 확인서면

① 위임에 의한 대리인(변호사 또는 법무사에 한한다)이 등기를 신청하는 경우에는 신청서상의 등기의무자 또는 그 법정대리인으로부터 위임받았음을 확인하는 서면 1통을 작성하여 등기소에 제출하여야 한다(규칙 제111조 제3항).[36]

② 대리인이 확인서면을 작성하는 경우에는 등기의무자의 **주민등록증, 여권, 외국인등록증, 국내거소신고증, 운전면허증** 중 하나에 의하여 본인인지의 여부를 확인하여야 한다.

확인서면의 양식은 정하여져 있으며 이를 기재함에는 등기공무원이 위 조서를 작성할 때의 방식으로 해야 한다.

확인서면에는 등기할 부동산의 표시, 등기의무자의 성명, 주소, 주민등록번호, 첨부서면(주민등록증사본 등), 신체적 특기사항, 부동산등기법 제111조 제3항의 규정에 의하여 당해서면을 작성한다는 취지, 연월일을 기재하고 등기의무자의 무인(엄지인)을 인주에 묻혀 날인하게 한 후 대리인이 서명 날인하여야 한다.

③ 미성년자가 등기의무자인 경우 법정대리인 부와 모가 공동으로 우무인 작성할 필요는 없고 1명만을 선택하여 우무인 날인케 하고 우무인란에는 "등기의무자 본인의 법정대리인 친권자 모 ○○○"라는 식으로 기재하여 확인서면을 작성한다.

이 경우 미성년자의 가족관계증명서와 기본증명서를 추가 첨부하되 법무사 또는 변호사가 확인서면에 날인한 인으로 확인서면과 첨부서면 사이에 간인을 하여야 한다.

---

[36] 확인서면을 작성하는 법무사(또는 변호사)가 등기신청대리인이 되어야 함에 유의한다. 즉 확인서면 작성자와 등기신청대리인이 달라서는 아니된다.

# 확 인 서 면[37)

| 등 기 할 부 동 산 의 표 시 | 1. 서울특별시 서대문구 홍제동 245-8 대 188㎡<br>2. 위지상<br>   [도로명주소] 서울특별시 서대문구 세무서길59<br>   벽돌조 슬래브지붕 2층 주택 및 근린생활시설<br>      1층 113.21㎡  2층 92.35㎡<br>      지층 11.22㎡<br>      (증축: 2층 10.53㎡) | |
|---|---|---|
| 등기의 무자 | 성 명 | 백명서 |
| | 주 소 | 서울 서대문구 문화촌길 6-24<br>(홍제동, 문화촌현대아파트) |
| | 주민등록 번 호 | 620727-2037013 |

| 등기의 목적 |
|---|
| 소유권 이전 |

| 본인확인 정 보 | 주민등록증, 외국인등록증, 국내거소신고증, 여권, 운전면허증 각 사본 |
|---|---|
| 특기사항 | ※ 등기의무자를 면담한 일시, 장소, 당시 상황 그 외 특수한 사정을 기재한다.<br>2020. 10. 5. 오후 3시경 강남구 일원동 소재 서대문소재 노인전문요양병원 1009호실로 찾아가 요양 중인 등기의무자를 면담하고 본인임을 확인함. 환자복을 입고 있었고 부인과 군복을 입은 아들이 함께 있었음 |

| 필적기재 | 본인은 위 등기의무자와 동일인임을 확인합니다. | 성 명 |
|---|---|---|
| | 본인은 위 등기의무자와 동일인임을 확인합니다. | 이현숙 |

| 우 무 인 | 위 첨부서면의 원본에 의하여 등기의무자 본인임을 확인하고 부동산등기법 제111조 제3항의 규정에 의하여 이 서면을 작성하였습니다.<br><br>                2020년 3월 2일<br>            법무사   김 용 식 |
|---|---|

### (3) 공증서면

① 등기필증이나 등기필통지서가 멸실한 경우에 등기신청서 또는 위임에 의하는 경우에는 위임장 중 등기의무자의 작성부분에 관하여 공증을 받고 그 부본 1통을 첨부하여 등기의무자 또는 그 법정대리인의 등기소 출석에 갈음할 수도 있다.

또는 당사자가 어떠한 사유로 인하여 등기소에 출석할 수 없고, 등기의무자는 등기필증 등을 멸실한 경우에는 법무사 혹은 변호사가 아닌 일반인이 등기신청 대리하는 경우에는 위와 같은 확인서면을 작성할 권한이 없기 때문에, 현실적으로 이와 같이 공증서면 부본을 제출하는 방법에 의하여 본인 확인 방법으로 갈음할 수 있는 것이다.

② 이때 '공증'이란 등기의무자가 그 부동산의 등기명의인임을 확인하는 서면에 대한 공증이 아니고 신청서 또는 위임장에 표시된 등기의무자의 작성부분이 등기의무자 본인이 작성한 것임을 공증하는 것을 의미한다고 할 것이다.

그러므로 부동산등기법 제111조 제2항의 확인서면에 공증을 받거나 등기의무자의 위임을 받은 대리인이 출석하여 공증을 받아서는 아니 될 것이다.

이 공정증서에는 사건 및 당사자를 특정하기 위하여 등기권리자의 표시는 기재되어 있어야 할 것이나 그 날인은 반드시 필요한 것은 아니다.

③ 재외국민 또는 외국인이 국내 부동산을 처분하고 등기신청을 할 경우, 등기필증이 멸실된 때에는 그 처분권한 일체를 수여하는 내용의 위임장에 '등기필증을 분실하였다'는 등의 등기필증 멸실의 뜻도 기재하여 공증인의 공증(재외국민의 경우에는 재외공관의 공증도 가능)을 받고 등기필증 대신 그 위임장부본 1통을 제출하여야 한다.

### 4) 등기필정보의 통지

전자신청등기에 따라 종전 등기필증 제도는 폐지되었으며 '등기필정보'의 통지서를 발부해 주고 있다. 2006. 6. 1. 서울중앙지방법원 등기과가 최초로 전자신청등기소로 지정된 이래 전국의 204개 모든 등기소(등기계 포함)에서 대부분의 등기유형에 대하여 전자신청이 가능

---

37) '확인서면'은 등기신청위임을 맡은 변호사 또는 법무사가 작성한다.
등기의무자의 법정대리인이 있는 경우 [등기의무자란]을 기재함에 있어 '등기의무자'는 '등기의무자의 법정대리인'이라 기재하고, '등기의무자 본인임을 확인하고'를 '등기의무자의 법정대리인 본인임을 확인하고'로 기재하여 작성한다. 실무상 법무사는 인장날인과 직인날인을 하는데 반하여, 변호사는 인장날인만을 한다.

하다.

전자신청등기소는 물권변동을 위한 등기신청이 있는 경우(소유권의 이전과 같이 권리자를 새로이 등기부에 기록하는 경우) 기존의 등기필증 대신에 아래와 같은 일련번호(아라비아숫자 + 기타 부호)와 비밀번호로 구성된 등기필정보를 통지하고 있다.

ex〉 일련번호 : 579Q-Q3NM-3XYZ
　　비밀번호 : 01-3672, 02-1656, 03-8763… 등 50개

● 전자신청 등 ●

○ 강남등기소, 서울동부지방법원 등기과, 강동등기소, 송파등기소, 서울남부지방법원 등기과, 강서등기소, 구로등기소, 서울북부지방법원 북부등기소, 서대문등기소, 은평등기소(2006. 9. 18.부터 전자신청등기소로 지정)
○ 2008 7. 1.부터 전국의 모든 등기소에서 전자등기신청이 가능하게 됨.

※ 전자신청을 할 수 있는 등기유형
〈 보존/ 설정/ 이전류 〉
•토지/ 건물 소유권보존 •집합건물 소유권보존 •집합건물의 표시등기에 대한 소유권보존 •근저당권 설정 •임차권 설정 •저당권 설정 •전세권 설정 •전전세권 설정 •지상권 설정 •지역권 설정 •질권 설정 •근저당권 이전 •소유권가등기의 이전•소유권 이전(매매, 수용, 공공용지협의취득, 대물변제) •임차권 이전 •저당권 이전 •전세권 이전 •지상권 이전 변경/ 경정류 •근저당권 경정 •근저당권 변경 •등기명의인표시 경정 •등기명의인표시 변경 •등기원인일자 및 등기원인등 경정 •소유권가등기 경정 •소유권가등기 변경 •소유권 경정 •소유권 변경 •약정/ 금지사항 변경 •임차권 경정 •임차권 변경 •저당권 변경 •전세권 경정 •전세권 변경 •지상권 경정 •지상권 변경 •질권 변경 말소류 •가등기 말소 •근저당권 말소 •등기명의인표시경정등기 말소 •등기명의인표시변경등기 말소 •본등기 말소 •소유권보존 말소 •소유권이전 말소 •신탁등기 말소 •약정금지사항 말소 •임차권 말소 •저당권 말소 •전세권 말소 •전전세권 말소 •지상권 말소 •지역권 말소 •질권 말소 •토지합필등기 말소 •환매권 말소 •동멸실등기 말소 표시변경류 •건물 멸실 •건물 분할 •건물표시 '경정 •건물표시 변경 •구분건물 구분 •구분건물로 변경(증축) •구분건물아닌건물이 구분건물로된 경우 •구분건물일반 합병 •구분건물 합병 •대지권표시 경정 •대지권표시 변경 •전유 멸실 •토지 멸실 •토지 분필 •토지표시 경정 •토지표시 변경 •토지 합필 •가등기/ 본등기류 •근저당권설정청구권가등기 •근저당권설정청구권 가등기에한본등기 •소유권이전청구권가등기 •가등기에한본등기 •소유권이전청구권의 이전청구권가등기 •소유권이전청구권의 이전청구권가등기에 기한본등기 •임차권이전청구권가등기 •인차권이전청구권가등기에 기한본등기

〈기 타〉
• 규약상공용부분취지 등기점 • 수탁자의 고유재산으로 된 취지의 등기 • 신탁재산복구에 의한 신탁 • 신탁재산처분에 의한 신탁 • 압류 • 약정/금지사항

위 등기필정보는 ① 소유권, ② 지상권, ③ 지역권, ④ 전세권, ⑤ 저당권, ⑥ 임차권등기를 보존, 설정, 이전하는 경우와 각 가등기를 하는 경우, 그리고 권리자를 추가하는 경정 또는 변경등기(ex 갑 단독소유를 갑,을 공유로 경정하거나 합유자가 추가되는 합유명의인표시변경)에 한하여 통지를 한다.

그 외의 경우는 단순히 '등기완료통지'를 하고 있다.

신청인이 전자신청을 한 경우에는 인터넷등기소에 접속하여 암호화된 등기필정보를 직접 다운로드 받고, 방문신청하여 서면신청 한 경우에는 보안스티커가 부착된 등기필정보의 통지서를 등기권리자에게 교부하고 있다.[38] 만일 등기필정보를 분실하거나 훼손한 경우에는 등기권리증이 멸실된 경우와 같이 확인서면·공증서면·확인조서에 의하여 처리하면 된다.

---

[38] 신청서에 첨부한 서류의 원본의 환부를 청구하는 경우 '신청인'은 그 원본과 같다는 뜻을 적은 사본을 첨부하되 위임장과 확인서면은 오로지 등기신청만을 위해 작성되는 것이므로 환부되지 않으며 인감증명서, 주민등록표등·초본은 별도 방법으로 취득할 수 있으므로 역시 환부되지 않는다.

# 등기필정보 및 등기완료통지서

접수번호 : 78991　　　　　대리인 : 변호사 **김성실**

```
권  리  자 : 임창진
(주민)등록번호 : 710710-2******
주      소 : 경기도 의정부시 호동로 72, 201동 1805호(호원동, 호원
             가든2차아파트)
부동산고유번호 : 1115-1996-104045
부 동 산 소 재 : [전유] 경기도 의정부시 호원동 322-5 호원가든2차아파트 제201동
                제18층 제1805호 (도로명주소) 경기도 의정부시 호동로 64
접 수 일 자 : 2012년8월23일　접 수 번 호 : 78991
등 기 목 적 : 소유권이전
등기원인및일자 : 2012년08월14일 증여
```

부착기준선

2012년 8월 24일

## 의정부지방법원 의정부등기소
### 등기관

※ 등기필정보 사용방법 및 주의사항

◆ 보안스티커 안에는 다음 번 등기신청시에 필요한 일련번호와 50개의 비밀번호가 기재되어 있습니다.
◆ 등기신청시 보안스티커를 떼어내고 일련번호와 비밀번호 1개를 임의로 선택하여 해당 순번과 함께
  신청서에 기재하면 종래의 등기필증을 첨부한 것과 동일한 효력이 있으며, 등기필정보 및 등기완료
  통지서면 자체를 첨부하는 것이 아님에 유의하시기 바랍니다.
◆ 따라서 등기신청시 등기필정보 및 등기완료통지서면을 거래상대방이나 대리인에게 줄 필요가 없고,
  대리인에게 위임한 경우에는 일련번호와 비밀번호 50개 중 1개와 해당 순번만 알려주시면 됩니다.
◆ 만일 등기필정보의 비밀번호 등을 다른 사람이 안 경우에는 종래의 등기필증을 분실한 것과 마찬가
  지의 위험이 발생하므로 관리에 철저를 기하시기 바랍니다.
☞ 등기필정보 및 등기완료통지서는 종래의 등기필증을 대신하여 발행된 것으로 <u>분실시 재
  발급되지 아니하니</u> 보관에 각별히 유의하시기 바랍니다.

▶ 부착기준점
일련번호 : 579Q-Q3NM-3XYZ
비밀번호 : (기재순서 : 순번 - 비밀번호)

| 01-3762 | 02-1656 | 03-2618 | 04-2412 | 05-4000 |
| --- | --- | --- | --- | --- |
| 06-4501 | 07-3247 | 08-5713 | 09-2872 | 10-1423 |
| 11-2872 | 12-9827 | 13-7092 | 14-9082 | 15-7820 |
| 16-8082 | 17-0981 | 18-9892 | 19-0181 | 20-3834 |
| 21-2092 | 22-2002 | 23-0933 | 24-9920 | 25-4886 |
| 26-0922 | 27-6762 | 28-1212 | 29-0928 | 30-9891 |
| 31-2982 | 32-0921 | 33-0922 | 34-2982 | 35-1827 |
| 36-1022 | 37-0882 | 38-8776 | 39-8922 | 40-1091 |
| 41-9811 | 42-2872 | 43-3292 | 44-0392 | 45-2992 |
| 46-9292 | 47-2882 | 48-9112 | 49-3921 | 50-2273 |

☞ 위 등기필정보는 부동산별로, 소유자(공유자)별로 각 작성된다.

## 4. 제3자의 허가, 동의 또는 승낙을 증명하는 서면

등기를 신청함에 있어서 등기원인에 대하여 제3자의 허가, 동의 또는 승낙을 요구할 때에는 이를 증명하는 서면을 첨부하여야 한다(규칙 제46조 제1항 제2호).

<u>등기원인에 대한 제3자의 허가 등은 등기상 이해관계 있는 제3자의 동의와는 다르다.</u> 등기원인에 대한 제3자의 허가 등은 그 허가 등이 없으면 등기원인이 무효, 취소되거나 제3자에게 대항할 수 없는 것이므로 그 제3자의 존재가 반드시 등기부상에 나타날 필요가 없다.

그러나 등기상 이해관계인은 등기부의 기재형식상 어떠한 등기를 하면 손해를 볼 위치에 있는 자 즉 권리변경, 경정등기, 말소회복등기, 말소등기에 있어서 그 등기를 함으로써 등기부상 손해를 받을 위치에 있는 자 다시 말하면 등기부에 등재된 자 들이다.

### 1) 관청의 허가서

(1) 농지취득자격증명

① 농지를 취득하고자 하는 자는 농지의 소재지를 관할하는 시장, 구청장, 읍장 또는 면장으로부터 농지취득자격증명을 발급받아 소유권이전등기신청서에 첨부하여야 한다

(농지법 제8조).

　취득원인이 유상이든 무상이든, 계약이든 아니든 불문한다. 농지는 국가나 지방자치단체, 상속의 경우 등을 제외하고는 농업인, 농지법인만이 취득할 자격이 있으며, 그 취득자격이 있더라도 취득의 상한선을 넘어서 취득할 수는 없다.

　농지취득자격증명은 계약 당시에는 없어도 그 계약의 효력이 없는 것은 아니나 등기신청시에 이를 첨부하지 않으면 그 등기가 무효가 된다.

② 농지를 취득하고자 하는 자는 해당하는 경우에 따라 농지취득인정서, 농업경영계획서, 임대차계약서, 농지사용대차계약서를 첨부하여 농지의 소재지를 관할하는 시장,[39] 구청장,[40] 읍장 또는 면장으로부터 농지취득 자격증명을 발급받아야 한다.

　시·구·읍·면장은 농지취득자격증명의 발급신청을 받은 때에는 그 신청을 받은 날부터 4일 이내에 그 발급의 적합 여부를 확인하여 농지취득자격증명을 발급하여야 한다(농지법 제8조).[41]

| | |
|---|---|
| 농지취득자격증명이 필요한 경우 | 1. 매매, 교환, 증여<br>2. 명의신탁해지, 신탁해지,<br>3. 계약해제, 계약해지를 원인으로 한 소유권이전<br>4. 경매, 공매<br>5. 상속인외의 특정적 유증<br>6. 국가로부터의 농지매수<br>7. 농지전용허가, 토지형질변경 허가를 받은 경우<br>8. 판결 [42] |
| 불필요한 경우 | 1. 상속, 유류분, 포괄유증<br>2. 진정명의회복<br>3. 공유물분할<br>4. 가등기<br>5. 지목은 농지이나 사실상 농지가 아닌 경우[43]<br>6. 토지거래허가를 받은 경우<br>7. 저당권, 지상권설정의 경우<br>8. 국가가 농지를 취득하는 경우<br>(공익사업을위한토지등의취득및보상에관한법률에 의한 취득 包) |

---

[39] 도농복합형태의 시의 구에 있어서는 농지의 소재지가 洞지역인 경우에 한한다.
[40] 상동.
[41] 종전 농지관리위원회 위원2인 이상으로부터 확인받던 절차는 2002. 12. 31.자로 폐지되었다.

### (2) 비영리법인에 대한 관청의 허가서

① 학교법인 또는 사립학교의 그 기본재산을 매도·증여·교환 또는 용도변경하거나 담보에 제공하고자 할 때 또는 의무의 부담이나 권리의 포기를 하고자 할 때에는 관할청의 허가서를 첨부하여야 한다(사립학교법 제28조).

다만 매수·수증·유증 그 밖의 원인으로 부동산을 취득하는 경우에는 관할청의 허가를 받을 필요가 없다. 학교법인 소유부동산을 타인이 시효취득하는 경우, 가등기신청하는 경우에는 허가를 필요로 하지 않는다.

② 민법상 재단법인이 부동산을 매매, 증여, 유증 그 밖의 원인으로 취득하고 법인 명의로 소유권이전등기를 신청할 때에는 주무관청의 허가서가 필요없다. 그러나 기본재산(정관의 필요적 기재사항임)의 처분에 따른 등기신청을 함에 있어서는 주무관청의 허가서를 첨부하여야 한다. 재단법인은 그 기본재산에 법인격을 부여한 법인으로서 기본재산의 처분은 정관변경사항이고 정관변경에는 주무관청의 허가를 받아야 하기 때문이다. 그러나 당해 부동산이 재단법인의 기본재산이 아님을 소명하는 경우에는 위 허가를 증명하는 서면을 첨부할 필요가 없다.

### (3) 외국인의 토지취득에 대한 신고 및 허가

① 외국인, 외국정부 또는 대통령령이 정하는 국제기구는 대한민국안의 토지를 취득하는 계약을 체결한 경우에는 계약체결일로부터 <u>30일</u>[44] 이내에 대통령령이 정하는 바에 따라서 시장, 군수 또는 구청장에게 '<u>신고</u>'하여야 한다(부동산거래신고등에관한법률 제8조 제1항).

② 그러나 외국인 등이 취득하고자 하는 토지가 ㄱ) 군사시설보호구역, ㄴ) 문화재보호구

---

[42] 주의 : 동일한 농지에 대하여, '甲은 乙에게 대물변제를 원인으로, 乙은 丙에게 약정을 원인으로 한 각 소유권이전등기절차를 이행하라'는 판결에 의하여, 甲에서 乙 명의로, 乙에서 丙 명의로 소유권이전등기를 동시에 신청하는 경우, 丙 명의로의 소유권이전등기신청서에 丙 명의의 농지취득자격증명을 첨부한 경우에도 乙 명의로의 소유권이전등기신청서에는 乙 명의의 농지취득자격증명을 첨부하여야 한다.

[43] 공부상 지목이 농지이더라도 관할관청에서 발급하는 서면에 의하여 토지의 현상이 농작물의 경작지로 이용되지 않음이 판명되는 때에는 농지취득자격증명의 첨부 없이 소유권이전등기를 신청할 수 있는데, 면장 발행의 농지취득자격증명신청서 반려통지서에 '어떠한 사유로 경작할 수 없는 농지'라는 취지의 기재가 있다면 농지취득자격증명의 첨부 없이 위 반려통지서를 첨부하여 소유권이전등기를 신청할 수 있다.

[44] 종전 60일에서 2020. 2.부터 30일로 단축되었다.

역, ㄷ) 생태계보전지역, ㄹ) 야생생물 특별보호구역인 경우에는 토지취득계약을 체결하기 전에 대통령령이 정하는 바에 따라서 시장, 군수 또는 구청장의 '허가'를 받아야 한다(부동산거래신고등에관한법률 제9조).
③ 외국인 등은 상속, 경매 기타 대통령령이 정하는 계약외의 원인으로 인하여 대한민국 안의 토지를 취득한 경우에는 토지를 취득한 날로부터 6월 이내에 대통령령이 정하는 바에 따라 시장, 군수 또는 구청장에게 신고하여야 한다(부동산거래신고등에관한법률 제8조 제2항).
④ 외국인토지법상의 토지취득은 소유권이전등기에 한한다. 즉 소유권이전등기를 신청하는 경우에만 외국인 토지취득 허가 내지 신고의 대상이 된다.

## (4) 토지거래허가서

① 토지거래허가 구역안에 있는 토지에 대하여 <u>소유권, 지상권[45]을 이전 또는 설정[46]하는 계약(예약·가등기 포함)</u>을 원인으로 한 등기신청서에는 시장, 군수 또는 구청장이 발급한 토지거래허가서를 첨부하여야 한다(부동산거래신고 등에 관한 법률 제11조).
② 토지거래 허가구역내 소유권, 지상권의 이전 또는 설정계약 체결시 거래 당사자 공동으로 허가신청을 하며(대리인은 위임장 및 거래당사자의 인감증명서 첨부), 이를 위하여 토지거래계약허가신청서, 토지이용계획서(농지는 농업경영계획서, 임야는 임업경영계획서), 취득에 필요한 자금조달계획서를 관할 시·군·구청에 제출한다.
③ <u>토지거래허가를 받은 경우에는 농지취득자격증명과 계약의 검인을 받은 것으로 보기 때문에 별도로 농지취득자격증명이나 계약서의 검인을 받을 필요는 없다.</u>

한편, 토지거래허가지역에서 허가를 받지 아니하고 체결한 토지거래계약은 그 효력을 발생하지 않게 된다. 즉 무효가 되며 처음부터 허가를 배제하거나 잠탈할 목적으로 한 계약은 확정적 무효가 되고, 허가를 받을 것을 전제로 한 계약은 '유동적 무효'[47]로서 사후에 허가를 받으면 소급하여 유효가 된다.

---

45) 소유권, 지상권의 취득을 목적으로 하는 권리를 포함한다.
46) 대가를 받고 이전 또는 설정하는 경우에 한한다.
47) 토지거래 허가받지 않은 계약의 효력에 대하여 대법원 판례는 확정적 무효가 아니라 유동적 무효라고 보는데, 이 의미는 토지거래 허가를 받을 것을 전제로 체결한 계약은 토지거래허가를 받게 되면 소급하여 계약체결시로 유효로 본다. 반면 허가를 얻지 못하면 확정적 무효가 된다(大判 전원합의체 1991. 12. 24. [90다12243]).

[별지 제13호 서식]　　　　　　　　　　　　　　　　　　　　　　　　[별지없음]

## 토 지 거 래 계 약 허 가 증

제 2,543 호

| 접 수 일 자 | 2004년 10월 26일 | 일 련 번 호 | 2,543 |

| 매 수 인 | 성명(법인인경우그명칭및대표자) | 홍순파 | 주민등록번호(법인등록번호) | 600515-2221322 |
| | 주 소 | 경기도 양주시 어둔동 464 | | |

| 매 도 인 | 성명(법인인경우그명칭및대표자) | 섬금순 | 주민등록번호(법인등록번호) | 410628-2221319 |
| | 주 소 | 경기도 양주시 어둔동 419 | | |

| 허가사항 | 대 상 권 리 : | | | 예정금액(원) : 70,070,000 |
| | 번호 | 소재지 | 지목 법정/현실 | 면적(㎡) | 이용목적 |
| | 1 | 어둔동 464-1 | 대 / 대 | 539㎡ | 주거용 |
| | | - 이하여백 - | | | |

| 정착물 | 종 류 | 내 용 | 예정금액(원) |

귀하가 신청한 토지거래계약허가신청에 대하여 국토의계획및이용에관한법률 제118조제4항의 규정에 의하여 위와 같이 허가합니다.

2004년 11월 1일

양 주 시 장 [인]

※ 유의사항
　토지거래계약허가를 받아 취득한 토지를 허가받은 목적대로 이용하지 아니할 경우에는 국토의계획및이용에관한법률 제144조제2항제2호의 규정에 의하여 500만원 이하의 과태료처분을 받게 됩니다.

※ 토지거래 허가를 받지 않아도 되는 토지면적

1. 주거지역 : 180㎡ 이하
2. 상업지역 : 200㎡ 이하
3. 공업지역 : 660㎡ 이하
4. 녹지지역 : 100㎡ 이하
5. 도시지역안에서 용도지역의 지정이 없는 구역 : 90㎡ 이하
6. 도시지역외의 지역 : 2500㎡ 이하.
　　　　　단, 농지는 500㎡ 이하, 임야는 1,000㎡ 이하

### 실무상 유의점

① <u>가등기를 신청할 당시 토지거래허가서를 제출한 경우</u>, 가등기에 기한 본등기를 신청할 때에는 별도로 토지거래허가서를 제출할 필요가 없다.
② 허가대상 토지를 수인에게 공유지분으로 나누어 처분하는 경우에는 그 지분율에 따라 산정한 면적이 허가대상 면적의 미만이더라도 그에 따른 <u>최초의 지분이전등기를 신청하는</u> 때에는 토지거래허가서를 신청서에 첨부하여야 한다. 토지의 분할시에도 이에 준함.

[별지 제9호 서식]

# 토지거래계약허가신청서

| * 시·군·구 | |
|---|---|
| * 구 분 | 소유권·지상권 |
| * 접 수 | . . . 제 호 |
| * 처리 기간 | 15일 |

※ 뒷쪽의 작성방법을 읽고 기재하며,
* 표지란은 기재하지 아니합니다.

| 매수인 (사는사람) | ① 성 명 | 최고봉 | ② 주민등록번호 (법인등록번호) | 670713-1290292 |
|---|---|---|---|---|
| | ③ 주 소 | 경기도 의정부시 신촌로45번길 20(가능동) | | |
| 매도인 (파는사람) | ④ 성 명 | 홍길동 | ⑤ 주민등록번호 (법인등록번호) | 600121-1092827 |
| | ⑥ 주 소 | 경기도 의정부시 승지로 3 (민락동) | | |
| ⑦ 허가신청하는 권리 | 소유권이전 | | | |

| 토지에 관한 사항 | 번호 | ⑧ 소재지 | ⑨ 지번 | 지 목 | | ⑫ 면적 (m²) | ⑬ 용도 지역 지구 | ⑭ 이용 현황 |
|---|---|---|---|---|---|---|---|---|
| | | | | ⑩ 법정 | ⑪ 현실 | | | |
| | 1 2 | 의정부시 민락동67-16 | 617-16 | 대 | 대 | 200 | | |

| 토지에 있는 공작물에 관한 사항 | 번호 | ⑮ 종류 | ⑯ 공작물의 내용 | 이전 또는 설정에 관한 권리 | |
|---|---|---|---|---|---|
| | | | | ⑰ 종 류 | ⑱ 내 용 |
| | 1 2 | 단층주택 | 연면적: 100㎡ 구 조: 벽돌조슬래브 건 축: 2000년 | 소유권 | 매매 |

| 이전 또는 설정하는 권리의 내용에 관한 사항 | 번호 | ⑲ 소유권의 이전 또는 설정의 형태 | 기타권리의 경우 | | ㉒ 특기사항 |
|---|---|---|---|---|---|
| | | | ⑳ 존속기간 | ㉑ 지대(연액) | |
| | 1 2 | 매매 | | | |

| 계약예정 금액에 관한 사항 | 번호 | 토지에 관한 예정금액 등 | | | | 공작물예정금액등 | | ㉙ 합계 (㉖ + ㉘) |
|---|---|---|---|---|---|---|---|---|
| | | ㉓ 지목 (현실) | ㉔ 면적 (m²) | ㉕ 단가 (원/m²) | ㉖ 예정 금액 | ㉗ 종류 | ㉘ 예정 금액 | |
| | 1 2 | 대 | 200 | 600,000원 평균 | 1억2,000 만원 | 건물 | 계 1억원 | 계 2억2,000만원 |

「부동산거래 신고 등에 관한 법률」제11조 제1항, 같은법 시행령 제9조 제1항 및 같은 법 시행규칙 제9조에 따라 위와 같이 신청합니다.

2020년 3월 일   매수인  최고봉 (인)
              매도인  홍길동 (인)

| 구비서류 | 1. 토지이용계획서(농업경영계획서) 1부   2. 토지취득자금조달계획서 1부 3. 토지등기부등본 1부   4. 위임장(인감증명서 첨부) 1부 |
|---|---|

### 2) 임대인의 동의서

임차인은 임대인의 동의없이 그 권리를 양도하거나 임차물을 전대하지 못한다. 임차인이 이에 위반한 경우에는 임대인은 계약을 해지할 수 있다. 임차권의 양도 또는 임차물의 전대에 대한 임대인의 동의가 있다는 내용의 특약사항의 등기가 없는 경우에 임차권의 이전 또는 임차물의 전대의 등기를 신청하는 때에는 신청서에 임대인의 동의서를 첨부하여야 한다.

## 5. 대리권한을 증명하는 서면

① 대리인에 의하여 등기를 신청할 때에는 그 권한을 증명하는 서면을 첨부하여야 한다. 여기에서 대리인이라 함은 임의대리인 또는 법정대리인은 물론 법인의 대표기관을 포함한다.

대리권한을 증명하는 서면이란 임의대리의 경우에는 '위임장'이고, 여기에는 부동산의 표시, 등기할 권리에 관한 사항, 수임인의 표시, 위임의 취지 및 연월일을 기재하고, 위임인에 기명날인을 하여야 한다.

> **注意** 법정대리인의 경우에는 제적등본 또는 가족관계증명서, 특별대리인선임심판서, 후견인 선임심판서, 대표자 또는 지배인이 기재되어 있는 등기부등본 또는 초본 등이 대리권한을 증명하는 서면이 될 것이다.

② 등기신청 위임장을 포함하는 보다 포괄적인 개념의 '처분의 위임장'이란 것이 있다. 주로 국내입국하지 않은 외국인·재외국인을 위하여 이용되고 있지만, 국내인에 대하여도 이용이 가능하다. 위임장의 양식은 특별히 규정된 바 없으나 처분대상의 부동산과 수임인이 구체적으로 특정되도록 기재하여야 한다. 그리고 위임하고자 하는 법률행위의 종류와 위임취지(처분권한 일체를 수여한다는 등)가 기재되어야 한다(등기예규 제1219호).

이후 수임인이 직접 등기신청을 하거나 법무사 등에게 위임할 수 있는데 이 경우 등기신청서 또는 위임장에 수임인의 인감을 날인하여야 한다. 수임인의 인감증명서도 첨부하여야 한다.[48]

---

48) 수임인은 등기의무자(등기명의인)가 아니므로 수임인의 인감증명서는 부동산매도용이 아닌 일반적인 인감증명서로도 가능하다.

인감증명제도가 없는 영미법계 '외국인'은 서명을 하고 본국관공서의 증명 또는 공증(국내공증은 안됨)이 있어야 하며, '재외국민'의 경우는 날인만 가능하고 서명은 할 수 없으며 등기필증을 분실한 경우 "등기필증을 분실하였다"라는 취지를 기재하고 공증 또는 재외공관의 확인을 받아 1통을 제출한다.

> **注意** 인감증명제도가 없는 외국인은 처분위임장의 서명이 본인의 것임을 증명하는 본국관공서의 증명이나 공증을 받아야 하고 이 서면이 외국어로 표기되어 있는 때에는 번역문도 첨부하여야 한다.

## 처 분 의 위 임 장 49)

대 리 인: 이 연 구 (720428-1116017)
　　　　　경기도 의정부시 신촌로53번길 20-5(가능동)

[사례1] 상기인을 대리인으로 정하고 피상속인 망 박정희 (300612-1072762)이 2010년 12월 23일 사망함으로 인하여 개시된 상속에 관하여 그 공동상속인인 박준영이 아래 부동산을 취득할 것임을 합의하며, 이와 관련된 등기의 위임 등 일체의 행위를 할 수 있음을 위임한다.

[사례2] 상기인을 대리인으로 정하고 아래 부동산을 처분하는 권한 일체를 위임한다.

- 아　　래 -

부동산의 표시
서울특별시 중구 신당동 349-188. 대 19㎡ 중 2분지1 중 18분지1

2020. 3. 29.

위임인 : 한국명　박 대 성
　　　　미국명　Kerry Pak
　　　　서　명 :

주소: 미합중국 뉴욕주 제리코시
　　　포지시아 레인22, 11373

## 6. 주소를 증명하는 서면

소유권의 보존 또는 이전의 등기를 신청하는 경우에 신청인(등기권리자와 의무자)의 주소를 증명하는 서면을 제출하여야 한다.
등기를 등기권리자와 등기의무자가 공동으로 신청할 때에는 각기 이를 제출하여야 할 것이나, 판결·경매 또는 공매처분 등으로 인하여 등기권리자만으로 신청하거나 관공서의 촉탁에 의할 때에는 등기권리자의 것만을 제출한다.

### 1) 대한민국 국민의 경우

판결문상의 피고의 주소가 등기부상의 등기의무자의 주소와 다른 경우에는 동일인임을 증명할 수 있는 자료로서 주소에 관한 서면50) 등을 제출하여야 한다.
판결에 의하여 대위보존등기를 신청하는 경우에는 보존등기명의인인 피고의 주소를 증명하는 서면을 제출하여야 하고 또한 판결에 의하여 대위로 소유권이전등기를 신청하는 경우에도 등기권리자의 주소를 증명하는 서면을 첨부하여야 한다.

| 유의사항 |
❖ 상속등기에서의 행방불명자
공동상속인중 일부가 행방불명되어 주민등록이 말소된 경우에는 주민등록등본을 첨부하여 그 최후 주소를 주소지로 하고, 그 주민등록등본을 제출할 수 없는 때에는 제적등본상 본적지를 그 주소지로 하여 상속등기의 신청을 할 수 있다(등기선례7-68).

### 2) 재외국민의 경우

재외국민이라 함은 대한민국에 현재하지 아니한 자로서 국외로 이주를 하여 주민등록이 말소되거나 처음부터 없는 자를 말하며 단지 해외여행자는 이에 포함되지 않는다.
재외국민은 귀국하지 않고서 국내부동산을 처분할 경우에 그 주소를 증명하는 서면으로,

---

49) 부동산에 대한 처분권한을 제3자에게 위임하는 때에는 처분위임장을 작성하여 첨부하여야 한다. 위임인의 인감을 날인하고 위임인의 인감증명서를 첨부하여야 한다.
50) 대개 주민등록등본 또는 초본을 말한다.

'외국주재 한국 대사관에서 발행하는 재외국민거주사실증명' 또는 '재외국민등록표등(초)본'을 첨부하여야 한다. 다만 주재국에 본국 대사관 등이 없어서 그와 같은 증명을 발급 받을 수 없을 때에는 주소를 '공증한 서면'으로 갈음할 수 있다.

〈번역문〉

| 거 주 (체 류) 확 인 서 ||
|---|---|
| 성 명 | 최 병 근             (한문 : 崔 炳 根) |
| 주민등록번호<br>(또는 생년월일) | 1954년 2월 17일 |
| 본 적 | 경기도 안양시 동안구 안양동 654. |
| 전거주지 장소 | 서울특별시 강남구 개포로516, 701동 707호<br>(개포동, 주공아파트)<br>            (전화 : 951 - 9883) |
| 캐나다 내 주소 | # 312-9668-148 스트리트 써리비씨 카나다<br>브이3알오더블유2 |
| 여권번호 및 체재목적 | 4047169    영주거주 |
| 제외국민등록번호 | 97-284 |
| (캐나다)거주기간 | 2010년 5월 4일부터 현재까지 |
| 상기 사실을 증명합니다.<br>                               번역인 : 김대숙 ||

<u>다만 재외국민이 귀국하여</u>, 국내 부동산을 처분하는 경우에도 첨부서면은 위와 같으나 주소를 증명하는 서면은 '국내거소신고사실증명'으로도 가능하다.

**〈재외국민등록부등본〉**[51]

| 증명번호 | NY200700381 | | | | |
|---|---|---|---|---|---|

## 재외국민등록부등본

| 1. 한글성명 | 탁홍* | 2. 영문성명 | TAK, HONG *** | | |
|---|---|---|---|---|---|
| 3. 생년월일 | 1945/01/20 | 4. 주민등록번호 | 450120 - ******* | 5. 성별 | 남 |
| 6. 본적 (본적이 있는 경우) | 경기도 의정부시 민락동 178 | | | | |
| 7. 병역관계 | 병역필 | | | | |
| 8. 체류목적 | 거주 | 9. 체류자격 | 영주자 | | |
| 10. 체류지 주소 또는 거소 | 58-31 196TH ST. FRESH MEADOWS NY 11365 | | | | |
| 11. 재외국민등록일 | 1996/03/25 | 12 체류기간 | 1985/09/19 ~ | | |
| 13. 기타사항 | 여권번호 | NY0243820 | | | |
| | 외국인등록번호 | A091436099 | | | |
| | 구등록번호 | 0006797 | | | |
| | 구 주 소 | | | | |
| | 사용용도 | 거주증명서(부동산매도) | | | |

상기 내용이 재외국민등록부와 동일한 내용임을 확인합니다.

200 02월 08일

주 뉴욕 총영사관

| 담당자 직위 및 성명 | 서명란 PARK SEUNG WOO VICE CONSUL |
|---|---|
| | |

---

51) 외국주재 한국공관은 물론 국내 외교통상부(국내) 영사서비스과에서도 발부가 가능하다(대리인인 경우 여권지참).

## 3) 외국인의 경우

외국인이 국내에 입국하지 않고서 국내부동산을 처분하는 경우에는 '본국 관공서의 주소증명서' 또는 '거주사실증명서'(ex 일본, 독일, 프랑스, 대만)를 첨부하여야 한다.

본국에 주소증명서 또는 거주사실증명서를 발급하는 기관이 없는 경우에는 주소를 '공증한 서면'(ex 미국, 영국)을 첨부하여야 한다. 다만 이 경우에도 주소증명서에 대신할 수 있는 증명서(신분증 또는 운전면허증 등)를 본국 관공서에서 발급하는 경우와 관할등기소의 등기관에게 그 증명서 및 원본과 동일하다는 취지를 기재한 사본을 제출하여 원본과 동일함을 확인받은 경우 또는 그 증명서의 사본에 원본과 동일하다는 취지를 기재하고 그에 대하여 본국 관공서의 증명이나 공증인의 공증 또는 외국주재 한국대사관이나 영사관의 확인을 받은 때에는 그 증명서의 사본으로 주소를 증명하는 서면에 갈음할 수 있다.

외국인이 입국하여 국내 부동산을 처분하는 경우에 첨부서면은 위의 경우와 동일하다. 다만 주소증명은 국내체류지를 관할하는 출입국관리사무소에서 발부한 '외국인 등록사실증명서'이며, 국내거소신고를 한 외국국적동포의 경우에는 '국내거소사실증명서'로도 가능하다.

## 거주사실증명서 52)

한국이름(Name of Korean) : 박대성(Dae-sung Pak)
미국이름(Name of English) : 케리박(Kerry Pak)
생년월일(Date of Birth) : 1970. 8. 12.
여권번호(Passport No) :
시민권번호(Citizenship No) : 13413668
전주소(Before Address)
    : 미합중국 뉴욕주 11753 레리코 포시티아 레인22
현주소(Present Address)
    : 미합중국 뉴욕주 제리코시 포지시아 레인22, 11373
사용용도(Usage of This Document) : 매매용
Applicant's Signature(본인서명) :

상기와 같이 거주하고 있음을 확인함.
202○. 3. 29.
영사관 또는 공증변호사 (인)

## 서 명 인 증 서 53)

성 명 : 박대성
미국명 : 케리바 (Kerry Pak)
서 명 :

생년월일 : 70. 8. 12.
미국내 주소 : 미합중국 뉴욕주 제리코시 포지시아 레인22, 11373
국적 : 미국
미국 거주기간 : 1990년 2월부터 현재

상기인의 자필 서명이 틀림없음을 인증함.
202○년 3월 29일
영사관 또는 공증변호사 (인)

---

52) 거주사실증명서는 주소증명서면으로서 의미를 갖는다.

## 거 주 사 실 증 명 서

(시민권자용)

성   명 : (미국명) : NANI JUNG
   (국적상실전) 한 글 : 정난희
        한 문 : 鄭蘭姬

생 년 월 일 : 59년 5월 14일

본적 (한국) : 서울특별시 동대문구 제기동 13

미국내 주소 : 2319 S. 380th Street, Federal Way, WA 98003, USA

전 화 번 호 : 253-661-6268

직  업 : Waitress

용  도 : 상속재산분할협의

미국여권번호 : 075477220

시민권번호 및 취득일자 : Not known; August 1988

미국거주기간 : 1988년10월부터 현재

상기와 같이 거주하고 있음을 확인함.

2010 · 10 · 31 ·

## 4) 법인의 경우

① 법인 또는 외국회사의 대표자가 부동산에 관한 등기를 신청하는 경우에는 등기소에서 발급하는 법인등기부 등본 또는 초본을 제출하여야 한다.

---

53) 외국인, 재외국민에게 있어 '서명'의 공증은 인감증명으로서의 의미를 갖는다.

② 법인등기부 등본이나 초본에는 법인의 본점, 대표자, 부동산등기용등록번호 등이 표시되므로 대표권한을 증명하는 서면으로서 법인등기부등본 또는 초본의 제출이 필요하지 않다고 하더라도 어차피 주소, 부동산등기용등록번호를 증명하는 서면으로서 법인등기부등본 또는 초본의 제출은 필요하다. 등기신청서에 첨부하는 법인등기부등본 또는 초본은 발행일로부터 3월 이내의 것이어야 한다.

③ 사단법인이나 재단법인과는 달리 법인이 아닌 사단, 재단이 등기신청인인 경우에는 등기가 되어 있지 않은 관계로 등기부등본이나 초본이 없다. 따라서 <u>법인이 아닌 사단 또는 재단의 경우에는</u> 실무상 시장·군수 등이 발행하는 '등록번호증명서'를 제출한다. 다만 이 경우에도 '정관'이나 '규약'이 그 주소를 증명하는 서면이 된다.

---

☞ **판결에 의한 소유권이전등기신청시 "주소증명서면"**

1. **판결 등에 의하여 소유권이전등기신청을 하는 경우**
   - 소유권이전등기를 신청함에 있어 등기권리자와 등기의무자의 공동신청의 경우에는 각자의 주소를 증명하는 서면(주민등록등·초본)을 제출하여야 하나, 판결·경매 또는 공매처분 등으로 인하여 등기권리자만으로 신청하거나 관공서의 촉탁에 의할 때에는 '등기권리자'의 주소를 증명하는 서면만을 제출하면 된다.
   - 다만, 판결문상의 피고의 주소가 등기부상의 등기의무자의 주소와 다른 경우(등기부상 주소가 판결에 병기된 경우 포함)에는 동일인임을 증명할 수 있는 자료로서 주소에 관한 서면을 제출하여야 한다.

2. **판결에 의한 대위보존등기 신청의 경우는 보존등기명의인의 주소를 증명하는 서면**
   - 원고가 미등기 부동산에 관하여 그 소유자를 피고로 하여 소유권이전등기절차의 이행을 명하는 판결을 받은 후 피고를 대위하여 소유권보존등기를 신청하는 경우에는 그 보존등기명의인인 피고의 주소를 증명하는 서면을 제출하여야 한다. 피고에 대한 소송서류의 송달이 공시송달에 의하여 이루어진 경우에도 같다.
   - 이 경우 피고의 주민등록이 주민등록법 제17조의2 제3항에 의하여 말소된 때에는 말소된 주민등록표등본을 첨부하고 그 최후 주소를 주소지로 하여 피고명의의 소유권보존등기를 신청할 수 있다.

3. **판결에 의하여 소유권이전등기를 순차로 대위신청하는 경우**
   갑은 을에게, 을은 병에게 각 소유권이전등기절차를 순차로 이행하라는 판결에 의하여 병이 을을 대위하여 갑으로부터 을로의 소유권이전등기를 신청할 때에는 을의 주소를 증명하는 서면을 첨부하여야 하고, 이 경우 을에 대한 소송서류의 송달이 공시송달에 의

> 하여 이루어진 때에는 그 판결에 기재된 을의 최후 주소를 증명하는 서면을 첨부하여야 한다(등기예규 제1001호).

## 7. 주민등록번호를 증명하는 서면

신청서 '갑지' 용지에는 등기권리자의 성명 또는 명칭을 기재함에 있어서 항시 등기권리자의 주민등록번호를 병기하여야 하고(법 제48조 제2항), 이의 소명자료인 주민등록번호를 증명하는 서면[54]을 첨부한다.

또한 종중, 문중 기타 대표자나 관리인이 있는 법인이 아닌 사단(비법인사단)이나 재단(비법인재단)에 속하는 부동산의 등기에 관하여는 그 비법인사단 또는 재단의 부동산등기용등록번호증명서 뿐만 아니라 그 대표자나 관리인의 주소와 주민등록번호를 증명하는 서면인 '주민등록등(초)본'을 첨부 한다.

### 1) 부동산등기용 등록번호의 부여기관

등기권리자에게 주민등록번호가 없는 경우라 함은 등기권리자가 국가, 지방자치단체, 국제기관, 외국정부, 법인, 법인이 아닌 사단이나 재단, 재외국민 또는 외국인인 경우를 말한다.

이러한 경우에는 부동산등기규칙 제46조 규정에 의한 등록번호를 기재하여야 하는 바, 부동산등기용 등록번호의 부여기관은 다음과 같다.

---

54) 종래 주민등록번호를 증명하는 서면으로 주민등록증·운전면허증 등의 사본으로 가능하였으나 삭제되었으므로, 주민등록등(초)본만이 가능하게 되었다.

| 대 상 | 부동산등기용 등록번호 부여기관 |
|---|---|
| 법인(외국법인포함) | 주된 사무소(본점, 외국회사의 경우에는 국내영업소) 소재지 관할등기소의 등기관 |
| 국가, 지방자치단체, 국제기관, 외국정부 | 국토교통부장관 |
| 비법인 사단·재단 | 시장, 군수, 구청장 |
| 외국인 | 국내체류지(국내에 체류지가 없는 경우에는 대법원소재지에 체류지가 있는 것으로 본다)를 관할하는 출입국관리 사무소장 또는 출장소장. 다만 국내거소신고를 한 외국국적동포의 경우는 국내거소신고번호로 이에 갈음할 수 있다. |
| 주민등록번호가 없는 재외국민 | 대법원소재지를 관할하는 등기소의 등기관<br>(서울중앙지방법원 등기국 소속의 등기관) |

## 2) 부동산등기용등록번호의 증명서면

① 자연인의 경우에는 주민등록등(초)본55)
② 국가, 지방자치단체, 국제기관, 외국정부의 경우에는 국토해양부장관이 지정·고시하므로 제출이 필요하지 않다.
③ 법인(외국법인 포함)의 경우에는 법인등기부등(초)본
④ 법인아닌 사단·재단의 경우에는 부동산등기용 등록번호등록증명서
⑤ 외국인의 경우에는 부동산등기용 등록번호등록증명서56)
⑥ 주민등록번호가 없는 재외국민의 경우에는 부동산 등기용 등록번호등록증명서57)를 등기신청서에 첨부하여야 한다.

'주민등록번호가 없는 재외국민'은 서울중앙지방법원 등기국에서 부동산등기용등록번호를 부여받는다.

---

55) 종전 주민등록증·자동차운전면허증·여권의 사본으로 대체 가능한 것으로 보았으나 변경된 실무는 불가하다고 보고 있으며, 주민등록등(초)본만이 가능하다.
56) 국내체류지 관할 출입국관리사무소에 등록을 한 외국인은 '외국인등록사실증명서'에 기재된 등록번호를 의미한다. 그렇지 않은 외국인은 별도로 부동산등기용등록번호증명을 신청하여야 하여 발부받아야 한다. 한편 국내거소신고를 한 외국국적동포의 경우에는 국내거소신고사실증명원도 가능하다.
57) '재외국민'은 국내거소신고번호를 부여받은 때에도 이로써 부동산등기용등록번호에 갈음할 수 없다.

다만 거리상의 문제로 위 등기국을 방문하기 어렵다면 일반등기소에서도 재외국민의 등록번호의 부여, 등록번호증명사항의 변경 및 등록번호증명서의 발급신청이 가능하다. 즉 재외국민의 등록번호 부여신청서 또는 등록번호증명사항의 변경신청서를 접수한 등기소(접수등기소)의 등기관은 그 신청서와 첨부서류(재외국민등록부등본 및 「가족관계의 등록 등에 관한 법률」 제15조 제1항 제2호의 기본증명서)를 심사한 후 중앙지방법원 등기과에 Fax 전송한다.

이에 중앙지방법원 등기국 등기관은 접수등기소로부터 Fax 전송된 신청서에 따라 바로 등록번호를 부여하고, 등록번호증명사항의 변경신청의 경우에는 그 변경사항을 재외국민등록번호부 및 재외국민부동산등기용등록번호카드에 기록하게 되어있다(등기예규 제1254호).

| 유의사항 |

❖ '재외국민'이 등기권리자로서 등기신청하는 때에 종전에 부여받은 주민등록번호가 있는 경우에는 새로이 부동산등기용등록번호를 발급받을 수 없고, 말소된 주민등록 등초본상의 주민등록번호로 등기신청 하여야 한다.

❖ 주민등록번호가 있는 '재외국민'이 국내거소신고번호로 사실상 등기되어 있다면 말소된 주민등록초본을 첨부하고 동일인임을 소명하여 '국내거소신고번호'를 '주민등록번호'로 경정(更正)할 수 있다(2002. 8. 10. 등기3402-439 질의회답).

| 부동산등기용등록증명서발급신청서 | | | | 처리기간 |
|---|---|---|---|---|
| | | | | 즉 시 |

| 신청인 | 성 명 | 이성준 | 주민등록번호 | 750912-1209282 |
|---|---|---|---|---|
| | 주 소 | 경기도 의정부시 신흥로53번길 20-5(가능동) | (전화 031) 875-0987 | |
| 등 록 명 칭 | | 공주이씨강양공파종중 | 구 분 | 종중, 종교, 기타 |
| 주사무소의 주소 | | 경기도 연천군 미산면 왕산로20번길 7-5 | | |
| 대표자 | 성 명 | 이유수 | 주민등록번호 | 440713-1239212 |
| | 주 소 | 경기도 연천군 미산면 왕산로20번길 7-5 (전화 031) 833-7888 | | |

법인아닌사단·재단및외국인의부동산등기용등록번호부여절차에관한규정 제5조의 규정에 의하여 부동산등기용등록증명서 발급을 신청합니다.

2020. 3. .

신청인     이성준 (인)

## 연 천 군 수

첨부서류 : 1. 정관 기타의 규약 1 부
         2. 대표자 또는 관리인임을 증명하는 서면 1 부
         3. 대표자 또는 관리인의 주민등록표등본 1 부

| 등록번호등록증명서 | |
|---|---|
| 등 록 번 호 | 34152-0027 |
| 등 록 명 칭 | 한국기독교침례회 왕산교회 |
| 주 사 무 소 | 충북 충주시 동량면 김생로 105-1 |

부동산등기법 제49조 제1항 제3호 및 법인 아닌 사단·재단 및 외국인의 부동산등기용등록번호 부여 절차에 관한 규정 제8조의 규정에 의하여 위와 같이 증명합니다.

2020년 2월 2일       증지

**충청북도 충주시장 (인)**

## 8. 상속인을 증명하는 서면

신청인이 등기권리자 또는 등기의무자의 상속인인 때에는 신청서에 그 신분을 증명하는 시, 구, 읍, 면의 장의 서면(제적등본,[58] 가족관계증명서) 또는 이를 증명함에 족한 서면(상속재산분할협의서, 상속포기신고 수리증명서, 판결정본)을 첨부하여야 한다.

## 9. 대위원인을 증명하는 서면

채권자가 채무자에 대위하여 등기를 신청하는 경우에는 신청서에 대위원인을 증명하는 서면을 첨부하여야 한다. 대위원인을 증명하는 서면은 매매계약서, 설정계약서 등 사서증서(私署證書)[59]이거나 체납처분의 압류조서 등 공문서이거나 가압류 또는 가처분결정서 등 재판서이거나를 불문한다. 다만 등기용지의 기재에 의하여 채권자임이 명백한 경우(저당권등기)에는 그 서면의 제출을 요하지 아니한다.

---

58) 사망자의 사망기록과 상속인 전원이 나와 있는 제적등본과 가족관계증명서를 첨부하여야 하므로, 제적등본과 가족관계증명서에 의해 망자의 사망기록서부터 출생기록까지의 것 모두를 제출한다.
59) 흔히 당사자간 직접 작성하여 주고받는 서면을 말한다.

부동산등기법에서 특별히 인정되는 대지권의 변경등기(법 제101조 제2항, 제4항), 구분건물의 표시등기 또는 표시변경등기(법 제131조의2 제2항, 제4항)를 신청하는 경우에는 대위등기 신청인이 동일한 1동의 건물에 속하는 구분건물의 소유자임을 증명하는 서면으로서 그 건축물대장등본을 첨부하여야 한다.

## 10. 인감증명서

등기소는 소유자가 등기의무자인 경우 등과 같이 일정한 경우에는 신청인 중에서 등기의무자의 신청의사가 진정한 것인가를 확인하여 등기신청의 진정을 도모하기 위하여 등기의무자의 인감증명서의 제출을 요구하고 있고, 그 외에 등기신청에 있어서 등기원인에 대한 제3자의 허가, 승낙 또는 동의가 필요한 때나, 등기상 이해관계인의 승낙 등이 필요한 경우에 그 승낙자 등의 진정한 의사를 증명하기 위하여 그의 인감증명서를 첨부하게 하고 있다.

> **注意** **인감증명서의 주소가 현주소와 일치하지 않는 경우**
> 인감증명서상의 등기의무자의 주소가 종전 주소지로 기재되어 있는 등 현주소와 일치하지 아니하더라도 주민등록표등본의 주소이동 내역에 인감증명서상의 주소가 종전 주소로서 표시되어 있거나 성명과 주민등록번호 등에 의하여 동일인임이 인정되는 경우에는 그 인감증명서가 첨부된 등기신청은 수리하여야 한다(등기예규 제1171호).

### 1) 인감증명서의 제출을 요하는 경우

① <u>소유권의 등기명의인이 등기의무자로서 등기를 신청하는 경우</u>에는 등기의무자의 인감증명서를 제출하여야 한다(규칙 제60조 제1호). 여기에는 소유권이전, 소유권목적의 저당권·전세권·임차권설정이나, 가등기를 들 수 있다.[60]
② <u>소유권에 관한 가등기명의인이 가등기말소를 신청하는 경우</u>에 가등기명의인의 인감증명서를 제출하여야 한다(규칙 제60조 제2호).
③ 소유권 이외의 권리의 등기명의인이 등기의무자로서 그 <u>등기필증이 멸실되어 신청서에 대리인(법무사·변호사에 한함)의 확인서면 또는 공증서면부본을 첨부하여 등기신청을 하는 때에는</u> 그 등기의무자의 인감증명을 첨부하여야 한다(규칙 제60조 제3호).

---

[60] 그러나 저당권이전 등 각종 제한물권의 이전, 저당권이전가등기, 전세권목적의 저당권 등 제한물권에 대한 권리설정의 경우에는 등기권리자와 등기의무자의 인감증명서가 불필요하다.

예를 들면, 저당권등기를 말소하는 경우에 있어서 등기의무자인 저당권자의 인감증명서를 첨부할 필요가 없는 경우이지만, 저당권등기필증을 분실한 경우 저당권자의 확인서면을 제출함과 동시에 저당권자의 인감증명서를 제출하여야 한다. 다만 등기관이 작성하는 확인조서는 제외된다.

④ <u>토지의 분필, 합필등기신청서에</u> 규칙 제74조, 81조 규정에 의한 권리자의 확인서면을 첨부하는 경우 이때에 권리자의 인감증명서도 첨부하여야 한다(규칙 제60조 제4, 5호).
⑤ <u>협의분할에 의한 상속등기를 신청하는 경우</u>에는 상속재산분할협의서에 날인한 상속인 전원의 인감증명을 제출하여야 한다(규칙 제60조 제6호). 다만 재외국민의 상속재산의 협의분할시 인감증명은 상속재산 협의분할서상의 서명 또는 날인이 본인의 것임을 증명하는 재외공관의 확인서 또는 이에 관한 공정증서로 대신할 수 있다.
⑥ 등기신청서에 제3자의 동의 또는 승낙을 증명하는 서면을 첨부하는 경우에는 그 서면에 날인한 동의서 또는 승낙자의 인감증명을 제출하여야 한다(규칙 제60조 제7호).
⑦ 법정대리인에 의하여 위와 같은 등기를 신청할 경우에는 법정대리인의 인감증명을 제출하여야 하며, 무능력자의 인감증명은 제출하지 않는다.

## 2) 인감증명서의 제출을 요하지 않는 경우

① 관공서가 등기신청을 하는 경우에는 인감증명서의 제출을 요하지 않는다(규칙 제60조 제2항).
② 부동산등기규칙 제60조 제4호 내지 7호의 서면이 공정증서인 경우에는 인감증명을 제출할 필요가 없다. 즉 분필등기신청시의 권리자의 서면, 상속재산분할협의서, 제3자의 동의·승낙서가 공정증서인 경우에는 그들의 인감증명을 제출할 필요가 없다.

## 3) 인감증명의 종류

### (1) 법인, 외국회사의 경우

부동산등기규칙 제60조의 규정에 의한 인감증명을 제출하여야 하는 자가 법인 또는 외국회사인 경우에는 등기소의 증명을 얻은 그 대표자의 인감증명인 '법인인감증명서'[61]를 제출

---

61) 매매의 경우, 예컨대 건설 법인이 분양자로서 등기의무자일 때 '법인인감증명서'를 첨부하여야 하는데, 이 법인인감증명서는 매수자란(성명, 주민등록번호, 주소)이 기재된 '매도용인감증명서'이어야 한다. 미성년자인 경우는 부와 모의 매도용인감증명서를 제출한다.

하여야 한다.

### (2) 법인 아닌 사단, 재단

인감증명을 제출하여야 하는 자가 법인이 아닌 사단 또는 재단인 경우에는 그 대표자 또는 관리인의 개인인감증명서를 제출하여야 한다(규칙 제61조 제1항).

### (3) 외 국 인

① 인감증명의 날인제도가 있는 외국인(일본, 대만)은 위임장에 날인한 인감과 동일한 인감에 관하여 그 관공서가 발행한 인감증명이 있어야 한다.
② 인감증명의 날인제도가 없는 외국인은 위임장에 한 '서명'에 관하여 본인이 직접 작성하였다는 취지의 본국 관공서의 증명이나 이에 관한 공증이 있어야 한다.
③ <u>외국인이 입국하여</u> 국내 부동산을 처분하는 경우 날인제도가 없는 외국인의 인감증명에 관하여는 신청서 또는 위임장 등에 한 서명이 본인의 것임을 증명하는 주한 본국 대사관이나 영사관의 확인서면으로도 가능하며, 출입국관리법에 의하여 외국인등록을 한 자는 인감증명법에 의한 인감증명을 발급받아서 제출할 수 있다.[62]

### (4) 재외국민

① 외국인이 아닌 재외국민은 위임장에 찍힌 인영이 본인의 것임을 증명하기 위하여 본인의 인감증명을 제출하여야 한다. 재외국민의 인감증명서는 국내에 주소가 없는 경우에는 최종주소지 또는 본적지 관할 증명청[63])에 신고하여 받을 수 있다(인감증명법 제3조 제2항[64])).

---

[62] 제3조 (인감신고등)
　③ 출입국관리법에 의하여 외국인등록을 한 자가 인감증명을 받고자 할 때에는 미리 체류지를 관할하는 증명청(시장·구청장·읍장·면장)에 인감신고 하여야 한다.
[63] 인감증명청이라 함은 시장, 구청장, 읍장, 면장을 말하지만 시장, 구청장은 내국인에 대한 인감사무를 동장에게 위임하고 있다(인감증명법시행령 제2조).
[64] ② 대한민국내에 현재하지 아니한 국민으로서 대한민국내에 주소를 가지지 아니한 자가 인감증명을 받고자 할 때에는 대한민국내에 그 주소가 없는 것이 분명한 경우에 한하여 그가 대한민국에 주소를 가진 일이 있으면 그 최종 주소를 관할한 증명청에, 그 최종 주소를 관할한 증명청이 불분명할 때에는 본적지를 관할하는 증명청에 그 인감을 신고할 수 있다.

② 종래, 소유권이전등기신청서에 첨부되는 재외국민의 인감증명서는 '비고란'에 이전할 부동산명과 그 소재지가 기재되어 있어야 했으나, 인감증명법 시행령과 예규의 개정으로 이제는 그럴 필요가 없게 되었다.[65] 또한 인감증명청의 소재지를 관할하는 '세무서장'을 거칠 필요도 없게 되었다.

③ 재외국민의 상속재산의 협의분할시 인감증명은 상속재산 협의분할서상의 서명 또는 날인이 본인의 것임을 증명하는 재외공관의 확인서 또는 이에 관한 공정증서로 대신할 수 있다.

---

### 서 명 확 인 서

성　　　명 : (미국명) :　NANI JUNG
　　　　　(국적상실전) 한 글 : 정난희
　　　　　　　　　　　한 문 : 鄭蘭姬
생 년 월 일 : 59년 5월 14일
본적 (한국) : 서울특별시 동대문구 제기동 13
미국내 주소 :　2319 S. 380th Street, Federal Way, WA 98003, USA.

서명 :

국적 : 미국(U.S.A)

미국 거주기간 : 1988 년 10 월부터 현재

용도 : 상속재산분할협의

상기인의 자필 서명이 틀림없음을 확인함.

---

65) 등기예규 제1476호

## 4) 인감증명의 유효기간

등기신청서에 첨부되는 인감증명의 유효기간은 발행일로부터 3개월이다(부동산등기법시행규칙 제55조).[66] 발행일인 초일을 산입하지 아니하며 말일이 공휴일인 때에는 그 익일(다음날)로 만료한다.

## 5) 용도와 매수인의 표시

① '매매'를 원인으로 한 소유권이전등기신청의 경우에는 반드시 '부동산 매도용 인감증명서'[67]를 첨부하여야 한다. 그러나 매매이외의 증여, 교환 등의 경우에는 등기신청서에 첨부된 인감증명서상의 사용용도와 그 등기의 목적이 다르더라도 그 등기신청은 수리하게 된다.

따라서 사용 용도란에 가등기용으로 기재된 인감증명서를 근저당권설정등기신청서에 첨부하거나 부동산매도용 인감증명서를 지상권설정등기신청서에 첨부하여도 그 등기신청은 유효하다.

② 부동산매도용 인감증명서 발급 신청시 매수인이 2인 이상인 경우 인감증명서상의 매수자란 중 성명란은 "홍길동외 2명"으로 기재하고, 주민등록번호 및 주소란에 첫 번째 매수인 1인의 주소와 주민등록번호를 기재한 다음 나머지 매수인들의 인적사항을 <별지>에 기재하도록 한다.

---

66) 참고로, 등기신청서에 첨부하는 법인등기부등·초본, 주민등록등·초본, 토지대장 및 건축물대장등본은 발행일로부터 3월 이내의 것이어야 한다(부동산등기법시행규칙 55조).
67) 매도용인감증명서란 인감증명서 기재란중 '부동산매수자란'에 매수인의 성명(법인은 법인명), 주민등록번호 및 주소가 기재되어 있는 인감증명서를 말한다.

[매도용인감증명서 중간부분]

| 부동산 매수자 | 성 명 (법인명) | 홍길동 외 2명 | 주민등록번호 | 680916-1239283 |
|---|---|---|---|---|
| | 주 소 | 부산광역시 부산진구 가야동 123 | | |
| | 비 고 | 「공 란」 | | |

〈별지〉

| 1 | 성 명 | 홍길자 | 주민등록번호 | 620211-2239284 |
|---|---|---|---|---|
| | 주 소 | 대구광역시 달서구 월성동 321 | | |
| 2 | 성 명 | 홍길남 | 주민등록번호 | 730326-1239285 |
| | 주 소 | 부산광역시 동래구 안락동 324 | | |

注意
- 만일 나머지 매수인들의 인적사항이 별지에 기재되지 아니한 채 성명란에 "홍길동 외 2명"으로만 기재된 부동산매도용 인감증명서는 등기신청시 수리되지 않는다.
- 공유매수인 전부가 1개의 매도용인감증명서에 모두 기재되지 않더라도, 공유매수인의 인적사항이 각 인감증명서에 1명씩 기재되어 매수인 수만큼 인감증명서를 발부받은 경우도 실무상 처리해 주고 있다.

## 6) 본인서명사실확인서를 제출한 경우

'본인서명사실 확인 등에 관한 법률'에 따라 발급된 본인서명사실확인서를 등기소에 제공한 경우에는 인감증명을 따로 제출할 필요가 없다. 단 신청서 또는 위임장에 인감 대신 서명을 한 경우 그 서명은 본인 고유의 필체로 자신의 서명을 기재하고 등기관이 알아볼 수 있도록 명확하게 하여야 한다(등기예규 제1476호).

신청서 등의 서명은 본인서명사실확인서의 서명이 한글로 기재되어 있으면 한글로, 한자로 기재되어 있으면 한자로, 영문으로 기재되어 있으면 영문으로 각각 기재하여야 한다.

## 11. 대장등본(부동산표시 증명서면)

부동산의 물리적 현황이나 동일성 확인은 언제나 대장을 기초로 하여야 한다. 신청서에는 부동산의 표시에 관한 사항을 기재하고 있으나 등기관이 이를 확인하려면 대장과 대조한다. 따라서 소유권보존등기나 부동산표시변경등기를 신청하는 경우 대장등본을 첨부하여야 한다(규칙 제72조, 제121조).

이것을 첨부시키는 이유는 토지대장 등의 장부는 부동산의 사실관계를 나타내고, 등기부는 부동산의 권리관계를 나타내기 때문에 즉 장부가 이원화되어 있는 현실에서 그 부동산의 표시를 일치시키기 위한 것이다. 한편으로 시가표준액 산정근거로써 제출하는 의미도 있다.

대지권등기가 된 집합건물의 경우 ① 토지대장, ② 대지권등록부, ③ 전유부 집합건축물대장, ④ 표제부 집합건축물대장을 각 제출한다.

## 12. 기타의 서면

### 1) 법인아닌 사단 또는 재단이 등기신청할 때 요구되는 첨부서면

비법인 사단이나 재단인 경우에는 비법인명칭, 주사무소소재지, 등기용등록번호, 대표자의 성명이외에도 대표자 개인의 주민등록번호, 주소까지 병기한다. 그리고 등기신청시 이를 위해 아래 서류(정·호·표·주·결)를 첨부하여야 한다.[68]

| 구분 | 성 명<br>(상 호) | 주민 등록 번호<br>(등기용등록번호) | 주 소<br>( 소 재 지 ) |
|---|---|---|---|
| 등기의무자 | 공주이씨<br>강양공파종중<br>대표자 이강일 | 110111-0003914<br>630303-1234567 | 경기도 연천군 미산면 왕산로2어진길7-5<br>서울 중랑구 신내로2길68(묵동) |

---

68) 교회가 등기당사자인 경우는 정관 등 서류(정, 호, 표, 주, 결) 외에 소속증명서, 대표자증명서, 직인증명서, 재직증명서를 추가 첨부한다.

> a. 정관 기타의 규약,
> b. (등기권리자인 경우에는) 부동산 등기용등록번호를 증명하는 서면,
> c. 대표자나 관리인임을 증명하는 서면,
> d. 대표자나 관리인의 주민등록표등본을 첨부한다.
> e. 민법 제276조 제1항의 결의서[69](비법인사단이 '등기의무자'인 경우에 한함)
>
> ※ 2006. 11. 1.부터 위 c, e, 의 규정에 의한 서면(대표자임을 증명하는 서면, 사원총회결의서)에는 그 사실을 확인하는데 상당하다고 인정되는 <u>2인 이상의 성년자가 사실과 상위 없다는 취지와 성명을 기재하고 인감을 날인하고 인감증명서를 제출하여야 한다.</u>
> 다만 변호사 또는 법무사가 등기신청을 대리하는 경우에는 변호사 또는 법무사가 위 각 서면에 사실과 상위 없다는 취지를 기재하고 기명날인함으로써 이에 갈음할 수 있다(등기예규 제1143호).

## 2) 주식회사 이사와 회사간의 거래시 이사회의사록

상법 제398조는 「이사는 이사회의 승인이 있는 때에 한하여 자기 또는 제3자의 계산으로 회사와 거래를 할 수 있다」고 규정하여, 이사와 회사간의 거래에 관한 등기신청시 이사회의사록을 첨부하도록 하고 있다.

이사와 회사간의 거래의 예로는, ① 1인의 이사가 쌍방회사의 대표이사로서 법률행위를 하는 경우, ② 대표이사 개인소유의 부동산에 대하여 회사 명의로 매매예약을 원인으로 하는 가등기를 신청하는 경우, ③ 채무자를 이사 개인에서 회사로 변경하는 근저당권변경등기를 신청하는 경우, ④ 회사 소유부동산에 대하여 이사를 채무자로 한 근저당권설정등기를 신청하는 경우 등을 들 수 있다.

> **│유의사항│**
> ❖ **의사록을 공증받을 필요가 있는가**
> 회사와 이사간의 거래행위로서 상법 제398조의 적용이 있는 경우에는 이에 대한 이사회의 거래승인 결의의 '의사록'을 첨부하여야 하는데, 이 의사록은 공증을 받을 필요는 없지만(등기예규 제765호), 이 경우에도 의사록을 날인한 이사들의 '인감증명서'를 첨부하여야 한다.

---

69) 민법 제276조(총유물의 관리처분과 사용수익)
　　① 총유물의 관리 및 처분은 사원총회의 결의에 의한다.

## 13. 취득세 등 등기신청시 여러 비용

### 1) 등록면허세의 '취득세'로의 통합

① 취득세와 등록세는 등기신청과 관련한 의무사항으로 이행하지 않는 경우 해당 등기신청은 각하된다(부동산등기법 제29조 제10호).

2011. 1. 1.부터 등록세와 취득세가 '취득세'로 통합되어 한 번에 신고 및 납부하도록 변화되었다. 세율은 종전의 등록세율과 취득세율을 단순 합산한 것이지만 각 부가세(실무상 '종세'라 부른다)로서 지방교육세와 농어촌특별세가 있어 복잡한 세율체계가 되었다(다음 2) '취득세율표' 참조).

② 취득세는 취득 당시의 가액을 과세표준으로 한다. 취득 당시의 가액은 취득자가 신고한 가액으로 하고 있다. 신고가 없거나 신고가액이 시가표준액[70]에 미달하는 경우에는 시가표준액에 의한다(지방세법 제10조 제2항). 그러나 다음의 경우는 '사실상 취득가액'에 의한다(지방세법 제10조 제5항).

> 가. 국가, 지방자치단체 및 지방자치단체 조합으로부터 취득
> 나. 판결문(단, 화해, 포기, 인낙, 또는 의제자백에 의한 것은 제외)
> 다. 법인장부(원장, 보조장, 출납전표, 결산서)
> 라. 경매·공매방법에 의한 취득
> 마. 부동산거래신고등에관한법률 제3조에 따른 실거래가신고서를 제출한 검증취득

③ 주택의 경우 취득세율의 감면 : 유상의 주택거래의 경우 세액의 50% 감면을 하며, 이중 1세대 1주택자의 경우 추가 감면이 이루어진다.

일시적으로 2주택자인 경우, 즉 종전 주택을 새주택 취득일로부터 2년 이내에 처분하

---

[70] 주택공시가액은 매년 4. 30. 공시하게 된다.
공시가액은 ① 공동주택의 경우 국토교통부장관이 공시한 가격이, ② 개별주택의 경우 시장·군수·구청장이 공시한 가격이, ③ 그 이외의 경우에는 건물신축가격기준액(2020. 1. 1. 기준 730,000원)에 구조, 용도, 경과년수 등을 반영하여 산정한 가액(: 시가표준액 계산방식) 순으로 적용한다.
토지의 경우에는 개별공시지가, 주택거래신고지역의 경우에는 신고가액이 공시가액에 갈음하게 된다. 위 '공시가액'과 '신고가액'을 비교하여 높은 가격이 과표가 되지만 '부동산거래법'에 의한 실거래가 신고대상인 경우 신고된 실거래가 과표가 된다.

는 일시적 2주택자는 1주택자로 본다. 이 경우 취득세고지서 발급신청시 매매계약서 및 잔금지급확인서(영수증)를 첨부하여 '지방세감면신청서'를 제출하여 감면받도록 한다(지방세법 시행규칙 제1호 서식).

④ 취득세는 부동산을 취득한 자가 납세의무자가 된다. 예를 들어 소유권이전등기의 경우에는 소유권을 이전받는 등기권리자(매수인, 상속인 등)가 취득세 납세의무자이다. 등록세는 등기를 하는 자가 납세의무자가 된다. 예를 들어 지상권, 지역권, 전세권, 임차권 설정등기의 경우에는 각각 지상권자, 지역권자, 전세권자, 임차인이 납부세의무자이다. 근저당설정등기는 근저당권자, 근저당권이전등기는 근저당권을 이전받는 자, 근저당권 말소등기는 근저당권설정자 또는 말소대상 부동산의 현재 소유자가 납세의무자이다.

⑤ '일괄신청'이 인정되는 등기를 하는 경우, 즉 등기원인 및 등기목적이 동일한 것으로서 <u>수 개의 등기소의 관할에 걸쳐있는</u> 수 개의 부동산에 관한 권리의 등기를 신청하는 경우에는 최초의 등기를 신청하는 등기소에 취득세의 전액을 납부하여야 하고, 등기관은 등기를 신청할 등기소의 수에 따라서 수령증을 신청인에게 교부하고, 신청인은 신청서에 수령증을 첨부하여 등기를 신청하여야 한다.

⑥ 시·군·구청(관청)으로부터 취득세고지서를 교부받은 경우 시중 금융기관에서의 수납은 은행업무시간(오후 4:00)으로 제한되지만 관청내 혹은 법원내 금융기관에서는 등기소의 업무시간 내인 오후 6:00까지 수납을 할 수 있다.

⑦ 취득한 날로부터 <u>60일</u>(상속은 사망일이 속하는 달의 말일부터 6개월) 이내에 산출세액을 신고·납부하여야 한다(2012. 1. 1. 시행).[71]

---

[71] 지방세법 제20조 제1항에 따라 취득세 신고기간은 60일내이다(종전 30일에서 연장).

## 2) 취득세율표(지방세법 제11조)

| 등 기 | 기본 세율 | 종 세 | 총세율 |
|---|---|---|---|
| 일반상속, 보존, 증축, 기부 (공익사업 목적의 대통령령으로 정하는 비영리사업자 무상취득) | 가액의 28/1,000 (=①등록면허세 8/1000+ ②취득세20/1000) | 교육세 1.6/1000 (=① × 20%)<br>농특세 2/1000 (=② × 10%) | 3.16%<br>=31.6/1000 |
| 농지상속 | 가액의 23/1,000 (=①등록면허세 3/1000+ ②취득세20/1000) | 교육세 0.6/1000 (=① × 20%)<br>농특세 2/1000 (=② × 10%) | 2.56%<br>=25.6/1000 |
| 농지매매 — 신규취득 | 가액의 30/1,000 (=①등록면허세10/1000+ ②취득세20/1000) | 교육세 2/1000 (=① × 20%)<br>농특세 2/1000 (=② × 10%) | 3.4%<br>=34/1000 |
| 농지매매 — 농업인 ※ 2년이상 농업인으로 자경목적취득시(지방세특례제한법4조①) | 가액의 15/1,000 (=①등록면허세 5/1000+ ②취득세 10/1000) | 교육세 1/1000 (=① × 20%)<br>농특세 : 0 (농업인 : 비과세) | 1.6%<br>=16/1000 |
| 무상, 증여, 유증 명의신탁해지 | 가액의 35/1,000 (=①등록면허세15/1000+ ②취득세20/1000) | 교육세 3/1000 (=① × 20%)<br>농특세 2/1000 (=② × 10%) | 4%<br>=40/1000 |
| 재산분할 (이혼) — 85㎡이하 | 가액의 15/1,000 (=①등록면허세15/1000+ ②취득세20/1000) | 교육세 3/1000 (=① × 20%)<br>농특세 : 0 (비과세) | 1.8%<br>=40/1000 |
| 재산분할 (이혼) — 85㎡초과 | 가액의 15/1,000 (=①등록면허세15/1000 (취득세20/1000은 지방세법15조에 따라 감면) | 교육세 3/1000 (=① × 20%)<br>농특세 4/1000 (감면 취득세 20/1000×20%) | .2.2%<br>=40/1000 |
| ▪ 주택외 매매(상가 등)<br>▪ 교환 | 가액의 40/1,000 (=①등록면허세20/1000+ ②취득세20/1000) | 교육세 4/1000 (=① × 20%)<br>농특세 2/1000 (=② × 10%) | 4.6%<br>=46/1000 |

※ 주택의 경우 아래 취득세율 : 적용시점 2013. 8. 이후    (지방세법 11조1항8호)

| | | | | |
|---|---|---|---|---|
| 6억 이하 | 주거전용 85㎡이하[72] | 가액의 10/1,000<br>= 취득세 1%<br>(①등록면허세 5/1000) | 교육세 1/1000 (=① × 20%)<br>농특세 : 0 (비과세) | 1.1%<br>=11/1000 |
| | 85㎡초과 | 가액의 10/1,000<br>= 취득세 1%<br>(①등록면허세 5/1000) | 교육세 1/1000 (=① × 20%) | 1.3%<br>=13/1000 |

| | | | 농특세 2/1000 (원래취득세 20/1000×10%) | |
|---|---|---|---|---|
| 6억 초과 ｜ 9억 이하 | 85㎡이하 | 가액의 20/1,000 = 취득세 2% (①등록면허세10/1000) | 교육세 2/1000 (=① × 20%) | **2.2%** =22/1000 |
| | | | 농특세 : 0 (비과세) | |
| | 85㎡초과 | 가액의 20/1,000 = 취득세 2% (①등록면허세10/1000) | 교육세 2/1000 (=① × 20%) | **2.4%** =24/1000 |
| | | | 농특세 2/1000 (원래취득세 20/1000×10%) | |
| 9억 초과 | 85㎡이하 | 가액의 30/1,000 = 취득세 3% (①등록면허세15/1000) | 교육세 3/1000 (=① × 20%) | **3.3%** =33/1000 |
| | | | 농특세 : 0 (비과세) | |
| | 85㎡초과 | 가액의 30/1,000 = 취득세 3% (①등록면허세15/1000) | 교육세 3/1000 (=① × 20%) | **3.5%** =36.5/1000 |
| | | | 농특세 2/1000 (원래취득세 20/1000×10%) | |

※ 주택의 취득세율 강화  아래 취득세율 : 적용시점 2020. 8. 12. 시행    (지방세법 13조의2)

| 구 분 | 주택 수 | 조정대상지역[73] | 비조정대상지역 |
|---|---|---|---|
| 개인 | 1주택 | 위 가액에 따른 기본세율(1~3%) | |
| | 2주택 | 8% | 기본세율(1~3%) |
| | 3주택 | 12% | 8% |
| | 4주택이상 | 12% | 12% |
| 법인 | | 12% | |
| 증여취득 | 조정대상지역내 공시가 3억이상 주택이면 : 12% | | |

1. 조정대상지역 지정일 이전에 매매계약을 체결한 경우 비조정대상지역 취득세율 적용
2. 취득세 중과세 예외 주택 – 공시가 1억이하 주택, 공공주택사업자, 노인복지주택, 가정어린이집, 주택시공자가 공사대금으로 받은 미분양주택, 저당권 실행으로 취득한 주택, 사원용 주택
   농어촌주택(=토지 660㎡내 + 건물 150㎡내 + 건물공시가 6,500만 원내)
3. 주택수는 세대별로 판단
   ① 동일세대로 판단 – 주민등록상 가족(동거인제외), 단, 배우자 및 미혼인 30세 미만 자녀는 주소가 달라도 1세대.
   ② 자녀가 65세 이상 부모를 동거봉양하기 위해 합가한 경우 별도 세대로 본다.
   ③ 세대전원이 90일 이상 출국하는 경우로서 출국 후 속할 거주지를 다른 가족의 주소로 신고한 경우
4. 주택수 계산방법
   ① 지분도 주택수 포함, 단 동일세대 공동소유는 1주택으로 봄
   ② 주택 부속토지만 소유하거나 취득해도 주택수 포함
   ③ 신탁주택은 위탁자 주택수에 가산한다.
   ④ 상속개시일로부터 5년 내 주택은 주택수에서 제외한다.
   ⑤ 공동상속주택 – 지분이 가장 큰 상속인 소유로, 단 지분동일하면 '해당주택거주자'와 '최연장자' 순으로 판단.
   ⑥ 법시행(2020.8.12.) 이후 취득하는 조합원입주권, 주택분양권, 주거용오피스텔(: 취득 시점에는 용도가 확정되지 않으므로 상가취득세율 4%적용)은 포함한다.

### 5. 일시적 2주택자 취득세 중과 배제

① 국내에 주택, 조합원입주권, 주택분양권 또는 오피스텔을 1개 소유한 1세대가 이사·학업·취업·직장이전 및 이와 유사한 사유로 신규주택을 추가로 취득한 후 3년 이내에 종전주택을 처분하는 경우 중과세하지 않는다.
  * 종전주택 등과 신규주택 모두 조정대상지역에 있는 경우에는 1년
② 신규주택 취득시 우선 1주택 세율(1~3%)로 신고 납부한다.
  다만 종전주택을 처분기간내 처분하지 않는 경우 2주택에 대한 세율(8%)과의 차액이 추징됨(가산세포함)
③ 종전주택 또는 신규주택이 조합원입주권·분양권인 경우
  : 입주권·분양권에 의하여 주택을 취득(잔금)한 날부터 일시적 2주택 기간(3년 또는 1년)을 기산한다.
  처분기간내 종전주택이 아닌 신규주택을 처분하여도 중과세 배제한다.

| | | | |
|---|---|---|---|
| 공유·합유 및 총유물의 분할 | 가액의 23/1,000<br>= 취득세 2.3%<br>(=①등록면허세 3/1000+<br>②취득세20/1000) | 교육세 0.6/1000<br>(=① × 20%)<br>농특세 2/1000<br>(=② × 10%) | **2.56%**<br>=25.6/1000 |
| **등록면허세율** | | | |
| 1. 지상권, 가등기<br>2. 저당권, 경매, 가압류, 가처분<br>3. 지역권<br>4. 전세권<br>5. 임차권 | 부동산 가액의 2/1,000<br>채권금액의   〃<br>요역지가액의 〃<br>전세금액의   〃<br>월차임의     〃 | 교육세 0.4/1000 | **0.24%**<br>=2.4/1000 |
| 기타 등기<br>(변경, 경정, 말소) | 매건당   6,000원 | 교육세 1,200원 | |
| 산출금 세액이 6,000원 미만 | 6,000원 | 교육세 1,200원 | |

※ 비 고
  ○ 농어촌특별세 취득세의 10%가 원칙이나, 등록·취득세의 감면이 있는 경우 감면분의 20%이다.
  ○ **주택은 국민주택 규모이하 '취득'**(ex 상속, 증여, 매매 등)시 농특세 비과세!
  ○ 형식적인 소유권의 취득 등에 대하여는 '비과세'한다.
    <예> 신탁등기와 병행되는 소유권이전(위탁자⇨수탁자, 수탁자⇨위탁자)
  ○ 변경·말소 등 등록면허세는 2014. 1.부터 개당 6,000원.

---

72) 농어촌특별세법(제4조 제11호)에 따라 농특세 '비과세' 대상인 '국민주택'(주택법 제2조 제3호)은 주거전용면적 85㎡이하 또는 도시지역 아닌 읍·면지역은 주거전용면적이 100㎡ 이하를 말한다.
73) 조정대상지역의 지정, 해제 등 공고(국토교통부)는 「국가법령정보센타」 > 조정대상지역에서 확인.

| 조정대상지역 (2020. 6. 19) | |
|---|---|
| 서울 | 25개구 전지역 |
| 경기 | 과천, 광명, 성남, 고양, 남양주(화도, 수동, 조안면 제외), 하남, 동탄2택지, 구리, 안양, 광교택지, 수원, 용인(수지, 기흥, 처인), 의왕, 군포, 안성(일죽, 죽산, 삼죽면 제외), 부천, 안산, 오산, 평택, 광주(초월등 제외), 양주, 의정부 |
| 인천 | 중구, 동구, 미추홀구, 연수구, 남동구, 부평구, 계양구, 서구 |
| 대전 | 중구, 동구, 서구 유성구, 대덕구 / 세종특별자치시 |
| 충북 | 청주시 (낭성면등 11개면 제외) |

### 취득세의 비과세와 감면

① 교회·절·종중 등 공익사업목적 비영리단체의 취득 (지방세특례제한법 제50조)
② 사회복지법인, 학교 운영자, 양로원, 보육원, 모자원의 취득
③ 신탁 및 신탁해지, 환매권의 행사로 인한 취득(지방세법 제9조)
④ 자경농민의 농지취득은 50%감면 (지방세특례제한법 제6조)
⑤ 수용보상금 마지막 받은 날로부터 1년내 대체취득시 면제

**| 유의사항 |**

**등기관**이 등기신청서를 조사할 때에는 신청인이 신고 납부한 취득세(등록면허세)의 영수필통지서와 확인서가 등기신청서에 첨부되었는지 여부를 확인하고, 그 납세명세가 신청서의 기재사항과 부합하는지 여부를 조사하는 것으로 족하고, 취득세(등록면허세)액이 정확한지 여부는 심사대상이 아니다 (2003. 10. 16. 부등3402-569 질의회답).

▶ 시·군·구청 세무과를 방문하여 취득세 고지서를 발부받는다.

## 3) 교 육 세

① 교육세는 교육의 질적 향상을 도모하기 위하여 필요한 교육재정의 확충에 필요한 재원을 마련하기 위한 것으로써, 지방세법의 규정에 의한 '등록면허세' 납세의무자는 교육세의 납세의무자이기도 하다.
② 교육세는 지방세법의 규정에 의하여 납부하는 등록면허세의 100분의 20에 해당하는 세금을 납부하여야 하고, 등록세가 중과세되는 경우에는 그 중과된 금액을 기준으로 산출한다.

## 4) 농어촌특별세

① 농어촌특별세는 농어업의 경쟁력 강화와 농어촌산업기반시설의 확충 및 농어촌지역 개발사업을 위하여 필요한 재원을 마련하기 위한 것으로써, <u>부동산의 취득과 관련하여</u>

본세에 부과되는 농특세(본세의 10%)와 감면세액에 부과되는 농특세(감면세액의 20%)로 구분할 수 있다.

② 본세로서는 소득세, 법인세, 취득세, 종합소득세가 있으며, 감면을 받는 세로는 소득세, 법인세, 취득세, 등록면허세가 있다. 농어촌특별세법에 따라 농가주택, 국민주택규모 주택의 취득, 농지취득 등은 농특세 비과세대상이다(농어촌특별세법 제4조).

### 5) 등기신청수수료

① 등기를 신청하고자 하는 사람은 대법원규칙이 정하는 바에 의하여 수수료를 납부하여야 한다(부동산등기법 제27조 제3항). 2013. 5. 1.자 종전 수입증지가 전면 폐지되고 그 납부방법으로서 은행 현금납부, 무인발급기를 통한 현금납부, 인터넷등기소 전자납부로 변경되었으므로 유의하도록 한다.

② 등기신청수수료는 등기신청인이 이를 납부하여야 하며, 등기권리자와 등기의무자의 공동신청에 의하는 경우에는 '등기권리자'가 이를 부담한다.

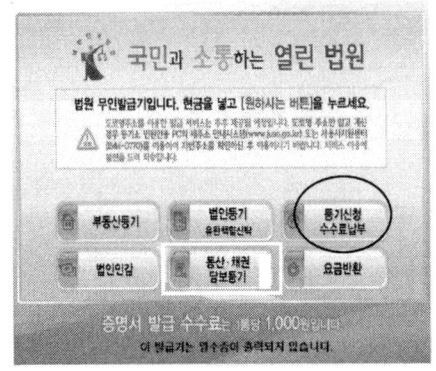

무인발급 첫 화면

▶ 무인발급기(모니터)에서의 수수료납부

③ 등기신청수수료는 종전 등기신청서 을지 하단에 당해 수수료액 상당의 등기수입증지를 첨부(붙임)하는 첨부하는 방식에 의하다가 2010. 12. 1.부터 수수료가 3만원을 초과한 때에는 현금납부서(농협, 신한은행에 비치) 방식에 의하도록 하였다.

등기신청수수료는 각 15,000원과 3,000원의 2종류가 있다. 다만 전자표준양식(이폼)에 의한 신청은 13,000원과 2,000원, 전자신청에 의한 신청은 10,000원과 1,000원이다.

현금수납방식은 ① 법원행정처장이 지정하는 취급 은행에서74) 아래 '현금납부서'에 의한 납부를 하거나, ② 인터넷등기소(www.iros.go.kr)를 이용하여 전자적인 방법(신용카드, 계좌이체, 선불형지급수단)으로 납부하거나, ③ 무인발급기에서 현금으로 납부하는 방식이다.

---

74) 현금수납은행 : 농협은행, 신한은행, 우리은행, 하나은행

납부 후 발급받은 '영수필확인서'를 등기신청서 을지에 첨부하여야 하며, 등기신청서(을지)에는 은행수납번호(납부번호)를 기재하여야 한다.

인터넷등기소

▶ 인터넷 등기소(www.iros.go.kr)에서의 등기신청수수료납부

※ **부동산등기신청수수료**[75]  2018. 12. 19. 개정

| 등기의 목적 | | 수수료 | e-form | 전자신청 |
|---|---|---|---|---|
| 1. 소유권보존 | | 15,000원 | 13,000원 | 10,000원 |
| 2. 소유권이전 | | 15,000원 | | |
| 3. 소유권이외의 권리설정·이전 | | 15,000원 | | |
| 4. 가등기·이전 | | 15,000원 | | |
| 5. 변경 및 경정 (다만, 착오 또는 유루발견을 원인으로 하는 경정등기신청의 경우는 수수료 없음) | 가. 등기명의인표시 | 3,000원 | 2,000원 | 1,000원 |
| | 나. 각종권리 | 3,000원 | | |
| | 다. 토지표시 | 없 음 | | |
| | 라. 건물표시 | 3,000원 | 2,000원 | 1,000원 |
| 6. 분할·합병 | 가. 토지 | 없 음 | 2,000원 | 1,000원 |
| | 나. 건물(구분등기등) | 3,000원 | | |
| 7. 멸실등기 | | 없 음 | | |
| 8. 말소등기 | | 3,000원 | | |
| 9. 말소회복 | | 3,000원 | | |
| 10. 멸실회복 | | 없 음 | | |
| 11. 가압류·가처분 | | 3,000원 | | |
| 12. 압류(체납처분 등) | 가. 국세, 지방세 | 없 음 | | |
| | 나. 의료보험 등 공과금 | 3,000원 | | |
| 13. 경매개시결정등기, 강제관리등기 | | 3,000원 | | |
| 14. 파산·화의·회사정리등기 | | 없 음 | | |
| 15. 신탁 | 가. 신탁 | 없 음 | | |
| | 나. 신탁등기의 변경, 말소 등 신탁 관련 | 없 음 | | |
| 16. 환매 | 가. 환매특약 및 환매권이전 | 15,000원 | 13,000원 | 10,000원 |
| | 나. 환매권의 변경, 말소 등 환매권 관련 | 3,000원 | 2,000원 | 1,000원 |
| 17. 위에서 열거한 등기 이외의 기타등기 | | 3,000원 | 2,000원 | 1,000원 |

---

[75] 등기신청수수료 징수에 관한 예규 제1662호

## 6) 국민주택채권매입

① 일정액 이상의 소유권 보존[76]·이전등기,[77] 상속·증여, 저당권 설정·이전등기를 신청하는 자[78]는 주택법(제67조, 제68조) 및 동법 시행령(제90조-제95조)이 정하는 바에 의하여 공유자지분별, 부동산별로 각 계산된 '제1종 국민주택채권'을 매입하여야 하고, 등기신청서 을지(乙紙)에 '국민주택 채권발행번호'를 기재하여야 한다.

> **│유의사항│**
> ❖ **매입필증제도는 폐지**
> 종전 매입필증은 폐지되고 2004. 4. 1.부터 취급 은행에 매입신청서를 작성하여 제출하면 채권의 매입내역이 한국예탁결제원(구 증권예탁원)에 전자적으로 등록되고 등기소 또는 인·허가권자 등에게 자동적으로 통보되므로 매입필증은 별도로 교부하지 않게 되었다. 다만 등기신청시 '채권발행번호'를 기재하도록 하여 등기소가 전자적으로 매입여부를 확인할 수 있도록 되었다.

② 소유권 보존·이전의 등기에 있어서 국민주택채권의 매입은 (ⅰ) 주택(부속토지포함),[79] (ⅱ) 토지, (ⅲ) 그 외 건축물[80]로 각 부동산별로 계산하고, 한편 공유자 지분별로 계산한다.[81]

---

76) 건축물은 제외
77) 공유물을 공유지분율에 따라 분할하여 이전등기를 하는 경우, 신탁 또는 신탁종료에 따라 수탁자 또는 위탁자에게 소유권이전등기를 하는 경우는 제외
78) 따라서 국민주택채권 매입의무 발생시기는 등기신청시가 되므로 이 시점의 부동산 시가표준액에 따른다.
79) 주택의 경우 건물과 대지가 공시가액으로 '통합평가'되므로 주거용건축부분과 대지부분의 각 시가표준액 산정이 곤란하다.
80) ex) 상가, 오피스텔, 사무실 등
81) 국민주택채권 매입의무자는 소유권(토지) 보존등기를 하는 자 또는 소유권 이전을 받는 자가 된다. 다만 건축물에 대한 소유권 보존등기에 있어서는 국민주택채권을 매입하지 않음에 유의한다.

> ☞ **부동산별 공유자지분별 국민주택채권 산정사례(상속)**  ※ 채권산출기준표 참조
>
> 1. 대구광역시 달성군 현풍면 오산리 625-1.
>    답 1977㎡ × 17,100원/㎡ = 33,806,700원
>    - 9 분의 3  김윤자  → 200,000원 [82]
>    - 9 분의 2  차민정  → 매입않음 [83]
>    - 9 분의 2  차민지  → 매입않음
>    - 9 분의 2  차영준  → 매입않음
> 2. 대구광역시 달성군 현풍면 오산리 628.
>    답 1562㎡ × 26,600원/㎡ = 41,549,200원
>    - 9 분의 3  김윤자  → 250,000원 [84]
>    - 9 분의 2  차민정  → 매입않음
>    - 9 분의 2  차민지  → 매입않음
>    - 9 분의 2  차영준  → 매입않음
>
>    국민주택채권 총 매입금액 = 450,000원
>
> ※ 위 각 부동산별, 매수인(또는 상속인등)지분별로 산출된 주택채권의 합계를 매입한다.

③ (근)저당권의 설정, 이전의 등기에 있어서 그 채권액(근저당권은 채권최고액)이 2,000만 원 이상인 경우에 매입하여야 하며 매입율은 1%로 일정하다. 다만 매입금액이 10억 원을 초과하는 경우에는 10억 원으로 한다.[85]

> **│유의사항│**
> ❖ **저당권에서 국민주택채권 매입의무자**
> 매입의무자는 저당권자가 아닌 '저당권설정자(소유자)'가 되며, 저당권이전인 경우에는 이전을 받는 자(근저당채권 양수인)가 매입의무자가 됨에 유의한다.

④ 최저매입금액은 1만 원이므로, 1만 원미만의 단수가 있을 때에는 그 단수가 5천 원 이상 1만 원미만일 때에는 1만 원으로 하고 그 단수가 5천 원 미만인 때에는 단수가 없

---

82) 김윤자 : 33,806,700 × 3/9=11,268,900원, 이에 18/1000(상속매입율) 곱함.
83) 차민정 : 33,806,700 × 2/9=7,512,600원, 그런데 '상속'에서 기준금액 1,000만원 미만은 매입의무 없음.
84) 김윤자 : 41,549,200 × 3/9=13,849,733원, 이에 18/1000(상속매입율) 곱함.
85) 주택도시기금법 시행령 제8조 제2항 [별표]

는 것(절사)으로 한다.

> **채권매입이 면제되는 범위**
>
> 가. **공유물분할에 따른 이전등기**, 신탁 또는 신탁종료에 따라 수탁자 또는 위탁자에게 소유권이전
> 나. 농업인의 **농지**의 취득에 따른 소유권이전, 농지에 대한 저당권의 설정 및 이전
> 다. 건축허가를 신청할 때에 국민주택채권을 매입한 자가 사용검사를 마친 건축물에 대하여 소유권보존.
> 라. 국가기관, 지방자치단체, 공공기관(ex ○○공사), 지방공기업, 한국자산관리공사, 부동산투자회사 및 기업구조조정부동산투자회사, 금융기관, 언론기관, 부동산담보대출을 받는 중소기업, 법인의 합병등기, 현물출자 법인설립시.
> 마. **비영리법인의 종교단체**, **사회복지법인의 소유권보존**, 이전
>
> ※ 비영리법인 종교단체 등록확인여부 : 지적과 발급의 등기용등록번호증명서와 세무서 발급의 고유번호증있는 경우)

⑤ 아래 채권산출기준표는 주택, 토지, 일반건물, 상속·증여, 저당권설정인 경우로 각 구분되어 채권매입률이 각 정하여져 있다.

　　소유권보존·이전의 등기에 있어서는 각 부동산별로 계산하며, 상속·증여의 채권매입률에는 명의신탁해지 등 무상으로 취득하는 경우를 포함한다.

⑥ 국민주택채권 취급은행은 아래와 같다.
　- 제1종 : 우리, 농협은행, 신한, 하나, 기업, SC제일, 경남, 광주, 전북, 대구, 부산.
　　Cf 제2종 : 우리은행[86)]

---

[86)] 제2종 국민주택채권은 주거전용 85㎡(국민주택규모)를 초과하는 '분양가상한제 적용주택'을 공급받고자 하는 자에게 매입의무를 지우고 있다. 제3종은 2006. 2. 폐지.

※ 채권 산출 기준표　　　　　　　　　　(주택도시기금법 시행령 제8조 제2항)

| 구분 | 금액 | 지역 | 비율 |
|---|---|---|---|
| 주택 | 2천만 원 이상 5천만 원 미만 | 전국지역 | 1,000 분지 13 |
| | 5천만 원 이상 1억 원 미만 | 서울특별시, 광역시 | 1,000 분지 19 |
| | | 기타지역 | 1,000 분지 14 |
| | 1억 원 이상 1억 6천 미만 | 서울특별시, 광역시 | 1,000 분지 21 |
| | | 기타지역 | 1,000 분지 16 |
| | 1억 6천 이상 2억 6천 미만 | 서울특별시, 광역시 | 1,000 분지 23 |
| | | 기타지역 | 1,000 분지 18 |
| | 2억 6천 이상 6억 원 미만 | 서울특별시, 광역시 | 1,000 분지 26 |
| | | 기타지역 | 1,000 분지 21 |
| | 6억 원 이상 | 서울특별시, 광역시 | 1,000 분지 31 |
| | | 기타지역 | 1,000 분지 26 |
| 토지 | 5백만 원 이상 5천만 원 미만 | 서울특별시, 광역시 | 1,000 분지 25 |
| | | 기타지역 | 1,000 분지 20 |
| | 5천만 원 이상 1억 원 미만 | 서울특별시, 광역시 | 1,000 분지 40 |
| | | 기타지역 | 1,000 분지 35 |
| | 1억 원 이상 | 서울특별시, 광역시 | 1,000 분지 50 |
| | | 기타지역 | 1,000 분지 45 |
| 일반 건물 | 1천만 원 이상 1억 3천 미만 | 서울특별시, 광역시 | 1,000 분지 10 |
| | | 기타지역 | 1,000 분지 8 |
| | 1억 3천 이상 2억 5천 미만 | 서울특별시, 광역시 | 1,000 분지 16 |
| | | 기타지역 | 1,000 분지 14 |
| | 2억 5천 이상 | 서울특별시, 광역시 | 1,000 분지 20 |
| | | 기타지역 | 1,000 분지 18 |
| 상속·증여 | 1천만 원 이상 5천만 원 미만 | 서울특별시, 광역시 | 1,000 분지 18 |
| | | 기타지역 | 1,000 분지 14 |
| | 5천만 원 이상 1억 5천 미만 | 서울특별시, 광역시 | 1,000 분지 28 |
| | | 기타지역 | 1,000 분지 25 |
| | 1억 5천 이상 | 서울특별시, 광역시 | 1,000 분지 42 |
| | | 기타지역 | 1,000 분지 39 |
| 저당 | 2천만 원 이상 | 전국지역 | 1,000분지 10 |

▶ 소유권이전에서 국민주택채권 매입의무 부과대상

> \* 소유권의 보존 또는 이전
> (1) **주택** 주1)
> (2) **토지** 주2)
> (3) **일반건물** 주3)

\* 주1) 주택은 "건물과 그 부속토지"가 포함됨
　주2) 토지는 주택용 부속토지를 제외한 모든 "토지"(예 : 상가부속토지, 전, 답, 임야 등)
　주3) 일반건물 및 토지외의 부동산은 상가, 빌딩, 공장, 사무실 등의 "건물"을 말함

▶ 국민주택채권 매입금액 산출을 위한 '기준금액'[87] 적용기준
　가. 건　물 : 아래 순으로 채권매입율을 적용시킨다.
　　① 주택(공동주택,단독주택)[88]
　　　: '공동주택가격'과 '개별주택가격'
　　② 기타 : 시가표준액 계산방식
　　※ 신규주택의 경우는 **분양가격**(부가가치세, 할인금액 등 제외)임
　나. 토　지
　　: 개별공시지가

▶ 부담부 증여로 소유권이전할 경우
　부담부증여계약서상 부담부 부분은 소유권이전 매입률로, 나머지는 증여에 해당하는 매입률로 매입하여 합계함.

**예시 -1** 개별주택가에 의한 채권매입계산

> **注意** 갑돌이는 2020. 4. 2. 서울 소재의 단독주택 1채를 갑순이로 부터 매수하였는데 매수에 따른 국민주택채권액은 얼마인가. 또 '즉시매도'하였을 경우 부담할 채권할인료는 얼마인가.

① 갑순이는 먼저 관할 구청 세무1과 취득세 담당에게 전화를 하여(또는 지자체홈페이지) 당해 빌라의 개별주택가를 문의할 수 있는데, 확인하여 보니 1억5,345만 원이다.

---

87) 주택법 시행령 제95조 제1항 별표
88) 매년 1. 1. 현재 기준으로 4. 30.에 가격을 공시한다. 이 '주택공시가격'은 취득세의 과표가 되는 경우(상속, 증여)가 있고, 국민주택채권 매입의 기준금액이 된다.

② 1억 5,345만 원은 위 '채권산출기준표' 주택 > 1억 원 이상 1억 6천만 미만 > 서울 > 매입율 23/1,000에 해당 된다. 이를 적용하면(1억 5,345만 원 × 23/1000) 그 값은 3,529,350이 되는데, 1만 원 이하의 금액으로서 5,000원 이상인 경우 1만 원으로 '절상'(5천 원 미만은 절사)해주므로 채권매입금액은 3,530,000원이 된다.

  @ 1억 5,345만 원 × 23/1,000(매입율) = 3,530,000원(☜ 3,529,350원에서 절상)
  @ 금일의 즉시매도[89] 채권할인율이 5%(매일변동)라면, 비용은 176,500원(=3,530,000 × 5%)이 된다.

**예시 -2** 공동주택가에 의한 채권매입계산

> **注意** 갑돌이는 2020. 6. 2. 의정부 소재의 삼성래미안 아파트 102동 404호 38평을 갑순이로 부터 매수하였는데 매수에 따른 국민주택채권액은 얼마인가. 또 '즉시매도'하였을 경우 부담할 채권할인료는 얼마인가.

① 주택가(단독주택- 개별주택가, 공동주택- 공동주택가)는 소재지 구청에 문의할 수도 있고, 국토해양부 사이트(www.realtyprice.or.kr)에서도 주택가를 알 수 있다.

---

[89] 「즉시매도」란 시장가격으로 증권사에게 매도하는 것을 말한다. 이는 은행과 증권사간 연결시스템을 통해 이루어진다. 채권매입자는 실제 차액(발행액-매도액) 및 매도대행 수수료만 부담하게 되는데, 이를 실무상 채권할인료(할인율)라 부르고 있다. 이 할인율은 매일 바뀐다. 과거 10~20%까지 육박한 바도 있지만 2020. 10. 현재 1.7% 정도이다.

제1장 등기의 신청 **107**

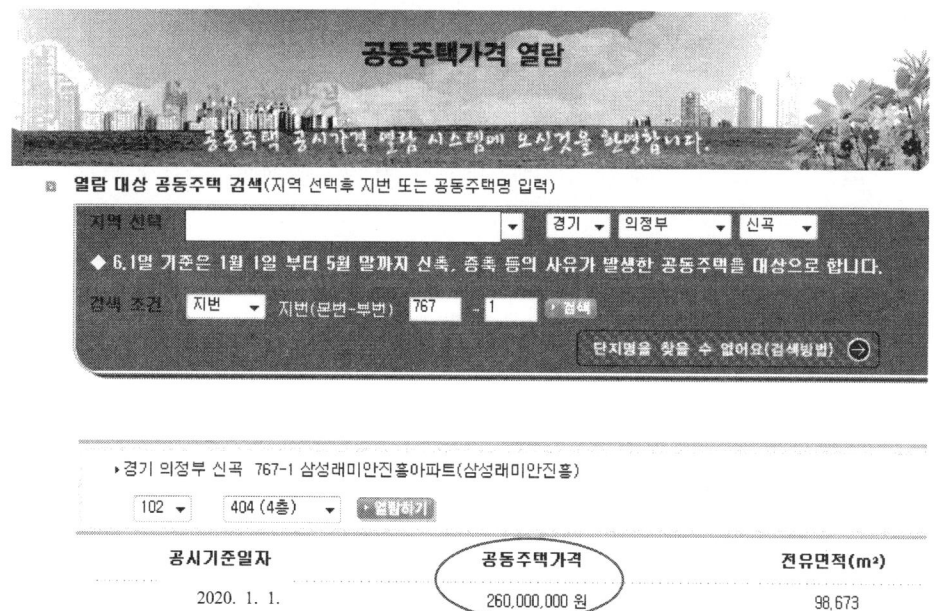

② 위 아파트의 공동주택가 260,000,000원은 '채권산출기준표' 주택 > 2억 6천만 원이상 6억 원 미만 >기타지역> 매입율 21/1,000에 해당 된다. 이를 적용하면(260,000,000원 × 21/1000) 그 값은 5,460,000원이 된다.

* 260,000,000원 × 21/1,000(매입율) = 5,460,000원

    (1만원 이하의 금액이 5,000원 이상은 1만원으로 절상, 5,000원 미만은 절사함)

* 금일의 채권할인율이 2%(매일변동)라면, 실부담 채권할인료는 109,200원(=5,460,000×2%)

> **│유의사항│**
> 상가, 사무실인 경우 기준시가가 고시되었더라도 기준시가에 의하지 않고, '시가표준계산방식'(부록)에 의하여 토지분, 건물분의 각 시가표준액을 산정한 후 채권산출기준표를 적용하여 채권매입 금액을 산출한다.

**예시 -3** 시가표준 계산방식에 의한 채권매입계산

**注意** 갑돌이는 2020. 3. 2. 의정부 소재의 사무실(또는 상가)을 매수하여 등기신청을 하고자 하는데 국민주택채권액은 얼마인가. 또 즉시매도하였을때 부담할 할인료는 얼마인가(단 대지의 개별 공시지가는 576,000원/㎡).

① 주택이 아닌 경우는 토지분과 건물분의 각 시가표준을 계산하여 각 채권매입율을 적용하여 나온 값을 최종 합산한다.
  (ⅰ) 토지 : 개별공시지가 : 576,000원/㎡, 면적 : 116.7㎡
      토지에 대한 시가표준은 개별공시지가가 되므로 아래와 같이 계산한다.

> ※ 다만 개별공시지가는 행정안전부에서 매년 6. 30.에 공시되므로, 사례의 2020. 3. 2. 기준의 토지는 2019. 6. 30. 공시된 개별공시지가를 적용한다.

* 576,000원/㎡ × 116.7㎡ = <u>67,219,200원</u>이 대지의 시가표준액이 된다.
  67,219,200원은 '채권산출기준표'상에서 <u>토지 > 5천만 원 이상 1억 원 미만 >기타지역</u> 매입율 35/1,000이 된다. 이를 적용하면 채권매입금액은 2,350,000원이 된다.
* 67,219,200원 × 35/1,000(매입율) = 2,352,672원, 5,000만 원 미만 금액은 절사
  = 2,350,000원

(ⅱ) 건물의 시가표준액

| 고유번호 | 44530022-1-09912-10 | 일반건축물대장 | | | | | 장번호 | 1-1 |
|---|---|---|---|---|---|---|---|---|
| 대지위치 | 경기도 의정부시 의정부동 | | 지번 | 120-10 | 명칭및번호 | | 특이사항 | / |
| 대지면적 | ㎡ | 연면적 | 137.22㎡ | 지역 | | 지구 | 구역 | |
| 건축면적 | ㎡ | 용적율산정용 연면적 | ㎡ | 주구조 | 연와조 | 주용도 사무실 | 층수 | 지하:1층 지상:2층 |
| 건폐율 | % | | % | 높이 | m | 지붕 스라브 | 부속 건축물 | 동 ㎡ |

| 건축물현황 | | | | | 소유자현황 | | | |
|---|---|---|---|---|---|---|---|---|
| 구분 | 층별 | 구조 | 용도 | 면적(㎡) | 성명(명칭) | 주소 | 소유권 지분 | 변동일자 |
| | | | | | 주민등록번호 (부동산등기용등록번호) | | | 변동원인 |
| | 1층 | 연와조 | 사무실 | 61.05 | 이숙희 | 경기도 의정부시 가능동 123 | | 1997.3.11 |

| | | | | | | | | 소유권이전 |
|---|---|---|---|---|---|---|---|---|
| | 2층 | 연와조 | 사무실 | 61.05 | 761226-2239211 | | | 2001.6.25 |
| | 지1층 | 연와조 | 지하실 | 15.12 | 이성준 | 경기도 의정부시 가능동 633-10 | | 소유권이전 |
| | | | | | 6701128-1292881 | | | |
| | | | | | | | 뒷장 | 사용승인일자 2000. 2.20 |

☞ 아래는 위 대장등본상의 자료로 시가표준을 계산하여 본 것이다.
　[부록] 3. 건물시가표준액 자료를 참조한다.

1. 신축건물기준가액 :　　　　　　730,000원
2. 구조지수 : 연와조(구조번호4)　　1
3. 용도지수 : 사무실(용도번호37)　　1.17
4. 위치지수 : 576,000원(지역번호9)　0.96
5. 경과년수별잔가율 : 2000년 (경과년수20), 연와조 : 1- 0.03 × 20 = 0.6

───────────────────────────────

730,000 x 1 x 1.17 x 0.96 x 0.6 = 491,961원에서 1,000원 미만 절사하면,
　　　　　　　　= 491,000원/㎡
연면적이 137.22㎡이므로, 137.22㎡ × 491,000원/㎡ = <u>67,375,020원</u>

67,375,020원은 '채권산출기준표'상에서 <u>일반건물 > 1천만 원 이상 1억 3천만 원 미만 > 기타지역 > 매입율 8/1,000</u>이 된다. 이를 적용하면 채권매입금액은 400,000원이 된다.
　@ 67,375,020원 × 8/1,000(매입율) = 539,000원, 단 5,000원 이상 1만 원 절상하면
　　　　　　　　= 540,000원

② 따라서 토지분 채권매입액 2,350,000원과 건물분 채권매입액 540,000원을 합산한 <u>2,890,000원(=2,350,000+540,000)</u>이 총채권 매입액이며, 이에 당일의 즉시매도 할인율

(만일 3%라 한다면)을 적용하면 채권을 매입하는데 86,700원여 비용부담을 하게 된다.90)

$$2,890,000 \times 3\% = 86,700원$$

※ 주택인 경우라도 주택공시가가 공시되지 않은 '신축건물'의 경우에는 시가표준계산방식에 의하여 채권매입액을 산출 납부한다.

······○ 채권매입 ○······

❖ 제1종 국민주택채권 업무는 국가 또는 지방자치단체로부터 각종 인·허가 및 등기·등록시 의무적으로 매입하여야 하는 만기 5년, 연3%의 채권으로서, 국민임대주택 건설 및 영세민전세자금 지원등 서민주거안정을 위해 설치된 주택기금의 핵심 재원 조달수단이다.

## 7) 인 지 세

① 인지세법 제1조는 "국내에서 재산에 관한 권리 등의 창설, 이전 또는 변경에 관한 계약서 기타 이를 증명하는 문서를 작성하는 자는 당해 문서를 작성할 때에 이 법에 의하여 당해 문서에 대한 인지세를 납부할 의무가 있다"고 규정하고 있다.

② 인지세를 납부하여야 할 문서로는 부동산의 '소유권이전'에 관한 증서는 그 기재금액에 따라서 1,000만원 초과금액부터 10억 원 초과 금액까지 인지세액은 20,000원부터 350,000원까지 단계별로 정해져 있으며 인지세액을 납부하여야 한다. 주택외의 임차권·전세권·지상권·지역권의 경우 비과세이다.

※ 인지세 : 매매대금(토지+건물)91)을 기준하여 산출함

---

90) 이 금액이 '즉시매도'라는 방법으로 국민주택 채권매입과 관련하여 드는 실제비용이다.
91) 매매대금은 부가가치세(VAT)를 포함한 가격임에 유의한다.

⟨인지세법 제3조 제1항⟩

| | |
|---|---|
| 1,000만 초과 ~ 3,000만 이하 | 20,000원 |
| 3,000만 초과 ~ 5,000만 이하 | 40,000원 |
| 5,000만 초과 ~ 1억 원 이하 | 70,000원 |
| 1억 원 초과 ~ 10억 원 이하 | 150,000원 |
| 10억 원 초과 | 350,000원 |

단, 소유권이전 계약서상의 기재 가격이 <u>1억 원 이하</u>의 주거용 주택이라면 인지면제

③ 인지세의 납세의무자는 2인 이상이 공동으로 문서를 작성한 경우에 그 작성자는 당해 문서에 대한 <u>인지세를 연대하여 납부할 의무가 있다</u>.

④ 인지세의 납부는 과세문서(계약서)에 '전자수입인지'를 첨부하여 제출한다.
2015. 1.부터는 우표 형태는 더 이상 사용할 수 없고, 정보통신망을 통하여 발행하는 전자수입인지만을 사용할 수 있다.

전자수입인지는 포탈 홈페이지를 방문하여 구매 후 출력하거나 우체국 및 은행 등 판매기관에서 구입할 수 있다.

전자수입인지 포탈홈페이지

www.e-revenuestamp.or.kr

종이문서용 전자수입인지는 A4형태 수입인지를 출력하여 매매계약서 등에 <u>호치킷으로 첨부한다</u>.

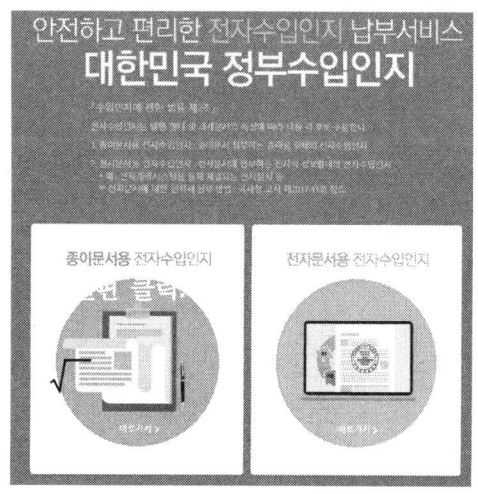

▶ 종이문서용 전자수입인지(왼편)를 출력
  (www.e-revenuestamp.or.kr)

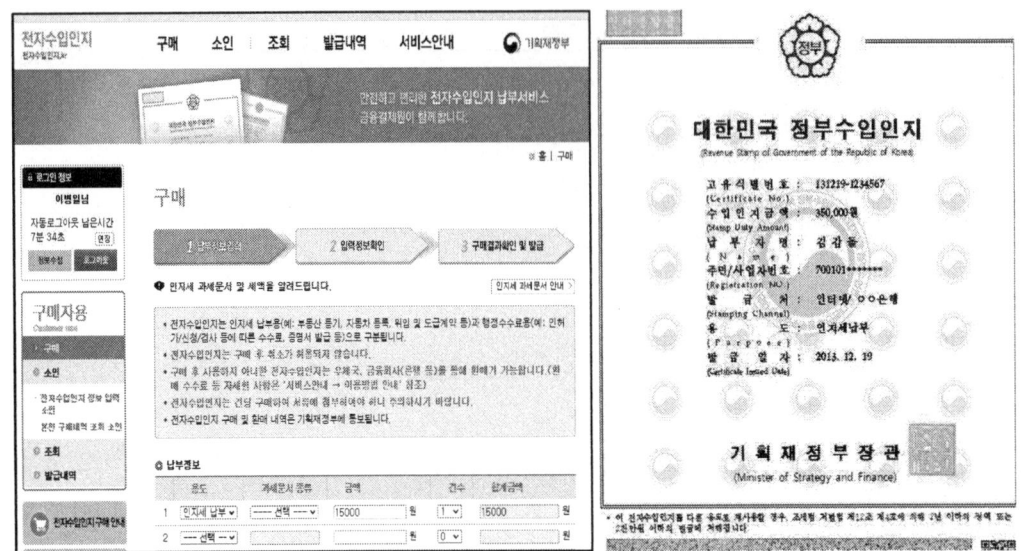

▶ 종이문서용 전자수입인지(왼편)를 출력하여 첨부함(www.e-revenuestamp.or.kr)

## 14. 첨부서면의 원용과 원본환부

### 1) 첨부서면의 원용

동일한 등기소에 동시에 여러 개의 등기신청을 하는 경우(즉 '동시신청'에 한하여)에 각 신청서에 첨부하여야 할 서류의 내용이 동일한 것이 있는 때에는 1개의 신청서에 1통만을 첨부하고 다른 신청서에는 "전건 원용함"이라 기재하고 첨부하지 않아도 된다. 실무상 원용취지는 신청서의 부속서류란에 기재한다.

### 2) 첨부서면의 원본환부의 청구

<u>등기 신청인은 등기신청서에 첨부한 서면의 원본의 환부를 청구할 수 있다. 이 경우에는 신청인은 그 "원본과 같다"는 취지를 기재한 등본을 첨부하여야 한다.</u>
등기관이 서류의 원본을 환부할 때에는 그 등본에 원본환부의 뜻을 기재하고 날인하여야 한다. 그런데 어떠한 서면이라도 원본 환부가 가능한 것인가. 이에 대하여는 아무런 규정이 없다.
'제3자의 허가서'는 환부할 수 있는 것으로 인정하고 있다. 상속재산분할협의서 원본도 환부할 수 있는 것으로 본다. 그러나 신청서와 등기후 등기부의 일부로 보게 되는 도면, 신탁원부, 공동담보목록 등은 성질상 환부의 대상이 되지 않는다.

# 건물의 소유권보존등기

**제1절** 단독건물 소유권보존등기 • 115

**제2절** 집합건물 소유권보존등기 • 129

# 제 2 장
# 건물의 소유권보존등기

## 제 1 절  단독건물 소유권보존등기

### 1. 소유권보존등기의 의의

　소유권보존등기는 아직 소유권등기가 되지 아니한 특정의 부동산에 관하여 최초로 하는 등기로서 새로이 등기용지를 개설하여 표제부에는 '부동산의 표시에 관한 사항'을 기재하고, 갑구에는 해당 부동산의 '소유권에 관한 사항'을 기재하는 방법으로 행해진다.
　그 부동산에 관한 이후의 등기는 이를 기초로 하여 이루어지는 것이므로, 실체관계에 부합되어야 함이 다른 어느 등기보다도 한층 더 강력하게 요청된다. 따라서 신청서에는 토지대장, 건축물대장, 판결정본 등 소유권을 증명하는 서면을 첨부하도록 하고 있다.
　소유권보존등기도 다른 등기와 마찬가지로 당사자의 신청에 의하여 이루어지는 것이 원칙이지만, 미등기 부동산에 대하여 법원의 재판에 기초한 처분제한의 등기촉탁이 있는 경우(ex 가압류·가처분, 경매신청 등)에는 그 등기를 위하여 전제되는 소유권보존등기를 등기관이 직권으로 행하게 된다.
　무주(無主)의 토지를 보존등기 하는 예는 공유수면매립, 간척 등의 경우 외에는 거의 없는 실정이므로, 본 교재에서는 단독건물과 집합건물에 의한 소유권보존등기를 각 다루었다.

### 소유권보존등기의 근거 (부동산등기법)

**1. 토지 또는 건물의 보존등기**
  제65조 제1호 : 토지대장, 임야대장, 건축물대장에 최초의 소유자로 등록된 자
  제65조 제2호 : 확정 판결에 의해 소유권을 증명하는 자
  제65조 제3호 : 수용에 의해 소유권취득을 증명하는 자
  제65조 제4호 : 시장, 군수, 구청장의 확인에 의하여 소유권을 증명하는 자

## 2. 단독건물 보존등기

건물(단독·집합)을 신축하여 건축물대장이 조제되어 이에 의해 건물보존등기하는 근거는 부동산등기법 제65조 제1호에 의한다. 소유권보존등기신청은 단독등기신청에 의한다.

### 유의사항

❖ 미등기 건물의 양수인은 대장에 자기명의로 '소유권이전등록'이 되어 있는 경우에도 그 명의로 직접 소유권보존등기를 신청할 수 없고, 최초의 소유자명의로 소유권이전등기를 하여야 한다(등기예규 제899호, 대결86마696).
❖ 주된 건물의사용에 제공되는 부속건물은 주된 건물의 건축물대장에 부속건물로 등재하여 1개의 건물로 소유권보존등기를 함이 원칙이나, 소유자가 주된 건물과 분리하여 별도의 독립건물로 소유권보존등기를 신청할 수도 있다.

## 3. 등기신청작성례

☞ 등기신청서 갑지

# 건물소유권보존등기신청

| 접수 | 년 월 일 | 처리인 | 접수 | 조사 | 기입 | 교합 | 등기필통지 | 각종통지 |
|---|---|---|---|---|---|---|---|---|
| | 제  호 | | | | | | | |

① 부동산의 표시

    서울특별시 동작구 사당동 123
    [도로명주소] 서울특별시 동작구 관악로28길 21
    시멘트 벽돌조 슬래브지붕 2층주택
        1층   100㎡
        2층   100㎡
        지하실 50㎡
    부속건물
        시멘트 벽돌조 슬래브지붕 단층창고
          50㎡
              이   상

| ② 등 기 의 목 적 | 소유권보존 |
|---|---|
| ③ 신청근거 규정 | 부동산등기법 제65조 제1호 |

| 구분 | 성 명<br>(상 호) | 주민 등록 번호<br>(등기용등록번호) | 주  소<br>( 소 재 지 ) | 지분 |
|---|---|---|---|---|
| ④<br>신청인 | 최고봉 | 640928-1439218 | 서울 동작구 관악로28길 21 | |

☞ 등기신청서 을지

<table>
<tr><td colspan="3" align="center">⑤ 시가표준액 및 국민주택채권매입금액</td></tr>
<tr><td align="center">부동산의 표시</td><td align="center">부동산별 시가표준액</td><td align="center">부동산별 국민주택<br>채권매입금액</td></tr>
<tr><td align="center">1. 건물</td><td align="center">금 30,320,320 원</td><td align="center">해당없음</td></tr>
<tr><td align="center">⑥ 취득세(등록면허세)<br>금 848,960 원<br>※ 28/1000(등:8/1000+취:20/1000)<br>(× 30,320,320)</td><td colspan="2">지 방 교 육 세    금   48,510원<br>※ 등록면허세의20%=1.6/1000(× 30,320,320)<br><br>농어촌특별세    금   60,640원<br>※ 취득세의 10%=2/1000(× 30,320,320)</td></tr>
<tr><td align="center">세 액 합 계</td><td colspan="2" align="center">금 958,110원</td></tr>
<tr><td rowspan="2" align="center">⑦ 등기 신청수수료</td><td colspan="2" align="center">금 15,000원</td></tr>
<tr><td colspan="2">납부번호 : 14-11-000239822-4</td></tr>
<tr><td colspan="3" align="center">⑧ 첨 부 서 면</td></tr>
<tr><td colspan="3">
1. 취득세(등록면허세)영수필확인서   1통     1. 토지대장(또는 개별공시지가확인원)<br>
1. 건축물대장등본                    1통     1. 도면                                   1통<br>
1. 위임장                              1통<br>
1. 주민등록등(초)본                1통
</td></tr>
<tr><td colspan="3">
202O년    3월      일
위 신청인<br>
       ⑨ 위 대리인   최진석     (인)<br>
                서울 동작구 관악로28길 21<br>
                  ☎ 010-2290-3245
</td></tr>
<tr><td colspan="3">⑩ 서울중앙지방법원 동작등기소 귀중</td></tr>
</table>

## 4. 등기신청서 작성방법

### ① 부동산의 표시란

건축물대장 등 소유권을 증명할 수 있는 서면에 기재된 건물의 표시와 같아야 하며, 소재, 지번, 종류, 면적, 구조, 번호가 있는 때에는 그 구조·종류·면적을 기재한다. 건물의 표시에는 도로명주소를 병기한다.

> **도로명 주소**
> 2014. 1. 1.부터 도로명주소법에 의한 도로명주소가 공법상의 주소로 효력을 발생함에 따라 부동산등기에서도 건물표제부의 건물의 표시, 등기명의인의 주소, 원인증서상의 주소는 모두 도로명주소를 기재하여야 한다.

※ 기재례 - 건물의 표시(지번주소 하단에 도로명주소를 병기한다)

```
서울특별시 서초구 서초동 1500-2
[도로명주소] 서울특별시 서초구 명달로 22길 24
철근콘크리트조 슬래브지붕 2층 사무실
1층 234㎡
2층 202㎡
```

### ② 등기의 목적

「소유권보존」이라고 기재하며 등기원인과 그 연월일은 기재하지 아니 한다.

### ③ 신청근거 규정란 – 토지 또는 건물의 보존등기

제65조 제1호 : 토지, 임야대장, 건축물대장에 최초의 소유자로 등록된 자

제65조 제2호 : 확정 판결에[1] 의해 소유권을 증명하는 자

---

1) 여기에서 '판결(화해조서, 제소전화해조서, 조정조서)'이라 함은
　① 대장등본상에 자기 또는 피상속인이 최초로 소유자로 등록되어 있는 자(다만, 등기부멸실로 멸실회복 등기 기간 내에 회복등기 신청 못한 자),

제65조 제3호 : 수용에2) 의해 소유권취득을 증명하는 자
제65조 제4호 : 시장, 군수, 구청장의 확인에3) 의하여 소유권 증명하는 자

※ 시장·군수·구청장을 상대로 한 확인판결로 건물보존등기를 할 수 있는 것은 해당 건물에 대한 건축물대장이 작성된 경우에 한한다는 것이 판례의 입장이다(2009다93428판결).

④ 신청인란

소유자의 성명, 주민등록번호, 도로명주소를 기재. 소유자가 수인일 때는 공유자별 성명, 주민등록번호, 주소 기재하고 각자의 지분을 나타낸다.

⑤ 시가표준액

건물에 대한 시가표준액은 매년 1회, 1월 1일 고시된다(주의: 개별주택가격이 공시된 경우에는 매년 4. 30.에 고시). 매년 고시된 신축건물기준가액(2020년은 730,000원)에 구조지수, 용도지수, 위치지수, 경과 년수별 잔가율을 곱한 후 다시 면적을 곱한 뒤 가감산특례를

---

② 미등기 토지의 지적공부상 "국(國)"으로부터 소유권이전등록을 받은 자,
③ 대장상 소유자 표시란이 공란으로 되어 있거나 소유자 표시에 일부 누락이 있어 대장상의 소유자가 특정되지 않는 경우에는 대장상의 소유자 표시를 정정 등록하여 대장상의 소유자를 특정한 후 정정된 소유명의인을 상대로 하여 신청인의 소유임을 증명하는 판결이거나,
④ 정정등록이 안되어 특정할 수 없는 경우에는 국가를 상대로 한 소송에서 당해 부동산이 보존등기신청인의 소유임을 확정하는 내용의 판결이어야 한다(등기예규 제900호, 제1026호).
ㅇ 판결은 반드시 확인판결이어야 할 필요가 없고, 이행판결이나 형성판결이라도 그 이유 중에 신청인의 소유임을 확정하는 내용의 것이면 관계없다(대판 93다57704).
2) '공익사업을위한토지등의취득및보상에관한법률'에 의한 수용은 원시취득이므로, 수용으로 인하여 미등기 토지의 소유권을 취득한 자는 그 명의로 보존등기를 신청할 수 있다.
3) 이 서면의 요건은
   (1) 건물의 소재와 지번, 건물의 종류, 구조 및 면적 등 건물의 표시,
   (2) 건물의 소유자의 성명과 주소의 표시가 되어 있어야 한다.
   위에 해당하는 서류로는
   (가) 지방세법에 의해 작성된 재산세과세대장에 의해 발급한 '재산증명서',
   (나) 건축법 제18조에 이해 교부받은 '건축물사용승인서'를 들 수 있다. 이외, 임시사용승인서, 착공신고서, 건축허가서, 현장조사서 등은 이 서면에 해당하지 않는 것으로 본다.

하여 과표가 결정되는 것이다(자세한 것은 뒤편 [부록] 참조).

취득세과에서 OCR고지서를 발부받게 되면 건물의 시가표준액이 고지된다. 등기신청서 을지(乙紙)에는 이 금액을 기재한다.

※ '건축물'의 경우 건축허가를 받을 당시에 국민주택채권을 매입하므로 등기신청시에 다시 매입하지 않는다(Cf. 토지보존은 등기시 매입함).

⑥ 취 득 세

취득세는 금융기관에 납부하고 그 납세필통지서를 등기신청서 을지 뒷면 또는 간지에 붙이면 된다.

```
@  취득관련 총 세율 = 건물의 시가표준액 × 31.6/1000
 1. 등록면허세    8/1000
    교육세       1.6/1000
 2. 취득세(종전) 20/1000 (※ 취득세율: 28/1000 = 8/1000+20/1000)
    농특세      2/1000
    ─────────────────────
    합 계 :  31.6 / 1,000 (=3.16%)
```

※ 농가주택, 국민주택규모의 주택취득, 농지취득은 농특세 비과세대상이다(농어촌특별세법 제4조).
※ 건물신축으로 기존 토지의 지목이 임야, 농지 등에서 '대지'로 지목변경이 이루어짐에 따라 가액이 증가한 경우 사실상의 취득으로 보아 취득세가 부과될 수 있다.[4]

⑦ 등기신청수수료

등기신청수수료는 종래 '등기수입증지'를 붙이는 방법에 의하였으나 2013. 5. 1.부터 전면

---

4) 지방세법 제7조 제4항
선박, 차량과 기계장비의 종류를 변경하거나 토지의 지목을 사실상 변경함으로써 그 가액이 증가한 경우에는 취득으로 본다.

현금수납방식으로 변경되었다. 보존등기하려는 건물의 건축물대장등본 개수당 15,000원이다.

현금수납방식은 ① 법원행정처장이 지정하는 취급 은행에서5) 아래 '현금납부서'에 의한 납부를 하거나, ② 인터넷등기소(www.iros.go.kr)를 이용하여 전자적인 방법(신용카드, 계좌이체, 선불형지급수단)으로 납부하거나, ③ 무인발급기에서 현금으로 납부하는 방식이다. 납부 후 발급받은 '영수필확인서'를 등기신청서 을지에 첨부하여야 하며, 등기신청서(을지)에는 은행수납번호(납부번호)를 기재하여야 한다.

### 등기신청수수료의 현금영수필통지서(법원제출용)

기 번 조작자 수납일 수납점 등기소 수납액 은행수납번호

| | | | |
|---|---|---|---|
| 등기소명 | 의정부등기소 | 관서계좌 | |
| 금액 | 삼만원정 | 숫자금액 | 15,000원 |
| 납부의무자 성명 | 이성준 | 주민등록번호 | 890626-1006311 |
| 납부의무자 주소 | 경기도 의정부시 신촌로 45(가능동) | | |
| 등기유형 | 소유권보존등기 | | |

위와 같이 등기신청수수료를 현금으로 납부합니다.

2020년 2월 일
납부인 이성준 (서명 또는 날인)

※ 법인 또는 비법인단체는 그 명칭, 등록번호, 본점 등의 소재지로 기재하여야 함.
※ 납부의무자는 등기신청인이며, 등기권리자와 등기의무자가 공동신청하는 경우 등기권리자가 이를 납부한다.

---

5) 2020. 1. 1. 현재 현금수납은행
 : 농협은행, 국민은행, 신한은행, 우리은행, 하나은행, 기업은행, SC은행, 경남은행, 광주은행, 대구은행, 부산은행, 전북은행 등 12개.

⑧ 첨부서면

> 가. 주민등록등(초)본
> 소유권보존·이전인 경우 등기신청인(등기의무자 및 등기권리자)의 "주소증명서면" 및 등기권리자의 "주민등록번호확인용 서면"으로 주민등록등(초)본을 각 첨부하며 등본은 발행일로부터 3개월 이내의 것이어야 한다.
>
> 나. 건축물대장등본, 토지대장등본
> ○ 건물소유권보존등기를 위하여, 소유자로 등록되어 있음을 증명하는 서면인 '건축물대장등본'을 첨부한다. 집합건물의 경우 '전유부' 건축물대장등본이외에도 '표제부' 건축물대장등본을 첨부한다.
> ○ 또한 토지대장(개별공시지가가 기재된 것)을 첨부한다. 대지권등기가 된 집합건물의 경우 토지대장 및 대지권등록부를 제출한다.
>
> 다. 위 임 장
> 등기신청인이 대리인에게 위임하는 경우는 등기위임장을 첨부한다. 인감을 날인해야 할 경우가 아니므로 막도장이어도 가능하다.
>
> 다만, 대리인의 자격에는 제한이 없으며 다만 금전을 받거나 업으로 할 수 있는 사람은 변호사나 법무사에 한정된다.
>
> 라. 도 면
> <u>일반 단독건물[6])의 경우, 통상 도면을 제출할 필요가 없다.</u> 다만 그 건물의 대지상에 2개 이상의 건물이 있는 경우에는 그 소재도를 첨부하여야 한다. 건물의 도면에는 신청인이 기명날인한다.

⑨ 대리인

대리인이 있는 경우, 신청인란 작성유무와 관계없이 대리인란에 대리인만이 날인하되, 날인하는 자는 신청서 甲紙와 乙紙간 간인까지 하는 것에 유의한다.

⑩ 등기소

후단의 등기소의 명칭 및 관할구역표를 참조

---

6) 집합건물의 경우에는 소재도와 1층 전체의 평면도, 전유부분의 평면도를 첨부한다.

기재 例) 1) 서울중앙지방법원 중부등기소
2) 수원지방법원 안산지원 시흥등기소

## 5. 기타의 서식례

☞ 도면(소재도)[7]

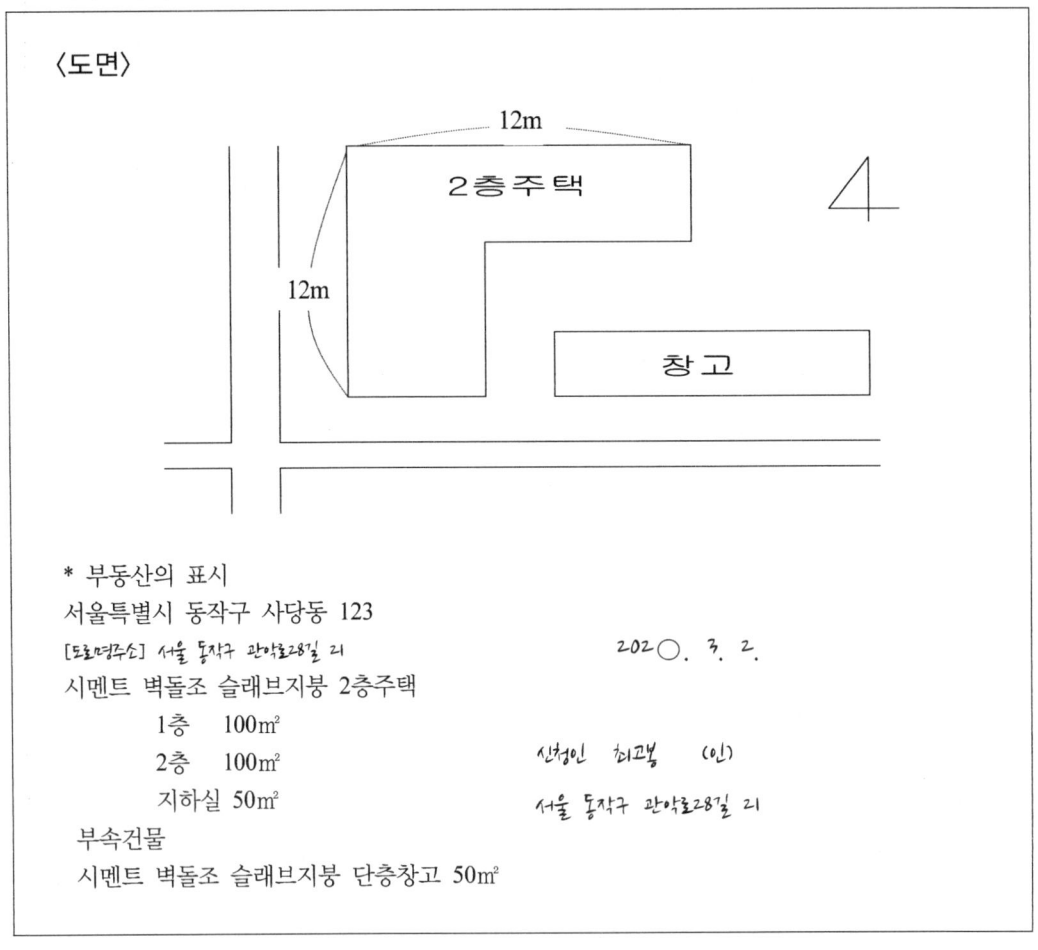

---

[7] 건물의 소유권보존등기 신청시 대지상에 2개 이상의 건물이 있는 때에는 등기의 목적건물을 특정하기 위하여 그 대지상에 건물들이 모두 표시되어 있는 '소재도'를 첨부하여야 하는데, 위 소재도를 작성함에 있어서는 건물의 소재, 지번, 건물의 번호가 있는 때에는 그 번호 및 택지의 방위, 건물의 형상, 길이, 위치를 기재하고 신청인이 '기명날인'하여야 하며, 전부 검정글씨와 선으로 하되, 등기의 목적 외의 건물이 있는 때에는 빨강 글씨와 선으로 작성하여야 한다(부동산등기시행규칙 제61조).

☞ **등기위임장**

## 위 임 장

### 부 동 산 의 표 시

서울특별시 동작구 사당동 123
 [도로명주소] 서울특별시 동작구 관악로28길 21
 시멘트 벽돌조 슬래브지붕 2층주택
   1층  100㎡
   2층  100㎡
   지하실 50㎡
 부속건물
   시멘트 벽돌조 슬래브지붕 단층창고
      50㎡

           이  상

| 등 기 의 목 적 | 소유권보존 |
|---|---|
| 신 청 근 거 규 정 | 부동산등기법 제65조 제1호 |

등기신청인  최고봉 (인)
      서울 동작구 관악로 28길 21

최 진 석
서울 동대문구 휘경로4길 23
☎ 010-7964-2343

위 사람을 대리인으로 정하고, 위 부동산 등기신청 및 취하에 관한 모든 행위를 위임한다.
 또한 복대리인 선임을 허락한다.

           202○년 3월   일

## 6. 등기소가기

### 1) 등기신청서류 준비하기

소유권보존등기신청서는 1부를 제출한다.

※ 위 외에 '세무서통보용 부본'이 필요하지만, 2006. 7. 1.부터 등기소가 세무서와 전산정보 처리 시스템에 의한 과세자료송부가 가능하게 되었으므로 불필요하게 되었다(예규 제998호).

※ 종래 대장소관청 통보용부본이 있었으나 2006. 7. 1.부터 등기소와 관할 시, 군, 구청과의 전산연계시스템에 의하여 불필요하게 되었다.

▶ 서울북부등기소 (용마산역 1번 출구)

### 제1철 등기소보관용

1. 등기신청서 갑지
2. 등기신청서 을지
3. 위임장
4. 주민등록등(초)본 각 1통
5. 개별공시지가 확인원
6. 건축물대장
7. 도면

### 2) 거쳐야할 기관

☞ **구청에서 할 일**

* 준비물 : 소유자임을 증명하는 건축물대장등본 등

시, 군, 구청 세무과를 방문하여 취득세납부고지서(OCR)를 발부받고 이를 금융기관에 납부한 후 취득세 납세영수필통지서를 등기신청서 갑지의 뒷면 혹은 간지에 호치킷 등으로 고정시킨다.

@ 취득세 관련세율 = 건물의 시가표준액 × 31.6/1000
1. 등록면허세    8/1000
   교육세       1.6/1000
2. 취득세(종전) 20/1000 (취득세율 : 28/1000 = 8/1000 + 20/1000)
   농특세      2/1000
   ─────────────────────
   합 계 :   31.6 / 1000 (=3.16%)

※ 농가주택, 국민주택규모의 주택취득, 농지취득은 농특세 비과세대상이다(농어촌특별세법 제4조).

▶ 구청의 부동산 취득세과 등 민원실전경

## ☞ 등기소에서 할 일

### 가. 등기신청서제출

① 수수료의 납부

등기신청수수료는 부동산 개수당 15,000원으로 현금납부하여야 한다. 현금수납방식은 ① 법원행정처장이 지정하는 취급 은행에서 아래 '현금납부서'에 의한 납부를 하거나, ② 인터넷등기소(www.iros.go.kr)를 이용하여 전자적인 방법(신용카드, 계좌이체,

선불형지급수단)으로 납부하거나, ③ 무인발급기에서 현금으로 납부하는 방식이다. 납부 후 발급받은 '영수필확인서'를 등기신청서 을지에 첨부하여야 하며, 등기신청서(을지)에는 은행수납번호(납부번호)를 기재하여야 한다.

② 등기신청서를 제출하는 사람은 신분증을 지참하고 관할 등기소 서무계에 가서 제출한다.

③ 등기소, 법원의 업무시간은 오전 9:00에서 오후 6:00까지이다.8)

### 신청서접수방식

전자신청의 시행으로 전자신청제출자와 방문제출자 사이의 접수사건 차이를 줄이기 위해 방문제출자의 경우 창구를 '즉시접수창구'와 '당일접수창구'로 구분하여 시행하고 있다.

(a) 즉시접수 창구 : 등기신청서 제출과 동시에 접수를 완료할 수 있으며 상대적으로 당일접수창구보다 대기시간이 길다. 이 경우 실무상 접수번호를 알려준다.

(b) 당일접수 창구 : 제출 후 당일 접수만을 원할 때 선택할 수 있다. 대기할 필요없이 바로 돌아갈 수 있지만 즉시접수창구보다 접수가 늦어질 수 있다.

## 나. 등기필정보 수령하기

① 등기관은 접수 → 조사 → 기입→ 교합의 과정을 거쳐 등기가 완료된 때에는 등기완료의 증명서라고 할 등기필정보를 작성하여 특별한 사정이 있는 경우를 제외하고는 접수시로부터 24시간 이내에 등기권리자에게 교부하게 되어 있다.

'교합완료'를 인터넷등기소 신청사건처리현황에서 확인한 후 등기필정보를 수령하도록 한다.

② 해당 부동산의 등기부등본을 발급 신청해서 확인했을 때 신청인 명의9)로 등기되어 있

---

8) 2004. 11.부터 절기에 상관없이 오후 6:00까지 근무한다.
9) 현재 전산정보처리조직에 의하여 등기부의 등초본을 발급 및 열람을 하는 경우 등기명의인의 표시중 주민등록번호를 공시하지 않을 수 있는데, 열람신청시 <u>등기부상의 아무 소유자의 주민등록번호를 맞게</u>

다면 소유권이전등기가 제대로 끝난 것이다.

등기부등본의 1통당 수수료는 무인자동발매기에 의해 발급받을 경우 1통에 1,000원이며, 등기소내 등기공무원에게서 발급받는 경우는 1,200원이다.

인터넷을 통한 등기부의 열람[10]은 1등기용지에 관하여 700원, 발급은 1,000원이다(등기부등초본수수료규칙 제3조 제2항).

## 제 2 절  집합건물 소유권보존등기

### 1. 집합건물의 보존등기

구조상의 독립성과 이용상의 독립성이 있는 건물(구분건물 또는 집합건물)에 대하여 소유권보존등기를 신청하는 경우, 1동의 건물의 '일부'만에 관하여 소유권보존등기를 신청할 경우에는 나머지 구분건물(;1동 건물전체)에 관하여는 표시에 관한 등기를 '동시에 신청'하여야 한다(부등법 제131조의2).

이는 동시신청을 하여야만 1동의 건물과 그에 속하는 전체 구분건물간의 관계 등을 정확히 공시할 수 있고 대지권 및 공용부분에 관한 사항의 조사와 공시를 정확·편리하게 할 수 있기 때문이다.

---

입력시킨다면 주민등록번호의 전부를 열람할 수 있다(부동산등기법시행규칙 제134조의2).
10) 인터넷 열람 등의 서비스는 월요일-금요일 : 07:00-23:00
　　　　　　　　토요일-일요일 및 법정공휴일 : 09:00 - 19:00

> 예시

### 부 동 산 의 표 시

1동의 건물의 표시 : 서울특별시 서초구 서초동 30 개나리아파트 가동
　　　　　　　　　[도로명주소] 서울특별시 서초구 법원로 10
　　　　　　　　　철근콘크리트 슬래브지붕 5층 아파트
　　　　　　　　　1층　637㎡　　　2층　637㎡
　　　　　　　　　3층　637㎡　　　4층　637㎡
　　　　　　　　　5층　637㎡　　　지하실 220㎡
　　　　　　　　　옥탑 127㎡
전유부분의 건물의 표시
　　　　　　　　　건물의 번호 : 가-2-202
　　　　　　　　　구　　　조 : 철근콘크리트조
　　　　　　　　　면　　　적 : 2층 202호 80㎡
대지권의 표시
　　　　　　　　　대지권의종류 : 1. 소유권대지권
　　　　　　　　　대지권의비율 : 15,000분의 20
　　　　　　　　　대지권의 연월일 : 2009년 3월 20일 대지권

## 2. 등기신청서 작성례

☞ 등기신청서 갑지

### 소유권보존등기신청

| 접수 | 년 월 일 | 처리인 | 접 수 | 조 사 | 기 입 | 교 합 | 등기필통지 | 각종통지 |
|---|---|---|---|---|---|---|---|---|
| | 제　　　호 | | | | | | | |

① 부 동 산 의 표 시

1동의 건물의 표시: 서울특별시 동대문구 이문동 100
[도로명주소] 서울특별시 동대문구 휘경로 4길 23

철근콘크리트조 슬래브지붕 2층
　　　　　　1 층 260㎡
　　　　　　2 층 260㎡
전유부분의 건물의 표시
　　1. 건물의 번호　1-101　　　　2. 건물의 번호　1-102
　　　구　　　조　철근콘크리트조　　구　　　조　철근콘크리트조
　　　면　　　적　1층 101호 120㎡　면　　　적　1층 102호 120㎡
　　3. 건물의 번호　2-201　　　　4. 건물의 번호　2-202
　　　구　　　조　철근콘크리트조　　구　　　조　철근콘크리트조
　　　면　　　적　2층 201호 160㎡　면　　　적　2층 202호 80㎡
각 전유부분의 대지권의 표시
　　토지의 표시　1. 서울특별시 동대문구 이문동 100 대 960㎡
　　대지권의 종류 1. 소유권대지권
　　대지권의 비율[11]　1-101　960분의 240
　　　　　　　　　　 1-102　960분의 240
　　　　　　　　　　 2-201　960분의 320
　　　　　　　　　　 2-202　960분의 160
　　등기원인과 그 연월일　202○년 3월 20일 대지권　　　이상

| ② 등 기 의 목 적 | 소유권보존 | | | |
| --- | --- | --- | --- | --- |
| ③ 신 청 근 거 규 정 | 부동산등기법 제65조 제1호 | | | |
| 구분 | 성　　　명<br>(상　　호) | 주민 등록 번호<br>(등기용등록번호) | 주　　　　소<br>( 소　재　지 ) | 지분 |
| ④<br>신청인 | 대성건설주식회사<br>대표이사 김기오 | 110112-1202215 | 서울 서대문구 통일로36나길 3, 402호(홍제동) | |

---

11) '대지권의 비율'에 관해 규약이 없는 한 전유부분의 면적비율에 따라 대지권의 비율이 정하여 진다(부등 제42조 제5항). 위 사례의 경우 대지권의 비율은 전유부분의 면적비율에 따른다. 즉 101호는 전유면적이 120㎡이므로 이에 따른 총대지면적(960㎡) 대비 대지권지분(a)을 구한다면, a/960=120/480, a=240 / 201호는 a/960=160/480, a=320 / 202호는 a/960=80/480, a=160이 된다. 한편, 건물총면적은 520㎡(전유 480 + 공유40㎡)이다.

☞ 등기신청서 을지

| ⑤ 시가표준액 및 국민주택채권매입금액 |||
|---|---|---|
| 부동산의 표시 | 부동산별 시가표준액 | 부동산별 국민주택채권매입금액 |
| 1. 건물 | 금 249,600,000원[12] | |

| ⑥ 취득세(등록면허세)<br>금 6,988,800원<br>※ 28/1000(등: 8/1000 + 취: 20/1000)(×249,600,000) | 지 방 교 육 세  금  399,360원<br>※등록면허세의20%=1.6/1000(×249,600,000)<br><br>농어촌특별세  금  499,200원<br>※취득세의 10%=2/1000(×249,600,000) |
|---|---|
| 세 액 합 계 | 금 7,887,360원 |
| ⑦ 등기 신청수수료 | ※ 구분건물4개 × 15,000원<br>금  60,000 원(현금납부)<br>납부번호 :  14-11-09876532-2 |

⑧ 첨 부 서 면

| 1. 취득세 납세영수필통지서 | 1통 | 1. 토지대장 | 1통 |
|---|---|---|---|
| 1. 전유부 집합건축물대장 | 4통 | 1. 대지권등록부 | 1통 |
| 1. 표제부 집합건축물대장 | 1통 | 1. 도면 | 1통 |
| 1. 법인등기부등본<br>  (또는 주민등록초본) | 1통 | 1. 위임장 | 1통 |

2020년 4월  일

위 신청인
⑨   위 대리인 최 고 봉    (인)
서울 동작구 관악로28길 21
☎ 010-5992-3245

⑩ 서울북부지방법원 동대문등기소 귀중

## 3. 등기신청서 작성방법

### ① 부동산의 표시란

건축물대장 등 소유권을 증명할 수 있는 서면에 기재된 건물의 표시와 같아야하며, 소재, 지번, 종류, 면적, 구조, 번호가 있는 때에는 그 구조·종류·면적을 기재한다.

> **도로명 주소**
> 2014.1.1.부터 도로명주소법에 의한 도로명주소가 공법상의 주소로 효력을 발생함에 따라 부동산등기에서도 건물표제부의 건물의 표시, 등기명의인의 주소, 원인증서상의 주소는 모두 도로명주소를 기재하여야 한다.

※ 기재례 - 건물의 표시(지번주소 하단에 도로명주소를 병기한다)

```
서울특별시 서초구 서초동 1500-2
[도로명주소] 서울특별시 서초구 명달로 22길 24
철근콘크리트조 슬래브지붕 2층 사무실
1층 234㎡
2층 202㎡
```

### ② 등기의 목적

「소유권보존」이라고 기재하며 등기원인과 그 연월일은 기재하지 아니한다.

### ③ 신청근거 규정란 - 토지 또는 건물의 보존등기

제65조 제1호 : 토지, 임야대장, 건축물대장에 최초의 소유자로 등록된 자

제65조 제2호 : 확정 판결에 의해 소유권을 증명하는 자

제65조 제3호 : 수용에 의해 소유권취득을 증명하는 자

---

12) 사안의 ㎡당 건물시가표준액이 480,000원이라고 한다면, 건물전체의 시가표준액은 520㎡ × 480,000원 =249,600,000원이 된다. 취득세의 기초가 되는 면적은 전유부분만의 면적(480㎡)이 아닌 건물전체의 면적(520㎡)임에 주의요망.

제65조 제4호 : 시장, 군수, 구청장의 확인에 의하여 소유권 증명하는 자

④ 신청인란

소유자의 성명, 주민등록번호, 주소를 기재한다. 소유자가 수인일 때는 공유자별 성명, 주민등록번호, 주소 기재하고 각자의 지분을 나타낸다. 주소는 도로명주소를 기재한다.

> ※ 구분건물 소유권보존등기 신청인
> 가. 구분건물의 소유권보존등기는 구분건물의 전부를 소유하는 자가 신청한다.
> 나. 1동의 건물에 속하는 구분건물이 각 그 소유자를 달리하여 건축물대장에 신규등록되어 있는 경우에는 각 구분소유자가 각 자기 소유의 구분건물에 관한 소유권보존등기를 신청하되 1동 건물 전체에 관한 등기를 동시에 신청한다.

⑤ 시가표준액

건물에 대한 시가표준액은 매년 1회 시장, 군수가 결정한다(지방세법 제111조, 제80조). 매년 고시된 신축건물기준가액에 구조지수, 용도지수, 위치지수, 경과 년수별 잔가율을 곱한 후 다시 면적을 곱한 뒤 가감산특례를 하여 과표가 결정되는 것이다(자세한 것은 부록참조). 취득세과에서 OCR고지서를 발부받게 되면 건물의 시가표준액이 고지된다. 등기신청서 을지에는 이 금액을 기재한다.

※ '건축물'의 경우 건축허가를 받을 당시에 국민주택채권을 매입하므로 등기신청시에 다시 매입하지 않는다(Cf 토지보존은 등기신청시 매입하여야 함).

⑥ 취 득 세

취득세는 금융기관에 납부하고 그 납세영수필통지서를 등기신청서 을지 뒷면 또는 간지에 붙이면 된다.

@ 취득세 관련세율 = 건물의 시가표준액 × 31.6/1000
  1. 등록면허세   8/1000

    교육세        1.6/1000
  2. 취득세(종전) 20/1000 (취득세율: 28/1000 = 8/1000+20/1000)
    농특세        2/1000
  ─────────────────────────
    합 계 :   31.6 / 1,000 (=3.16%)

※ 농가주택, 국민주택규모의 주택취득, 농지취득은 농특세 비과세대상이다(농어촌특별세법 제4조).

⑦ 등기신청수수료

 등기신청수수료는 보존등기하려는 구분건물의 건축물대장등본 개수당 15,000원이다. 종래 '등기수입증지'를 붙이는 방법에 의하였으나 2013. 5. 1.부터 전면 현금수납방식으로 변경되었다.
 현금수납방식은 ① 법원행정처장이 지정하는 취급 은행에서 아래 '현금납부서'에 의한 납부를 하거나, ② 인터넷등기소(www.iros.go.kr)를 이용하여 전자적인 방법(신용카드, 계좌이체, 선불형지급수단)으로 납부하거나, ③ 무인발급기에서 현금으로 납부하는 방식이다. 납부 후 발급받은 '영수필확인서'를 등기신청서 을지에 첨부하여야 하며, 등기신청서(을지)에는 은행수납번호(납부번호)를 기재하여야 한다.

⑧ 첨부서면

> 가. 주민등록등(초)본
>  (ⅰ) 소유권보존·이전인 경우 등기신청인(등기의무자 및 등기권리자)의 "주소증명서면"으로써, (ⅱ) 등기권리자의 "주민등록번호확인용 서면"으로써 이의 소명자료가 되는 주민등록등(초)본을 각 첨부하며 등본은 발행일로부터 3개월 이내의 것이어야 한다.
>
> 나. 건축물대장등본, 토지대장등본
>  ○ 건물소유권보존등기를 위하여, 소유자로 등록되어 있음을 증명하는 서면인 '건축물대장등본'을 첨부한다. 집합건물의 경우 '전유부' 건축물대장등본이외에도 '표제부' 건축물대장등본을 첨부한다.
>  ○ 또한 토지대장(이에는 개별공시지가가 기재되어 있기 때문임)을 첨부한다. 대

지권등기가 된 집합건물의 경우 토지대장 및 대지권등록부를 제출한다.

### 다. 위 임 장

등기신청인이 대리인에게 위임하는 경우는 등기위임장을 첨부한다. 인감을 날인 해야할 경우가 아니므로 막도장이어도 가능하다.

다만, 대리인의 자격에는 제한이 없으며 다만 금전을 받거나 업으로 할 수 있는 사람은 변호사나 법무사에 한정되어 있다.

### 라. 도 면 13)

집합건물이 아닌 일반건물의 경우에는 건물대지상에 2개 이상의 건물이 있는 경우에 '소재도'를 첨부한다. 건물의 도면에는 신청인이 기명날인한다.

### ☞ 규약 또는 공정증서를 첨부하는 경우

"규약"(規約)이라 함은 집합건물의 공용부분, 대지, 부속시설 등의 관리 등에 관한 기본규칙으로서, 관리단 집회에서 구분소유자 및 의결권의 각 4분의 3이상으로써 설정, 변경 또는 폐지할 수 있으며, 그 효력은 구분소유자와 그 포괄승계인, 특별승계인 모두에게 미친다.

규약에 해당하는 것으로는 규약을 설정한 공정증서의 등본, 규약의 설정을 결의한 집회의 의사록, 구분소유자의 서면결의에 의하여 규약을 설정한 결의서 등을 들 수 있다. 의사록 또는 결의서에는 공증인의 인증이 있는 경우를 제외하고는 의사록 또는 결의서에 서명날인한 자의 인감증명을 첨부하여야 한다.

### 1) 규약을 제출하여야 하는 경우

(a) 건물의 소유자가 대지사용권을 전유부분과 분리하여 처분할 수 있는 것으로 정한 경우(법 제42조 제4항), 또는 이 규약을 폐지하여 대지권 변경등기를 신청하는 경우
(b) 대지권의 목적인 토지가 규약상 대지인 경우
(c) 구분소유자가 2개 이상의 전유부분을 소유하는 경우 대지권의 비율을 전유부분의 면적의 비율과 다르게 정한 경우
(d) 규약상 공용부분인 취지의 등기를 하는 때와 그 말소등기를 하는 경우
(e) 대지권의 변경, 경정 또는 소멸의 등기를 신청하는 경우

### 2) 등기부등본의 제출

대지권의 목적인 토지가 다른 등기소의 관할에 속하는 경우에는 신청서에 그 등기부의 등본을 첨부하여야 하고(법 제42조 제6항) 대지권의 변경, 경정 또는 소멸의 등기를 신청하는 경우에 대지권의 목적인 토지가 다른 등기소의 관할에 속하는 것일 때에는 그 등기부의 등본도 첨부하여야 한다(법 제102조 제5항).

## ⑨ 대 리 인

대리인이 있는 경우, 신청인란 작성유무와 관계없이 대리인란에 대리인만이 날인하되, 날인하는 자는 신청서 갑지와 을지간 간인까지 하는 것에 유의한다.

## ⑩ 등 기 소

후단의 등기소의 명칭 및 관할구역표를 참조
기재 例) 1) 서울중앙지방법원 중부등기소
　　　　2) 수원지방법원 안산지원 시흥등기소

## 4. 기타의 서식례

☞ 도 면 14)

```
〈표 지〉
                    건 물 도 면

        신청인    미성건설 주식회사
                 서울 서대문구 통일로36나길 3, 402호(홍제동)
                 대표이사 김기오    (법인)
```

---

13) 집합건물의 경우에는 ① 소재도와 ② 1층 전체의 평면도, ③ 전유부분의 평면도를 첨부한다.
14) 집합건물의 소유권보존등기를 신청하는 경우에는 1동 건물의 소재도, 각층의 평면도 및 구분한 건물의 평면도를 제출하여야 한다. 이는 여러 건물 중 특정을 위한 의미로 사용되고 있으므로, 위치, 형상, 길이를 기재하고 신청인이 기명날인하여야 한다.

## 1. 1동건물의 소재도

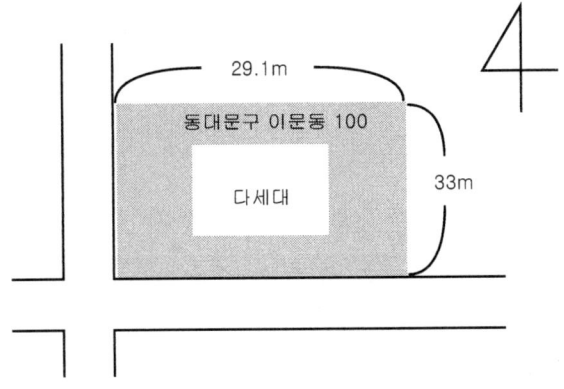

## 2. 각 층의 평면도

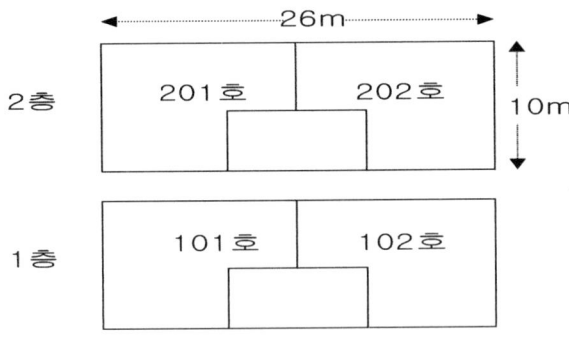

## 3. 전유부분의 평면도

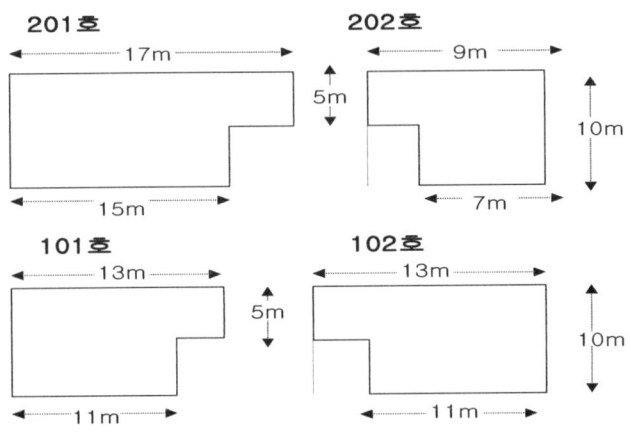

☞ **등기위임장**

# 위 임 장

## 부 동 산 의 표 시

1동의 건물의 표시 : 서울특별시 동대문구 이문동 100
[도로명주소] 서울특별시 동대문구 휘경로4길 23
철근콘크리트조 슬래브지붕 2층
    1 층 260㎡
    2 층 260㎡
전유부분의 건물의 표시
 1. 건물의 번호 1-101  2. 건물의 번호 1-102
  구  조 철근콘크리트조  구  조 철근콘크리트조
  면  적 1층 101호 120㎡ 면  적 1층 102호 120㎡
 3. 건물의 번호 2-201  4. 건물의 번호 2-202
  구  조 철근콘크리트조  구  조 철근콘크리트조
  면  적 2층 201호 160㎡ 면  적 2층 202호 80㎡
각 전유부분의 대지권의 표시
 토지의 표시 1. 서울특별시 동대문구 이문동 100 대 960㎡
 대지권의 종류 1. 소유권대지권
 대지권의 비율 1-101 960분의 240
       1-102 960분의 240
       2-201 960분의 320
       2-202 960분의 160
 등기원인과 그 연월일 202○년 3월 20일 대지권  이상

| 등 기 의 목 적 | 소유권보존 |
|---|---|
| 신 청 근 거 규 정 | 부동산등기법 제65조 제1호 |

등기신청인 미성건설주식회사
    서대문구 통일로36나길 3, 402호(홍제동)
    대표이사 김기오 (법인)

최고봉
서울 동작구 관악로28길 21
☎ 010-5992-3245

위 사람을 대리인으로 정하고, 위 부동산 등기신청 및 취하에 관한 모든 행위를 위임한다.
또한 복대리인 선임을 허락한다.
      202○년 4월 일

## 5. 기타 집합건물등기시 유의사항

### 1) 대장소관청이 등록거부시 등기신청

집합건물의소유및관리에관한법률 제61조는 집합건물의 건축물대장 소관청(시장, 군수, 구청장)이 집합건물로의 대장등록을 거부한 경우 구분건물의 소유자가 직접 소유권보존등기를 신청할 수 있는 특칙을 규정하고 있다.

즉 구분건물을 신축한 자는 1월내에 1동의 건물에 속하는 전유부분 전부에 대하여 동시에 건축물대장 등록신청을 하여야 하는 것이나, 소관청이 구분건물로서의 등록을 거부하고 그 건물을 보통건물로서 건축물대장에 등록한 후 그 사유를 신청인에게 통지한 때에는 신청인은 그 통지를 받은 날로부터 14일 이내에 그 서면을 첨부하여 관할등기소에 소유권보존등기의 신청을 할 수 있다. 이는 소관청에 의한 등록거부를 등기소로 하여금 심사할 기회를 갖도록 하여 신청인의 권익을 두텁게 보호하자는 취지이다.

### 2) 대지권등기

신청서의 일반적 기재사항으로서 1동의 건물의 표시와 구분건물의 표시 및 대지권이 있는 때에는 그 권리의 표시를 기재하여야 한다.

### 3) 첨부서면에 관한 사항

(1) ① 대지권의 목적인 토지가 규약상 대지인 때, ② 대지권의 비율을 각 전유부분의 면적비율과 다르게 정한 때, ③ 대지사용권을 전유부분과 분리처분할 수 있는 것으로 정한 때에는 「규약 또는 공정증서」를 첨부한다.

| 유의사항 |
❖ 대지사용권과 대지권

'대지사용권'은 집합건물 소유자가 그 전유부분을 소유하기 위하여 대지에 대하여 가지는 권리를 말한다. 대지사용권은 통상 소유권이나 이외에도 지상권·전세권·임차권 등의 권리도 대지사용권이 될 수 있다.

대지사용권은 규약이나 공정증서로서 분리처분할 수 있다고 별도로 정한 경우를 제외하고는 전유부분과 분리하여 처분할 수 없다. 이를 '처분의 일체성'이라 하는데 집합건물소유및관리에관한 법률 제20조는 '구분소유자의 대지사용권은 그가 가지는 전유부분의 처분에 따른다'고 규정하여 그 근거가 되고 있다. 이와 같이 대지사용권으로서 전유부분과 분리처분을 할 수 없는 것을 '대지권'이라 한다.

☞ 대지권의 비율을 정한 규약

# 규 약

경기도 안산시 일동 621-4 대 317.5㎡ 지상에 건축한 다세대주택에 대한 공사가 완료됨에 따라 다음과 같이 대지사용권에 대하여 규약을 설정한다.

- 다 음 -

제1조(목적)
 건축주겸 소유주 이원자과 최규상은 4층 다세대 건물을 건축하여 각 전유부분에 따른 대지사용권을 본 규약의 취지대로 분배하기로 한다.

제2조(대지권의 목적인 토지의 표시)
 경기도 안산시 일동 621-4 대 317.5㎡

제3조(대지지분)
 위 대지에 대한 이원자와 최규상의 총소유지분 합계 317.5㎡의 각 전유부분 해당의 대지사용권 비율은 다음 아래와 같다.

| 호수 | 전용면적 | 대지면적 |
|---|---|---|
| 101호 | 41.60㎡ | 23.35㎡ |
| 102호 | 41.60㎡ | 23.35㎡ |
| 103호 | 20.64㎡ | 11.58㎡ |
| 104호 | 20.74㎡ | 11.64㎡ |

| | | |
|---|---|---|
| 105호 | 21.12㎡ | 11.85㎡ |
| 201호 | 41.60㎡ | 23.35㎡ |
| 202호 | 41.60㎡ | 23.35㎡ |
| 203호 | 21.12㎡ | 11.85㎡ |
| 204호 | 22.44㎡ | 12.59㎡ |
| 205호 | 21.12㎡ | 11.85㎡ |
| 301호 | 41.60㎡ | 23.35㎡ |
| 302호 | 41.60㎡ | 23.35㎡ |
| 303호 | 21.12㎡ | 11.85㎡ |
| 304호 | 22.44㎡ | 12.59㎡ |
| 305호 | 21.12㎡ | 11.85㎡ |
| 401호 | 85.06㎡ | 47.73㎡ |
| 402호 | 19.61㎡ | 11.01㎡ |
| 403호 | 19.61㎡ | 11.01㎡ |
| 합계 | 565.74㎡ | 317.5㎡ |

제4조(분리처분의 금지)
  건물에 속한 전유부분과 본 규약에 따른 대지사용권은 분리처분할 수 없다.

202○. 3.  .

      토지소유자  이원자    (인감)
    (건 축 주)  서울 동작구 상도로22번길 17
          최규상    (인감)
       서울 동작구 상도동22번길 17

(2) 대지권의 목적인 토지가 다른 등기소의 관할에 속하는 경우에는 그 등기부등본을 일반적인 첨부서면에 추가하여야 한다.

(3) 건물의 도면은 1동의 건물의 소재도, 각층의 평면도와 각 구분건물의 평면도를 첨부하여야 한다. 이는 집합건물의 보통건물과는 달리 통상 1필지상의 수동이 건립되고 또 단지를 이루는 경우가 많아 동간의 혼란 등 건물을 특정함에 어려움이 생길 소지가 있으므로 이를 방지하고 건물을 특정하기 위함이다.

▶ 등기신청서류를 비치하여 민원 제공하는 등기소 내 모습

### 4) 등기의 실행

(1) 집합건물의 등기부에 '대지권의 목적인 토지의 표시'로 등기가 되고, 토지등기부중 사항란에는 '대지권인 취지'의 등기가 되어 향후 토지에 대한 권리의 공시는 집합건물등기부에 하게 된다.

(2) '대지권의 목적인 토지의 표시'는 소재·지번·지목과 면적을 기재하고, 대지권의 종류는 대지사용권의 종류 즉 「소유권」, 「지상권」, 「전세권」, 「임차권」 등과 같이 기재하고, 대지권의 비율은 대지권의 목적인 토지에 대하여 가지는 지분비율을 기재하고 등기원인은 「대지권」으로 그 연월일은 1동의 건물의 '신축일'을 기재한다.

> ※ 대지사용권의 사후취득에 따른 대지권등기
>
> 1. 구분건물을 건축하여 양도한 자가 그 대지사용권은 나중에 취득하여 이전하기로 약정한 경우, <u>양도하는 자는 먼저 대지의 소유권(대지사용권)을 취득한후 구분건물의 현재 소유자(전전 양도한 경우 포함)와 공동으로 대지사용권 이전등기를 신청할 수 있다</u>. 이 때 구분건물의 현재 소유자는 위 신청과 동시에 단독으로 대지권등기를 신청하여야 한다.
>
> 2. 이는 구분건물을 건축하여 양도한 자가 1인이거나 수인인 경우를 불문하고 동일하

게 적용되므로, 수인이 공동으로 구분건물을 건축하여 "갑" 명의로 1세대, "을" 명의로 1세대, "병" 명의로 5세대, "정" 명의로 50세대를 각각소유권보존등기를 한 후, "정"(또는 다른 1인)이 위 구분건물의 대지의 소유권전부를 이전받았다면 "정"은 자신이 양도한 50세대의 현재 소유자와 공동으로 부동산등기법 제57조의3 제3항에 의한 대지의 소유지분(대지사용권) 이전등기를 신청할 수 있을 뿐, 그 외 "갑", "을", "병"으로부터 양도받은 세대의 현재 소유자와는 대지사용권 이전등기를 신청할 수 없다.

3. 이 경우 "갑", "을", "병"은 "정"으로부터 대지의 소유지분(대지사용권)을 각각 취득한 이후에야 비로소 자신들로부터 구분건물을 양도받은 현재의 소유자와 공동으로 부동산등기법 제57조의3 제3항에 의한 대지사용권 이전등기를 신청할 수 있다.

4. 이와 달리, 구분건물의 현재 소유자는 일반적인 권리이전절차에 따라 대지의 소유지분(대지사용권)을 취득한 후 단독으로 대지권등기를 신청할 수 있는바, 이 경우에는 대지의 소유자로부터 구분건물의 소유권보존등기명의인, 중간취득자, 현재 소유자 명의의 대지사용권의 이전등기를 순차적으로 빠짐없이 경료하여야 한다.(2008. 7. 30. 부동산등기과-2045 질의회답)

참조조문 : 부동산등기법 제57조의3, 제101조 제2항
참조판례 : 대법원 2000. 11. 16. 선고 98다45652, 45669 전원합의체 판결

# 매매에 의한 소유권이전등기

**제1절** 부동산실거래가 신고제도 • 147

**제2절** 매매에 의한 소유권이전등기 • 162

**제3절** 등기신청 작성례 • 164

**제4절** 등기신청서 작성방법 • 166

**제5절** 기타의 서식례 • 180

**제6절** 등기소 가기 • 182

# 제 3 장
# 매매에 의한 소유권이전등기

## 제 1 절 부동산실거래가 신고제도

### 1. 실거래가 신고제도의 의의

2006. 1. 1.부터 종래 이중계약 등 잘못된 관행을 없애고 부동산 거래를 투명하게 하기 위해 "부동산실거래가격 신고의무제도"가 시행되었다.

이 제도가 갖는 의의는 그간 실제 거래가와는 달리 임의로 신고된 가격에 의해 편법적으로 이루어져 온 탈세적 관행을 지양하고 조세부과의 형평과 투명성을 확보하기 위한 것이다.

▶ 구청 내 부동산실거래가신고 창구

일단은 지방세인 취득세의 세원확보를 투명히 하고 아울러 양도소득세와 연계하여 양도소득세 역시 기준시가와의 선택이 아닌 실지거래가로 계산하자는 입법자의 취지가 실려 있다.

거래당사자(공동) 또는 중개업자는 2006. 1. 1.부터 토지 및 건물의 매매계약서를 작성한 때에는 30일[1] 이내에 당해 부동산 소재지 관할 시장·군수·구청장에게 실거래가를 신고

---

[1] 종래 60일에서 30일로 단축되었다(시행 2020. 2. 21.).

하여 '실거래가 등기부 기재 제도'가 시행되었다.

 이에 따라 교부받은 실거래가 '신고필증'을 등기신청시 첨부하도록 되어 있으므로 등기와 직접 관련은 없지만 이에 관하여 세심한 이해가 필요하므로 이를 소개한다.

## 2. 실거래가 신고의 절차와 방법

### 가. 부동산 실거래가 신고대상
□ 2006년 1월 1일부터 이후 토지 및 건축물을 사고 판 경우로서 '매매'에 관한 거래계약서를 작성한 때

  ※ 판결, 교환, 증여, 신탁/해지, 분양권매매는 부동산거래신고 대상에서 제외되며, 다만 부동산등기특별조치법 제3조에 의한 검인신고는 하여야 한다.

### 나. 부동산 실거래가 신고기한
□ 종전에는 거래계약체결 후 잔금 납부가 완료되는 시점(보통 거래계약 후 1~2개월 후)에 시·군·구에 검인신고를 하였으나, 실거래가신고는 거래계약 체결일로부터 30일 이내에 당해 토지 또는 건축물 소재지 관할 시장·군수·구청장에게 신고해야 한다.

### 다. 부동산 실거래가 신고의무자
□ 부동산 거래 신고의무자는 거래당사자(공동) 또는 중개업자이다. 중개업자가 거래계약서를 작성·교부한 경우에는 반드시 중개업자가 신고를 해야 한다.

### 라. 대리인에 의한 실거래가 신고 여부
□ 인터넷으로 거래신고를 하는 경우에는 중개업자나 거래당사자가 신고를 해야 하며, 시·군·구청에 방문신고를 하는 경우에는 거래당사자 중 1인의 위임을 받은 자가 대리신고할 수 있다.

 이 경우 대리인은 주민등록증 등 대리인의 신분을 확인할 수 있는 신분증명서를 지참하고 아래서류를 제출한다.
  ① 양측의 막도장 날인된 부동산거래계약신고서 1통
  ② 거래당사자중 1인의 자필서명이 된 위임장 1통 (※인감이 아님에 유의)

③ <u>신분증사본</u>[2] 1통
④ 계약서 사본 1통

□ 한편, 중개업자의 경우에는 소속 공인중개사가 대리할 수 있다(중개보조원은 불가).

※ 소속공인중개사는 법에 따른 고용신고를 한 자에 한한다. 대리인은 주민등록증 등 대리인의 신분을 확인할 수 있는 신분증명서와 대리권을 증명하는 서류(중개업자가 법에 따라 신고한 인장을 날인)를 제출하여야 한다.

## 마. 부동산 실거래가 신고방법

□ 인터넷신고 및 시·군·구 방문신고의 방법이 있다. 인터넷 신고의 경우 해당 시·군·구청 홈페이지 접속 후 부동산거래관리시스템 배너를 클릭하여 접속하거나 해당 시·군·구청의 부동산거래관리시스템 인터넷 주소를 직접 입력하면 신고가 가능하다.

ex) 안양시 http://rtms.anyang.go.kr

강남구 http://gangnam.rtms.seoul.go.kr

## 바. 인터넷 신고 절차

□ 인터넷 신고의 경우 인터넷 쇼핑을 하는 절차와 유사하며, 공인인증서를 반드시 보유하여야 한다.

※ 공인인증서 : 인터넷뱅킹, 증권거래용, 전자입찰용, 전자거래용, 무역거래용 등

---

[2] 위임장에 <u>신분증(주민등록증, 여권, 운전면허증)</u> 사본을 첨부한 경우는 위임인(거래당사자중 1인)으로부터 자필서명을 받아야 한다. 그러나 '법인'인 경우의 위임은 법인인감을 날인하여야 한다(2010. 3. 시행).

```
┌─────────────────────────────────────────┐
│         부동산거래관리시스템 접속          │
│     (해당 시·군·구청 홈페이지에서 접속)    │
└─────────────────────────────────────────┘
                    ⇩
┌─────────────────────────────────────────┐
│ (1)          실명확인, 로그인             │
│     성명(법인명)·주민(법인)등록번호·공인인증서 │
└─────────────────────────────────────────┘
                    ⇩
┌─────────────────────────────────────────┐
│ (2)   부동산거래계약신고서 작성, 전자서명   │
│       직거래는 거래당사자 모두 공동서명,3)  │
│         중개거래는 중개업자만 서명         │
└─────────────────────────────────────────┘
                    ⇩
┌─────────────────────────────────────────┐
│ (3)    인터넷 온라인 접수(시·군·구청)      │
└─────────────────────────────────────────┘
                    ⇩
┌─────────────────────────────────────────┐
│ 부동산거래계약신고서 확인 및 온라인 신고필증 발급(담당공무원) │
└─────────────────────────────────────────┘
                    ⇩
┌─────────────────────────────────────────┐
│     부동산거래계약 신고필증 온라인 조회 및 출력   │
│            (거래당사자 및 중개업자)         │
└─────────────────────────────────────────┘
                    ⇩
┌─────────────────────────────────────────┐
│          부동산 소유권이전등기 신청        │
│   등기신청서 상에 신고필증의 신고일련번호를 기재  │
│   법원(등기소)에서 온라인으로 신고필증 직접 확인 │
└─────────────────────────────────────────┘
```

---

3) 거래당사자가 신고하는 경우 공동으로 공인인증서를 통한 방법으로 서명하여야 하는데, 그 방법은 우선 매수인 또는 매도인이 먼저 접속을 하여 신고서를 작성하고 공인인증서에 의한 서명을 한 후, 신고서 접수번호를 상대방에게 알려주어 상대방이 역시 시간을 달리하여 부동산관리시스템에 접속하여 공인인 증서에 의한 확인을 함으로써 공동서명 하는 것이다.

※ 부동산실거래가 인터넷 신고방법

(1) 부동산거래관리시스템에 접속 후 공인인증서에 의해 로그인한다.

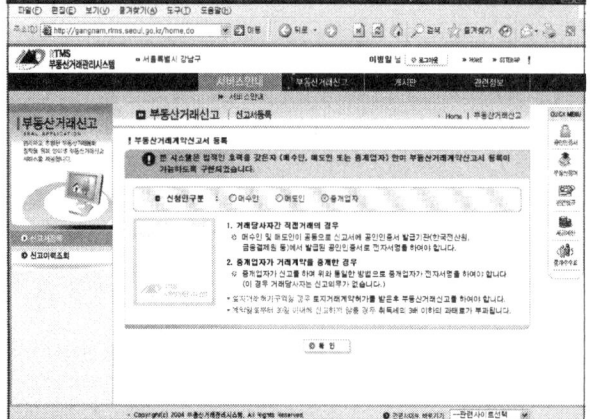

(2) 접속하여 신고신청 하는 자가 매도인 또는 매수인인지, 중개업자인지를 선택한다.

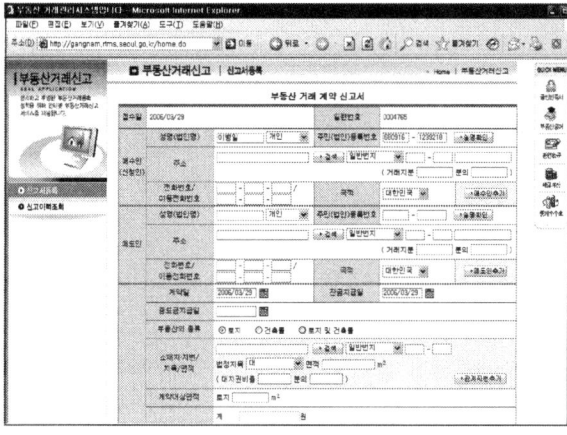

(3) 부동산거래계약신고서를 작성한 후 접수한다. 접수번호를 메모한다.

## 사. 방문신고의 절차

□ 거래당사자가 시·군·구청을 방문하여 부동산 실거래가격 신고시에는 담당공무원이 거래계약신고서를 부동산거래관리시스템에 입력하게 되며, 거래신고필증을 발급하게 된다.

### 부동산거래계약신고서

처리기간: 즉시

| 접수일 | 202○. 4. 20. | 일련번호 | |
|---|---|---|---|
| 매수인 | 성명(법인명) | 최고봉 | 주민(법인)등록번호 | 670813-1202981 |
| | 주소 | 서울 동대문구 이문동 휘경로22번길 23, 150동 201호(이문동, 신동아아파트) 전화: 010-3314-2092 (거래지분: 분의 ) | | |
| 매도인 | 성명(법인명) | 홍길동 | 주민(법인)등록번호 | 560123-1239082 |
| | 주소 | 서울 강북구 도당로2길 23, 202호(쌍문동) 전화: 010-7870-1092 (거래지분: 분의 ) | | |

| 신고사항 | 계약일 | 202○년 4월 30일 | 잔금 지급일 | 202○년 6월 30일 |
|---|---|---|---|---|
| | 부동산의 종류 | □ 토지  □ 건축물(           )<br>☑ 토지 및 건축물 ( 연립주택         ) | | |
| | 소재지 | 서울 강북구 도당로2길 23, 202호(쌍문동)<br>(지목: 대) (면적: 300㎡) (대지권비율: 300분의 20) | | |
| | 계약대상 면적 | 토지 ( 20㎡ ), 건물 ( 59.28㎡ ) | | |
| | 실제 거래가격 | 금 65,000,000 원 | | |
| | 계약의 조건 또는 기한 | 특이사항 없음 | | |
| | 중개업자 | 성명 | 상호 | 주민등록번호 |
| | | 사무소소재지 | | |
| | 참고사항 | 용도지역 | | |
| | | 기타 | | |

「공인중개사의 업무 및 부동산 거래신고에 관한 법률」 제27조 및 동법시행규칙 제19조의 규정에 의하여 위와 같이 부동산거래계약내용을 신고합니다.

202○년 4월 20일

매수인　　최고봉　　(서명 또는 날인)

신고인　　매도인　　홍길동　　(서명 또는 날인)

중개업자(중개업자가 중개한 경우)　　　　　(서명 또는 날인)

**강북구청장　귀하**

| 유의사항 | 1. 거래당사자간 직접거래의 경우 : 매수인 및 매도인이 **공동으로** 신고서에 서명 또는 날인을 하여 거래당사자중 **1인이** 신고서를 제출<br>2. 중개업자가 거래계약을 중개한 경우 : 중개업자가 신고(이 경우 거래당사자는 신고의무가 없다)<br>※ 신고시에는 주민등록증, 운전면허증, 여권 등 신고인의 신분을 확인할 수 있는 신분증을 제시하여야 하며, 대리인에 의할 경우 **신분증 사본**을 첨부한다. |
|---|---|
| 작성방법 | 1. 지분으로 거래한 경우 매도인의 지분을 표시하고, 매도인의 지분을 기준으로 매수인 각각의 지분을 표시한다.　　　　　수수료<br>　　　　　　　　　　　　　　　　　　　　　　　　　　　　　　없 음<br>2. "소재지·지번/지목/면적"에는 부동산 소재지의 지번과 토지대장상의 지목, 면적 등을 기재하되, 집합건물의 경우에는 동·호수까지 정확하게 기재한다.<br>3. "부동산의 종류"에는 토지·건축물 또는 토지 및 건축물(복합부동산의 경우)에 v표시를 하고, 당해 부동산이 "건축물" 또는 "토지 및 건축물"인 경우에는 ( )에 건축물의 종류를 단독주택, 아파트, 연립주택, 공장, 제2종근린생활시설 등 건축법시행령 별표 1에 의한 용도별 건축물의 종류를 기재한다.<br>4. "계약대상 면적"에는 실제 거래면적을 계산하여 입력하고, 집합건물의 경우 부동산등기부등본상의 대지권 비율을 기재한다.<br>5. 계약의 조건 또는 기한은 부동산 거래계약내용에 계약조건이나 기한을 붙인 경우에 한하여 기재한다. |

**당사자의 일방으로부터 위임받은 경우**

# 위 임 장

1. 위임인의 인적사항

| 성 명 | 최고봉 | 주민등록번호 | 670813-1202981 |
|---|---|---|---|
| 주 소 | 서울 동대문구 이문동 휘경로22번길 23, 150동 201호(이문동, 신동아아파트) | 연락처 | 010-1334-2092 |

2. 수임인의 인적사항

| 성 명 | 조장형 | 주민등록번호 | 660813-1098762 |
|---|---|---|---|
| 주 소 | 의정부시 신흥로53번길 20-5 (가능동) | 연락처 | 010-9686-9882 |

3. 위임한 부동산의 표시

| 소재지 | 서울 강북구 도봉로2길 23, 202호(쌍문동) |
|---|---|
| 구 분 | 토 지 : 대지권비율 398.9분의 27.2<br>건 물 : 2층 202호 41.10㎡ |

**4. 위임한 권한 및 금액**

위임한 권한 : 부동산(주택) 거래신고서의 제출 및 신고필증 수령
위임한 부분 : 부동산(주택) 거래신고서의 제출 및 신고필증 수령
위임한 금액 : 육천오백만원整 ( ₩ 65,000,000 )

본인은 상기와 같은 부동산에 대한 권한을 위임합니다.

202○년 5월 일

위임인 최 고 봉 (서명)

수임인 조 장 형 (인 또는 서명)

※ 위임시에는 위임장과 위임인의 <u>신분증사본</u>이 있어야 하며, 위임장에는 <u>위임인의 자필서명</u>이 반드시 있어야 한다. 인감 날인 및 인감증명서 첨부는 인정되지 않는다.

# 부동산거래계약신고필증

| 접수 | 202○. 4. 20. | 일련번호 | 140317 |
|---|---|---|---|

| 매수인 | 성명(법인명) | 최고명 | 주민(법인)등록번호 | 670813-1202981 |
|---|---|---|---|---|
| | 주소 | 서울 동대문구 이문동 휘경로22번길 23, 150동 201호(이문동, 신동아아파트) (전화: 010-334-2092) (거래지분: 분의 ) | | |

| 매도인 | 성명(법인명) | 홍길동 | 주민(법인)등록번호 | 560123-1239082 |
|---|---|---|---|---|
| | 주소 | 서울 강북구 도당로2길 23, 202호(쌍문동) (전화: 010-7870-1092) (거래지분: 분의 ) | | |

| 신고사항 | 계약일 | 202○년 4월 3일 | 잔금 지급일 | 202○년 6월 30일 |
|---|---|---|---|---|
| | 부동산의 종류 | ☐ 토지  ☐ 건축물 ( )  ☑ 토지 및 건축물 ( 연립주택 ) | | |
| | 소재지 | 서울 강북구 도당로2길 23, 202호(쌍문동) (지목: 대 ) (면적 : 300㎡) (대지권비율: 300분의 20) | | |
| | 계약대상 면적 | 토지 ( 20㎡ ), 건물 ( 59.28㎡ ) | | |
| | 실제 거래가격 | 금 65,000,000 원 | | |
| | 계약의 조건 또는 기한 | 특이사항 없음 | | |
| | 중개업자 | 성명 | 김성실 | 상호 | 성실공인중개사사무소 | 주민등록번호 | 680813-1092833 |
| | | 사무소소재지 | 서울 강북구 도당로2길4, 1층 (쌍문동, 거성빌딩) (전화: 02-922-5300) | | | |
| | 참고사항 | 용도지역 | 주거지역 | | | |
| | | 기타 | | | | |

「공인중개사의 업무 및 부동산 거래신고에 관한 법률」제27조 제3항 및 동법시행규칙 제19조 제4항의 규정에 의하여 부동산거래계약신고필증을 교부합니다.

202○년  4월  20일

**강북구청장**

## 부동산거래계약신고서 "별지"

| 접수일 | | | 일련번호 | |
|---|---|---|---|---|

**■ 매수인 추가**

| 성명 (법인명) | | (서명 또는 인) | 주민(법인)등록번호 | - |
|---|---|---|---|---|
| 주 소 | (거래지분 : 분의 ) | | | 국적 |
| 전화번호 | (이동전화: ) | | | |

**■ 매도인 추가**

| 성명 (법인명) | | (서명 또는 인) | 주민(법인)등록번호 | - |
|---|---|---|---|---|
| 주 소 | (거래지분 : 분의 ) | | | 국적 |
| 전화번호 | (이동전화 : ) | | | |

**■ 소재지 추가**

| (법정지목: ) (현실지목: )(면적: ㎡) (대지권비율: 분의 ) |
|---|
| (법정지목: ) (현실지목: )(면적: ㎡) (대지권비율: 분의 ) |

**■ 거래부동산 추가**

| 물건 1 | 부동산의 종류 | □ 토지  □ 건축물( )  □ 토지 및 건축물( ) |
| | | □ 분양권 □ 입주권 (분양금액: 원) |
| | 소재지·지번/지목/면적 | ( 동 호)<br>(지목 )(토지면적: ㎡)(대지권비율: 분의 ) |
| | 계약대상 면적 | 토지 ㎡, 건축물 ㎡ |
| | 물건 거래금액 | 원 |
| | 참고 사항 | 용도지역( ) 현실지목( ) |

**■ 중개업자**

| 성명 | | 상호 | | 주민(법인)등록번호 | - |
|---|---|---|---|---|---|
| 소재지 | | (전화 : ) | | | |

○ 부동산거래계약신고서의 기재란이 제한되어 있기에 계약당사자, 소재지, 거래부동산이 다수인 경우 별지를 사용할 수 있다.
○ 위 "별지"는 각 시·군·구청 부동산거래계약 담당창구에 비치되어 있는 양식이다.

### 아. 허위신고시의 벌칙

□ 부동산 거래 신고를 하지 않거나, 허위 신고 및 신고를 지연할 경우에는 매도자·매수자 및 중개업자는 취득세 3배 이하(주택거래신고지역 내는 5배)의 과태료 처분을 받게 된다. 거래당사자가 중개업자로 하여금 신고를 하지 아니하게 하거나, 거짓된 내용을 신고하도록 요구한 경우에는 500만 원 이하의 과태료 처분을 받게 된다.

□ 중개업자가 거래계약서를 거짓기재하거나 또는 이중계약서 등을 작성할 경우에는 중개업 등록취소 또는 6개월 이내의 자격정지 처분을 받게 된다. 또한, 조세범처벌법(제9조 제3항)에 의한 조세포탈범의 경우 3년 이하의 징역 또는 탈루세액 3배에 해당하는 벌금에도 처할 수 있다.

### 자. 실거래가 신고시 종전처럼 검인신고를 하는지의 여부

□ 부동산 거래가격 등을 신고할 경우 시·군·구청으로부터 거래 신고필증을 교부받게 되며, 신고필증을 교부받은 때에는 부동산등기특별조치법에 의한 검인을 받은 것으로 간주하므로, 달리 검인신고를 할 필요가 없다.

### 차. 외국인인 경우의 신고

□ 외국인의 경우 외국인토지법에 의한 토지취득신고 대상 중 계약의 유형이 매매인 경우에는 외국인토지취득신고와는 별도로 부동산거래신고를 하여야 한다.

### 카. 주택거래신고지역의 경우

□ 주택거래신고지역의 주택 매매 거래의 경우에는 종전처럼 실거래가격에 의해 주택법에 의한 신고를 하면 되며, 부동산실거래 신고는 하지 않아도 된다.

---

※ 주택거래신고지역이란

① 정부가 지정한 주택거래신고지역에서 아파트 등을 '매매'할 경우 15일 안에 관할 시·군·구에 실거래가격을 신고해야하는 지역을 말하는데, 등기신청시 신고필증을 첨부하여 등기하여야 한다. 주택거래신고지역인지의 여부는 토지이용계획확인원을 통하여 확인할 수 있다.

② 주택법에 근거한 것으로 2004. 3. 30.부터 시행되었다. 국토해양부장관을 위원장으

로 하는 주택정책심의위원회에서 지정한다. 지정요건을 보면, 소득세법상 투기지역중 주택에 대한 투기가 성행하거나 성행할 우려가 있다고 판단되는 지역으로서 ① 전월 집값상승률이 1.5%이상, ② 직전 3개월간 상승률이 3%이상, ③ 연간 상승률이 전국평균의 두 배 이상 또는 ④ 관할 지자체장(시장, 군수, 구청장)의 요청이 있는 경우 중 어느 하나에 해당되는 경우.

③ 신고 대상 부동산은 주거전용면적이 60㎡를 초과하는 아파트이다(주택법시행령 제107조의2 제2항, 연립주택신고지역인 경우는 전용면적이 150㎡를 초과하는 연립주택). 그러나 재건축·재개발 정비구역 안의 모든 아파트는 평형에 상관없이 신고해야 한다.

④ 계약체결일 익일부터 15일 이내에 거래계약일, 거래가액, 거래당사자 등을 관할 시장·군수·구청장에 신고해야 하며, 거래가액이 6억 초과인 경우에는 주택자금조달계획 및 입주여부 계획서도 제출하여야 한다. 자금조달계획은 자기자금·대출·기타로 구분해 제출한다. 이 경우 대출액은 관할 세무서에도 통보되기 때문에 자금 출처가 불명확할 때는 주택을 구입하기 어렵다.

⑤ 거래가액과 관계없이 신고지역으로 지정되면 관할 시장 등은 '신고필증' 교부한지 15일 이내에 관할 세무관서장에게 모든 신고내역을 통보하고, 세무관서장은 이를 과세자료로 활용하게 되며, 신고를 하지 않거나 지연하는 경우, 허위신고하는 경우에는 매도·매수자 모두에게 취득세액의 최대 5배에 해당하는 과태료가 부과된다.

### 타. 토지거래허가구역의 경우

□ 국토의계획및이용에관한법률 제118조에 의한 '토지거래 허가'시에도 계약유형이 매매일 경우에는 부동산 거래신고를 하여야 한다.

### 파. 신고된 실거래가의 가격검증

□ 신고된 부동산 거래가격은 허위신고 여부 등에 대한 가격검증을 거치게 되며, 거래내역 및 검증결과는 국세청(관할세무서) 및 시·군·구청 세무부서에 통보하여 과세자료로 활용된다.

### 하. 실거래가 신고 후 계약이 해제된 경우

□ 부동산거래계약에 관한 내용을 신고한 후 계약이 무효·취소·해제된 경우에는 거래당사자 또는 중개업자는 부동산거래계약해제등신고서에 서명 또는 날인(전자인증방법

포함)을 하여 시장·군수·구청장에게 제출할 수 있다. 거래계약 해제 등의 신고를 받은 시장·군수·구청장은 그 내용을 확인한 후 '부동산거래계약해제등확인서'를 신고인에게 교부하게 된다.

## 부동산거래계약해제등신고서

| 처리기간 | 즉 시 |
|---|---|

※ 해당되는 □란에 √표를 하시기 바랍니다.

| 접수 | 20○○. 5. 20. | | 접수번호 | | |
|---|---|---|---|---|---|
| 신청인 | 구 분 | □ 매수인　□ 매도인　☑ 중개업자　□ 대리인 | | | |
| | 성명(법인명) | 김성실 (인) | 주민등록번호 | 680813-1092833 | |
| | 주 소 | 서울 강북구 도당로2길4, 1층 (쌍문동, 거성빌딩) | | | |
| | 전화번호 | (전화 02-922-5300  핸드폰: 010-4436-2754) | | | |
| 신고사항 | 매수인 | 성 명 | 최고봉(서명 또는 인) | 주민등록번호 | 670813-1202981 |
| | | 주 소 | 서울 동대문구 이문동 휘경로22번길 23, 150동 201호(이문동,신동아아파트) | | |
| | | 전화번호 | 010-2334-2092 | | |
| | 매도인 | 성 명 | 홍길동(서명 또는 인) | 주민등록번호 | 560123-1239082 |
| | | 주 소 | 서울 강북구 도당로2길 23, 202호(쌍문동) | | |
| | | 전화번호 | 010-7870-1092 | | |
| | 신고필증 일련번호 | 140317 | | | |
| | 계 약 일 | 20○○년 4월 30일 | 계약해제일 | 20○○년 5월 13일 | |
| | 계약 해제 등의 사유 | 구분 | □ 무효　□ 취소　☑ 해제　□ 기타 | | |
| | | 사유 | 합의해제 | | |

「공인중개사의 업무 및 부동산 거래신고에 관한 법률 시행규칙」 제17조 제8항의 규정에 따라 위와 같이 부동산거래계약해제 등의 내용을 신고합니다.

|  |  |
|---|---|
| 신고인 | 202○년 5월   일<br>매수인                              (서명 또는 인)<br>매도인                              (서명 또는 인)<br>중개업자(중개업자가 중개한 경우)  김성실  (서명 또는 인) |

### 강북구청장   귀하

| 작성방법 | 1. 신고인의 서명 또는 날인은 거래당사자 모두가 신고내용을 확인한 후 서명 또는 날인하여야 합니다.<br>※ 중개업자가 신고하는 경우에도 거래당사자의 서명 또는 날인이 반드시 포함되어야 합니다.<br>2. 다수의 매수·매도인, 다수의 중개업자 등 기재사항이 복잡한 경우에는 별지로 작성하여 첨부할 수 있습니다. |
|---|---|

## 거. 실거래가의 등기부등본에의 공시

□ 부동산 실거래가격 신고시 시·군·구에서는 거래신고필증을 교부하게 되며 거래신고필증에 기재된 '거래가액'을 등기부에 기재하게 되었다.

(1) '매매'를 원인으로 한 소유권이전등기를 신청하는 경우에는 대법원규칙이 정하는 <u>거래신고필증과 매매목록</u> (2개 이상의 부동산 또는 다수당사자와 거래한 경우)을 제출하며, 등기신청서에는 거래신고필증에 기재된 '거래가액'을 기재한다(부동산등기법 제40조 제1항 제9호 및 제41조 제1항 제9호).

(2) '매매'를 원인으로 한 소유권이전등기를 신청한 경우 등기소는 신청서에 기재된 거래가액을 갑구의 권리자 및 기타사항란에 기재한다(제57조 제4항).
  ① 매매목록 : 1개의 신고필증에 2개 이상의 부동산이 기재된 경우

| 매 매 목 록 ||
|---|---|
| 거래가액 | 금 150,000,000원 |
| 일련번호 | 부동산의 표시 |
| 1 | [토지] 경기도 의정부시 가능동 633-10 |
| 2 | [건물] 경기도 의정부시 가능동 633-10 |

* 지분이 매매목적인 경우 그 지분은 표시하지 않는다.


② 매매목록 : 1개의 부동산에 관하여 수인(2인 이상)의 매도인과 수인(2인 이상)의 매수인이 매매계약을 체결한 경우(1개의 매매계약서에 의하여 2건의 등기신청을 하는 경우임)

| 매 매 목 록 ||
|---|---|
| 거래가액 | 금 150,000,000원 |
| 일련번호 | 부동산의 표시 |
| 1 | [토지] 경기도 의정부시 가능동 633-10 |
| 2 | [건물] 경기도 의정부시 가능동 633-10 |

## 너. 실거래가 신고후의 등기절차

□ 등기신청 시에는 등기신청서 상에 거래신고필증의 일련번호를 기재하여야 하며, 법원에서는 동 일련번호를 통해 신고여부 등을 확인하게 된다.

## 제 2 절 매매에 의한 소유권이전등기

### 1. 의 의

소유권 '이전'(移轉)이란 어떤 자에게 속하고 있던 권리가 다른 자에게 이전하는 것을 말하는데 '등기'를 하여야 비로소 매수자로의 소유권이 이전된다.

여기서 이전의 원인이 되는 계약이 '매매계약'일 때 비로소 물권변동[4]의 효력을 위하여 매매에 의한 소유권이전등기 신청을 하게 되는 것이다. 이 등기신청에서는 '매수인'을 등기권리자, '매도인'을 등기의무자라고 한다.

주의 할 점은 매매계약서를 분실한 경우 신청서 부본을 제출하여 소유권이전등기를 신청할 수 없고, 반드시 매매계약서의 원본 또는 판결서의 정본을 등기원인증서로 제출하여야 한다.

### 2. 등기신청방법

① **공동신청** : 매매계약서에 의한 등기신청인 경우에는 매도인과 매수인이 본인임을 확인할 수 있는 주민등록증 등을 가지고 직접 등기소에 출석하여 공동으로 신청함이 원칙이다.
② **단독신청** : 판결에 의한 등기신청인 경우에는 승소한 등기권리자 또는 등기의무자가 단독으로 신청할 수 있다. 이에 관하여는 판결에 의한 소유권이전등기 참조.
③ **대리인에 의한 신청** : 등기신청은 반드시 신청인 본인이 하여야 하는 것은 아니고 '대리인'이 하여도 된다. 등기권리자 또는 등기의무자 일방이 상대방의 대리인이 되거나 쌍방이 제3자에게 위임하여 등기신청을 할 수 있으나, 변호사 또는 법무사가 아닌 일반인은 신청서의 작성이나 그 서류의 제출대행을 업(業)으로 할 수 없을 뿐이다.

---

[4] 부동산에 관한 법률행위로 인한 물권의 득실변경은 등기하여야 그 효력이 있고(민법 제186조), 또는 법률의 규정에 의한 물권의 변동의 경우에도 등기를 하지 아니하면 이를 처분하지 못한다(민법 제187조). 물권변동(物權變動)이란 물권의 득실변경을 말하는데 물권의 득실변경이란 부동산등기법 제2조에서와 같이 물권의 설정, 보존, 이전, 변경, 처분의 제한 또는 소멸을 말한다.

**‖ 유의사항 ‖**

❖ 부동산등기특별조치법상의 등기신청의무

부동산의 소유권이전을 내용으로 하는 계약을 체결한 자는 부동산등기특별조치법 제2조 제1항 제1호 소정의 "반대급부의 이행이 완료된 날"로부터 60일 이내에 소유권이전등기를 신청하여야 하는바, 이는 매매로 인한 잔금의 지급에 있어서는 계약서상의 잔금지급 기일을 뜻하는 것이 아니라 실제 잔금이 지급된 날을 의미하므로 실제 잔금지급일로부터 60일 이내에 소유권이전등기를 신청하면 된다. 위 특조법 위반시 등록면허세액의 5배 이내의 범위에서 아래와 같은 '과태료'가 물려진다(제11조).

| 부과기준(해태기간) | 부과금액(등록세액) |
|---|---|
| 2월 미만 해태 | 100분의 5 |
| 2월 이상 5월 미만 해태 | 100분의 15 |
| 5월 이상 8월 미만 해태 | 100분의 20 |
| 8월 이상 12월 미만 해태 | 100분의 25 |
| 12월 이상 해태 | 100분의 30 |

## 제3절 등기신청 작성례

☞ 등기신청서 갑지

<table>
<tr><td colspan="9" align="center">**소유권이전등기신청**</td></tr>
<tr><td rowspan="2">접<br>수</td><td>년 월 일</td><td rowspan="2">처<br>리<br>인</td><td>접 수</td><td>조 사</td><td>기 입</td><td>교 합</td><td>등기필<br>통 지</td><td>각 종<br>통 지</td></tr>
<tr><td>제  호</td><td></td><td></td><td></td><td></td><td></td><td></td></tr>
</table>

① 부 동 산 의  표 시

1동의 건물의 표시 : 서울특별시 관악구 신림동 777-7 대명빌라 가동
      [도로명주소] 서울특별시 관악구 관천로17길 23
전유부분의 건물의 표시
    건물의 번호 : 가-3-303
    구    조 : 철근콘크리트조
    면    적 : 3층 303호 87.89㎡
대지권의 표시
    토지의 표시 : 1. 서울특별시 관악구 신림동 777-1 대 702.3㎡
    대지권의종류 : 1. 소유권
    대지권의비율 : 702.3분의 42.427
거래신고일련번호: 41630-2007-4-000757    거래가액: 100,000,000원

| ② 등기원인과그연월일 | 202○년 2월 5일  매매 |
|---|---|
| ③ 등 기 의  목 적 | 소유권 이전 |
| ④ 이 전 할  지 분 | |

| 구분 | 성 명<br>(상 호) | 주민 등록 번호<br>(등기용등록번호) | 주    소<br>( 소 재 지 ) | 지분 |
|---|---|---|---|---|
| ⑤ 등기<br>의무자 | 홍길동 | 640928-1439218 | 서울 관악구 관천로17길 23, 303호(신림동) | / |
| ⑥ 등기<br>권리자 | 최고봉 | 671108-1239411 | 서울 동대문구 이문동 휘경로2길 23, 150동 201호(이문동, 신동아아파트) | / |

☞ 등기신청서 을지

| ⑦ 시가표준액 및 국민주택채권매입금액 |||
|---|---|---|
| 부동산의 표시 | 부동산별시가표준액 | 부동산별 채권매입금액 |
| 공동주택 (303호) | 금 75,000,000 원 | 금 1,430,000 원 (75,000,000원 × 19/1,000) |
| 국민주택채권매입금액 | 금 1,430,000 원 ||
| 국민주택채권 발행 번호 | 0798-10-04890-8885 ||
| ⑧ 취득세(등록면허세) **금 1,000,000원** ※ 전용면적 85㎡초과인 경우 취득세율 : 1% (등록면허세 5/1000) | 지 방 교 육 세 **금 100,000원** ※ 등록면허세의 20%= 10/1000(× 1억원) ||
| | 농어촌특별세 **금 200,000원** ※ 원래 취득세(20/1000)의 10% = 2/1000(× 1억원) ||
| ⑨ 세 액 합 계 (1.3%) | 금 1,300,000원 ||
| ⑩ 등기신청수수료 | 금 15,000 원 ||
| | 은행납부번호: 14-88-00737073-3 ||

| ⑩-1 등기의무자의 등기필정보 |||
|---|---|---|
| 부동산고유번호 | 1115-1996-173964 ||
| 성명(명칭) | 일련번호 | 비밀번호 |
| 홍길동 | 579Q-Q3NM-3XYZ | 16 - 4501 |

첨 부 서 면 ⑪

1. 취득세납세영수필통지서    1통
1. 위임장    1통
1. (매도용) 인감증명서    1통
1. 주민등록등(초)본    각 1통
1. 실거래가신고필증    1통

1. 매매계약서    1통
1. 등기필증(등기필정보있는경우 불필요    1통
1. 신청서부본    1통
1. 토지대장 및 대지권등록부    1통
1. 전유부, 표제부 집합건축물대장    1통

202○년 4월    일

⑫ 위 대리인    최 진 석    (인)

서울 동대문구 휘경로4길 23
☎ 010-3964 - 3245

⑬ **서울중앙지방법원 관악등기소 귀중**

## 제 4 절　등기신청서 작성방법

※ 신청서는 한글과 아라비아 숫자로 기재한다. 부동산이나 등기의무자란, 등기권리자란 등이 부족할 경우에는 별지를 사용하고, 별지를 포함하여 신청서가 여러 장인 때에는 각 장 사이에 간인[5]을 하여야 한다.

※ 아래는 앞 등기신청서 갑지와 을지의 원표시(①)를 중심으로 작성방법을 설명함.

① 부동산의 표시 기재

### 가. 토지만의 경우

예시 1

> 서울특별시 관악구 신림동 123　대　500㎡

예시 2

> 1. 경기도 연천군 군남면 선곡리 292-2　답　1,000㎡
> 2.　　　　　　동　소　　292-3　답　100㎡ 이상

### 나. 단독건물인 경우

> 1. 경기도 의정부시 가능동 633-10　　대　　116.7㎡
> 2. 위 지상
>    [도로명주소] 경기도 의정부시 신촌로53번길 20-5
>    벽돌조 슬래브지붕 2층 주택
>    　　1층 61.05㎡
>    　　2층 61.05㎡
>    　　지하실 15.12㎡　이상

---

[5] 부동산등기법 시행규칙 제48조 (간인)
　　신청서가 여러 장일 때에는 신청인은 간인을 하여야 한다. 그러나 등기권리자 또는 등기의무자가 다수인 때에는 그 중 1인이 간인하는 방법으로 한다.

## 다. 아파트 등 구분소유인 경우

아파트와 같은 구분소유건물(집합건물)은 부동산표시례가 아래와 같이 정형화 되어있다. 집합건물등기부를 보면 표제부가 2개 있는데 그중 첫 장은 '1동의 건물의 표시' 기재가 되어 있고, 둘째 장은 '전유부분의 건물의 표시'로 이루어져있다. 양 표제부가 흡사한 듯 하지만 전혀 다른 사항을 기재하고 있으므로 등기부등본을 보고 아래 각 괄호의 기재내용을 찾아보도록 한다.

1동의 건물의   표 시 : [소재지번, 건물명칭 및 번호]
                     [도로명주소]
전유부분의 건물의 표시
       건물의  번 호 : [1동의건물번호] - [층] - [호수]
       구        조 : [구조]
       면        적 : [층] [호수] [전유부분의 면적]㎡
대지권의 표시
       토지의    표 시 : [1. 소재지번] [지목] [면적]㎡
       대지권의 종류 : [1. 소유권   ]
       대지권의 비율 : [대지권 비율]

---

1동의 건물의 표시 : 서울특별시 강남구 대치동 123 동아아파트 제120동
                [도로명주소] 서울특별시 강남구 영동대로82길 32
전유부분의 건물의 표시
       건물의 번호 : 120-3-302
       구        조 : 철근콘크리트조
       면        적 : 3층 302호 130.89㎡
대지권의 표시
       토지의    표시 : 1. 서울특별시 강남구 대치동 123 대 17662.3㎡
       대지권의종류 : 1. 소유권
       대지권의비율 : 28066분의 115.427   이상

## 1동의 건물의 표시
경기도 의정부시 금오동 80-20, 80-33, 80-39 금오세아아파트 제102동
[도로명주소] 경기도 의정부시 상금로 31-14

## 전유부분의 건물의 표시
    건물의 번호 : 102-3-301
    구        조 : 철근콘크리트조
    면        적 : 3층 301호 84.96㎡

## 대지권의 표시
    토지의 표시 : 1. 경기도 의정부시 금오동 80-20 대 937㎡
                     2.     동    소    80-23 대 3760㎡
                     3.     동    소    80-39 대 7828㎡
    대지권 종류 : 1, 2, 3 소유권대지권
    대지권 비율 : 12525분의 43.35

※ 거래신고일련번호 및 거래가액기재

    매매에 관한 거래계약서를 등기원인증서로 하여 소유권이전등기를 신청하는 경우, 등기신청서 "부동산의 표시"란 맨 하단에 거래신고일련번호 및 거래가액을 기재하여야 한다.

② 등기원인과 그 연월일

등기원인은 '매매'로, 연월일은 매매계약서상 계약일자를 기재한다.

③ 등기의 목적

소유권 전부이전의 경우에는 '소유권이전'으로, 일부이전의 경우에는 아래 ④를 참조하여 기재한다.

④ 공유자인 경우 : 등기의 목적 및 이전할 지분

○ **등기의 목적란**

(ⅰ) 이전할 소유권이 지분으로 일부를 이전한다면 '소유권일부이전'이라 기재하고, 공유지분으로 (ⅱ) 그 '전부'를 이전하는 경우라면 '공유자 홍길동 지분 전부이전'라 기재하고, (ⅲ) '일부'이전의 경우에는 '<u>공유자 홍길동 지분 2분의 1중 일부(4분의1)이전</u>'으로 하되, 괄호 안에는 부동산 전체에 대한 지분을 명시하여야 한다.

○ **이전할 지분란**

소유권의 일부 지분을 이전하는 경우는 '<u>공유자지분 2분의 1</u>'이라 기재하면 되고, 공유자가 그 지분을 이전할 경우에도 이전받는 지분을 기재하되, '공유자 지분 2분의 1'과 같이 부동산 전체에 대한 지분을 기재한다. 수인의 공유자로부터 지분 일부씩을 이전받는 경우 이를 합산하여 기재한다(등기예규 제909호).

**예시1**

| 등 기 의  목 적 | 소유권일부이전 |
|---|---|
| 이 전 할  지 분 | 공유자지분 2분의1 |

**예시2**

| 등 기 의  목 적 | 공유자 홍길동지분 전부이전 |
|---|---|
| 이 전 할  지 분 | 공유자 지분 2분의1 |

## 예시 3

| 등 기 의  목 적 | 공유자 홍길동지분 2분의 1중 일부(4분의 1)이전 |
|---|---|
| 이 전 할  지 분 | 공유자 지분 4분의1 |

### ⑤ 등기의무자

매도인의 성명, 주민등록번호, 주소를 기재하되, 등기부상 소유자 표시와 일치하여야 한다. 그러나 매도인이 법인인 경우에는 상호, 본점, 등기용등록번호를 기재한다.

비법인 사단이나 재단인 경우에는 비법인명칭, 주사무소소재지, 등기용등록번호, 대표자의 성명이외에도 주민등록번호, 주소까지 기재한다. 그리고 등기신청시 이를 위해 아래 서류를 첨부하여야 한다.[6]

> **注意**
> a. 정관 기타의 규약,
> b. (등기권리자인 경우에는) 부동산 등기용등록번호를 증명하는 서면,
> c. 대표자나 관리인임을 증명하는 서면,
> d. 대표자나 관리인의 주민등록표등본을 첨부한다.
> e. 민법 제276조 제1항의 결의서[7] (비법인사단이 '등기의무자'인 경우에 한함)

※ 2006. 11. 1.부터 위 c, e, 의 규정에 의한 서면(대표자임을 증명하는 서면, 사원총회결의서)에는 그 사실을 확인하는데 상당하다고 인정되는 <u>2인 이상의 성년자가 사실과 상위 없다는 취지와 성명을 기재하고 인감을 날인하고</u> 인감증명서를 제출하여야 한다.
다만 변호사 또는 법무사가 등기신청을 대리하는 경우에는 변호사 또는 법무사가 위 각 서면에 사실과 상위 없다는 취지를 기재하고 기명날인함으로써 이에 갈음할 수 있다(등기예규 제1143호).

---

[6] "교회"가 등기당사자인 경우는 정관 등 서류(정,호,표,주,결) 외에 소속증명서, 대표자증명서, 직인증명서, 재직증명서를 추가 첨부한다(소속 노회에서 발급받음).
[7] 민법 제276조(총유물의 관리처분과사용수익)
  ① 총유물의 관리 및 처분은 사원총회의 결의에 의한다.

| 구분 | 성 명<br>(상 호) | 주민 등록 번호<br>(등기용등록번호) | 주 소<br>( 소 재 지 ) | 지분 |
|---|---|---|---|---|
| 등기<br>의무<br>자 | 공주이씨<br>강양공파종중<br>대표자 이강일 | 110111-0003914<br>630303-1234567 | 경기도 연천군 미산면 왕산로2번길 7<br>서울 동대문구 휘경로4길 23 | |

### ⑥ 등기권리자

매수인 성명을 기재하는 란으로, 그 기재방법은 등기의무자란과 동일. 단, 등기권리자이든 의무자이든 그 주소를 기재함에 있어서 서울특별시, 부산광역시, 대구광역시, 인천광역시, 광주광역시, 대전광역시는 → 부산, 대구, 인천, 광주, 대전으로 略記하고 다른 시, 도는 행정구역 명칭대로 기재한다. 이 부분은 부동산표시란에서 '특별시', '광역시'와 같이 원어를 기재하는 것과는 다르므로 구별해야한다.

### ⑦ 부동산별시가표준액 및 국민주택채권매입금액

취득세납부고지서(OCR)에 기재된 토지 및 건물의 시가표준액을 확인하고, 이 시가표준액 해당의 국민주택채권 매입율을 적용하여 채권매입액을 계산하도록 한다. 매수인은 주택(단독, 공동)매입시 시가표준액 2,000만 원 이상인 경우에 국민주택채권을 매입하여, 그 주택채권발행번호를 등기신청서에 기재해야한다.

- 부동산이 2개 이상인 경우에는 각 부동산별로 시가표준액 및 국민주택채권매입금액을 기재한 다음 국민주택채권 매입총액을 기재한다.
- 국민주택채권발행번호란에는 국민주택채권 매입시 국민주택채권 취급은행[8])에서 고지하는 채권발행번호를 기재한다.

   하나의 신청사건에 하나의 채권발행번호를 기재하는 것이 원칙이며, 동일한 채권발행번호를 수 개 신청사건에 중복 기재할 수 없다. 다만 부족액의 경우 추가분 해당의 채

---

[8]) 2020. 1. 1. 현재 국민주택채권 수납은행
: 농협은행, 신한은행, 우리은행, 하나은행, 기업은행, SC은행, 경남은행, 광주은행, 대구은행, 부산은행, 전북은행 등 11개.

권발행번호를 추가 기재할 수 있다.
- 부동산별(주택, 토지, 일반건물)로, 공유자 지분별로 따로 시가표준액을 구한 뒤, 각 채권매입율을 곱한 값이 채권매입금액이다. 채권의 최저 매입금액은 1만 원이므로, 1만 원 미만의 단수(端數)가 있을 때에는 그 단수가 5천 원 이상 1만 원 미만일 때에는 1만 원으로 하고(절상), 그 단수가 5천 원 미만인 때에는 단수가 없는 것(절사)으로 한다.

⑧ 취득세 납세영수필통지서

취득세는 금융기관에 납부하고 그 납부영수필(등기소보관용과 관청통보용)을 등기신청서 을지 뒷면 또는 간지에 첨부하면 된다.

주택의 공시가액9)과 매매대금(거래가) 중 높은 금액이 취득세의 과세표준이 되지만, 당사자간 토지 또는 건축물의 매매에 관한 거래계약서를 작성한 때에는 '공부법'에 따라 신고된 실거래가가 과세표준이 된다.

(ⅰ) 일반매매의 경우 - 주택이 <u>아닌</u> 경우 (ex 매매가 1억 원)

| 취득세(등록면허세)<br>금 4,000,000원<br>※ 40/1000(=등: 20/1000 + 취: 20/1000)<br>(× 1억 원) | 지방 교육세　　　　금　400,000원<br>※ 등록면허세의 20% = 4/1000(× 1억 원) |
|---|---|
| | 농어촌특별세　　　　금　200,000원<br>※ 취득세의 10% = 2/1000(× 1억 원) |

- 취득관련 총 세율 : **4.6%**

(ⅱ) 주택매매의 경우 - 6억 이하의 경우

| 85㎡ 이하10) | **가액의 10/1,000**<br>= 취득세 1%<br>(①등록면허세 5/1000) | 교육세 1/1000<br>(=① × 20%) | **1.1%**<br>=11/1000 |
|---|---|---|---|
| | | 농특세 : 0 (비과세) | |
| 85㎡ 초과 | **가액의 10/1,000**<br>= 취득세 1%<br>(①등록면허세 5/1000) | 교육세 1/1000<br>(=① × 20%) | **1.3%**<br>=13/1000 |
| | | 농특세 2/1000<br>(원래취득세20/1000×10%) | |

---

9) '공시가액'은 개별주택공시가를 말하며, 이미 기준시가가 있는 때는 기준시가를 공시가로 보며, 없는 때에는 시가표준액계산 방식에 의한 값을 공시가액으로 한다.

(iii) 주택매매의 경우 – 6억 원 초과에서 9억 원 이하 경우

| 85㎡이하 | **가액의 20/1,000**<br>= 취득세 2%<br>(①등록면허세10/1000) | 교육세 2/1000<br>(=① × 20%) | 2.2%<br>=22/1000 |
|---|---|---|---|
| | | 농특세 : 0 (비과세) | |
| 85㎡초과 | **가액의 20/1,000**<br>= 취득세 2%<br>(①등록면허세10/1000) | 교육세 2/1000<br>(=① × 20%) | 2.4%<br>=24/1000 |
| | | 농특세 2/1000<br>(원래취득세20/1000×10%) | |

(iv) 주택매매의 경우 – 9억 초과의 경우

| 85㎡이하 | **가액의 30/1,000**<br>= 취득세 3%<br>(①등록면허세15/1000) | 교육세 3/1000<br>(=① × 20%) | 3.3%<br>=33/1000 |
|---|---|---|---|
| | | 농특세 : 0 (비과세) | |
| 85㎡초과 | **가액의 30/1,000**<br>= 취득세 3%<br>(①등록면허세15/1000) | 교육세 3/1000<br>(=① × 20%) | 3.5%<br>=36.5/1000 |
| | | 농특세 2/1000<br>(원래취득세20/1000×10%) | |

※ 단, 전용면적 <u>85㎡이하</u>(국민주택규모)의 주택에 대하여는 '농어촌특별세'는 비과세된다(농특세법 제4조 제9호).

※ 세율을 적용하여 산출된 금액 중 10원 미만은 절사한다.

⑨ 세액합계란

취득세 관련 세액의 합계를 기재한다.

⑩ 등기신청수수료

소유권이전의 경우 부동산 1개당 15,000원의 등기신청수수료를 현금납부 한다.[11]) 2013.

---

10) 농어촌특별세법 제4조 제11호에 따라 농특세 '비과세' 대상인 '국민주택'(주택법 제2조 제3호)은 주거전용면적 85㎡이하인 주택 또는 도시지역 아닌 읍·면지역은 주거전용면적이 100㎡이하를 말한다.

5. 1.부터 종전의 대법원등기수입증지는 폐지되고 현금납부방식으로 개정되었다.

현금납부방식은 ① 법원행정처장이 지정하는 취급 은행에서 아래 '현금납부서'에 의한 납부를 하거나, ② 인터넷등기소(www.iros.go.kr)를 이용하여 전자적인 방법(신용카드, 계좌이체, 선불형지급수단)으로 납부하거나, ③ 무인발급기에서 현금으로 납부하는 방식이다. 납부 후 발급받은 '영수필확인서'를 등기신청서 을지에 첨부하여야 하며, 등기신청서(을지)에는 은행수납번호(납부번호)를 기재하여야 한다.

### ⑩-1 등기의무자의 등기필정보

a. 2006. 6. 1.부터 전자신청이 시행되고 있는데 전자신청 지정등기소에서는 등기필증의 교부 대신 「등기필정보」를 교부하고 있으며 이러한 등기필정보를 교부받은 자가 후에 등기를 신청하는 경우 신청서(乙紙)에 아래와 같이 등기필정보의 일련번호 및 비밀번호를 기재하여야 한다.

〈표1 : 기본형〉 : 1개 부동산, 1인의 등기의무자

| 등기의무자의 등기필정보 | | |
|---|---|---|
| 부동산고유번호 | 1115-1996-173964 | |
| 성명(명칭) | 일련번호 | 비밀번호 |
| 홍길동 | 579Q-Q3NM-3XYZ | 16 - 4501 |

〈표2 : 응용형〉 : 2개 부동산, 2인의 등기의무자

| 등기의무자의 등기필정보 | | |
|---|---|---|
| 부동산고유번호 | 1115-1996-173934 | |
| 성명(명칭) | 일련번호 | 비밀번호 |
| 홍길동 | 579Q-Q3NM-3XYZ | 16 - 4501 |
| 최고봉 | UJ9D-24KL-4GTQ | 32 - 2233 |

---

11) 이 경우 e-form 신청은 13,000원, 전자신청은 10,000원이다.

| 부동산고유번호 | 1115-1996-173976 | |
|---|---|---|
| 성명(명칭) | 일련번호 | 비밀번호 |
| 홍길동 | MN7&-Q3MB-3VBC | 26 - 3201 |
| 최고봉 | DFSR-&HGRT-23UT | 39 - 7098 |

b. 등기필정보는 기존의 등기필증을 정보의 형태로 작성한 것이다. 신청방식을 불문하고 전자신청이 시행되는 모든 등기소는 등기필정보만을 발행하며 등기원인증서의 원본은 반환하지 않는다. <u>등기원인증서 원본의 반환을 원하는 경우에는 등기신청시에 등기소에 비치된 반환신청서를 작성한 후 부본을 첨부하여 함께 제출하여 반환받을 수 있다.</u>

c. 등기필정보에는 기존 등기필증 기재사항 외에 영문 또는 아라비아 숫자를 조합한 12개의 일련번호와 50개의 비밀번호가 기재되어 있다. 등기의무자로서 사용을 원할시 등기필정보에 기재된 일련번호와 50개의 비밀번호 중 사용하지 않은 순번 중 임의로 하나를 선택하여 신청서에 기재하면 된다(등기필정보는 첨부하지 않는다).

d. 등기필정보의 비밀번호는 50개로 구성되어 있으며 순번의 순서에 관계 없이 사용자가 임의로 지정하여 사용할 수 있다. <u>다만 한번 사용한 비밀번호는 재사용이 불가하며 50개의 순번을 전부 사용한 후에는 자동적으로 비밀번호가 복구되므로 회수에 상관없이 계속하여 사용할 수 있다. 등기필정보의 재교부는 불가능하다. 따라서 등기필정보를 분실한 경우에는 확인서면 제도를 이용하여야 한다.</u>

⑪ 첨부서면

> **가. 매도용 인감증명서**
> 매도인이 발부받는 것으로서 인감증명서의 용도란에 매수인의 성명, 주소, 주민등록번호가 기재된 것을 말한다. 유효기간은 발급일로부터 3개월이다.
>
> **나. 주민등록등(초)본**
> ○ 소유권보존·이전인 경우 등기신청인(등기의무자 및 등기권리자)의 주소증명

서면 및 등기권리자의 주민등록번호 확인서면으로 주민등록등(초)본을 각 첨부하며 등본은 발행일로부터 <u>3개월 이내</u>의 것이어야 한다.
- ○ 등기의무자는 <u>취득당시의 주소를 확인할 수 있도록 주소이력이 포함된 초본을 발부 받도록 한다</u>. 과거 취득당시의 의무자와의 동일성 확인 때문이며, 간혹 이사를 하여 등기부상의 주소와 등본상의 주소가 달라진 경우 주소이전 때문에 표시가 다른 사실을 증명할 수 있도록 하기 위함이다.[12] 법인인 경우는 (말소포함) 법인등기부등본을 첨부한다.

다. 토지(임야)대장, 건축물대장등본
- ○ 등기신청 대상 부동산의 종류에 따라 토지대장등본, 임야대장등본, 건축물대장등본(각 발행일로부터 3월 이내)과 개별공시지가확인원(토지대장에 공시지가 기재된 경우 생략)을 첨부한다.
- ○ 건물소유권이전등기를 위하여, 소유자로 등록되어 있음을 증명하는 서면인 '건축물대장등본'을 첨부한다. <u>집합건물의 경우</u> '전유부' 건축물대장등본이외에도 '표제부' 건축물대장등본을 첨부한다.
- ○ 또한 토지대장(이에는 개별공시지가가 기재되어 있기 때문임)을 첨부한다. 대지권등기가 된 집합건물의 경우 토지대장이외에도 대지권등록부를 제출한다.

라. 위 임 장
　　매도인(등기의무자)이 등기신청을 대리인에게 위임하는 경우에 매도인의 인감을 날인한 등기위임장을 첨부한다. 등기권리자는 막도장이어도 가능하다. 대리인의 자격에는 제한이 없으며 다만 금전을 받거나 업으로 할 수 있는 사람은 변호사나 법무사에 한정된다.

마. 실거래가신고필증
　　공인중개사의 업무 및 부동산 거래신고에 관한 법률」[13]에 따라 토지나 건물을 "매매"하는 거래당사자[14]는 거래계약을 작성한 때에는 부동산의 실제 거래가격 등을 계약 체결일로부터 <u>30일</u> 이내에 당해 부동산 소재지의 관할 시장·군수·구청장에게 공동으로 신고하여야 하고 '신고필증'을 교부받는데 이 신고필증을 받은 때에는 매수인은 '검인'을 받은 것으로 본다.
- ○ 위 '매매' 이외의 원인으로 '계약[15]'을 체결하여 소유권이전등기를 신청할 때에는 일정한 사항을 기재한 계약서에 시장, 구청장, 군수 또는 그 권한의 위임을 받은 자의 검인을 받아 이를 등기소에 제출하여야 한다.

바. 인 지
　　계약으로 인한 소유권이전등기를 신청하는 경우에는 그 계약서에 기재된 거래금액이 1,000만 원을 초과하는 경우에는 일정액의 정부수입인지를 붙여야 한다. 수입인지는 매매대금(토지건물 합산금액)이 1,000만 원을 초과할시 해당 인지를 구입하여 등기필증용 검인계약서에 붙이면 된다.

### 사. 등기필증(또는 등기필정보)

등기의무자의 소유권에 관한 등기필증으로서 등기권리증이라고도 한다. 등기필증(전자신청은 등기필정보)은 멸실, 분실되어도 재교부하지 않음에 주의해야 한다. 그렇다면 등기필증이 없으면 어떻게 소유권이전을 할 수 있는가. 다음의 3가지 방법 중 하나를 택하면 된다.

첫째, 등기신청시 의무자가 신분증 지참하고 등기소에 직접 출석하면 된다. 그러면 등기공무원은 등기의무자 본인인지를 확인하고 확인조서를 작성한후 확인조서등본을 등기필증에 갈음하여 등기신청서에 첨부하게 된다.
둘째, 등기의무자가 공증사무실을 방문하여 위임장중 등기의무자의 작성부분에 관해 공증을 받고 그 부본1통을 등기신청서에 첨부하면 된다.
셋째, 법무사나 변호사가 대리인으로서 등기를 신청하는 경우에는 법무사나 변호사가 등기의무자인지를 확인하고 그들로부터 위임받았음을 확인하는 확인서면 2통을 작성하여 등기소에 제출하게 된다.
※ 등기의무자가 '미성년자'인 경우에는 '법정대리인'이 각 출석하여 확인조서 등의 작성에 응하도록 한다.

### 아. 농지취득자격증명원 또는 토지거래허가서

토지거래 허가구역인 경우 시·군·구청장 허가의 토지거래허가서를 첨부하며, 이 경우 농지일지라도 허가가 의제되지만 토지거래 허가구역이 아닌 경우 취득하는 부동산이 농지(전, 답, 과)라면 매수인은 농지법에 따라 해당 부동산소재지의 관할 읍, 면, 동사무소에서 농지취득자격증명원을 신청하여 그 자격증명원을 등기신청서에 첨부해야 한다. 농지를 취득하려는 매수인은 농지법에 의한 농업인이어야만 그 자격증명원을 취득할 수 있다.

---

12) 부동산등기규칙 제122조 (주소변경의 직권등기)
  등기관이 소유권이전등기를 할 때에 등기명의인의 주소변경으로 신청정보 상의 등기의무자의 표시가 등기기록과 일치하지 아니하는 경우라도 첨부정보로서 제공된 주소를 증명하는 정보에 등기의무자의 등기기록 상의 주소가 신청정보 상의 주소로 변경된 사실이 명백히 나타나면 <u>직권으로 등기명의인표시의 변경등기를 하여야</u> 한다.
13) 구 '부동산중개업법'에서 개칭됨.
14) 중개업자가 거래계약서를 작성·교부한 때에는 당해 중개업자가 신고를 하여야 함.
15) 계약의 종류를 예로 들면 증여, 교환, 상속재산협의분할서, 공유물분할계약서, 집행력 있는 판결서 또는

## ⑫ 대리인란

실질적으로 양당사자가 등기소에 같이 간다는 것은 매매가 이루어지고 서류가 넘겨진 상태에서 등기의무자의 협조를 받기가 어렵다. 따라서 등기권리자가 미리 등기신청서류를 받아서 '매수인 겸 매도인의 대리인'으로 등기신청하는 것이 대부분이다. 대리인의 성명, 전화번호 정도만 기재하고 그의 인장을 날인한다. 첨부서류로는 등기의무자로부터 인감날인 받은 위임장이 첨부되어야 한다.

```
                    202O년   4월      일
위 신청인 : 매수인 겸 매도인 홍길동의 대리인
           최 고 봉      (인)
           서울 동대문구 이문동 휘경로22번길 23, 150동 201호
           (이문동, 신동아아파트)
           ☎ 010-5964-3245
```

**서울중앙지방법원 관악등기소 귀중**

## ⑬ 등 기 소

후단의 등기소의 명칭 및 관할구역표를 참조
기재 例) 1) 서울중앙지방법원 등기국
　　　　 2) 수원지방법원 성남지원 분당등기소
　　　　 3) 부산지방법원 부산진등기소

---

확정판결과 동일한 효력이 있는 조서 등은 검인을 받아서 제출해야 한다. 검인조차 받을 필요가 없는 경우는 경매 또는 공매, 계약의 일방당사자가 국가 또는 지방자치단체인 계약서, 수용의 경우 등이다.

## 제5절 기타의 서식례

☞ 등기위임장

<table>
<tr><td colspan="2" align="center">**위 임 장**</td></tr>
<tr>
<td>부<br>동<br>산<br>의<br>표<br>시</td>
<td>1동건물의 표시: 서울특별시 관악구 신림동 77-7 대명빌라 가동<br>　　　　　　[도로명주소] 서울특별시 관악구 관천로17길 23<br>전유부분 건물의 표시<br>　건물의 번호 : 가 -3 -303<br>　구　　　조 : 철근콘크리트조<br>　면　　　적 : 3층 303호 87.89㎡<br>대지권의 표시<br>　토지의 표시 : 1. 서울특별시 관악구 신림동 77-1 대 702.3㎡<br>　대지권의종류 : 1. 소유권<br>　대지권의비율 : 702.3분의 42.427 이상</td>
</tr>
<tr>
<td>등기원인과 그 연·월·일</td>
<td>202○년 2월 5일　　매매</td>
</tr>
<tr>
<td>등 기 의 목 적</td>
<td>소유권이전</td>
</tr>
<tr>
<td>이 전 할 지 분</td>
<td></td>
</tr>
<tr>
<td colspan="2">
등기의무자　홍길동　　　　　(인감)<br>　　　　　　서울 관악구 관천로17길<br>　　　　　　23, 303호(신림동)<br><br>등기권리자　최고봉　　　　　(인)<br>　　　　　　서울 동대문구 이문동 휘경로22번길23, 150<br>　　　　　　동 201호(이문동, 신동아아파트)<br><br>최진서<br>서울 동대문구 휘경로4길 23<br>☎02)964-2343<br><br>　위 사람을 대리인으로 정하고, 위 부동산 등기신청 및 취하에 관한 모든 행위를 위임한다. 또한 복대리인 선임을 허락한다.<br>　　　　　　202○년 4월　일
</td>
</tr>
</table>

# 부동산매매계약서

부동산의표시
  1동의 건물의 표시 : 서울특별시 관악구 신림동 77-7 대명빌라 가동
    [도로명주소] 서울특별시 관악구 관천로17길 23
  전유부분의 건물의 표시
    건물의 번호 : 가-3-303
    구       조 : 철근콘크리트조
    면       적 : 3층 303호 87.89m²
  대지권의 표시
    토지의 표시 : 1. 서울특별시 관악구 신림동 77-1 대 702.3m²
    대지권의종류 : 1. 소유권
    대지권의비율 : 702.3분의 42.427      이상

계약내용
제1조 위 부동산을 매도인과 매수인 쌍방 합의하에 아래의 매매계약을 체결한다.
제2조 위 부동산의 매매에 있어 매수인은 매매대금을 다음과 같이 지불한다.

| 매 매 대 금 | 금 100,000,000원 | |
|---|---|---|
| 계 약 금 | 금 10,000,000원 | 계약시 지불하고 |
| 중 도 금 | 금 40,000,000원은 | 202○년 2월 25일 지불한다. |
| 잔 금 | 금 50,000,000원은 | 202○년 3월 25일 지불한다. |

제3조 매수인이 잔금을 매도인에게 지급한 경우 매도인은 즉시 부동산을 매수인에게 명도하고 소유권이전등기에 필요한 모든 서류를 교부하여 소유권이전등기절차에 협력하여야 한다.
제4조 위 부동산에 부과된 조세공과 기타 부과금은 매매잔금 지급일까지 부과된 것은 매도인이 부담하고, 그 이후에 부과된 것은 매수인의 부담으로 한다. 취득세 기타 소유권이전등기에 소요되는 비용은 매수인이 부담한다.
제5조 매도인과 매수인중 어느 일방이 이 계약을 위배하였을 경우 다른 일방은 최고없이 이 계약을 해제함과 동시에 매수인이 위약한 때에는 계약금은 매도인이 취득하며, 매도인이 위약한 때에는 계약금의 배액을 매수인에게 변상하여야 한다.
특약사항 :
이 계약을 증명하기 위하여 계약서 2부를 작성하여 계약당사자가 이의 없음을 확인하고 각자 기명날인한다.
                    202○년 2월 5일

지분

| 매도인 | 주 소 | 서울 관악구 관천로17길 23, 303호(신림동) | | | 홍길동 (인) |
|---|---|---|---|---|---|
| | 주민등록번호 | 640928-1439218 | 전 화 | 02)387-4354 | |
| 매수인 | 주 소 | 서울 동대문구 이문동 휘경로22번길23, 50동 201호(이문동, 신동아아파트) | | | 최고객 (인) |
| | 주민등록번호 | 671108-1239411 | 전 화 | 02)964-2343 | |

## 제6절 등기소 가기

### 1. 등기신청서류 준비하기

소유권이전등기신청서류는 부본을 포함하여 2부(묶음)를 제출한다.

※ 종래 위 외에 '세무서통보용 부본'이 필요한 적이 있지만 2006. 7. 1.부터 등기소와 세무서간 전산정보처리 시스템에 의한 과세자료송부가 가능케 되어 불필요.

▶ 서울중앙지방법원 등기과전경

**등기신청서류(제1묶음)**

1. 등기신청서 갑지
2. 등기신청서 을지
3. 위임장
4. 인감증명서
5. 매매계약서 (사본)
6. 실거래신고필증
7. 주민등록등(초)본 각 1통
8. 토지(임야)대장 및 대지권등록부
9. 건축물대장(해당하는 경우) -집합건물은 전유부, 표제부
10. 농지취득자격증명원 또는 토지거래허가서(해당하는 경우)

※ 위는 매매계약서를 제외하고는 '원본'을 제출하며, 등기소 보관용이다.

**부 본(제2묶음)**

1. 매매계약서(원본)
2. 실거래신고필증
3. 농취증(또는 토지거래허가서)
4. 등기권리증[16]
   (등기필정보인 경우 첨부않음)

※ 위는 등기완료후 반환받는다.

---

[16] 매도인으로부터 건네받은 소유권에 관한 등기권리증(또는 등기필증).

## 2. 거쳐야할 기관

### ☞ 구청에서 할 일

가. 준비할 서류

> * 실거래가신고 준비서류(매매인 경우)
>   ① 부동산거래계약신고서(비치) 1통, ② 계약서 사본 1통, ③ 위임장 1통
>   ④ 거래당사자중 한사람의 신분증사본  1통
>
> * 취득세고지서 발급 준비서류
>   ① 취득세신고서(비치) 1통
>   ② 부동산거래계약신고필증 사본 1통 (매매에 한함)
>   ③ 계약서 사본 1통

나. 실거래가신고필증(또는 검인) 및 취득세고지서 발급절차

> **검인받지 않는 경우**
>
> '공인중개사의업무및부동산거래신고에관한법률'에 따라 "매매"계약서를 체결하면 부동산실거래가 신고대상이며 이 경우 신고필증이 있는 경우는 검인받은 것으로 취급하고 있으므로 달리 검인을 받을 필요가 없다.

① "매매계약서"를 등기원인증서로 하여 소유권이전등기를 신청하는 경우에는 관할 관청이 발급한 실거래가신고필증을 첨부한다.

아울러 거래신고의 대상이 되는 부동산이 2개 이상인 경우 매매목록을 작성하고, 그 매매목록에는 거래가액과 목적 부동산을 기재한다. 단, 거래되는 부동산이 1개라 하더라도 여러 사람의 매도인과 여러 사람의 매수인 사이의 매매계약인 경우에는 매매목록을 작성한다.

② 매매 이외의 원인(ex 증여, 교환, 판결 등)에 의하여 본등기되는 경우, 원인증서 3부 내지 5부[17]를 준비하여 부동산소재지 구(군)청 지적과 "검인창구"에서 구(군)청 보관용

계약서사본 2부[18])를 제출하고 원본을 포함하여 1부 이상을 '검인'받고 교부받는다(그러므로 계약서는 최소한 3통 준비).

③ 위 검인 후 구(군)청 세무과의 '부동산취득세' 창구에 가서 계약서(사본) 1통을 건네고 담당자로부터 취득세 납부고지서를 수령한다.

　매매인 경우는 부동산거래계약신고를 한 후 부동산거래계약신고필증을 받아 이의 사본을 '취득세신고서'에 첨부하여 제출한다.

④ 취득세고지서를 발부받은 후 금융기관에 납부하고[19]) 그 납부영수필(등기소보관용과 관청통보용)을 등기신청서 갑지 뒷면 혹은 간지에 호치킷이나 풀로 붙이도록 한다.

▶ 시·군·구청내의 '취득세' 등 지방세 종합민원실의 모습

다. 취득세의 납부

취득세는 금융기관에 납부하고 그 납세영수필통지서는 등기신청서 을지 뒷면 또는 간지에 첨부하면 된다.

취득세 및 등록면허세 등 지방세를 취급 은행을 방문하지 않고, 누구든 사무실 인터넷으로 이텍스(http://etax.seoul.go.kr) 또는 위텍스(www.wetax.go.kr) 홈페이지에서 이를 신고·납부할 수 있다.

서울시 지방세의 경우는 '이텍스'를, 기타 지역의 경우 '위텍스'를 이용하면 되는데 ① 직접 신고 및 납부도 가능하며 ② 시, 군, 구청을 방문하여 취득세(또는 등록면허세)신고를 하거나 인터넷등기소에서 정액 등록면허세 고지서를 출력(신고)한 경우 그 고지서에 기재된 전자납부번호를 위 홈페이지에 접속하여 위 신고분을 찾아 누구든 신용카드로 결제를 할 수 있다. 결제 후 위 홈페이지에서 '납부확인서'를 출력하여 이를 등기신청서에 첨부한다.

---

17) 2개 이상의 시·군·구에 있는 수개의 부동산의 소유권이전을 내용으로 하는 계약서 등을 검인받고자 하는 경우에는 시·군·구의 수에 1을 더한 수의 사본을 제출하는 것이 원칙이지만, 실무적으로 이를 조사하지는 않고 신청인이 원하는 만큼 검인을 해주고 있다.

18) 2부중 1부는 지적관서 보관용이고 나머지 1부는 세무관서통보용이다.

19) 시(군)구청내 금융기관과 법원내 금융기관은 세금납부인 경우에 한하여 오후 6:00까지 수납한다.

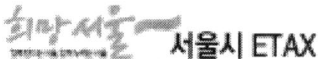

서울시 지방세의 납부      기타 지역의 지방세납부
(http://etax.seoul.go.kr)    (www.wetax.go.kr)

## ☞ 은행에서 할 일

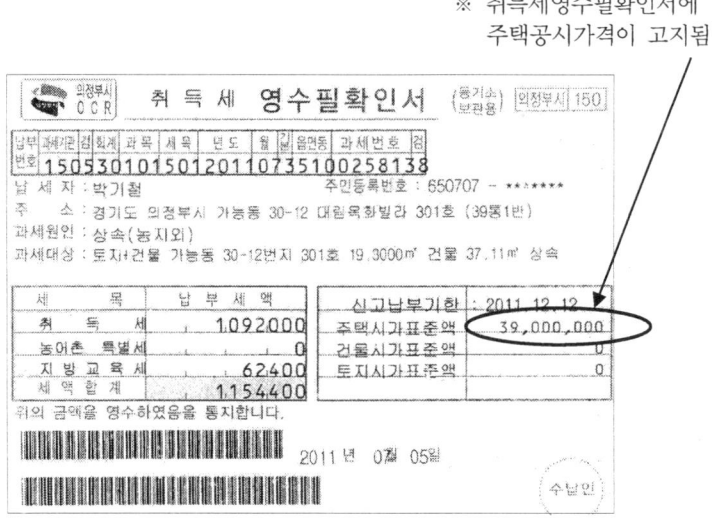

① 취득세납부고지서(OCR)에는 건물과 토지의 각 시가표준액 또는 주택공시가격이 고지되어 있는데 이를 통하여 정확한 국민주택채권 매입액을 계산하도록 한다.

② 매수인은 부동산매입시 주택(부속토지포함)의 시가표준액 2,000만 원 이상인 경우에 국민주택채권을 매입처리후 그 '채권발행번호'를 등기신청서(을지)에 기재하여야 한다.

국민주택채권은 취급은행 어느 지점에서든 매입이 가능하다.[21]

---

20) 채권매입을 하기 위해서는 취급은행을 방문하여 비치된 위 전표를 작성한다.

은행 창구에서 '채권매입신청서'를 작성하여 제출하고 채권매입비용을 납부하면 된다. 그리고 채권증서와 채권발행번호가 기재된 영수증을 수령하여, 그 중 '채권발행번호'를 등기신청서에 기재하면 된다.23)

※ 채권발행번호가 기재된 영수증22)

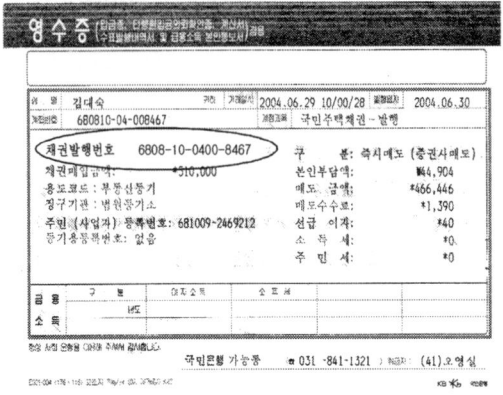

③ 등기비용의 절감차원에서 은행은 즉시매도를 원할시 일정 할인료(약 10%, 할인료는 매일 변동되므로 은행에 문의)만 부담시켜 '채권발행번호'가 기재된 영수증을 발부해 주고 있다.

※ **채권 산출 기준표** (주택법 시행령 제95조 제1항 별표12)

| | | | |
|---|---|---|---|
| 주 택 | 2천만 원 이상 5천만 원 미만 | 전국지역 | 1,000 분지 13 |
| | 5천만 원 이상 1억 원 미만 | 서울특별시, 광역시 | 1,000 분지 19 |
| | | 기타지역 | 1,000 분지 14 |
| | 1억 원 이상 1억 6천 미만 | 서울특별시, 광역시 | 1,000 분지 21 |
| | | 기타지역 | 1,000 분지 16 |
| | 1억 6천 이상 2억 6천 미만 | 서울특별시 | 1,000 분지 23 |
| | | 기타지역 | 1,000 분지 18 |
| | 2억 6천 이상 6억 원 미만 | 서울특별시, 광역시 | 1,000 분지 26 |
| | | 기타지역 | 1,000 분지 21 |

---

21) 2020. 1. 1. 현재 국민주택채권 수납은행
: 농협은행, 국민은행, 신한은행, 우리은행, 하나은행, 기업은행, SC은행, 경남은행, 광주은행, 대구은행, 부산은행, 전북은행 등 12개.

22) 채권매입후 은행으로부터 이 영수증을 받는데, 이 중 채권발행번호를 등기신청서 을지에 기재하도록 한다(등기신청시 영수증을 첨부하는 것 아님).

23) 2004. 3. 31.까지 '매입필증'을 첨부하는 것으로 이용되어 왔으나, 2004. 4. 1.자로 채권발행번호를 기재하는 것으로 변경되었다. 영수증은 첨부할 필요 없음.

| | | 서울특별시, 광역시 | 1,000 분지 31 |
|---|---|---|---|
| 토지 | 6억 원 이상 | 기타지역 | 1,000 분지 26 |
| | 5백만 원 이상 5천만 원 미만 | 서울특별시, 광역시 | 1,000 분지 25 |
| | | 기타지역 | 1,000 분지 20 |
| | 5천만 원 이상 1억 원 미만 | 서울특별시, 광역시 | 1,000 분지 40 |
| | | 기타지역 | 1,000 분지 35 |
| | 1억 원 이상 | 서울특별시, 광역시 | 1,000 분지 50 |
| | | 기타지역 | 1,000 분지 45 |
| 일반 건물 | 1천만 원 이상 1억 3천 미만 | 서울특별시, 광역시 | 1,000 분지 10 |
| | | 기타지역 | 1,000 분지 8 |
| | 1억 3천 이상 2억 5천 미만 | 서울특별시, 광역시 | 1,000 분지 16 |
| | | 기타지역 | 1,000 분지 14 |
| | 2억 5천 이상 | 서울특별시, 광역시 | 1,000 분지 20 |
| | | 기타지역 | 1,000 분지 18 |

## ☞ 등기소에서 할 일

가. 등기신청서 제출

① 소유권이전의 경우 부동산 1개당 15,000의 등기신청수수료를 현금납부한다.[24] 2013. 5. 1.부터 종전의 대법원등기수입증지는 폐지되고 현금납부방식으로 개정되었다.

현금수납방식은 a. 법원행정처장이 지정하는 취급 은행에서 아래 '현금납부서'에 의한 납부를 하거나, b. 인터넷등기소(www.iros.go.kr)를 이용하여 전자적인 방법(신용카드, 계좌이체, 선불형지급수단)으로 납부하거나, c. 무인발급기에서 현금으로 납부하는 방식이다. 납부 후 발급받은 '영수필확인서'를 등기신청서 을지에 첨부하여야 하며, 등기신청서(을지)에는 은행수납번호(납부번호)를 기재하여야 한다.

---

[24] 이 경우 e-form 신청은 13,000원, 전자신청은 10,000원이다.

② 인지[25]는 아래 해당에 따라 등기소 내 혹은 지정된 매입처(농협, 우체국, 신한은행)에서 구입하여 원인증서(계약서)에 첨부(붙임)하도록 한다.

※ 인지대 : 매매대금(VAT 포함)을 기준하여 산출함

| | |
|---|---|
| 1,000만 초과 ~ 3,000만 이하 | 20,000원 |
| 3,000만 초과 ~ 5,000만 이하 | 40,000원 |
| 5,000만 초과 ~ 1억 원 이하 | 70,000원 |
| 1억 원 초과 ~ 10억 원 이하 | 150,000원 |
| 10억 원 초과 | 350,000원 |

단, 2002. 1. 1.부터 작성되는 소유권이전계약서상의 기재 가격이
1억원 이하의 '주거용주택'이라면 인지를 첨부하지 않는다.

③ 2015. 1.부터는 우표 형태는 더 이상 사용할 수 없고, 정보통신망을 통하여 발행하는 전자수입인지만을 사용할 수 있다.

전자수입인지는 포탈 홈페이지를 방문하여 구매 후 출력하거나 우체국 및 은행 등 판매기관에서 구입할 수 있다.

전자수입인지 포탈홈페이지

www.e-revenuestamp.or.kr

종이문서용 전자수입인지는 A4형태 수입인지를 출력하여 매매계약서 등에 호치킷으로 첨부한다.

④ 등기소, 법원의 업무시간은 오전 9:00에서 오후 6:00까지이다.[26] 등기신청서를 제출하는 사람은 신분증을 지참하고 관할 등기소 접수처에 가서 제출한다. 다만 아래 접수방식을 선택하도록 한다.

---

[25] 대한민국정부수입인지
[26] 2004. 11. 1.부터 6:00까지 근무한다. 단, 2005. 7. 1.부터 전 토요일은 휴무이다.

> **신청서 접수방식**
>
> 전자신청의 시행으로 전자신청제출자와 방문제출자 사이의 접수사건 차이를 줄이기 위해 방문제출자의 경우 창구를 '즉시접수창구'와 '당일접수창구'로 구분하여 시행하고 있다.
> (a) **즉시접수창구** : 등기신청서 제출과 동시에 접수를 완료할 수 있으며 상대적으로 당일접수창구보다 대기시간이 길다.
> (b) **당일접수창구** : 제출 후 당일 접수만을 원할 때 선택할 수 있다. 대기할 필요없이 바로 돌아갈 수 있지만 즉시접수창구보다 접수가 늦어질 수 있다.

## 나. 등기필정보 수령하기

① 등기관은 접수 → 조사 → 기입 → 교합의 과정을 거쳐 등기가 완료된 때에는 등기완료의 증명서라고 할 등기필정보를 작성하여 특별한 사정이 있는 경우를 제외하고는 접수시로부터 24시간 이내에 등기권리자에게 교부하게 되어 있다.

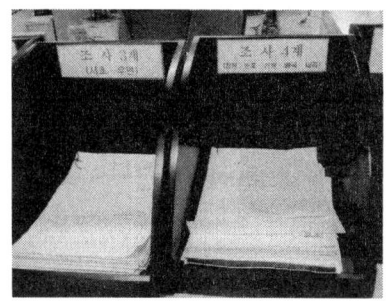
▶ 보정이 내린 경우 등기소 내 보정함을 찾아가 확인한다.

교합완료가 된 경우 등기필정보를 수령하도록 한다. 만일 보정이 내린 경우에는 등기소를 방문하여 보정함에서 서류를 찾아 확인한다.

등기완료 후 등기필정보 수령시 등기소 접수장의 수령인란에 확인날인을 하게 된다. 등기필정보외에 원인서면을 반환받도록 한다.

② 해당 부동산의 등기부등본을 발급 신청해서 확인했을 때 매수인 명의[27]로 등기되어 있다면 소유권이전등기가 제대로 끝난 것이다.[28]

---

27) 현재 전산정보처리조직에 의하여 등기부의 등초본을 발급 및 열람을 하는 경우 등기명의인의 표시 중 주민등록번호를 공시하지 않을 수 있는데, 열람신청시 등기부에 기재된 바 있는 <u>아무 주민등록번호를 맞게 입력시킨다면 주민등록번호의 전부를 열람할 수 있다</u>(부동산등기법시행규칙 제134조의2).
28) 등기신청사건으로 처리중인 때에는 등(초)본을 발급받을 수 없음에 유의.

다. 등기부의 열람

등기부등본의 1통당 수수료는 무인자동발매기에 의해 발급받을 경우 1통에 1,000원이며 등기소 내 등기공무원에게서 발급받는 경우는 1,200원이다.

또한 인터넷(www.iros.go.kr)을 통한 등기부의 열람은 1등기용지에 관하여 700원, 발급은 1,000원이다(2012. 12. 1. 개정. 등기부등초본수수료규칙 제3조 제2항). 부동산등기부의 열람은 소재지번만을 알고 있는 경우 열람이 가능하다.

▶ 등기필정보를 수령하면 접수장에 날인한다.

## 제3장 매매에 의한 소유권이전등기

대법원 인터넷등기소 (www.iros.go.kr)

등기부등본의 **발급**과 **열람**을 선택한 후 **소재지번**을 입력한다.

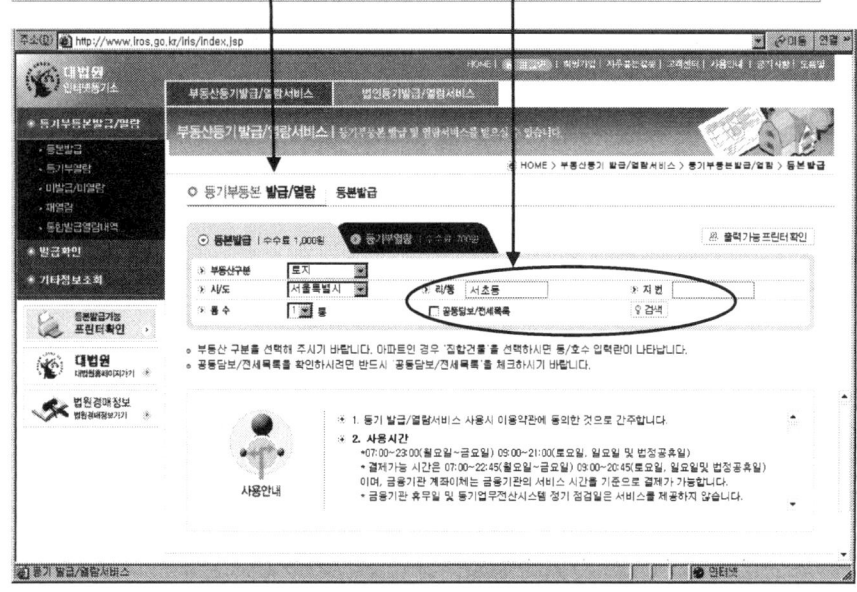

# 취득세 [√]기한 내 [ ]기한 후 신고서

| 관리번호 | 접수 일자 | 처리기간 즉시 |
|---|---|---|

| 신고인 | 취득자(신고자) | 최고봉 | 471108-1239411 |
| | | 서울 동대문구 이문동 휘경로22번길 23, 150동 201호(이문동, 신동아아파트) | 전화번호 : 964-2343 |
| | 전소유자 | 홍길동 | 640928-1439218 |
| | | 서울특별시 관악구 관천로17길 23, 303호(신림동) | 전화번호 : 887-4354 |

※ 취득물건 내역: 서울특별시 관악구 관천로17길 23, 303호(신림동)

| 취득물건 | 취득일 | 면적 | 종류(지목) | 용도 | 취득 원인 | 취득가액 |
|---|---|---|---|---|---|---|
| 건물 | 201○. 2. 25. | 87.89㎡ | 빌라 | 주거용 | 매매 | 100,000,000원 |

| 세목 | | 과세표준 | 세율 | ① 산출세액 | ② 감면세액 | ③ 기납부세액 | 가산세 신고불성실 | 납부불성실 | 계 ④ | 신고세액합계 (①-②-③+④) |
|---|---|---|---|---|---|---|---|---|---|---|
| 합 계 | | | | | | | | | | 1,750,000 |
| 취득세등 | 취득세 | 100,000,000 | 1%(=0.5+0.5) | 1,000,000 | | | | | | 1,000,000 |
| | 지방교육세 | 500,000 | 20% | 100,000 | | | | | | 100,000 |
| | 농특세 부과분 | 500,000 | 10% | 50,000 | | | | | | 50,000 |
| | 농특세 감면분 | 3,000,000 (=150+150) | 20% | 600,000 | | | | | | 600,000 |

| 첨부서류 | 1. 취득가액 등을 증명할 수 있는 서류(매매계약서, 잔금영수증, 법인장부 등) 사본 각 1부<br>2. 취득세 감면신청서 1부<br>3. 취득세 비과세 확인서 1부<br>4. 기납부세액 영수증 사본 1부<br>5. 위임장 1부(대리인만 해당합니다) | 수수료<br><br>없음 |
|---|---|---|

「지방세법」제20조 제1항 및 같은 법 시행령 제33조 제1항, 「지방세법」제152조 제1항 및 「농어촌특별세법」제7조에 따라 위와 같이 신고합니다.

202○년 2월 일

신고인             (서명 또는 인)
대리인    최진석  (서명 또는 인)

접수일자인

시장·군수·구청장 귀하

## 위 임 장

위 신고인 본인은 위임받는 사람에게 취득세 신고에 관한 일체의 권리와 의무를 위임합니다.

위임자(신고인)  최고봉    (서명 또는 인)

| 위임받는 자 | 성명 | 최진석 | 위임자와의 관계 : 지인 |
| | 주민등록번호 | 720211-1239418 | 전화번호 964-2343 |
| | 주소 | 서울 동대문구 휘경로4길 23 | |

# 상속으로 인한 소유권이전등기

**제1절** 상속으로 인한 소유권이전등기 • 195

**제2절** 상속에 의한 소유권이전(법정상속) • 201

**제3절** 협의분할에 의한 소유권이전 • 211

**제4절** 등기소 가기 • 220

# 제 4 장
# 상속으로 인한 소유권이전등기

## 제1절 상속으로 인한 소유권이전등기

## 1. 서 설

### 1) 상속으로 인한 소유권이전

상속으로 인한 이전등기는 크게 1) 상속에 의한 이전등기, 2) 상속재산협의분할에 의한 이전등기, 3) 상속인에 의한 이전등기로 나누어 볼 수 있다. 이는 모두 사람의 사망과 그 밖에 인정된 사유를 원인으로 하여 행하여는 포괄적인 재산상의 승계를 하는 상속을 원인으로 하는 등기이다.

상속순위와 상속분 등에 관하여 구법(59. 12. 31.까지의 관습법)과 신법(60. 1. 1.시행 신민법과 79. 1. 1. 및 91. 1. 1.시행 각 개정민법)은 많은 차이점이 있고 또 민법 부칙의 경과규정에 의하여 현행법 시행 전에 개시된 상속에 관하여는 현행법 시행 후에도 상속개시당시의 법을 적용토록 되어 있으므로,[1] 상속으로 인한 이전등기 신청시 먼저 그 원인일자를 가려 어느 법을 적용할 것인가를 판정한 후에 그 상속순위 내지 상속분을 따져 보아야 한다.

---

[1] 실종선고의 경우는 실종선고 당시의 법이 준거법이다.

## 2) 현행 상속순위(민법 제1000조 ~ 제1003조)

> 민법 제1000조 (상속의 순위)
> ① 상속에 있어서는 다음 순위로 상속인이 된다. (비·존·형·사)
>   1. 피상속인의 직계비속
>   2. 피상속인의 직계존속
>   3. 피상속인의 형제자매
>   4. 피상속인의 4촌이내의 방계혈족
> ② 전항의 경우에 동순위의 상속인이 수인인 때에는 최근친을 선순위로 하고 동친 등의 상속인이 수인인 때에는 공동상속인이 된다.
> ③ 태아는 상속순위에 관하여는 이미 출생한 것으로 본다.
>
> 제1001조 (대습상속)
>   전조 제1항 제1호와 제3호의 규정에 의하여 상속인이 될 직계비속 또는 형제자매가 상속개시 전에 사망하거나 결격자가 된 경우에 그 직계비속이 있는 때에는 그 직계비속이 사망하거나 결격된 자의 순위에 갈음하여 상속인이 된다.
>
> 제1003조 (배우자의 상속순위)
> ① 피상속인의 배우자는 제1000조 제1항 제1호와 제2호의 규정에 의한 상속인이 있는 경우에는 그 상속인과 동순위로 공동상속인이 되고 그 상속인이 없는 때에는 단독상속인이 된다.
> ② 제1001조의 경우에 상속개시 전에 사망 또는 결격된 자의 배우자는 동조의 규정에 의한 상속인과 동순위로 공동상속인이 되고 그 상속인이 없는 때에는 단독상속인이 된다.

## 2. 상속에 의한 소유권이전(법정상속)

### 1) 의 미

상속에 의한 소유권이전등기, 즉 '법정지분'에 의한 상속등기란 상속을 원인으로 하여 상속인 명의로 법정지분에 따라 등기신청 하는 것을 말한다. 원래 상속이란 사람의 사망을 원인으로 포괄적 재산상의 법률관계의 승계가 이루어지므로 상속등기를 않더라도 상속의 효과가 당연히 발생한다.

그러나 상속으로 인하여 물권을 취득하였더라도 이를 다시 법률행위에 의하여 처분하려면 상속으로 인한 물권의 취득을 등기하고, 그 후에 처분에 뒤따르는 등기를 하여야 한다. 즉 등기 없이 물권을 취득하였더라도 그 취득을 등기하지 않는 한 그 권리를 처분할 수 없기 때문이다.

## 2) 상속분 (민법 제1009조~제1010조)

> 민법 제1009조 (법정상속분)
> ① 동순위의 상속인이 수인인 때에는 그 상속분은 균분으로 한다.
> ② 피상속인의 배우자의 상속분은 직계비속과 공동으로 상속하는 때에는 직계비속의 상속분의 5할을 가산하고, 직계존속과 공동으로 상속하는 때에는 직계존속의 상속분의 5할을 가산한다.
>
> 제1010조 (대습상속분)
> ① 제1001조의 규정에 의하여 사망 또는 결격된 자에 갈음하여 상속인이 된 자의 상속분은 사망 또는 결격된 자의 상속분에 의한다.
> ② 전항의 경우에 사망 또는 결격된 자의 직계비속이 수인인 때에는 그 상속분은 사망 또는 결격된 자의 상속분의 한도에서 제1009조의 규정에 의하여 이를 정한다. 제1003조 제2항의 경우에도 또한 같다.

## 3) 단독신청주의

① 상속에 의한 등기는 부동산등기법의 일반적인 공동신청주의(법 제23조 제1항)의 예외로서 등기권리자만으로 이를 신청할 수 있다. 즉 상속인중의 어느 특정인이 단독으로 모든 상속인을 위하여 등기 신청할 수 있다는 말이다. 물론 이때의 각 상속인의 상속지분은 균분이다. 다만 배우자에게는 공동상속인의 상속지분의 5할(;50%)을 가산한다(민법 제1009조).

② 상속개시일이 1991. 1. 1.이후인 경우 상속으로 인한 등기의 등기원인은 「상속」으로 기재한다. 등기원인이 2개 이상 있을 때는 먼저 개시된 상속으로 인한 등기원인과 그 연월일을 기재하고 신청인 표시란에 「공동상속인중 홍길동은 2010년 2월 7일 사망하였으므로 상속」으로 그 취지를 기재하고 상속인 표시를 한다.

## 3. 협의분할에 의한 소유권이전

### 1) 협의분할

상속재산은 상속 재산마다 법정상속분에 따라 공동 상속을 할 수 있는 것이지만 그렇지 아니하고 전원의 동의만 있다면 법정상속분과 다르게 특정인을 위해 혹은 법정지분이 아닌 다른 지분으로 정하여 상속할 수 있고(민법 제1013조), 유언에 하여 분할방법을 정하거나 이를 정할 것을 제3자에 위탁할 수 있으며(민법 제1012조), 그렇지 못한 경우에는 가정법원에 그 분할을 청구하여 그 심판 또는 조정에 의하여 분할 할 수 있다(민법 제1013조 제2항, 제269조).

협의분할의 경우에는 상속인 전원의 협의 내지 동의가 없으면 그 협의는 무효이고 심판 이 경우에도 필요적 공동소송에 해당한다. 상속재산의 분할은 상속개시시(피상속인사망일)에 소급하여 그 효력이 있고(민법 제1015조) 상속재산의 협의분할에 의하여 특정상속인이 단독 상속하더라도 그가 법정상속분을 초과하여 취득한 상속분은 다른 공동상속인에게 귀속된 권리를 승계받는 것이 아니고 피상속인으로부터 직접 승계하는 것으로 보아야 한다(대판 88다카5836).

### 2) 상속재산분할협의서

상속재산에 대한 분할협의가 성립한 때에는 상속재산분할협의서를 등기신청시 첨부해야 한다. 이에는 상속인 전원의 인감증명서도 같이 첨부한다(부등법규칙 제53조). <u>상속재산분할협의서는 상속인 전원이 인감을 날인하여 작성하며 1인이라도 협의서에 날인하지 않으면 그 분할협의는 무효</u>가 된다.

협의분할약정을 함에 있어 공동상속인 중 친권자와 미성년자가 있는 경우에는 양자간에 이해상반이 되므로 그 친권자가 미성년자를 대리할 수 없고, 미성년자를 위한 '특별대리인'을 선임해야 한다. 미성년자가 여러 명인 경우에는 미성년자를 위한 특별대리인을 각각 선임하여야 하며 이 경우에는 그 특별대리인인임을 증명하는 심판서 등본과 특별대리인의 인감증명서도 등기신청시 제출해야한다.

**注意** 태아는 상속에 있어서 이미 출생한 것으로 보므로 출생 전에 있어서는 상속관계가 미확정인 상태에 놓이게 되어 출생할 때까지 상속재산의 협의분할을 하여서는 안 될 것이다. 반면 법정상속지분에 의한 등기는 가능하며 출생후 태아상속분을 인정하는 '경정등기'를 하면 된다.

## 4. 상속인에 의한 등기

### 1) 의 미

등기원인은 이미 존재하고 있으나 그에 대응하는 등기를 신청하기 전에 등기권리자나 등기의무자의 사망으로 상속이 개시된 경우에는 실체법상의 등기권리자 등기의무자의 지위는 상속인에게 승계되고 또한 피상속인이 가지고 있었던 등기신청권도 승계되므로, 만일 피상속인이 살아있다면 그가 신청하였을 등기를 상속인이 등기권리자 또는 등기의무자로서 신청할 수 있게 하고 있다.

이와 같이 등기권리자 또는 등기의무자의 상속인이 <u>그 피상속인 생존시에 발생한 등기원인에 기한 등기를 신청하는 것</u>을 상속인에 의한 등기신청이라 한다(부동산등기법 제27조). 상속인에 의한 등기신청에도 공동신청의 원칙이 적용된다.

### 2) 유 효 성

대법원 판례는 [본건 부동산에 관하여 상속인 명의의 상속등기를 거치지 아니하고 이미 사망한 피상속인 명의로부터 새로운 취득자 명의로 소유권이전등기를 경료하였으나, 그 등기가 실체적 권리관계에 부합하는 이상 유효한 것] 이라고 하여 부동산등기법 제27조를 거론하지 않고 실체적 권리관계에 부합하는 등기라는 이유로 유효를 인정한다.

### 3) 등기의 신청

① 등기원인은 「매매」이며, 원인일자는 피상속인과 매수인이 매매계약을 체결한 일자이다. 따라서 등기원인서면은 피상속인과 신청인이 작성한 매매계약서가 원인서면이 되며, 상속인명의로 작성한 서면은 등기원인서면이 될 수 없다.

신청인은 '매도인의 상속인'과 '매수인'이 될 것이며 신청서 등기의무자란에는 「매도인 홍길동은 사망하였으므로 상속인 홍영남」이라고 표시한다. 피상속인이 표시는 등기부의 표시와 일치하여야 하고 매수인의 표시는 통상의 경우와 같다.

② 피상속인과 매수인 사이의 매매를 원인으로 하여 상속인에 의한 등기신청을 한 경우 상속등기 없이 피상속인으로부터 매수인에게 직접 부동산의 소유권이 이전된다.

## 제2절 상속에 의한 소유권이전(법정상속)

☞ 등기신청서갑지

# 소유권이전등기신청(상속)

| 접수 | 년 월 일<br>제    호 | 처리인 | 접수 | 조사 | 기입 | 교합 | 통지 | 각종<br>통지 |
|---|---|---|---|---|---|---|---|---|
| | | | | | | | | |

### 부 동 산 의 표 시

1. 서울특별시 강남구 청담동 128-15  대 200㎡
2. 위지상
   [도로명주소] 서울특별시 강남구 도산대로81길 12
   시멘트벽돌조 슬래브지붕 2층 주택
      1층  90.72㎡
      2층  71.64㎡
      지층 68.64㎡ 이상

| ① 등기원인과그연월일 | 202○년 2월 5일  상속 |
|---|---|
| 등 기 의  목 적 | 소유권 이전 |
| 이 전 할  지 분 | |
| ② 상속인의 표시 | 별지기재와 같음 |

| 구분 | 성 명<br>(상 호) | 주민 등록 번호<br>(등기용등록번호) | 주       소<br>( 소  재  지 ) | 지분 |
|---|---|---|---|---|
| 피상속인 ③ | 망<br>이기동 | 340928-1439218 | 서울특별시 강남구 도산대로81길 12(청담동) | / |
| 등기권리자 ④ | 이기백 | 601130-1234567 | 서울특별시 강남구 도산대로81길 12(청담동) | / |

☞ **[별 지]**

상속인의 표시

망   이기동의 상속인
　　　　　　서울특별시 강남구 도산대로81길 12(청담동)

7분의 3   김복자 (351123 -234323)
　　　　　　서울 광진구 천호대로130길20, 203호(구의동)

7분의 2   이기백 (601130 -1234567)
　　　　　　서울특별시 강남구 도산대로81길 12(청담동)

7분의 2   이기영 (731221-1234564)
　　　　　　서울 동대문구 휘경로4길 23

☞ 신청서 을지

## 시가표준액 및 국민주택채권매입금액

| 부동산의 표시 | ⑤ 시가표준액<br>(개별주택공시가) | ⑥ 공유자별<br>국민주택채권매입금액 |
|---|---|---|
| 1. 토지 200㎡<br>1. 건물 231㎡ | 금276,560,000 원 | 김복자 118,525,715×0.028=332만<br>이기백 79,017,143×0.028=221만<br>이기영 79,017,143×0.028=221만 |
| 시가표준액 합계 금 276,560,000원<br>　　　　김복자의 지분 3/7 × 276,560,000원 = 118,525,715원<br>　　　　이기백의 지분 2/7 × 276,560,000원 = 79,017,143원<br>　　　　이기영의 지분 2/7 × 276,560,000원 = 79,017,143원 | | |
| 국 민 주 택 채 권 매 입 총 액 | | 금 7,740,000원 |
| 채 권 발 행 번 호 | | 798-10-04890-8885 |
| ⑦ 취득세(등록면허세) 금 7,743,680원<br>※ 28/1000(=등록: 8/1000 + 취득: 20/1000)<br>28/1000 × 276,560,000 = 7,743,680 | | 지방교육세 금 442,490원<br>※ 276,560,000 × 8/1000 × 20%<br>농어촌특별세 금 553,120원<br>※ 276,560,000 × 20/1000 × 10% |
| 세　액　합　계 | | 금 8,739,290 원 |
| 등 기 신 청　수 수 료 | | 금　　30,000 원<br>납부번호: 14-11-00982212-7 |
| ⑧　첨　부　서　면 | | |
| 1. 취득세영수필확인서및통지서　1통<br>1. 주민등록등(초)본　　　　　　3통<br>1. 말소자주민등록등본　　　　　1통<br>1. 가족관계증명서 3통<br>1. 폐쇄 기본증명서(2008.1.이후 사망) 1통 | | 1. 폐쇄 가족관계증명서( 〃 )　1통<br>1. 토지대장등본　　　　　　　1통<br>1. 건축물대장등본　　　　　　1통<br>1. 제적등본　　　　　　　　　1통<br>1. 신청서부본　　　　　　　　1통 |

2020년 7월　일

위 신청인 대리인 이성실　(인)

서울 강남구 도산대로81길 12(청담동)
☎ 010-6654-0987

**서울중앙지방법원　강남등기소　귀중**

## 등기위임장

# 위 임 장

| 부동산의표시 | 1. 서울특별시 강남구 청담동 128-15 대 200㎡<br>2. 위지상<br>  [도로명주소] 서울특별시 강남구 도산대로81길 12<br>  시멘트벽돌조 슬래브지붕 2층 주택<br>   1층 90.72㎡<br>   2층 71.64㎡<br>   지층 68.64㎡ 이상 |
|---|---|
| 등기원인과 그 연·월·일 | 202○년 2월 5일 상속 |
| 등 기 의 목 적 | 소유권이전 |
| 이 전 할 지 분 | |

| 등기 권리자    이 기 백  (인)<br>(등기신청인)<br>  서울강남구 도산대로81길2 | 이 성 실<br>서울강남구 도산대로81길2<br>☎ 010-6654-0987<br><br>위 사람을 대리인으로 정하고, 위 부동산 등기신청 및 취하에 관한 모든 행위를 위임한다. 또한 복대리인 선임을 허락한다.<br><br>202○년 7월 일 |

## 등기신청서 작성방법

事例의 서식은 등기명의인의 사망으로 상속이 개시된 경우에, 상속인으로 피상속인의 처 및 자녀 2명이 있으나, 자녀 중 1인이 상속인 전원을 위하여 법정지분에 따른 소유권이전등기를 신청하는 예이다.

① **등기원인과 그 연월일란** : 등기원인은 법정상속인 경우는 '상속'으로, 연월일은 피상속인의 사망일을 기재한다. 만일 실종기간만료로 상속이 개시된 경우, 등기원인은 '상속'이고 그 연월일은 실종기간만료2) 연월일이다. 그런데 괄호를 하여 실종선고연월일을 아래와 같이 병기하여야 한다.3)

| 등기원인과 그 연월일 | 1990년 1월 5일 상속 (201○년 2월 7일 실종선고) |

② **상속인의 표시** : '상속인의 표시란'을 두는 경우는 상속인들 중 1인이 상속인 모두를 위하여 법정지분에 따른 소유권이전 등기를 하는 경우이다.

이 경우 '상속인의 표시'란에는 "별지기재와 같음"이라고 기재한 후 별지에는 상속인의 지분, 성명, 주민등록번호, 주소를 기재하며 등기신청서와 연결된 문서로 신청인이 간인을 하여야 한다. 다만 상속인 전원이 등기신청인인 경우에는 등기신청인란에 모두를 기재한 경우에는 별도로 '상속인의 표시'란을 두지 않는다.

③ **피상속인** : 등기부상 소유자 표시와 일치되게 피상속인의 성명, 주민등록번호, 주소를 기재하되, 등기부에 사망자의 성명이 한자로 기재되어 있는 때에는 그 성명에 한자를 병기한다.

④ **등기권리자** : 상속인 전원이 신청인이 되어 이를 신청하는 것이 원칙이나 상속에 의한 소유권이전등기가 재산의 보존 행위에 속하는 것이므로 그 상속인 중 1인이 신청하여도 되며 이 경우에는 신청인란에는 그 1인만을 기재하고, 위임장에도 그 1인만이 기명날인하여 직접 등기신청하거나 법무사에게 위임하면 된다.

그런데 상속인 전원이 신청인이 되는 경우, 직접 등기권리자란에 각 상속인의 성명, 주민등록번호, 주소를 기재할 수도 있고, 기재 공간이 협소한 경우 등기권리자란에 "별지기재와 같음"이라고 하여 별지에 기재할 수도 있다.

---

2) 보통실종'의 경우에는 부재자 최후 소식이 있었을 때로부터 5년, '특별실종'의 경우에는 전쟁 종지(終止)후·선박침몰·항공기추락 기타 위난이 종료한 후 1년의 기간이 만료한 때에 사망한 것으로 본다(민법 제27조).
3) 나하면 1991. 1. 1.자로 시행된 민법에 의하면 개정법 시행후 실종선고가 내린 경우 개정법을 적용하게 돼있기 때문이다(민법 부칙 제12조 제2항).

※ 법정상속분의 변천

| ① 1960.1.1 ~ 1978.12.31 | ② 1979.1.1. ~ 1990.12.31 | ③ 1991.1.1 이후(현행) |
|---|---|---|
| 1. 균분이 원칙<br>2. 호주상속인 : 고유상속분의 5할 가산함<br>3. 여자 : 남자의 1/2<br>4. 출가녀 : 남자의 1/4<br>5. 처 : 직계비속과 공동 상속시는 남자의 1/2, 직계존속과 공동상속시는 남자와 균분 | 1. 균분이 원칙<br>2. 호주상속인 : 고유상속분의 5할 가산함<br>3. 여자 : 남자와 같음<br>4. 출가녀 : 남자의 1/4<br>5. 처 : 직계비속과 공동상속시 5할가산, 직계존속과 공동상속시 존속의 5할 가산 | 1. 균분이 원칙<br>2. 호주상속인, 여자, 출가녀, 남자 모두 같음<br>3. 夫, 妻 : 구별없이 공동상속인의 상속분의 5할을 가산 |

※ 1959. 12. 31.이전 : 한일합방 후 시행된 조선민사령 제11조는 친족·상속에 관하여는 우리나라의 '관습'에 의하도록 규정하고 있다. ⓐ 호주가 사망으로 상속이 개시된 경우 그 유산은 호주상속인(장남)에게만 상속된다. ⓑ 호주아닌 가족이 사망한 경우에 그 재산은 배우자가 아닌 동일 호적내에 있는 직계비속들에게 균등상속한다(92다29870). ⓒ 호주상속 할 자가 없는 경우 망호주의 최근친이 상속한다.

※ ② : 처(妻)가 직계비속 또는 직계존속과 공동으로 재산상속을 함과 동시에 호주상속을 하는 경우, 처의 상속분은 공동재산상속인의 균분상속비율)인 "1"을 기준으로 하여 여기에, 5할을 가산한 합계 "2"로 한다(등기예규 제659호).

**예시** ⓐ 동일가적내에 없는 직계비속녀 : 처 = 0.25 : 2(1 + 0.5 + 0.5)
ⓑ 시부 : 처 = 1 : 2(1 + 0.5 + 0.5)

⑤ **가표준액** : 부동산별·공유자(상속인)별 '시가표준액'을 계산하여 기재한다. 또한 이에 따라 상속인의 지분별로 '국민주택채권 매입금액'을 기재하여야 한다. '부동산의 표시'는 시가표준액을 계산하기 위한 것이므로 면적만을 기재한다. 건물의 면적 및 대지권의 비율에 따른 토지의 면적을 별도로 기재한다.

⑥ **민주택채권 매입금액** : 취득세 납부서에 기재된 시가표준액을 공유자지분별로 계산한 후 그 시가표준액의 일정비율에 해당하는 국민주택채권매입금액을 각 기재한다.

상속인은 토지·건물 각 시가표준액 1,000만 원 이상인 경우 부동산별·공유자별로 국민주택채권 매입금액을 계산하여 매입하고, 그 '국민주택채권발행번호'를 등기신청서(을지)에 기재하여야 한다.

최저매입금액은 10,000원이므로, 10,000미만의 단수가 있을 때에는 그 단수가 5,000원 이상 10,000원 미만일 때에는 10,000원으로 하고 그 단수가 5,000원 미만인 때에는 단수가 없는 것(절사)으로 한다.

※ 채권매입율표    주택법 시행령 제95조 제1항 별표12

| | | | |
|---|---|---|---|
| 상속·증여 | 1천만 원 이상 5천만 원 미만 | 서울특별시, 광역시 | 1,000 분지 18 |
| | | 기타지역 | 1,000 분지 14 |
| | 5천만 원 이상 1억 5천만 | 서울특별시, 광역시 | 1,000 분지 28 |
| | | 기타지역 | 1,000 분지 25 |
| | 1억 5천만 원 이상 | 서울특별시, 광역시 | 1,000 분지 42 |
| | | 기타지역 | 1,000 분지 39 |

※ 사례의 경우 채권매입 계산식

<전제>  개별주택공시가: 276,560,000원

아래와 같은 3인인 상속인(처, 자, 자)의 개별주택공시가는 276,560,000원인데, 이중 각 공유자의 지분별로 시가표준액을 구하도록 한다(채권매입은 매입의무자가 공유자인 경우 공유자지분별로 계산해야함)

<지분별 시가표준액>

김복자의 지분 3/7 × 276,560,000원 = 118,525,715원
이기백의 지분 2/7 × 276,560,000원 = 79,017,143원
이기영의 지분 2/7 × 276,560,000원 = 79,017,143원

<지분별 채권매입액>
김복자 118,525,715원 × 0.028 = 3,318,720, 5,000원이상 절상하면, <u>3,320,000원</u>
이기백 79,017,143원 × 0.028 = 2,212,480, 5,000원이하 절사하면, <u>2,210,000원</u>
이기영 79,017,143원 × 0.028 = 2,212,480, 5,000원이하 절사하면, <u>2,210,000원</u>

국민주택채권매입총액 : 7,740,000원

### ⑦ 취득세납세필통지서

취득세는 은행에 납부하고 그 납부필통지서를 등기신청서 갑지와 을지 사이에 끼워 넣도록 한다.

상속의 경우는 매매와는 달리 매매가격이 없으므로 과세표준은 '공시가액'이 된다. 다만 공시가액이 없는 경우 기준시가로, 기준시가가 없는 경우 시가표준액이 과세표준이 되며 과세표준액의 1,000분의28에 해당하는 금액이 취득세 납부액이다.

※ 주택의 취득세 강화율
--> 제1장 등기의 신청 > 13. 취득세등 등기신청시 여러비용 참조

@ 취득관련 총 세율 = 공시가액 × 31.6/1000

  1. 등록면허세    8/1000
     교육세     1.6/1000
  2. 취득세(종전) 20/1000 (※ 취득세율: 28/1000 = 8/1000+20/1000)
     농특세     2/1000
    ─────────────
    합 계 : 31.6 / 1,000 (=3.16%)

          cf〉 농지 상속 : 23/1000

※ 세율을 적용하여 산출된 금액 중 10원 미만은 절사한다.
※ 취득세는 고지서 발급시점에서 역산하여 상속시기까지 5년의 제척기간이 경과하였다면 지방세 과세관청은 결손처리로 부과하지 않는다.
※ 농가주택, 국민주택규모의 주택취득, 농지취득은 '농특세' 비과세대상이다(농어촌특별세법 제4조).

### ⑧ 첨부서면

> **가. 주민등록등(초)본**
> 발행일로부터 3개월 이내의 상속인들 모두의 각 주민등록표등(초)본과 피상속인의 '말소자주민등록등(초)본'을 첨부한다. 이는 피상속인의 제적등본과 가족관계증명서만으로 등기부상 등기명의인과 피상속인이 동일인임을 인정할 수 없을 때 그 확인을 위하여 '피상속인의 주소증명서면'을 제출하는 것으로 의미가 있다.

나. 토지(임야)대장, 건축물대장등본
- 등기신청 대상 부동산의 종류에 따라 토지대장등본, 임야대장등본, 건축물대장등본(각 발행일로부터 3월 이내)과 개별공시지가확인원(토지대장에 공시지가 기재된 경우 생략)을 첨부한다.
- 건물소유권이전등기를 위하여, 소유자로 등록되어 있음을 증명하는 서면인 '건축물대장등본'을 첨부한다. 집합건물의 경우 '전유부' 건축물대장등본이외에도 '표제부' 건축물대장등본을 첨부한다.
- 또한 토지대장(이에는 개별공시지가가 기재되어 있기 때문임)을 첨부한다. 대지권등기가 된 집합건물의 경우 토지대장이외에도 대지권등록부를 제출한다.

다. 위 임 장
상속인이 등기신청을 대리인에게 위임하는 경우에 위임장을 첨부한다. 이때 등기권리자란의 날인은 막도장으로도 가능하다.

라. 상속을 증명하는 서면 (제적등본, 가족관계증명서)
피상속인의 사망한 사실 및 상속권자와 상속인을 확인할 수 있는 제적등본, 가족관계증명서 등을 첨부한다.

- 가족관계증명서
    ① 상속인들 전원의 '가족관계증명서'를 제출한다.
    ② 피상속인(망자)이 2008. 1. 1. 이전에 사망한 경우는 망자의 '제적등본'을 첨부한다(아래 제적등본 참조).
    ③ 피상속인(망자)이 2008. 1. 이후에 사망한 경우는 '제적등본' 외에도 '(폐쇄)가족관계증명서', '(폐쇄)기본증명서', '입양관계증명서', '친양자입양관계증명서'를 추가로 첨부한다. 대습상속이 있는 경우 그 대습상속인의 것도 제출한다.

    ※ 가족관계증명서를 발급받을 수 있는 발급권자는 본인·배우자·직계혈족·형제자매 및 그 대리인으로 한정된다. 대리인은 대상자의 신분증사본 또는 인감증명서 첨부에 의한 "가족관계증명서발급 위임장"을 준비하여야 한다.

- 기본증명서
    ① 상속인들 전원의 '기본증명서'를 첨부한다. 이는 생존사실을 확인하기 위한 소명자료로서 의미를 갖는다.
    ② 피상속인(망자)이 2008. 1. 1. 이후에 사망한 경우에는 폐쇄된 기본증명서를 첨부한다.

- 제적등본
    제적등본은 상속인 전원이 누락되지 않도록 아래 모두 첨부하여야 한다.

ⓐ 피상속인의 (출생시부터) '사망'이 기재된 제적등본,
ⓑ 전적(轉籍)이 되었다면 전적 前의 제적등본
ⓒ 망자가 (분가)호주였다면 前 호주의 제적등본
ⓓ 전호주가 전적하였다면 전적 前의 제적등본
ⓔ 상속인이 여자인 경우 출가한 시댁의 제적등본
ⓕ 출가한 여자가 사망하였다면 시댁의 제적등본

※ 요구되는 제적등본들

| ⓒ | ⓒ | ⓔ | ⓑ | ⓐ |
|---|---|---|---|---|
| 출생 | 전호주사망 | 혼인 | 전적(본적옮김) | 사망 |
| '前호주(ex 부친)'의 호적에 등재 | 호주승계 (ex 큰형님) 새호적편제 | -시댁제적등본 -분가호주 | 전적前의 제적등본 | 제적등본 |

※ 간혹 망자가 미수복지구인 '북한'에 본적을 두었다가 월남하여 취적허가에 의하여 새호적을 편제된 경우 등기관이 상속인 확인을 위하여 새호적 이전의 (없는) 제적등본을 요구한다면 당황할 수가 있다. 이 경우 취적허가로 새호적편제시 子에 대한 호적이 없다면 일응 직계비속은 없는 것으로 본다는 취지의 「등기선례 6-91」을 근거로 취적전의 제적등본을 첨부할 필요가 없음을 설득함이 필요하다.

마. 상속분의 지정을 증명하는 서면 등
  ○ 피상속인은 유언으로 상속재산의 분할방법을 정하거나 이를 정할 것을 제3자에게 위탁할 수 있는데(민법 제1012조), 그 제3자가 분할 방법을 정한 때는 그것을 증명하는 서면을 첨부한다. 그리고 유언으로 상속분을 지정한 경우에 제출할 유언증서가 공정증서인 경우와 구수증서인 경우를 제외하고 자필증서, 녹음증서, 비밀증서인 경우에는 가정법원의 검인을 받은 유언검인조서등본을 제출한다.
  ○ 상속을 포기하는 자가 있는 경우에는 상속인에게 탈락하므로 이를 증명하는 가정법원에서 교부받은 '상속포기수리증명서'를 제출하여야 한다. 그러나 상속포기신고접수증을 제출하여서는 안 된다.

바. 상속권을 상실한 것을 증명하는 서면
  피상속인 또는 선순위상속인 등을 살해하고자 한 자에 대한 상속결격사유 규정인 민법 제1004조에 의하여 상속권을 상실한 자가 있는 경우에는 이를 소명하는 서면으로 형사판결문 등을 제출하여야 한다.

# 제3절 협의분할에 의한 소유권이전

☞ 등기신청서 갑지

## 소유권이전등기신청(상속)

| 접수 | 년 월 일 제 호 | 처리인 | 접수 | 조사 | 기입 | 교합 | 등기필통지 | 각종통지 |
|---|---|---|---|---|---|---|---|---|
| | | | | | | | | |

### 부동산의 표시

1동의 건물의 표시: 서울특별시 강남구 대치동 902 동아아파트 제203동
[도로명주소] 서울특별시 강남구 선릉로81길 22
전유부분의 건물의 표시
    건물의 번호: 203-5-502
    구　　　조: 철근콘크리트조
    면　　　적: 5층 502호 130.89㎡
대지권의 표시
    토지의 표시: 1. 서울특별시 강남구 대치동 902 대 17662.3㎡
    대지권의 종류: 1. 소유권대지권
    대지권의 비율: 17662.3분의 115.3

| ① 등기원인과 그 연월일 | 202○년 2월 5일 협의분할에 의한 상속 |
|---|---|
| 등 기 의 목 적 | 소유권 이전 |
| ② 이 전 할 지 분 | |
| 상 속 인 의 표 시 | 별지기재와 같음 |

| 구분 | 성 명 (상 호) | 주민등록번호 (등기용등록번호) | 주 소 ( 소 재 지 ) | 지분 |
|---|---|---|---|---|
| ③ 피상속인 | 망 홍길동 | 340928-1439218 | 서울 강남구 선릉로81길 22, 203동 502호(대치동,동아아파트) | / |
| ④ 등기권리자 | 홍상남 | 601130-1234567 | 서울 강남구 개포로516, 701동 707호 (개포동,주공아파트) | / |

☞ [별  지]

상속인의 표시

1. 홍상남 (501130-1234567)
   서울 강남구 개포로516, 701동 707호(개포동, 주공아파트)

2. 홍상분 (601209-2234568)
   서울특별시 강남구 개포로128길14, 303호(일원동)

3. 양순자 (550320-2223454)
   서울 서초구 효령로34길 9, 3동 707호(방배동, 삼익아파트)

4. 홍영일 (950220-1234521)
   서울 서초구 효령로34길 9, 3동 707호(방배동, 삼익아파트)

☞ 신청서 을지

## 시가표준액 및 국민주택채권매입금액

| 부동산의 표시 | ⑤ 시가표준액<br>(개별주택공시가) | ⑥ 국민주택채권매입금액 |
|---|---|---|
| 1. 토지 115.3㎡<br>1. 건물 130.89㎡ | 금 80,554,820 원 | 금 2,260,000 원<br>(=80,554,820 × 28/1000) |
| 시가표준액 합계 | 금 **80,554,820** 원 | |
| 국 민 주 택 채 권 매 입 총 액 | | 금 2,260,000 원 |
| 채 권 발 행 번 호 | | 281910-04-000370 |
| ⑦ 취득세(등록면허세) 금 2,255,530원<br>※ 28/1000(=등:8/1000+취:20/1000)<br>2,255,530=80,554,820 × 28/1000 | 지방교육세 금 128,880원<br>※ 1.6/1000 × 80,554,820 = 128,887 (10원미만절사)<br>농어촌특별세 금 161,100원<br>※ 2/1000 × 80,554,820 = 161,109 (10원미만절사) | |
| 세 액 합 계 | | 금 2,545,510 원 |
| 등 기 신 청 수 수 료 | | 금 15,000 원<br>납부번호 : 14-22-0987212-2 |

### ⑧ 첨 부 서 면

| | | | |
|---|---|---|---|
| 1. 취득세납세필통지서 | 1통 | 1. 상속재산분할협의서 | 1통 |
| 1. 주민등록등(초)본 | 1통 | 1. 건축물대장등본(전유부,표제부) | 1통 |
| 1. 말소자주민등록등본 | 1통 | 1. 토지대장 및 대지권등록부 | 1통 |
| 1. 가족관계증명서 | 3통 | 1. 제적등본 | 2통 |
| 1. 폐쇄 기본증명서(2008.1.이후 사망) | 1통 | | |
| 1. 폐쇄 가족관계증명서 ( 〃 ) | 1통 | | |

2020년 5월 일

위 신청인  홍상남 (인)
서울 강남구 개포로516, 701동 707호
(개포동, 주공아파트)
☎ 02) 556-2245

**서울중앙지방법원 강남등기소 귀중**

> ☞ 등기신청서 작성방법
>
> 事例의 서식은 등기명의인의 사망으로 상속이 개시된 경우에, 법정상속인 등이 상속재산을 협의 분할에 의하여 토지를 단독으로 취득한 상속인이 소유권이전 등기신청하는 예이다.

① **등기원인과 그 연월일란** : 등기원인은 「협의분할에 의한 상속」이고, 그 연월일은 협의가 성립한 연월일이 아니고, 피상속인이 사망한 연월일이다.

② **이전할 지분**
피상속인이 공유자중 1인인 경우에는 그 지분을 기재한다.

③ **피상속인** : 등기부상 소유자 표시와 일치되게 피상속인의 성명, 주민등록번호, 주소를 기재하되, 등기부에 사망자의 성명이 한자로 기재되어 있는 때에는 그 성명에 한자를 병기 한다.

④ **등기권리자** : 협의분할에 의한 상속등기의 경우에는 등기권리자만이 등기신청인이다. 협의분할에 의하여 상속을 받는 자의 성명, 주민등록번호, 주소를 기재하되 상속인(등기권리자)이 여러 명인 경우 각 지분란에 지분을 기재한다.

⑤ **시가표준액** : 부동산별·공유자(상속인)별 '시가표준액'을 계산하여 기재한다. 또한 이에 따라 상속인의 지분별로 '국민주택채권 매입금액'을 기재하여야 한다. '부동산의 표시'는 시가표준액을 계산하기 위한 것이므로 면적만을 기재한다. 건물의 면적 및 대지권의 비율에 따른 토지의 면적을 별도로 기재한다.

⑥ **국민주택채권 매입금액** : 취득세 납부서에 기재된 시가표준액의 일정비율에 해당하는 국민주택채권매입금액을 각 기재한다. 상속인은 토지·건물 각 시가표준액 1,000만 원 이상인 경우에 국민주택채권을 매입한 후(즉시매도인 경우는 할인율부담) 채권발행번호를 등기신청서에 기재하여야 한다.

최저매입금액은 1만 원이므로, 1만 원 미만의 단수가 있을 때에는 그 단수가 5천 원 이상 1만 원 미만일 때에는 1만 원으로 하고 그 단수가 5천 원 미만인 때에는 단수가 없는 것(절사)으로 한다.

채권매입율표    주택법 시행령 제95조 제1항 별표12

| 상속·증여 | 1천만 원 이상 5천만 원 미만 | 서울특별시, 광역시 | 1,000 분지 18 |
|---|---|---|---|
| | | 기타지역 | 1,000 분지 14 |
| | 5천만 원 이상 1억 5천만 원 | 서울특별시, 광역시 | 1,000 분지 28 |
| | | 기타지역 | 1,000 분지 25 |
| | 1억 5천만 원 이상 | 서울특별시, 광역시 | 1,000 분지 42 |
| | | 기타지역 | 1,000 분지 39 |

※ 사례의 경우 계산식

① 사례의 아파트 개별주택공시가(또는 기준시가)는 80,554,820원이라면
② 위 매입율표중 [5천만 원 이상 1억 5천만 원]에 해당되어 매입율 1,000분의28 이 적용되므로 계산하면,
③ 80,554,820원 × 28/1,000 = 2,255,534원이 되는데, (5,000원 이상 절상하면)
     = 2,260,000원

※ 개별주택공시가는 기준시가가 이미 고시된 경우에는 '기준시가'를 개별주택공시가로 보며 어느 것도 없는 경우(일반건물, 빌딩, 상가)는 '시가표준 계산방식'에 의한 건물과 토지의 각 시가표준을 산출하여 각 채권매입율을 적용하여야 한다.
※ 단, 상속의 경우 피상속인의 사망일을 취득일자로 보게 되므로 당시의 시가에 의한다.

### ⑦ 취득세 납세영수필통지서

상속의 경우는 매매와는 달리 매매가격이 없으므로 공시가액(없는 경우 시가표준액)이 기준이 되며 시가표준액의 1,000분의 28에 해당하는 금액이 취득세 납부액이다.

지방교육세는 등록면허세(8/1000)의 20%를, 농어촌특별세는 취득세(20/1000)의 10%를 납부한다. 발부받은 취득세납부서 기재상의 공시가액이 얼마인지를 정확히 확인하여, 채권매입시 이에 매입율을 곱하여 채권을 매입한다.

☞ 취득세율 : 28/1000 (= 8/1000+20/1000)
　 1. 등록면허세　 8/1000
　　　 교육세　 1.6/1000
　 2. 취득세(종전) 20/1000

농특세      2/1000
합  계 : 31.6 / 1,000 (= 3.16%)

※ 농가주택, 국민주택규모의 주택취득, 농지취득은 '농특세' 비과세대상이다(농어촌특별세법 제4조).

### ⑧ 첨부서면(상속재산분할협의서)

분할협의는 공동상속인 전원일치로 하여야 하며, 자기의 취득분을 영(0)으로 하는 분할협의도 유효하다. 상속인 중 미성년자가 있는 경우에는 <u>친권자는 상속을 포기한 때 이외에는 대리권이 없으므로</u> 특별대리인을 선임하여야 하며 미성년자가 여러 명인 경우 특별대리인은 각각 선임한다.

상속재산분할협의서에는 공동상속인 전원의 인감날인과 인감증명서가 첨부되어져야 한다. 상속인이 미성년자인 경우는 특별대리인 선임결정등본과 그 특별대리인의 인감증명서를 첨부한다.

**注意**
○ 상속재산분할협의서의 작성은 상속인 전원이 참여하여야 하나 반드시 한자리에서 이루어질 필요는 없고 순차적으로 이루어질 수 도 있다(대판 2000두9731).
○ 상속재산분할협의서의 작성은 상속인 전원이 참석하여 연명으로 날인하는 것이 바람직하나 공동상속인의 주소가 상이하여 동일한 분할협의서(복사본이나 프린트출력물 등)를 수통 작성하여 각각 날인하였더라도 결과적으로 공동상속인 전원이 분할협의에 참가하여 합의한 것으로 볼 수 있다면 그 소유권이전등기신청을 수리할 수 있다(2006. 12. 15. 부동산등기과-3672 질의—회답).[4]

---

4) 부동산등기실무[Ⅱ] (법원행정처, 2007. 12. 27) p.247.

☞ **상속재산분할협의서**

# 상속재산분할협의서

202○년 2월 5일 서울 강북구 수유동 188 홍길동의 사망으로 인하여 개시된 상속에 있어 공동상속인 **홍상남, 홍상분, 양순자, 김영일**은 다음과 같이 상속재산을 분할하기로 협의한다.

1. 상속재산중 아래 부동산은 '홍상남'의 소유로 한다.

위 협의를 증명하기 위하여 이 협의서 4통을 작성하고 아래 서명 날인하여 각자 1통씩 보유한다.

202○년 5월 7일

        홍상남 (501130-1234567)     (인감)
        서울 강남구 개포로516, 701동 707호(개포동,주공아파트)
        홍상분 (601209-2234568)     (인감)
        서울특별시 강남구 개포로128길14, 303호(일원동)
    공동상속인 중 홍상천은 2004년 5월 3일 사망하였
  으므로 홍상천의 대습상속인
        양순자 (550320-2223454)     (인감)
        서울 서초구 효령로34길 9, 3동 707호(방배동,삼익아파트)
        홍영일 (950220-1234521)
        서울 서초구 효령로34길 9, 3동 707호(방배동,삼익아파트)
       위 홍영일은 미성년자이므로 특별대리인
        양기운 (680916-1223456)     (인감)
        경기도 의정부시 신촌로 45(가능동)

* 부동산의 표시

  1동의 건물의 표시 : 서울특별시 강남구 대치동 902 동아아파트 제203동

      [도로명주소] 서울특별시 강남구 선릉로91길 22

  전유부분의 건물의 표시

      건물의 번호: 203-5-502
      구      조: 철근콘크리트조
      면      적: 5층 502호 130.89$m^2$

  대지권의 표시

      토지의 표시: 1. 서울특별시 강남구 대치동 902 대 17662.3$m^2$
      대지권의 종류: 1. 소유권대지권
      대지권의 비율: 17662.3분의 115.3

☞ **특별대리인선임청구서**

## 특별대리인선임청구서

청 구 인    홍상남 (501130-1234567)
　　　　　　등록기준지: 서울 동작구 상도동 190
　　　　　　서울 강남구 개포로516, 701동 707호(개포동, 주공아파트)
　　　　　　☎ 02) 550-7777

사건본인    홍영일 (950220-1234521)
(미성년자)   등록기준지: 경기 연천군 미산면 우정리 376
　　　　　　서울 서초구 효령로34길 9, 3동 707호(방배동, 삼익아파트)

### 청 구 취 지

　별지목록 기재 부동산에 대한 소유자 망 홍길동의 사망으로 인하여 청구인을 상속인으로 하는 상속재산분할협의서를 작성하기 위하여 사건본인 **홍영일**의 특별대리인으로 **양기윤**(680916-1223456, 경기도 의정부시 가능동 633-10)을 선임한다.
라는 심판을 구합니다.

### 청 구 원 인

　청구인은 청구외 망 홍길동의 201○. 2. 5. 사망으로 인한 상속인인바, 상속인들간 최근 협의분할을 하고자 합니다. 그러나 사건본인의 모 양순자와 사건본인은 같은 공동상속인으로서 이해관계가 상반되므로 양순자가 사건본인에 대한 친권을 행사하지 못하는 관계에 있어, 사건본인을 위한 특별대리인으로 사건본인의 외삼촌인 양기윤을 선임받고자 본 청구에 이른 것입니다.

### 첨 부 서 류

1. 제적등본　　　　　　　1통
1. 가족관계증명서　　　　2통(미성년자분, 대리인분)
1. 주민등록등본　　　　　2통(미성년자분, 대리인분)
1. 부동산등기부등본　　　1통

202○. 4. .
청구인　홍상남　(인)

**서울가정법원　귀중**

## 유의사항

- 근    거 : 민법 제921조, 가사소송법 제2조 제1항(라류 비송 제11호)
- 인 지 대 : 사건본인 1인당 5,000원
- 송 달 료 : 당사자수의 4회분(당사자가1인이므로 14,200원 = 4 × 3,550원)
- 관할법원 : 사건본인의 주소지 관할 가정법원
- 청구권자 : 법정대리인, 본인, 친족, 이해관계인

## 유의사항

❖ **법정상속등기후 협의분할한 경우의 처리방법**

- 상속으로 인하여 수인이 공동상속등기를 마친 후에 공동상속인 중의 1인 또는 수인에게 재산을 취득하게 하는 취지의 상속재산의 협의분할을 한 경우에 그 등기의 신청절차는 권리를 취득하는 자가 등기권리자, 권리를 잃는 자가 등기의무자로서 공동으로 '**소유권 경정등기**'를 신청하여야 한다.
- 다만, 경정등기신청의 경우 등기원인일자는 '분할협의일'을 기재하여야 하고, 경정으로 그 지분이 감소되거나 소멸하는 자의 지분을 목적으로 하는 등기상 이해관계인이 있는 때에는 그들의 인감날인 된 승낙서를 첨부하거나 경정등기신청의 등기의무자로서 인감을 날인하여야 한다.

[사례] - 법정상속등기후 협의분할이 이루어진 경우의 경정등기신청서

| 등기원인과 그연월일 | 202○년 2월 5일 협의분할에 의한 상속 |
|---|---|
| 등 기 의 목 적 | 소유권 경정 |
| 경 정 할 사 항 | 202○년 10월 10일 접수 제324호로 경료한 소유권이전등기 사항 중<br>「공유자지분 7분의3 **김은혜**(570909 - 2128727) 양주시 원골로 23(어둔동), 공유자지분 7분의2 **이하은**(720912 - 2987287) 양주시 원골로 11(어둔동), 공유자지분 7분의2 **이요셉**(750201 - 1987282) 양주시 원골로 23」를 「**이요셉**(750201 - 1987282), 양주시 원골로 23」으로 경정 |

## 제 4 절 등기소 가기

### 1. 등기신청서류 준비하기

소유권이전등기신청서는 부본을 포함하여 2부(묶음)를 제출한다.

▶ 고양등기소 전경

**등기신청서류(제1묶음)**

1. 등기신청서 갑지
2. 등기신청서 을지
3. 위임장
4. 상속재산분할협의서 및 인감증명서(사본)
5. 특별대리인 선임결정등본(해당하는 경우)
6. 제적등본
7. 가족관계증명서 및 기본증명서
8. 피상속인 말소자 주민등록초본
9. 상속인 전원의 주민등록등(초)본
10. 토지대장등본 및 대지권등록부(집합건물)
11. 건축물대장(해당하는 경우) - 집합건물은 표제부, 전유부

※ 위는 등기소보관용으로 원칙상 원본을 제출한다(분할협의서는 사본可).

**부 본(제2묶음)**

1. 상속재산분할협의서 및 인감증명서(원본)
2. 특별대리인 선임결정등본

※ 위는 등기완료 후 반환받는다.

## 2. 거쳐야할 기관

### ☞ 구청에서 할 일

**가. 준비할 서류**

> \* - 등기신청서(갑지) 사본
> - 사망사실 및 상속인임을 확인할 수 있는 제적등본, 가족관계증명서, 기본증명서
> - 상속재산분할협의서 사본

**나. 취득세고지서 발급절차**

① 시·군·구청 취득세과 창구에 가서 등기신청서 사본 내지 상속재산분할협의서 사본1통을 주고 담당자로부터 취득세납부고지서를 수령한다.
② 취득세납부고지서(OCR)에는 건물과 토지의 각 시가표준액이 고지되어 있는데 이를 통하여 정확한 국민주택채권 매입액을 계산하도록 한다.
③ 취득세납부고지서에 따라 당해 금액을 금융기관에 납부하고 그 납부영수필(등기소보관용과 관청통보용)을 등기신청서 갑지 뒷면 혹은 간지에 호치킷이나 풀로 살짝 붙이도록 한다.

**예시** 취득세납부

> @ 취득세율 28/1000 (= 8/1000+20/1000)
> 1. 등록면허세        8/1000
>    교육세            1.6/1000
> 2. 취득세(종전)      20/1000
>    농특세            2/1000
> ─────────────────────────────
>    합 계 :    31.6/1,000(= 3.16%)

※ 상속에 의해 1가구 1주택 및 그 부속토지를 취득한 경우 취득세는 면제이다.
※ 취득세는 고지서 발급시점에서 역산하여 상속시기까지 5년의 제척기간이 경과하였다면 지방세 과세관청은 결손처리로 부과하지 않는다.
※ 농가주택, 국민주택규모의 주택취득, 농지취득은 '농특세' 비과세대상이다(농어촌특별세법 제4조).

## ☞ 은행에서 할 일

① 상속인은 부동산매입시 토지 건물이 각 시가표준액 1,000만 원 이상인 경우에 국민주택채권을 매입하여 '채권발행번호'를 등기신청서 을지에 기재하여야 한다.

　　국민주택채권은 하나은행, 중소기업은행, 신한은행, 우리은행, 농협은행, 국민은행(2013. 4.부터) 6개 금융기관에서만 취급하여 이들 은행 어느 지점에서든 매입이 가능하다.[5]

　　은행창구에서 채권매입신청서를 작성하여 제출하고 채권매입비용을 납부하면 된다. 그리고 채권증서와 채권발행번호가 기재된 영수증을 수령하여 그 기재된 채권발행번호를 등기신청서에 기재하면 된다.[6]

② 등기비용의 절감차원에서 은행은 즉시매도를 원할시 일정 할인료(약 10%, 할인료는 매일 변동되므로 은행에 문의)만 부담시켜 채권발행번호가 기재된 영수증을 발부해주고 있다.

## ☞ 등기소에서 할 일

### 가. 등기신청서제출

① 소유권이전(상속)의 등기신청수수료는 부동산 1개당 15,000원인데[7], 이는 현금납부방식으로 납부한다. 종전의 대법원수입증지는 2013. 5. 1. 폐지되었으며, 현금납부는 인터넷등기소에서 전자납부하거나, 등기소설치의 무인발급기에서 납부할 수 있으며, 은행에서의 현금납부는 종전처럼 이루어진다. 납부 후 '영수필확인서'는 신청서 뒷면에 부착하고, 은행 납부번호를 신청서 을지에 기재하여야 한다.

② 등기신청서를 제출하는 사람은 신분증을 지참하고 관할 등기소 서무계에 가서 제출한다.

③ 등기소, 법원의 업무시간은 오전 9:00에서 오후 6:00까지이다.[8]

---

5) 2008. 4. 1.자로 '국민은행'은 국민주택채권 취급업무를 중단하였다.
6) 매입필증을 제출하는 방식은 2004. 4. 1.부터 '채권발행번호'를 기재하는 방식으로 변경되었다.
7) 이 경우 e-form 신청은 13,000원, 전자신청은 10,000원이다.
8) 2005. 7. 1.부터 주5일제에 따라 토요일은 휴무이다.

## 나. 등기필정보 수령하기

① 등기관은 접수 → 조사 → 기입 → 교합의 과정을 거쳐 등기가 완료된 때에는 등기완료의 증명서라고 할 등기필정보를 소유자별, 부동산별로 각 작성하여 특별한 사정이 있는 경우를 제외하고는 접수시로부터 24시간 이내에 등기권리자에게 교부하게 되어 있다.

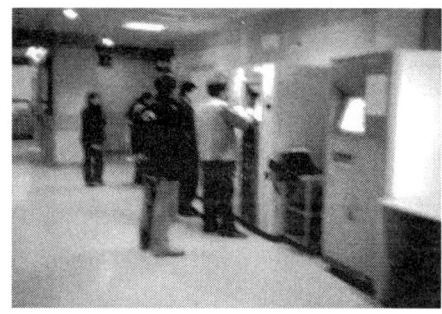

▶ 일반인이 무인자동발매기로부터 등기부등본을 발부받고 있는 모습

등기신청서 접수 후 인터넷등기소 신청사건현황을 조회하면 위 등기완료 과정을 확인할 수 있는데, 보정명령이 내린 경우 보정을 하도록 하고, 교합완료가 되면 등기필정보와 분할협의서를 수령하도록 한다.

② 해당 부동산의 등기부등본을 발급 신청해서 확인했을 때 상속인 명의[9]로 등기되어 있다면 소유권이전등기가 제대로 끝난 것이다. 등기부등본의 1통당 수수료는 무인자동발매기에 의해 발급받을 경우 1통에 1,000원이며 등기소내 등기공무원에게서 발급받는 경우는 1,200원이고, 인터넷을 통한 등기부의 열람은 1등기용지에 관하여 700원이다(등기부등초본수수료규칙 제3조 제2항).

> **│유의사항│**
>
> ❖ **우편에 의한 등기필정보 등의 교부**
>
> 등기신청인은 등기필정보를 우편으로 송부받고자 하는 경우에는 등기신청서와 함께 수신인란이 기재된 봉투에 등기취급우편 또는 특급취급우편(속달)요금에 상응하는 우표를 첨부하거나 비용을 돈으로 제출할 수 있다.
>
> 이 경우 등기소는 등기사건이 처리된 즉시 등기필증을 작성하여 수신인에게 이를 발송해 주게 되어있다(등기업부처리개선지침, 등기예규 제797호).

---

9) 현재 전산정보처리조직에 의하여 등기부의 등초본을 발급 및 열람을 하는 경우 등기명의인의 표시중 주민등록번호를 공시하지 않을 수 있는데, 열람신청시 등기부상의 아무 소유자의 주민등록번호를 맞게 입력시킨다면 주민등록번호의 전부를 열람할 수 있다(부동산등기규칙 제32조).

# 증여에 의한 소유권이전등기

**제1절** 등기신청서 작성례 • 227

**제2절** 등기신청서 작성방법 • 229

**제3절** 기타의 서식례 • 235

**제4절** 등기소 가기 • 237

# 제 5 장
# 증여에 의한 소유권이전등기

증여란 일방이 무상으로 재산을 상대방에게 수여하는 의사를 표시하고 상대방이 승낙함으로써 성립하는 계약이지만 등기를 해야만 확실한 소유권을 취득하는 것이다.

## 제1절 등기신청서 작성례

☞ 등기신청서 갑지

**소유권이전등기신청(증여)**

| 접수 | 년 월 일<br>제    호 | 처리인 | 접수 | 조사 | 기입 | 교합 | 통지 | 각종<br>통지 |
|---|---|---|---|---|---|---|---|---|

| 부 동 산 의 표 시 |
|---|
| 경기도 연천군 미산면 우정리 311 답 1,000㎡ |

| ① 등기원인과 그 연월일 | 202○년 5월 5일 증여 |
|---|---|
| 등 기 의 목 적 | 소유권 이전 |
| ② 이 전 할 지 분 | |

| 구분 | 성 명<br>(상 호) | 주민 등록 번호<br>(등기용등록번호) | 주      소<br>( 소 재 지 ) | 지분 |
|---|---|---|---|---|
| ③ 등기<br>의무자 | 이 유 수 | 430928-1439218 | 경기도 연천군 미산면 왕산로20번길 7-5 | / |
| ④ 등기<br>권리자 | 이 병 갑 | 721130-1234567 | 경기도 연천군 미산면 왕산로20번길 7-5 | / |

☞ 신청서 을지

# 시가표준액 및 국민주택채권매입금액

| 부동산의 표시 | ⑤ 부동산별 시가표준액 | ⑥ 부동산별 국민주택채권매입금액 |
|---|---|---|
| 1. 토지 1,000㎡ | 금 21,545,560 원 | 금 300,000 원<br>※ 매입률 14/1000 (기타지역) |

| 국민주택채권 매입총액 | 금 300,000원 |
|---|---|
| 국민주택채권 발행번호 | 0798-10-04890-8885 |

⑦ **취득세(등록면허세) 금 754,090원**
※ 35/1000(=등:15/1000+취:20/1000)
35/1000 × 21,545,560 = 754,090

지방교육세 금 64,630원
(=3/1,000 × 21,545,560)

농어촌특별세 금 43,090원
(=2/1,000 × 21,545,560)

| 세 액 합 계 | 금 861,810 원 |
|---|---|
| 등 기 신 청 수 수 료 | 금 15,000 원<br>납부번호: 14-33-098763-2 |

### 등기의무자의 등기필정보

| 부동산고유번호 | 1115-1996-173964 | |
|---|---|---|
| 성명(명칭) | 일련번호 | 비밀번호 |
| 이유수 | ACDI-0198-7329 | 12 - 3126 |

### ⑧ 첨 부 서 면

| | | | |
|---|---|---|---|
| 1. 취득세납세필통지서 | 1통 | 1. 등기필증(등기필정보있다면 불요) | 1통 |
| 1. 주민등록등(초)본 | 각 1통 | 1. 신청서부본 | 1통 |
| 1. 위임장 | 1통 | 1. 토지대장등본 | 1통 |
| 1. 인감증명서 | 1통 | 1. 농지취득자격증명원 | 1통 |
| 1. 검인증여계약서 | 1통 | | |

2020년 5월 일

위 신청인
⑨ 위 대리인 **최성규** (인)

경기도 연천군 청정로 1232
☎ 031) 832-2754

⑩ **의정부지방법원 연천등기소 귀중**

## 제2절 등기신청서 작성방법

① **등기원인과 그 연월일란** : 등기원인은 「증여」로, 연월일은 증여계약서상 계약일을 기재한다.

② **등기의 목적과 이전할 지분** :
○ 등기의 목적 ( ⅰ ) 이전할 소유권이 지분으로 일부를 이전한다면 '소유권일부이전'이라 기재하고, 공유지분으로 ( ⅱ ) 그 '전부'를 이전하는 경우라면 '공유자 홍길동 지분 전부이전'라 기재하고, ( ⅲ ) '일부'이전의 경우에는 '공유자 홍길동 지분 2분의1중 일부(4분의1)이전'으로 하되, 괄호 안에는 부동산 전체에 대한 지분을 명시하여야 한다.
○ 이전할 지분란 : 소유권의 일부 지분을 이전하는 경우는 '공유자지분 2분의 1'이라 기재하면 되고, 공유자가 그 지분을 이전할 경우에도 이전받는 지분을 기재하되, '공유자 지분 2분의 1'과 같이 부동산 전체에 대한 지분을 기재한다. 수인의 공유자로부터 지분 일부씩을 이전받는 경우 이를 합산하여 기재한다(등기예규 제909호).

**예시 1**

| 등 기 의 목 적 | 소유권일부이전 |
|---|---|
| 이 전 할 지 분 | 공유자지분 2분의1 |

**예시 2**

| 등 기 의 목 적 | 공유자 홍길동지분 전부이전 |
|---|---|
| 이 전 할 지 분 | 공유자 지분 2분의1 |

**예시 3**

| 등 기 의 목 적 | 공유자 홍길동지분 2분의1중 일부(4분의1)이전 |
|---|---|
| 이 전 할 지 분 | 공유자 지분 4분의1 |

> **◀ 공유관계 ▶**
> - 공유관계인 경우 각 공유자는 다른 공유자의 동의 없이도 자기의 지분을 자유로이 처분할 수 있다(민 제263조).
> - 공유자중 1인이 사망한 때에는 그의 지분은 상속인에게 상속된다. 그런데 공유자가 상속인 없이 사망하거나 그 지분을 포기한 때에는 그 지분은 다른 공유자에게 각 지분의 비율로 귀속한다. 지분포기로 인한 권리의 귀속은 다른 공유자와 공동으로 등기를 하여야 효력이 생긴다.
>
> *Cf* 합유 : 공유와 총유의 중간적 성질을 가지는 소유형태로 조합이 재산을 소유하는 형태이다. 합유의 지분은 양도할 수 없으며 또한 분할청구할 수도 없다는 점에서 공유와 크게 다르다.
>   실무에서 보면 합유로 등기하는 경우가 매우 드물며, 간혹 종중의 재산이나 일가친척들이 묘자리를 공동으로 사용할 목적으로 합유등기를 하는 경우가 있다.

③ **등기의무자** : 증여자의 성명, 주민등록번호, 주소를 기재하되, 등기부상 소유자 표시와 일치해야 한다. 그러나 증여자가 법인인 경우에는 상호(명칭), 본점(주사무소소재지), 등기용등록번호를 기재하고, 비법인 사단이나 재단인 경우에는 상호(명칭), 본점(주사무소소재지), 등기용등록번호 및 대표자(관리자)의 성명, 주민등록번호, 주소를 각 기재한다.

④ **등기권리자** : 수증자를 기재하는 란으로 그 기재방법은 등기의무자란과 같다.

⑤ **시가표준액** : 부동산별(주택, 토지, 일반건물로 각 구분)·공유자별 '시가표준액(공시가액)'을 계산하여 기재하여 '국민주택채권 매입금액'을 기재하여야 한다. '부동산의 표시'는 시가표준액을 계산하기 위한 것이므로 면적만을 기재한다. 건물의 면적 및 대지권의 비율에 따른 토지의 면적을 별도로 기재한다(집합건물의 경우).

⑥ **국민주택채권 매입금액** : 토지의 시가표준액은 면적 × 개별공시지가/㎡ 이므로 시가표준액을 계산한 후(건물의 경우는 OCR 취득세고지서를 반드시 참조하도록 한다) 그 시가표준액 해당의 채권매입율을 적용하여 국민주택채권매입금액을 각 기재한다.[1]

증여받는 토지·건물이 각 시가표준액 1,000만 원 이상인 경우에 국민주택채권을 매입한 후 그 채권발행번호를 고지받아 등기신청서에 기재하여야 한다.

최저매입금액은 1만 원이므로, 1만 원 미만의 단수가 있을 때에는 그 단수가 5천 원 이상 1만 원 미만일 때에는 1만 원으로 하고 그 단수가 5천 원 미만인 때에는 단수가 없는 것(절사)으로 한다.

**예시** 사례 매입채권 계산식

증여받는 기타지역의 '토지'의 시가표준액이 21,545,560원이라면
* 토지의 채권매입액 :
  21,545,560원 × 14/1,000 = 301,637원, 5천 원 미만 절사하면 300,000원
  따라서 위 300,000원의 채권을 매입해야한다.

※ 채권매입율표    주택법 시행령 제95조 제1항 별표12

| | | | |
|---|---|---|---|
| 상속·증여 | 1천만 원 이상 5천만 원 미만 | 서울특별시, 광역시 | 1,000 분지 18 |
| | | 기타지역 | 1,000 분지 14 |
| | 5천만 원 이상 1억 5천만 | 서울특별시, 광역시 | 1,000 분지 28 |
| | | 기타지역 | 1,000 분지 25 |
| | 1억 5천만 원 이상 | 서울특별시, 광역시 | 1,000 분지 42 |
| | | 기타지역 | 1,000 분지 39 |

⑦ **취득세납세영수필통지서** : 취득세는 은행에 납부하고 그 납부영수필(등기소보관용과 관청통보용)을 등기신청서 을지 또는 간지에 살짝 붙이면 된다.

증여의 경우는 매매와는 달리 매매가격이 없으므로 시가표준액(<u>기준시가가 있다면 기준시가, 공시가액이 있을 경우에는 '공시가액'이 우선 적용됨</u>)이 기준이 되며 시가표준액(공시가액)의 1,000분의 35에 해당하는 금액이 취득세 납부액이다. 등록면허세액의 20%를 교육세로, 종전 취득세액의 10%를 농어촌특별세로 납부한다. 발부받은 취득세납부서 기재상의 시가표준액(공시가액)이 토지, 건물 각 얼마인지를 정확히 확

---

1) 2020. 1. 1. 현재 현금수납은행
: 농협은행, 국민은행, 신한은행, 우리은행, 하나은행, 기업은행, SC은행, 경남은행, 광주은행, 대구은행, 부산은행, 전북은행 등 12개.

인하여, 채권매입시 이에 매입율을 곱하여 채권매입액도 구해야 한다.

@ 취득세율 35/1000 (= 등록면허세: 15/1000 + 종전 취득세: 20/1000)
 1. 등록면허세  15/1000
   교육세(20%)  3/1000
 2. 취득세(종전)  20/1000
   농특세(10%)  2/1000
   ―――――――――――――――
   합 계 :  40 / 1,000 (=4%)

※ 농가주택, 국민주택규모의 주택취득, 농지취득은 '농특세' 비과세대상이다(농어촌특별세법 제4조).

## ⑧ 첨부서면

### 가. 주민등록등(초)본

발행일로부터 3개월 이내의 등기의무자와 권리자의 각 주민등록표등(초)본을 첨부한다. 등기의무자는 <u>취득당시의 주소를 확인할 수 있도록</u> 주소이력이 포함된 초본을 발부 받도록 한다. 과거 취득당시의 의무자와의 동일성을 확인하고 주소이전의 경우 그 연결성을 확인키 위함이다.

### 나. 토지대장, 건축물대장등본

- 등기신청 대상 부동산의 종류에 따라 토지대장등본, 임야대장등본, 건축물대장등본(각 발행일로부터 3월 이내)과 개별공시지가확인원(토지대장에 공시지가 기재된 경우 생략)을 첨부한다.
- 건물소유권이전등기를 위하여, 소유자로 등록되어 있음을 증명하는 서면인 '건축물대장등본'을 첨부한다. 집합건물의 경우 '전유부' 건축물대장등본이외에도 '표제부' 건축물대장등본을 첨부한다.
- 또한 토지대장(이에는 개별공시지가 기재되어 있기 때문임)을 첨부한다. 대지권등기가 된 집합건물의 경우 토지대장이외에 대지권등록부를 제출한다.

### 다. 등기위임장

등기신청을 대리인에게 위임하는 경우에 위임장을 첨부한다. 이때 등기권리자란의 날인은 막도장으로도 가능하다. 대리인의 자격에는 제한이 없으며 다만 금전을 받거나 업으로 할 수 있는 사람은 변호사나 법무사에 한정되어있다.

수증자가 등기의무자(증여자)의 대리인겸 등기권리자로서 등기신청을 할 경우 증여자로부터 위임받은 위임장이 있어야 한다.

### 라. 채권발행번호

수증자는 증여받은 부동산이 토지·건물별로 시가표준액 1,000만 원 이상인 경우에 국민주택채권을 매입할 때 채권발행번호를 고지받아 등기신청서에 기재해야한다. 국민주택채권은 취급은행[2] 어느 지점에서든 매입이 가능하다.

### 마. 검인증여계약서

○ 계약을 원인으로 소유권이전등기를 신청할 때에는 일정한 사항을 기재한 계약서에 시장, 구청장, 군수 또는 그 권한의 위임을 받은 자의 검인을 받아 이를 등기소에 제출해야한다. 여기서 계약에는 그 종류를 불문한다.

따라서 증여계약서에도 부동산 소재지를 관할하는 시장, 구청장, 군수로부터 검인을 받아야 한다. 계약서사본을 포함하여 5통 정도를 준비하여 해당 지적과를 방문하면 검인을 받을 수 있다.

'공인중개사의 업무 및 부동산 거래신고에 관한 법률'은 부동산을 매매 한 경우에 적용하므로 증여, 상속, 교환 등에는 적용하지 않는다.

### 바. 기 타

○ 토지거래허가 구역내[3] 일지라도 토지거래 허가 대상은 토지에 대한 대가있는 '소유권이전', '지상권설정' 계약일 때인 것이므로, 무상의 증여, 포기, 상속인 경우는 허가 대상이 아니다. 이 경우 대상 토지가 농지인 경우 농지취득자격증명을 발급신청하여 그 발급된 농지취득자격증명원을 첨부하여야 한다.

○ 등기권리자나 의무자가 비법인 사단 또는 재단인 경우에는[4]
  a. 정관 기타의 규약,
  b. 부동산 등기용등록번호를 증명하는 서면,
  c. 대표자나 관리인임을 증명하는 서면,
  d. 대표자나 관리인의 주민등록표등본을 첨부한다.
  e. 등기의무자인 경우는 민법 제276조 제1항의 처분의 결의서

---

[2] 2020. 1. 1. 현재 현금수납은행
  : 농협은행, 국민은행, 신한은행, 우리은행, 하나은행, 기업은행, SC은행, 경남은행, 광주은행, 대구은행, 부산은행, 전북은행 등 12개.
[3] 토지이용계획확인원을 발부받아 확인한다.
[4] 교회가 등기당사자인 경우는 정관 등 서류(정, 호, 표, 주, 결) 외에 소속증명서, 대표자증명서, 직인증명서, 재직증명서를 추가 첨부한다.

⑨ **대리인란**
신청인이 직접 등기 신청할 경우 성명, 전화번호를 기재하고 날인한다. 대리인이 등기 신청하는 경우에는 역시 성명, 전화번호정도만 기재하고 그의 인장을 날인한다.

⑩ **등기소** : 후단의 등기소의 명칭 및 관할구역표를 참조
   기재 例) 1) 서울중앙지방법원 등기국
              2) 부산지방법원 동부지원 등기과
              3) 수원지방법원 안산지원 시흥등기소

## 제3절 기타의 서식례

☞ 증여계약서

---

### 증여계약서

| | 검인접수 1243호 |
|---|---|
| | 부동산등기특별조치법 제3조 제1항의 규정에 따라 검인함. |
| | 202○. 5. 7. |
| | 연천군수  직인 |

**부동산의 표시**

1. 경기도 연천군 미산면 우정리 311
   답 1,000㎡

위 부동산은 증여인의 소유인바 이를 수증인에게 증여할 것을 약정하고 수증인은 이를 수락하였으므로 이를 증명하기 위하여 각자 서명날인한다.

202○년 5월 5일

증여인  이유수  (인)
경기도 연천군 미산면 왕산로2○번길 7-5

수증인  이병갑  (인)
경기도 연천군 미산면 왕산로2○번길 7-5

☞ **등기위임장**

# 위 임 장

## 부 동 산 의 표 시

경기도 연천군 미산면 우정리 311  답 1,000㎡

| 등기원인과 그 연·월·일 | 202○년 5월 5일  증여 |
|---|---|
| 등 기 의 목 적 | 소유권이전 |
| 이 전 할 지 분 | |

등기의무자 이유수　 (인감)
　　　　　경기도 연천군 미산면 왕산로20번길 7-5

등기권리자 이병갑　 (인)
　　　　　경기도 연천군 미산면 왕산로20번길 7-5

최성규
경기도 연천군 청정로 1232
☎ 031) 832-2754

위 사람을 대리인으로 정하고, 위 부동산 등기신청 및 취하에 관한 모든 행위를 위임한다.
또한 복대리인 선임을 허락한다.

202○년　5월　　일

## 제4절 등기소 가기

### 1. 등기신청서류 준비하기

소유권이전등기신청서는 부본을 포함하여 2부(묶음)를 제출한다.

※ 제1묶음은 등기소보관용으로 첨부서류는 원본제출이 원칙이며(원인서면은 사본가능), 제2묶음은 원인서면 등으로 등기완료 후 반환받는다.

▶ 성남지원 광주등기소(송정동소재) 전경

| 등기신청서류(제1묶음) | 부 본(제2묶음) |
|---|---|
| 1. 등기신청서 갑지<br>2. 등기신청서 을지<br>3. 위임장<br>4. 인감증명서<br>5. 검인받은 증여계약서(사본)<br>6. 주민등록등(초)본 각 1통<br>7. 농지취득자격증명원 (해당하는 경우)<br>8. 개별공시지가 확인원<br>9. 토지(임야)대장등본 - 집합건물은 '대지권등록부' 추가<br>10. 건축물대장(해당하는 경우) - 집합건물은 전유부, 표제부 | 1. 검인받은 증여계약서<br>2. 등기필증[5] |

---

[5] 등기의무자의 소유권에 관한 등기필증이다. 만일 등기필정보가 있는 경우에는 등기필정보를 을지(乙紙)에 기재하는 것으로 족하고 별도로 등기필정보를 첨부하지 않는다.

## 2. 거쳐야할 기관

### ☞ 구청에서 할 일

가. 준비할 서류

> * 준비물 : 증여계약서 사본 3 ~ 5통

나. 취득세고지서 발급절차

① 증여계약서 사본 3부내지 5부6)를 준비하여 부동산소재지 구(군)청 지적과 검인창구에 제출하면 2부(보관용1+세무관서통보용1부)를 제한 나머지를 검인한 후 발부해주고 있다.
② 검인 후, 구(군)청 세무과의 취득세 자진납부 창구에 가서 검인받은 증여계약서(사본) 1통을 건네고 담당자로부터 취득세 납부고지서를 수령한다.
③ 취득세납부고지서(OCR)에는 건물과 토지의 각 시가표준 또는 기준시가가 고지되어 있는데 이를 통하여 정확한 국민주택채권 매입액을 계산하도록 한다.
④ 취득세납부고지서에 따라 당해 금액을 금융기관에 납부하고 그 납부영수필(등기소보관용과 관청통보용)을 등기신청서 갑지 뒷면 혹은 간지에 호치킷이나 풀로 살짝 붙이도록 한다.

```
@  취득세율 35/1000 (= 등록면허세: 15/1000 + 종전 취득세: 20/1000)
    1. 등록면허세    15/1000
       교육세(20%)    3/1000
    2. 취득세(종전)   20/1000
       농특세(10%)    2/1000
    ─────────────────────────
       합  계 :      40 / 1,000 (=4%)
```

---

6) 2개 이상의 시·군·구에 있는 수개의 부동산의 소유권이전을 내용으로 하는 계약서 등을 검인받고자 하는 경우에는 시·군·구의 수에 1을 더한 수의 사본을 제출하는 것이 원칙이지만, 실무적으로 이를 조사하지는 않고 신청인이 원하는 만큼 검인을 해주고 있다.

※ 농가주택, 국민주택규모의 주택취득, 농지취득은 '농특세' 비과세대상이다(농어촌특별세법 제4조).

**취득세 면제**

① 교회·절·종중(종교, 제사, 자선, 학술 등 공익사업목적 비영리단체)의 취득
② 사회복지법인, 학교 운영자의 취득
③ 양로원, 보육원, 모자원 등의 취득
④ 신탁 및 신탁해지로 인한 취득
⑤ 환매권행사로 인한 취득
⑥ 1년을 초과하지 않는 임시용건축물의 취득
⑦ 토지수용 지역 내에서 보상금 마지막으로 받은 날로부터 1년 이내의 대체취득
⑧ 상속에 의해 1가구 1주택 및 그 부속토지의 취득
⑨ 이혼에 따른 재산분할로 인한 취득
⑩ 자경농민이 농지취득(50%감면) (이상 지방세법 제107조, 제109조, 제110조)

**◀ 증여세납부 ▶**

등기신청과는 직접 상관은 없지만 증여를 받은 사람(수증자)은 <u>증여일로부터 3개월 내에</u> 주소지 관할세무서에 증여세를 신고·납부하여야 하며 이 기간 내에 신고하면 내야할 세금의 10%를 공제하여 준다. 반면 신고를 않거나 미달신고하면 20%의 가산세를 물리게 된다.

상속·증여세율 -    1억 이하 :                  과세표준의 10/100
        1억 초과- 5억 이하 :    1,000만 원 +  1억 초과 금액의 20/100
        5억 초과-10억 이하 :    9,000만 원 +  5억 초과 금액의 30/100
        10억 초과-30억 이하 : 2억 4,000만 원 + 10억 초과 금액의 40/100
        30억 초과          : 10억 4,000만 원 + 30억 초과 금액의 50/100

## ☞ 은행에서 할 일

① 수증자는 부동산 매입시 토지 건물이 각 시가표준액 1,000만 원 이상인 경우에 국민주택채권을 매입하여 '채권발행번호'를 등기신청서에 기재해야 한다.
② 등기비용의 절감차원에서 은행은 즉시매도를 원할시 일정 할인료(약 10%, 할인료는 매일 변동되므로 은행에 문의)만 부담시킨 후, 채권발행번호 영수증을 내어주고 있는데 등기신청서 을지에 채권발행번호를 기재한다.

## ☞ 등기소에서 할 일

### 가. 등기신청서제출

① 등기신청수수료는 부동산 개수당 15,000원으로 현금납부한다.[7]

현금납부 방식은 a. 법원행정처장이 지정하는 취급 은행에서 아래 '현금납부서'에 의한 납부를 하거나, b. 인터넷등기소(www.iros.go.kr)를 이용하여 전자적인 방법(신용카드, 계좌이체, 선불형지급수단)으로 납부하거나, c. 무인발급기에서 현금으로 납부하는 방식이다. 납부 후 발급받은 '영수필확인서'를 등기신청서 을지에 첨부하여야 하며, 등기신청서(을지)에는 은행수납번호(납부번호)를 기재하여야 한다.

납부 후 '현금영수필확인서'를 등기신청서 을지 뒷면 또는 간지에 호치킷으로 고정시키도록 한다.

※ 인지[8]는 첨부하지 않는다.

② 등기신청서를 제출하는 사람은 신분증을 지참하고 관할 등기소 서무계에 가서 제출한다.
③ 등기소, 법원의 업무시간은 오전 9:00에서 오후 6:00까지이다.

### 나. 등기필정보 수령하기

① 등기관은 접수 → 조사 → 기입 → 교합의 과정을 거쳐 등기가 완료된 때에는 등기완료의 증명서라고 할 등기필정보를 작성하여 특별한 사정이 있는 경우를 제외하고는 접수시로부터 24시간 이내에 등기권리자에게 교부하게 되어 있다. 교합완료를 확인하면 등기필정보를 수령하도록 한다.
② 해당 부동산의 등기부등본을 발급 신청해서 확인했을 때 수증자 명의로 등기되어 있다면 소유권이전등기가 제대로 끝난 것이다. 등기부등본의 1통당 수수료는 무인자동발매기에 의해 발급받을 경우 1통에 1,000원이며 등기공무원에게서 발급받는 경우는 1,200원이고, 인터넷을 통한 등기부의 열람은 1등기용지에 관하여 700원이다(등기부등초본수수료규칙 제3조 제2항).

---

7) 이 경우 e-form 신청은 13,000원, 전자신청은 10,000원이다.
8) 인지는 유상의 소유권이전에 관한 사적인 계약문서에 첨부한다.

# 판결에 의한 소유권이전등기

**제1절** 등기신청서 작성례 • 243

**제2절** 등기신청서 작성방법 • 245

**제3절** 기타의 서식례 • 254

**제4절** 등기소 가기 • 255

# 제 6 장
# 판결에 의한 소유권이전등기

## 제 1 절  등기신청서 작성례

☞ 등기신청서 갑지

| | | | | | | | | |
|---|---|---|---|---|---|---|---|---|
| | **소유권이전등기신청 (판결)** | | | | | | | |
| 접 수 | 년 월 일<br>제    호 | 처리인 | 접수 | 조사 | 기입 | 교합 | 등기필<br>통지 | 각종<br>통지 |
| | | | | | | | | |

| ① 부 동 산 의  표 시 | |
|---|---|
| 1. 서울특별시 강북구 수유동 641-8  대 207.1㎡<br>2. 위 지 상<br>  [도로명주소] 서울특별시 강북구 한천로 112<br>  철근콘크리트조 슬래브지붕 5층 근린생활시설<br>    1층  74.16㎡<br>    2층 103.50㎡<br>    3층 103.50㎡<br>    4층 103.50㎡<br>    5층  87.90㎡<br>   지하층 119.48㎡<br>  층별용도 : 지하층 : 대중음식점<br>    1층 : 소매점  2층 - 3층 : 화실  4층 - 5층 : 사무실 | |
| ② 등기원인과그연월일 | 2011년 11월 5일  매매 |
| ③ 등 기 의  목 적 | 소유권 이전 |
| ④ 이 전 할  지 분 | |

| 구분 | 성 명<br>(상 호) | 주민 등록 번호<br>(등기용등록번호) | 주       소<br>( 소  재  지 ) | 지분 |
|---|---|---|---|---|
| ⑤ 등기<br>의무자 | 홍 길 동 | 640928-1439218 | 서울 관악구 관천로17길 23, 303호(신림동) | / |
| ⑥ 등기<br>권리자 | 최 고 봉 | 671108-1239411 | 서울 동대문구 이문동 휘경로22안길 23, 150동 201호(이문동, 신동아아파트) | / |

☞ **등기신청서 을지**

| ⑦ **시가표준액 및 채권매입금액** |||
|---|---|---|
| 부동산의 표시 | 부동산별 시가표준액 | 부동산별 국민주택 채권매입금액 |
| 1. 토지 | 금 50,000,000 원 | 금 2,000,000 원 |
| 50,000,000 × 40/1,000= 2,000,000원 | 매입율 40/1000 | |
| 1. 건물 | 금 30,000,000 원 | 금 300,000 원 |
| 30,000,000 × 10/1,000= 300,000원 | 매입율 10/1000 | |
| 시가표준액 합계 | 금 80,000,000 원 | |
| ⑦ 국 민 주 택 채 권 매 입 총 액 | 금 2,300,000 원 ||
| 국 민 주 택 채 권 발 행 번 호 | 0798-10-04890-8885 ||
| ⑧ 취득세(등록면허세) 금 4,000,000원<br>※ 40/1000(=등:20/1000+취:20/1000)<br>40/1000 × 판결상취득가액(1억) | 지방교육세 금 400,000원<br>(= 4/1,000 1억 원)<br>농어촌특별세 금 200,000원<br>(= 2/1,000 1억 원) ||
| ⑨ 세 액 합 계 | 금 4,600,000원 ||
| ⑩ 등 기 신 청 수 수 료 | 금 30,000원<br>납부번호: 14-11-001224-5 ||
| ⑪ 첨 부 서 면 |||
| 1. 취득세납세영수필통지서    1통<br>1. 위임장    1통<br>1. 주민등록등(초)본    각 1통<br>1. 판결정본(검인)    1통<br>1. 확정증명원    1통 | 1. 건축물대장등본    1통<br>1. 토지대장등본    1통 ||
| 2020년 2월 일<br>위 신청인<br>⑫ 위 대리인 법무사 조윤아<br>서울 서초구 반포대로34 (서초동)<br>☎ 02) 3471-3245 |||
| 서울중앙지방법원 강남등기소 귀중 |||
| ⑬ 법무사 조윤아 |||

## 제2절 등기신청서 작성방법

### ① 부동산의 표시 기재

**가. 토지만의 경우**

예시1

> 서울특별시 관악구 신림동 123  대  500㎡

예시2

> 1. 경기도 연천군 군남면 선곡리 292-2  답  1,000㎡
> 2. 동  소           292-3  답  100㎡  이상

**나. 단독건물인 경우 (토지+ 건물)**

> 1. 경기도 의정부시 가능동 633-10 대 116.7㎡
> 2. 위 지상
>    [도로명주소] 경기도 의정부시 신촌로53번길 20-5
>    벽돌조 슬래브지붕 2층 주택
>             1층 61.05㎡
>             2층 61.05㎡
>             지하실 15.12㎡      이상

**다. 아파트 등 구분소유인 경우**

> 1 동의 건물의   표 시 : [소재지번, 건물명칭 및 번호]
>                      [도로명주소]
> 전유부분의 건물의 표시
>      건물의  번 호 : [1동의건물번호] - [층] - [호수]
>      구       조 : [구조]
>      면       적 : [층] [호수] [전유부분의 면적]㎡

대지권의 표시
    토지의   표시 : [1. 소재지번] [지목] [면적]㎡
    대지권의 종류 : [1. 소 유 권]
    대지권의 비율 : [대지권 비율]

---

1동의 건물의 표시 : 서울특별시 강남구 대치동 123 동아아파트 제가동
            [도로명주소] 서울특별시 강남구 영동대로82길 32
전유부분의 건물의 표시
    건물의 번호 : 가-3-302
    구     조 : 철근콘크리트조
    면     적 : 3층 302호 130.89㎡
대지권의 표시
    토지의   표시 : 1. 서울특별시 강남구 대치동 123 대 17662.3㎡
    대지권의종류 : 1. 소유권
    대지권의비율 : 28066분의 115.427   이상

## ② 등기원인과 그 연월일

**ㄱ) 이행판결** : 판결에 의해 이미 발생한 권리변동의 원인인 법률행위 내지 권리관계를 확인하고 그에 따른 등기의무의 이행을 명하는 경우에는, 원칙상 판결주문에 명시된 등기원인과 그 연월일을 등기신청서에 기재한다.

예외적으로 판결주문에 등기원인과 그 연월일이 명시되어 있지 않은 경우 등기원인은 "확정판결"로, 그 연월일은 "판결선고일"을 기재한다.

※ 등기절차의 이행을 명하는 확정판결을 받았다면 그 확정시기에 관계없이, 즉 확정 후 10년이 경과하였더라도 그 판결에 의한 등기신청을 할 수 있다.

> **판결에 따른 본등기시 등기원인일자**
>
> 판결에 의하여 가등기에 기한 본등기를 신청하는 경우의 등기원인 일자는 그 판결 주문에 원인일자의 표시가 있으면 그 일자를 기재하여야 하고 그 표시가 없으면 그 확정판결의 선고일자를 기재하여야 하며(81. 12. 31. 등기 제589호), 여기서 원인일자라 함은 매매예약완결권이 행사되어 매매가 성립된 날을 뜻하는 것으로 판결주문에 매매예약완결일자가 있는 이상 그 일자를 등기원인일자로 기재하여야 한다.

ㄴ) **형성판결** : 부동산 물건변동이 판결 그 자체에 의하여 생긴 경우에는 '당해 판결에서 행한 형성처분'이 등기원인이며, 그 연월일은 '판결확정일'이 된다.

　　ex) 공유물분할(민법 제269조) 판결의 경우 등기원인은 '공유물분할'로, 그 연월일은 '판결확정일'을 기재, 사해행위취소(민법 제406조) 판결의 경우 '사해행위취소'로, 그 연월일은 '판결확정일'을 기재, 재산분할심판의 경우 등기원인은 '재산분할'로, 그 연월일은 '심판확정일'을 기재한다.

　※ 판결에 의한 등기를 신청함에는 등기원인증서인 판결정본과 확정증명원을 첨부하여야 하고, 송달증명원과 집행문은 첨부하지 아니한다. 단 등기절차의 이행을 명하는 판결이 선이행판결, 상환이행판결, 조건부이행판결인 경우에는 집행문을 첨부하여야 한다.

ㄷ) **화해조서 등**
(a) 화해조서·인낙조서, 화해권고결정, 조정조서·조정에 갈음하는 결정 등에 등기신청에 관한 의사표시의 기재가 있고 그 내용에 등기원인과 그 연월일의 기재가 있는 경우 등기신청서에는 그 등기원인과 그 연월일을 기재한다.
(b) 화해조서 등에 등기신청에 관한 의사표시의 기재가 있으나 그 내용에 등기원인과 그 연월일의 기재가 없는 경우 등기신청서에는 등기원인은 '화해', '인낙', '화해권고결정', '조정' 또는 '조정에 갈음하는 결정' 등으로, 그 연월일은 '조서기재일' 또는 '결정확정일'을 기재한다.

　※ 조정조서, 화해조서 또는 인낙조서를 등기원인증서로 첨부하는 경우에는 확정증명원을 첨부할 필요가 없다. 단 조정에 갈음하는 결정정본, 화해권고결정정본을 등기원인증서로 첨부하는 경우에는 확정증명원을 첨부하여야 한다. 위 어느 경우이든 송달증명원은 첨부할 필요가 없다(등기예규 제1214호).

ㄹ) '진정명의 회복등기'에서와 같이 판결주문이나 이유 중에 등기원인이나 원인일자의 기재가 없으면 등기원인은 '판결', 등기연월일은 '연월일미상'으로 기재한다.

> ☞ "진정명의 회복" 등기란 무엇인가

### 1. 의 미
'진정명의 회복등기'란 이미 자기 앞으로 소유권을 나타내는 등기가 되어있었거나 또는 지적공부(토지대장, 건축물대장)상 소유자로 등록되어있던 자로서 소유권보존등기를 신청할 수 있는 자가 어떠한 사유 (사유는 불문함)로 다른 사람 명의로 넘어간 경우
① 현재의 등기명의인과 공동으로 신청하거나,
② 현재의 등기명의인을 상대로 '진정명의 회복'을 이유로 소유권 이행을 명하는 판결을 받아 이전 등기 신청하는 것을 말한다.
  진실한 소유자로의 명의 회복하는 방법은 현재 등기명의자의 명의를 말소하는 방법이 있지만 진정명의 회복등기를 통해 소유권을 이전하는 방법도 허용되어야 한다고 대법원이 판시(90. 11. 27. 89다카12398 전원합의체)한 이후로 나타난 등기 방법이다.

### 2. 공동신청에 의한 진정명의 회복등기
첨부서류에서 계약서, 등기명의인의 인감증명서를 첨부해야하고 이 경우 부동산매도용인감증명서일 필요는 없다. 공동신청에 의하기에 판결정본과 확정증명원이 없는 경우이고, 나머지는 판결에 의한 경우와 같다.
※ 진정명의 회복 등기신청시 - 토지거래허가서, 농지취득자격증명의 제출을 요하지 않는다.

### 3. 판결에 의한 진정명의 회복등기
이 부분은 본문참조

### 4. 취득세율
진정명의 회복등기는 무상취득으로 보아 이의 취득세율을 적용한다.
취득세율 = 시가표준 × <u>35/1000</u> (등록면허세 15/1000 + 종전취득세 20/1000)

## ③ 등기의 목적

- **등기의 목적란** : ( i ) 이전할 소유권이 지분으로 일부를 이전한다면 '소유권일부이전'이라 기재하고, 공유지분으로 ( ii ) 그 '전부'를 이전하는 경우라면 '공유자 홍길동 지분 전부이전'라 기재하고, (iii) '일부'이전의 경우에는 '공유자 홍길동 지분 2분의1중 일부(4분의1)이전' 으로 하되, 괄호 안에는 부동산 전체에 대한 지분을 명시하여야 한다.
- **이전할 지분란** : 소유권의 일부 지분을 이전하는 경우는 '공유자지분 2분의1'이라 기재하

면 되고, 공유자가 그 지분을 이전할 경우에도 이전받는 지분을 기재하되, '공유자 지분 2분의1'과 같이 부동산 전체에 대한 지분을 기재한다. 수인의 공유자로부터 지분 일부씩을 이전받는 경우 이를 합산하여 기재한다(등기예규 제909호).

**예시 1**

| 등 기 의 목 적 | 소유권일부이전 |
|---|---|
| 이 전 할 지 분 | 공유자지분 2분의1 |

**예시 2**

| 등 기 의 목 적 | 공유자 홍길동지분 전부이전 |
|---|---|
| 이 전 할 지 분 | 공유자 지분 2분의1 |

**예시 3**

| 등 기 의 목 적 | 공유자 홍길동지분 2분의1중 일부(4분의1)이전 |
|---|---|
| 이 전 할 지 분 | 공유자 지분 4분의1 |

### ④ 등기의무자

판결에 따라 소유권을 넘겨주어야 하는 자의 성명, 주민등록번호 주소를 기재하되, 등기부상 소유자 표시와 일치하여야 한다. 그러나 매도인이 법인인 경우에는 상호, 본점, 등기용등록번호를 기재한다.

> **注意** 비법인 사단이나 재단인 경우에는 ㉠ 비법인명칭·주사무소소재지·등기용등록번호, ㉡ 대표자의 성명·주민등록번호·주소까지 기재한다.

### ⑤ 등기권리자

판결에 의한 소유권이전등기는 등기권리자가 단독으로 신청할 수 있다.
특별시·광역시는 서울, 대구, 인천, 광주, 대전으로 略記하고 다른 시, 도는 행정구역 명칭대로 기재한다. 이 부분은 부동산 표시란에서 '특별시', '광역시'를 기재하는 것과는 다르므로 구별해야한다. 그리고 번지라는 문자는 생략하며 외국인의 성명을 기재함에 있어서는 그 국적을 병기한다.

### ⑥ 시가표준액 및 국민주택채권매입금액

취득세납부고지서(OCR)에 기재된 토지 및 건물의 시가표준액을 확인하고, 이 시가표준액의 일정비율에 해당하는 국민주택채권매입금액을 계산하도록 한다.

판결에 의한 소유권이전의 원인이 상속, 증여 등 무상취득인 경우에는 시가표준액이 1,000만 원 이상인 경우, 그리고 매매·교환·대물변제 등 유상취득인 경우에는 500만 원 이상인 경우에 국민주택채권을 매입하여 그 발행번호를 등기신청서에 기재하여야 한다.

> ☞ 매입채권액 계산 〈신청서 사례〉
>
> 서울특별시소재 상가건물인 '토지'의 시가표준액이 50,000000원이고, '상가건물'의 시가표준액이1) 30,000,000원이라면,
>
> * 토지분 채권매입액
>   50,000,000원 × 40/1,000 = 2,000,000원 (1만 원 이하 단수없음)
>
> * 건물분 채권매입액
>   30,000,000원 × 10/1,000 = 300,000원 (1만 원 이하 단수없음)
>
> 따라서 위 합계 2,300,000원 해당의 채권을 매입해야 한다.

### ⑦ 취득세납세영수필통지서

취득세는 은행에 납부하고 그 납부영수필(등기소보관용과 관청통보용)을 등기신청서 갑지 뒷면 또는 간지에 첨부하면 된다. 과세표준은 판결문상에 기재된 사실상의 취득가격이다. 취득세율은 소유권취득의 원인된 사실, 이를테면 매매, 증여, 공유물분할에 따라 달라질 것이다.

---

1) 시가표준액 계산방식에 의한 산출방법은 부록 참조.

취득세 = 40/1000 (=등록 20/1000 + 취득 20/1000  ☞  매매인 경우
       35/1000 (=등록 15/1000 + 취득 20/1000)  ☞  증여, 진정명의회복등기
       23/1000 (=등록  3/1000 + 취득 20/1000)  ☞   공유물의 분할

※ 지방교육세(20%), 농어촌특별세(10%)가 별도 있음에 유의한다.

### ⑧ 세액합계란

취득세액과 교육세액의 합계를 기재한다.

### ⑨ 등기신청수수료

부동산 1개당 15,000의 등기신청수수료를 현금납부한다.[2] 현금납부서 '영수필확인서'를 신청서 뒷면에 호치킷으로 찝어 붙이고, 을지에는 등기신청수수료 은행납부번호를 기재한다.

### ⑩ 첨부서면

> **가. (검인) 판결정본**
> 법원으로부터 등기권리자(등기의무자)에게 송달된 판결정본과 법원에서 발급받은 확정증명원을 첨부한다. 판결서일지라도 그 판결의 원인이 계약, 즉 증여, 매매, 공유물분할 등에 의한 소유권이전인 경우 검인을 받아야 하는데 이 경우 판결정본을 가지고 구청 지적과 부동산검인창구에 가서 검인을 받은 뒤 취득세 자진납부 창구에 가서 담당자로부터 취득세 납부고지서를 수령한다. 판결문이 선이행판결이나 동시이행판결의 경우에는 집행문부여를 받아야 하지만, 이러한 조건이 없는 집행문부여를 받을 필요가 없다.
>
> **나. 확정증명원**
> 판결문이 송달되고 2주일 내에 상소제기 않으면 판결은 확정이 된다. 이 경우 법원에 가서 확정증명원을 발부받을 수 있는데 확정증명신청 양식은 법원에 비치되어있고 인지 500원짜리를 붙여서 재판을 담당한 재판부 또는 기록보존계에

---

[2] 이 경우 e-form 신청은 13,000원, 전자신청은 10,000원이다.

다. 인감증명서 (원칙적으로 不要)
　　판결의 경우 등기의무자의 인감증명서는 불필요하며, 매수인도 등기위임장에 막도장 날인으로 법무사에게 위임할 수 있다.

라. 주민등록등본
　　신청인의 주소를 증명하는 서면은 등기권리자의 주민등록등본만을 제출하면 된다. 즉 판결의 경우는 등기의무자의 주민등록등(초)본을 첨부하지 않는다.

> **注意** 다만 판결문상의 피고 주소가 등기부상의 등기의무자 주소와 다른 경우에는 동일인임을 증명할 수 있는 자료로서 주민등록초본을 제출하여야 한다.

마. 토지대장, 건축물대장등본
- 등기신청 대상 부동산의 종류에 따라 토지대장등본, 임야대장등본, 건축물대장등본(각 발행일로부터 3월 이내)과 개별공시지가확인원(토지대장에 공시지가 기재된 경우 생략)을 첨부한다.
- 건물소유권이전등기를 위하여, 소유자로 등록되어 있음을 증명하는 서면인 '건축물대장등본'을 첨부한다. 집합건물의 경우 '전유부' 건축물대장이외에도 '표제부' 건축물대장등본을 첨부한다.
- 또한 토지대장(이에는 개별공시지가가 기재되어 있기 때문임)을 첨부한다. 대지권등기가 된 집합건물의 경우 토지대장이외에 대지권등록부를 제출한다.

바. 농지취득자격증명원
　　판결에 의할지라도 등기권리자가 취득하는 부동산이 농지(전 또는 답)일 경우 등기권리자는 농지법에 따라 해당 부동산소재지의 관할 동(읍, 면)사무소에서 농지취득자격증명원을 신청하여 그 자격증명원을 등기신청서에 첨부해야 한다. 농지를 취득하려는 등기권리자는 농지법에 의한 농업인이어야만 그 자격증명원을 취득할 수 있다. 농지취득자격증명원이 면제되는 경우는 상속, 공유물분할, 시효취득 등의 경우가 있다.
　　토지거래 허가구역인 경우 토지거래허가서가 나오기 전의 계약은 무효인 것이므로 이 경우 소유권이전을 위한 청구는 불허가 될 것이다.

## ⑪ 대리인란

대리인의 성명, 주소, 연락처를 기재하고, 대리인의 인장을 날인한다. 갑지와 을지를 '간인'해야 하는 것에 주의한다.

### ⑫ 법무사 직인란

법무사는 등기사건을 위임받아 신청서를 작성하는 경우에 신청서의 끝부분에 있는 대리인란에 하는 날인은 반드시 신고한 '직인'으로 하여야 하며 신청서의 간인도 직인으로 하여야 할 것이다(법무사법 제22조 제2항). 다만 법무사의 '실인'을 직인과 함께 날인하는 것도 무방하며 이 경우에는 실인으로 간인할 수도 있다.

그리고 날인 다음에 법무사회표[3]를 첨부하여야 한다. 법무사회표는 실무상 위임장이 아닌 '신청서 을지' 하단 법무사 성명 우측에 붙이고 있다.

신청서(을지)의 끝부분(하단)에 있는 대리인란의 법무사 성명 다음에 '직인'을 날인한 이상 기명날인은 한 곳에 하면 족하므로 기재란 밖에 또다시 직인을 날인할 필요는 없다(등기선례 201301-5 : 2013. 1. 29. 부동산등기과-196질의회답).

> **Knowledge is Power  법무사의 직인날인**
> 
> 법무사 대리의 경우, 종전 신청서 을지 하단의 기재란 밖에 다시 직인을 날인하여 온 관행은 아무런 의미가 없는 것으로 본다.
> 따라서 대리인란 법무사 성명 우측에 '직인'으로 날인하고 간인하거나, 직인 및 실인을 각 날인하고 실인 또는 직인으로 간인하도록 한다(등기선례 201301-5).

---

[3] 변호사인 경우에도 각 지방회에서 경유표(2008. 7.현재 서울지방회 4,000원)를 발부받아 붙이는 것이 원칙이지만 강제되어 있지 않다.

## 제3절 기타의 서식례

☞ 등기위임장

<table>
<tr><td colspan="2" align="center">**위 임 장**</td></tr>
<tr><td colspan="2" align="center">부 동 산 의 표 시</td></tr>
<tr><td colspan="2">
1. 서울특별시 강북구 수유동 641-8 대 207.1㎡<br>
2. 위 지 상<br>
   [도로명주소] 서울특별시 강북구 한천로 112<br>
   철근콘크리트조 슬래브지붕 5층 근린생활시설<br>
     1층  74.16㎡<br>
     2층 103.50㎡<br>
     3층 103.50㎡<br>
     4층 103.50㎡<br>
     5층  87.90㎡<br>
     지하층 119.48㎡<br>
   층별용도 : 지하층 : 대중음식점<br>
   1층 : 소매점  2층 - 3층 : 화실  4층 - 5층 : 사무실
</td></tr>
<tr><td>등기원인과 그 연·월·일</td><td>2008년 11월 5일  매매</td></tr>
<tr><td>등 기 의 　 목 적</td><td>소유권이전</td></tr>
<tr><td>이 전 할 　 지 분</td><td></td></tr>
<tr><td>
신 청 인<br>
(등기권리자) 최고봉　　(인)<br>
　　　　서울 동대문구 이문동 휘경로22번길 23,<br>
　　　　150동 201호(이문동, 신동아아파트)
</td><td>
법무사 조윤아<br>
서울 서초구 반포대로34 (서초동)<br>
☎ 02) 3471-3245<br><br>
　위 사람을 대리인으로 정하고, 위 부동산 등기신청 및 취하에 관한 모든 행위를 위임한다.<br>
　또한 복대리인 선임을 허락한다.<br>
　　　　2020년 　2월 　일
</td></tr>
</table>

## 제4절 등기소 가기

### 1. 등기신청서류 준비하기

소유권이전등기신청서는 2부(묶음)를 제출한다.

※ 위 외에 '세무서통보용 부본'과 '대관소관청통보용 부본'이 필요하지만, 2006. 7. 1.부터 등기소가 세무서, 지적소관청간 전산정보처리 시스템에 의한 자료송부가 가능하게 되었으므로 불필요하게 되었다.

▶ 연천등기소 전경 (연천읍소재)

| 등기신청서류 | 부 본(제2묶음) |
|---|---|
| 1. 등기신청서 갑지 | 1. 판결정본(검인) - 원본 |
| 2. 등기신청서 을지 | 2. 농지취득자격증명원 |
| 3. 위임장 | |
| 4. 판결정본(검인) -사본可 | |
| 5. 확정증명원 | |
| 6. 주민등록등(초)본 1통 | |
| 7. 토지(임야)대장등본 - 집합건물은 대지권등록부 추가 | |
| 8. 건축물대장(해당하는 경우) - 집합건물은 전유부, 표제부 | |
| 9. 농지취득자격증명원(해당하는 경우) | |

## 2. 거쳐야할 기관

### ☞ 구청에서 할 일

① 판결정본을 포함하여 판결서 3부내지 5부4)를 준비하여 부동산소재지 구(군)청 지적과 검인창구에 제출하면 2부를 제한 나머지를 검인한 후 발부해주고 있다.5)
② 검인 후, 구(군)청 세무과의 취득세 자진납부 창구에 가서 검인받은 판결서(사본) 1통을 건네고 담당자로부터 취득세 납부고지서를 수령한다.
③ 취득세납부고지서(OCR)에는 건물과 토지의 각 시가표준액이 고지되어 있는데 이를 통하여 정확한 국민주택채권 매입액을 계산하도록 한다.
④ 취득세납부고지서에 따라 당해 금액을 금융기관에 납부하고 그 납부영수필(등기소보관용과 관청통보용)을 등기신청서 갑지 뒷면 혹은 간지에 호치킷이나 풀로 살짝 붙이도록 한다.

### ☞ 은행에서 할 일

① 매매를 원인을 하는 판결에 의해 소유권이전 등기신청시 토지 건물의 각 시가표준액 500만 원 이상인 경우에(증여인 경우는 1,000만 원 이상) 국민주택채권 취급은행에서 국민주택채권을 매입한 후(실무상 실물 채권은 매입은 않고 할인료부담만으로 주로 처리) 채권발행번호가 기재된 '영수증'을 받아 채권발행번호를 등기신청서에 기재하여야 한다.
　　국민주택채권은 취급은행6) 어느 지점에서든 매입이 가능하다.

---

4) 2개 이상의 시·군·구에 있는 수개의 부동산의 소유권이전을 내용으로 하는 계약서 등을 검인받고자 하는 경우에는 시·군·구의 수에 1을 더한 수의 사본을 제출하는 것이 원칙이지만, 실무적으로 이를 조사하지는 않고 신청인이 원하는 만큼 검인을 해주고 있다.
5) 소유권이전청구소송의 원인관계가 매매일지라도 이는 공부법에 의한 실거래가 신고대상이 아니다. 따라서 판결에 의한 소유권이전등기신청 전에 판결문에 검인을 받아야 한다.
6) 2020. 1. 1. 현재 현금수납은행
  : 농협은행, 국민은행, 신한은행, 우리은행, 하나은행, 기업은행, SC은행, 경남은행, 광주은행, 대구은행, 부산은행, 전북은행 등 12개.

② 등기비용의 절감차원에서 은행은 즉시매도를 원할시 일정 할인료(약 10%, 할인료는 매일 변동되므로 은행에 문의)만 부담시켜 '채권발행번호'가 기재된 영수증을 발부해 주고 있다.

## ☞ 등기소에서 할 일

### 가. 등기신청서제출

① 등기신청수수료는 부동산 갯수당 15,000원이며, 현금납부한다. 현금수납방식은 (a) 법원행정처장이 지정하는 취급 은행에서 아래 '현금납부서'에 의한 납부를 하거나, (b) 인터넷등기소(www.iros.go.kr)를 이용하여 전자적인 방법(신용카드, 계좌이체, 선불형 지급수단)으로 납부하거나, (c) 무인발급기에서 현금으로 납부하는 방식이다. 납부 후 발급받은 '영수필확인서'를 등기신청서 을지에 첨부하여야 하며, 등기신청서(을지)에는 은행수납번호(납부번호)를 기재하여야 한다.

> **注意 | 판결시 '인지'의 첨부여부**
> 매매를 원인으로 하는 소유권이전등기의 절차이행을 명하는 확정판결을 받은 후 판결문을 등기원인서면으로 첨부하여 소유권 이전등기를 신청하는 경우에는 인지를 첨부할 필요가 없다(선례V-931).

② 등기신청서를 제출하는 사람은 신분증을 지참하고 관할 등기소 서무계에 가서 제출한다.

③ 등기소, 법원의 업무시간은 오전 9:00에서 오후 6:00까지이다.

### 나. 등기필정보 수령하기

▶ 보정이 내린 경우 등기소 내 보정함을 찾아가 확인한다.

① 등기관은 접수 → 조사 → 기입 → 교합의 과정을 거쳐 등기가 완료된 때에는 등기완료의 증명서라고 할 등기필정보를 작성하여 특별한 사정이 있는 경우를 제외하고는 접수시로부터 24시간 이내에 등기권리자에게 교부하게 되어 있다. 교합완료를 확인하

면 등기필정보를 수령하도록 한다.

만일 보정이 내린 경우7)에는 등기소를 방문하여 보정함을 찾아 확인한다. 등기완료 후 등기필정보를 수령할 때 원인증서인 판결정본도 반환받도록 한다.

② 해당 부동산의 등기부등본을 발급 신청해서 확인했을 때 매수인 명의로 등기되어 있다면 소유권이전등기가 제대로 끝난 것이다.

등기부등본의 1통당 수수료는 무인자동발매기에 의해 발급받을 경우 1통에 1,000원이며 등기공무원에게서 발급받는 경우는 1,200원이고, 인터넷을 통한 등기부의 열람은 1등기용지에 관하여 700원이다(등기부등초본수수료규칙 제3조 제2항).

---

7) 인터넷등기소를 통하여 확인하거나 전화로 문의할 수 있다. 각 등기관은 지역별로 업무를 배분담당한다.

# 경락에 의한 소유권이전등기

**제1절** 경락에 의한 등기촉탁신청 • 261

**제2절** 등기신청서 작성례 • 265

**제3절** 법원에 접수하기 • 270

# 제 7 장
# 경락에 의한 소유권이전등기

## 제1절 경락에 의한 등기촉탁신청

* 경매사건 전체진행표

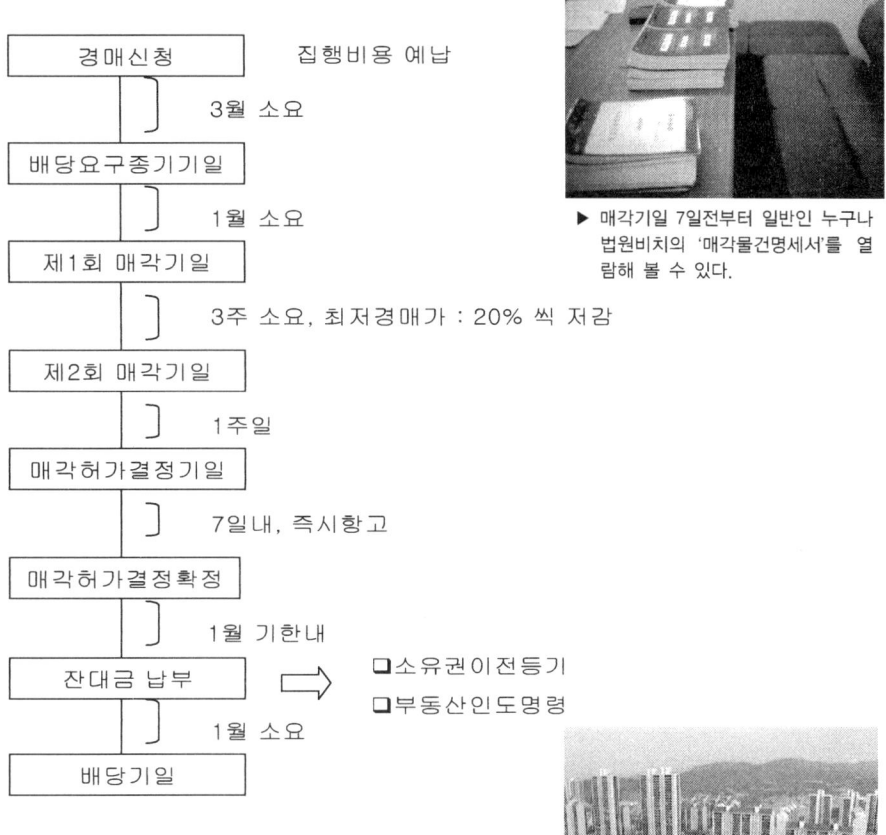

▶ 매각기일 7일전부터 일반인 누구나 법원비치의 '매각물건명세서'를 열람해 볼 수 있다.

```
경매신청         집행비용 예납
  │
  │  3월 소요
  │
배당요구종기기일
  │
  │  1월 소요
  │
제1회 매각기일
  │
  │  3주 소요, 최저경매가 : 20% 씩 저감
  │
제2회 매각기일
  │
  │  1주일
  │
매각허가결정기일
  │
  │  7일내, 즉시항고
  │
매각허가결정확정
  │
  │  1월 기한내
  │
잔대금 납부  ⇒  □ 소유권이전등기
  │              □ 부동산인도명령
  │  1월 소요
  │
배당기일
```

## 1. 경락등기 촉탁신청

경락(매각)을 원인으로 경락인에 의한 소유권이전등기 촉탁신청이 있는 경우 경매법원은 관할 등기소에 등기를 촉탁하는 절차에 의해 소유권이전등기를 하게 된다.

즉, 경락인의 신청에 의하여 법원은 경락(매각)허가결정정본 등을 첨부하여 배당실시와는 관계없이 ⓐ 경락인에로의 소유권이전등기, ⓑ 경락인이 인수 하지 아니하는 권리의 말소등기, ⓒ 경매개시결정등기의 말소등기를[1] 관할 등기소 공무원에게 촉탁한다.

## 2. 말소기준권리

경매대상 부동산을 낙찰받은 자는 낙찰대금 완납과 함께 그 부동산의 소유권을 취득하게 된다. 소유권이전등기를 하는 과정에서 경매부동산의 등기부상의 권리들 중 어떤 권리들은 말소촉탁등기의 대상이 되어 등기부상에서 말소되는 것들이 있는가 하면, 어떤 권리들은 말소촉탁의 대상이 되지 않고 낙찰자에게 소유권이전등기가 되었음에도 불구하고, 등기부상에 계속남아 있어서 낙찰자의 인수부담으로 되는 권리들도 있다.

이와 같이 말소와 인수의 기준이 되는 권리를 '말소기준권리'라고 한다. 말소기준권리가 될 수 있는 권리들은 (가)압류, (근)저당, 담보가등기, 배당요구한 전세권, 강제경매개시결정

---

[1] <말소촉탁 등기의 대상>
  가. **경매개시결정등기** : 임의경매에 의하든 강제경매에 의하든 그 경매신청에 따른 결정등기는 말소대상임.
  나. **저당권등기** : 저당권은 선순위라도 낙찰로 인하여 무조건 말소대상이 된다.
  다. **국세체납의 의한 압류등기** : 모든 압류등기는 말소대상임.
  라. **가압류등기** : ① 경매개시결정 당시 소유자로 소유권이전등기가 된 이후의 모든 가압류등기는 말소대상임, ② 경매개시결정당시 소유자로 소유권이전등기가 되기 이전의 가압류등기, 즉 가압류등기 후 소유권이 이전되어 현 소유자의 채권자(저당권자포함)가 경매신청을 하여 경락이 된 경우 종래 前소유자에 대한 가압류는 말소할 수 없는 것으로 처리하였으나, 현재 실무는 가압류를 말소하고 다만 가압류권자에게 먼저 배당을 해주고 남은 금원을 현소유자의 채권자에게 배당해주고 있다.
  마. **가처분등기, 가등기** : 경매개시결정등기 이전에 한 것은 더 선순위의 (근)저당권이 있는 경우에만 말소 (단, 담보가등기는 모두 말소).- 다만, 토지소유자가 그 지상 건물소유자에 대한 건물철거, 토지인도청구권을 보전하기 위하여 건물에 대한 처분금지가처분을 한 때에는 처분금지가처분 등기가 건물에 대한 강제경매신청 또는 담보권설정등기 이후에 이루어졌어도 낙찰로 인하여 말소 되지 않는다.
  바. **전세권, 등기된임차권, 지상권, 지역권** : 저당권·(가)압류채권에 대항할 수 없는 경우에는 매각으로 소멸한다(민집법 제91조).
  아. **소유권이전등기** : 경매개시결정등기 이후에 한 소유권이전등기는 말소대상임.
  자. **예고등기** : 말소대상이 아님, 단 2011. 10. 13. 예고등기 폐지됨.

등기가 있다.

> **│유의사항│**
> ❖ 말소기준권리가 될 수 있는 권리들
>   1. 압류, 가압류
>   2. 경매개시결정등기
>   3. 저당권, 근저당권
>   4. 담보가등기
>   5. 위의 권리보다 앞선 선순위 '전세권'으로서 경매를 신청하거나, 배당요구를 한 경우

 민사집행법은 담보물권에 대하여는 소제주의, 용익물권에 대하여는 '인수주의'를 취한다. 매수인이 인수하지 아니한 부동산 위의 부담으로서 매수인에게 대항할 수 없는 모든 권리는 말소된다.

 이것이 '낙찰자가 부담하지 아니한 등기상의 권리는 모두 말소된다'는 민사집행법상의 '소제주의'이다. 소제주의에 해당되는 권리는 경락으로 인하여 모두 소멸되므로 말소촉탁의 대상이 되며 이들의 권리는 부동산의 매각 대금에서 배당이 이루어진다.

> **│유의사항│**
> ❖ 인수되는 권리들
>   1. 유치권
>   2. 말소기준권리(저당권, 가압류 등)보다 앞선 일자로 설정된 용익물권 (전세권, 지상권, 지역권)
>   3. 말소기준권리보다 앞선일자로 설정되어있는 가처분, 소유권이전청구권보전가등기, 환매권등기
>   4. 말소기준권리보다 앞선일자로 대항력 (임대차계약 + 주택의 점유 + 주민등록전입신고)을 갖춘 임차인
>      ※ 단 배당요구종기때까지 배당요구하여 실제 전액을 배당받았다면 소멸될 권리가 됨
>   5. 법정지상권

※ 주택임대차보호법의 주요내용

○ 입찰자는 말소기준권리에 앞서는 인수되는 권리가 있는가의 유무를 잘 살펴야 할 것이다.

## 3. 경락인의 매각대금납부와 소유권취득

경매가 실시되어 경락허가결정이 확정되고 경락인이 경락 잔대금을 완납하면 그때에 경락인(매수인)은 목적부동산의 소유권을 취득하게 된다(민사집행법 제135조).

경락으로 인한 소유권 취득은 소유권이전등기를 요하지 아니하나(민법 제187조) 경락인이 그 부동산을 처분하기 위해서는 등기를 해야 하는 것이다.

## 4. 촉탁하여야 할 등기

경락인(매수인)이 매각대금을 완납한 경우에는 법원은 경락허가결정등본을 첨부하여 경락인 앞으로의 소유권이전등기와 말소기준권리 이후의 권리들에 대한 말소 및 경매신청등기의 말소를 촉탁하도록 규정하고 있다(민사집행법 제144조 제1항).

## 5. 촉탁의 시기

경락인(매수인)이 매각대금을 완납한 경우에는 법원은 경락허가 결정등본만을 첨부하여 촉탁하도록 규정하여 배당 실시 전에 촉탁하도록 하였다.

그러나 소유권이전등기 등을 촉탁하기 위하여는 촉탁서에 경락허가결정정본 외에 주민등록등본 등을 첨부하여야 할 뿐만 아니라 취득세를 납부하여야하고, 국민주택채권발행번호를 기재하여야 하고, 이러한 등기에 관한 제비용은 경락인(매수인)이 부담하므로 법원은 실제로는 경락인이 위 서류 등을 제출하여 등기촉탁의 신청을 한 경우에 촉탁을 하게 된다.

## 제2절 등기신청서 작성례

소유권이전등기 촉탁신청서

사　　　건 : 2020타경1234　부동산강제경매
채 권 자 : 고철근
　　　　　　서울 광진구 천호대로130길 20, 씨동203호(구의동, 리치빌벽담)
　　　　　　☎ 010-2521-3944
채 무 자 : 정지애
　　　　　　경기도 구리시 동구릉로151, 202동 1701호(인창동, 건영아파트)
소 유 자 : 정지애
　　　　　　위 채무자와 같은 주소
낙 찰 자 : 이재민 (601128-1239218)
(매 수 인)　경기도 고양시 일산동구 강내길12, 115동 1701호(성석동)

　위 당사자들간 귀원 2020타경1234호 부동산 강제경매 사건에 관하여, 낙찰자는 경락대금을 2020년 6월 7일 완납하였는 바, 별지 경락 부동산에 대한 소유권이전등기 및 말소등기를 촉탁하여 주시기 바랍니다.

첨　부　서　류

1. 별지목록
2. 말소할 등기의 표시
3. 취득세 및 채권산출내역서
4. 취득세납세 영수필통지서
5. 채권발행영수증 (발행번호 : 6947-10-0400-0503)
6. 주민등록등(초)본　　　　　　　　1통

7. 토지(임야)대장                    1 통2)
8. 건축물 관리대장                   1 통
9. 부동산등기부등본                 1 통

202○.  6.  .

위 낙찰자   이 재 민 (인)

**서울북부지방법원  경매4계   귀중**

### 접수방법

○ 납부한 비용 중 「취득세 납세영수필확인서」와 「등기신청수수료 납부서」는 신청서 첫 장의 뒷면 여백에 호치킷으로 부착시킨다. 등기신청수수료 납부서에 기재된 은행 납부번호를 기재한다. 한편 채권관련하여 국민주택채권은 발행번호를 기재한다.
○ 위 촉탁서를 법원 경매접수처에 제출한다.
○ 금융대출을 받아 위 신청서 제출 후 근저당설정등기신청도 하여야 하는 경우 담당경매에 요청하여 같은 날 소유권이전등기가 촉탁될 수 있도록 하여야 한다.

## 별 지 목 록3)

1동의 건물의 표시 : 서울특별시 동대문구 이문동 142
　　　　　　　　　새서울아파트 103동
　　　　　　　　　[도로명주소] 서울특별시 동대문구 이문로32길 20
전유부분의 건물의 표시
　 건물의 번호 : 103-11-1123
　 구　　　  조 : 철근콘크리트조
　 면　　　  적 : 11층 1123호 87.89㎡
대지권의 표시
　 토지의  표시 : 1. 서울특별시 동대문구 이문동 142 대 1902.3㎡
　 대지권의종류 : 1. 소유권대지권
　 대지권의비율 :    1902.3분의 40

---

2) 토지대장등본이 첨부된 경우 별도로 개별공시지가확인원을 첨부할 필요가 없다.

## 말 소 할 등 기[4]

가압류
   1. 2012년 4월 13일 접수 12503호 (2012 카단 12106)
   2. 2012년 5월 6일 접수 15478호 (2012 카단 38009)
   3. 2013년 1월 11일 접수 585호 (2012 카단 24333)

압 류
   4. 2010년 2월 11일 접수 3995호
   5. 2011년 9월 30일 접수 37271호
   6. 2012년 1월 8일 접수 676호

강제경매신청
   7. 2014년 7월 24일 접수 16784호 (2014 타경 1234)

근저당권설정
   8. 2010년 11월 29일 접수 61967호

- 이 상 -

---

[3] 경락받은 부동산의 표시이다. 그 표시례는 매매에 의한 소유권이전등기 참조.
[4] 말소할 등기의 수에 따라 각 등기신청수수료 3,000원과, 등록면허세 및 교육세 건당 7,200원의 비용이 소요된다.

## 취득세 및 채권산출 내역서

1. 낙 찰 대 금    100,000,000원정
1. 취 득 세 금    1,300,000원정[5]
   (교육세, 농특세포함)   ※ 세율 : 1.3% (6억 이하, 85㎡초과) × 취득가격

1. 말소등기 등록면허세[6] : 57,600원(= 7,200원 × 8건 )
1. 등기신청수수료 : 62,000원(= 15,000원 + 3,000 × 8건)[7]
   (은행납부번호 : 14-11-0087654-3)

1. 공동주택의 주택공시가
   주택공시가 :   금 50,884,500원[8] (서울, 19/1000적용하면)
   채     권 :   금    966,805원
   ------------------------------------------------
   위 채권총액 :    금  970,000원
   (채권발행번호 : 6947-10-0400-0503)

---

[5] 주택인 경우는 주택해당의 세율이 적용된다.
   종래 판례(2008. 1. 17. 선고 2007두11139)를 들어 원칙적 세율인 2%가 적용된다는 견해를 취하였으나, 주거용 주택이라면 감면된 세율이 적용됨에 유의한다.
[6] 말소등록면허세 : 2014. 1. 1.부터 종래 3,000원에서 6,000원으로 증액되었다. 지방교육세는 등록면허세액의 20%이므로 1,200원이다. 따라서 말소등기관련 등록면허세 총액은 부동산갯수당 7,200원이 된다.
[7] 등기신청수수료는 소유권이전 15,000원, 말소1건당 3,000원이다.
[8] '주택공시가'는 부동산소재지 관할 시·군·구청 세무과에 문의하거나, 혹은 국토해양부 홈페이지 (www.realtyprice.go.kr)에서 확인할 수 있다.

# 낙 찰 대 금 완 납 증 명 원[9]

사　　건 : 202○타경1234호 부동산 강제경매
채 권 자 : 고철근
채 무 자 : 정지애
소 유 자 : 이재민
낙 찰 자 : 이재민

　위 당사자간 위 사건에 관하여 경락인(낙찰인)은 별지목록 부동산을 금 100,000,000원에 낙찰받아 그 대금 전부를 202○년 6월 7일 납부하였음을 증명하여 주시기 바랍니다.

202○. 6. .
낙찰자 : 이 재 민　(인)

**서울북부지방법원　경매 4계　귀중**

**접수방법**

○ 완납증명원 2부를 준비하여 담당 경매계로부터 증명을 받는다.
○ 1부는 법원보관용이고, 1부는 발부받는 증명이다. 비용은 인지 500원.

---

[9] '낙찰대금완납증명원'은 경락인이 시/군/구청에서 취득세납부서등을 발급받을 때 소명서류로 필요하다.

## 제3절 법원에 접수하기

### 1. 신청서 꾸미기

* 경락에 의한 소유권이전등기촉탁신청서는 3부분으로 나뉜다.
  즉 3개 철(묶음)을 해야 하는 경우임.
  1철  법원제출용
  2철  등기소 송부용
  3철  부본

※ 위 외에 '세무서통보용 부본'과 '대관소관청통보용 부본'이 필요하지만, 2006. 7. 1.부터 등기소가 세무서, 지적소관청간 전산정보처리 시스템에 의한 자료송부가 가능하게 되었으므로 불필요하게 되었다.

#### 제 1 철  법원 제출용

1. 경락에 의한 소유권이전등기 촉탁신청서
2. 별지목록 (부동산의 표시)
3. 말소할 등기의 표시
4. 취득세 및 채권산출내역서 (채권발행번호기재)
5. 낙찰자의 주민등록등(초)본 사본
6. 토지(임야)대장(집합건물은 대지권등록부 추가)
   및 건축물대장등본(집합건물은 전유부, 표제부)
7. 부동산등기부등본          사본
8. 위임장

#### 제 2 철  등기소 송부용

1. 별지목록 (부동산의 표시)
2. 말소할 등기의 표시

3. 취득세 및 채권산출내역서
4. 주민등록등(초)본
5. 토지(임야)대장(집합건물은 대지권등록부 추가)
   및 건축물대장등본(집합건물은 전유부, 표제부)

※ 이 철은 등기소 보관용이 되므로 '원본'이 원칙이다.
  위 아래 나머지 철들은 사본으로 가능하다.

### 제 3 철  부 본(3부)

1. 별지목록 (부동산의 표시)
2. 말소할 등기의 표시

## 2. 거쳐야할 기관

### ☞ 구청에서 할 일

가. 준비할 서류

> 준비 : a. 낙찰대금완납증명원
>        b. 취득세액신고서(구청에 비치되있음)

나. 취득세납부서 발급절차

① 구(군)청 세무과의 취득세 자진납부 창구에 가서 '낙찰대금완납증명원 사본'을 제시하고 담당자로부터 취득세 납부고지서를 수령한다.

② 취득세납부고지서(OCR)는 부동산 소재지 구(군)청에서 발부받는다. 각 구(군)청에 비치된 취득세액신고서에 기본적인 인적사항과 경락대금 정도만 기재하면 취득세납부고지서를 발급받을 수 있다.

③ 취득세는 어느 은행에든 납부할 수 있고, 그 납부영수필(등기소보관용과 관청통보용)을 간지에 첨부하면 된다. 주택의 시가표준액은 경락대금이 되므로 이를 기준금액으로 하여 취득세가 산출된다.

### ※ 낙찰에 의한 이전등기시 취득세율

| | | | | | |
|---|---|---|---|---|---|
| ■ 상가, 사무실<br>■ 토지(농지제외) | | | 가액의 40/1,000<br>( = ① 등 록 면 허 세<br>20/1000+<br>　②취득세20/1000) | 교육세 4/1000<br>(=① × 20%) | 4.6%<br>=46/1000 |
| | | | | 농특세 2/1000<br>(=② × 10%) | |
| 주<br>택 | 6억 이하 | 85㎡이하[10] | 가액의 10/1,000<br>= 취득세 1%<br>(①등록면허세 5/1000) | 교육세 1/1000<br>(=① × 20%) | 1.1%<br>=11/1000 |
| | | | | 농특세 : 0 (비과세) | |
| | | 85㎡초과 | 가액의 10/1,000<br>= 취득세 1%<br>(①등록면허세 5/1000) | 교육세 1/1000<br>(=① × 20%) | 1.3%<br>=13/1000 |
| | | | | 농특세 2/1000<br>(원래취득세20/1000×10%) | |
| | 6억 초과<br>｜<br>9억 이하 | 85㎡이하 | 가액의 20/1,000<br>= 취득세 2%<br>(①등록면허세10/1000) | 교육세 2/1000<br>(=① × 20%) | 2.2%<br>=22/1000 |
| | | | | 농특세 : 0 (비과세) | |
| | | 85㎡초과 | 가액의 20/1,000<br>= 취득세 2%<br>(①등록면허세10/1000) | 교육세 2/1000<br>(=① × 20%) | 2.4%<br>=24/1000 |
| | | | | 농특세 2/1000<br>(원래취득세20/1000×10%) | |
| | 9억 초과 | 85㎡이하 | 가액의 30/1,000<br>= 취득세 3%<br>(①등록면허세15/1000) | 교육세 3/1000<br>(=① × 20%) | 3.3%<br>=33/1000 |
| | | | | 농특세 : 0 (비과세) | |
| | | 85㎡초과 | 가액의 30/1,000<br>= 취득세 3%<br>(①등록면허세15/1000) | 교육세 3/1000<br>(=① × 20%) | 3.5%<br>=36.5/1000 |
| | | | | 농특세 2/1000<br>(원래취득세20/1000×10%) | |

---

10) 농어촌특별세법 제4조 제11호에 따라 농특세 '비과세' 대상인 '국민주택'(주택법 제2조 제3호)은 주거전용면적 85㎡이하인 주택 또는 도시지역 아닌 읍·면지역은 주거전용면적이 100㎡이하를 말한다.

※ **주택의 취득세율 강화**  아래 취득세율 : 적용시점 **2020. 8. 12. 시행**  (지방세법 13조의2)

| 구 분 | | 주택 수 | 조정대상지역[11] | 비조정대상지역 |
|---|---|---|---|---|
| 개인 | | 1주택 | 위 가액에 따른 기본세율(1~3%) | |
| | | 2주택 | 8% | 기본세율(1~3%) |
| | | 3주택 | 12% | 8% |
| | | 4주택이상 | 12% | 12% |
| 법인 | | | 12% | |
| 증여취득 | | 조정대상지역내 공시가 3억 이상 주택이면 : 12% | | |

1. 조정대상지역 지정일 이전에 매매계약을 체결한 경우 비조정대상지역 취득세율 적용
2. **취득세 중과세 예외 주택** – 공시가 1억 이하 주택, 공공주택사업자, 노인복지주택, 가정어린이집, 주택시공자가 공사대금으로 받은 미분양주택, 저당권 실행으로 취득한 주택, 사원용 주택
   농어촌주택(=토지 660㎡내 + 건물 150㎡내 + 건물공시가 6,500만 원내)
3. **주택수는 세대별로 판단**
   ① 동일세대로 판단 – 주민등록상 가족(동거인제외), 단, 배우자 및 미혼인 30세 미만 자녀는 주소가 달라도 1세대.
   ② 자녀가 65세 이상 부모를 동거봉양하기 위해 합가한 경우 별도 세대로 본다.
   ③ 세대전원이 90일 이상 출국하는 경우로서 출국 후 속할 거주지를 다른 가족의 주소로 신고한 경우
4. **주택수 계산방법**
   ① 지분도 주택수 포함, 단 동일세대 공동소유는 1주택으로 봄
   ② 주택 부속토지만 소유하거나 취득해도 주택 수 포함
   ③ 신탁주택은 위탁자 주택 수에 가산한다.
   ④ 상속개시일로부터 5년 내 주택은 주택 수에서 제외한다.
   ⑤ 공동상속주택 – 지분이 가장 큰 상속인 소유로, 단 지분동일하면 '해당주택거주자'와 '최연장자' 순으로 판단.
   ⑥ 법시행(2020. 8. 12.) 이후 취득하는 조합원입주권, 주택분양권, 주거용오피스텔(: 취득 시점에는 용도가 확정되지 않으므로 상가취득세율 4%적용)은 포함한다.
5. **일시적 2주택자 취득세 중과 배제**
   ① 국내에 주택, 조합원입주권, 주택분양권 또는 오피스텔을 1개 소유한 1세대가 이사·학업·취업·직장이전 및 이와 유사한 사유로 신규주택을 추가로 취득한 후 <u>3년</u> 이내에 종전주택을 처분하는 경우 중과세하지 않는다.
   * 종전주택 등과 신규주택 모두 조정대상지역에 있는 경우에는 <u>1년</u>
   ② 신규주택 취득시 우선 1주택 세율(1~3%)로 신고 납부한다.
     다만 종전주택을 처분기간내 처분하지 않는 경우 2주택에 대한 세율(8%)과의 차액이 추징됨(가산세포함)
   ③ 종전주택 또는 신규주택이 조합원입주권·분양권인 경우
   : 입주권·분양권에 의하여 주택을 취득(잔금)한 날부터 일시적 2주택 기간(3년 또는 1년)을 기산한다.
     처분기간내 종전주택이 아닌 신규주택을 처분하여도 중과세 배제한다.

---

[11] 조정대상지역의 지정, 해제 등 공고(국토교통부)는 「국가법령정보센타」 > 조정대상지역에서 확인.

| 조정대상지역 (2020. 6. 19) | |
|---|---|
| 서울 | 25개구 전지역 |
| 경기 | 과천, 광명, 성남, 고양, 남양주(화도, 수동, 조안면 제외), 하남, 동탄2택지, 구리, |

다. 말소 등록면허세

말소등기에 대한 등록면허세(지방교육세포함)는 말소할 등기 갯수당 7,200원(2014. 1. 1.자 종전 3,600원에서 증액)으로 계산하여 납부하되, 구청에서 발부한 등록면허세납부서외에도 정액등록면허세납부서12)로 납부할 수도 있다.

라. 등기·등록 관서명

정액등록면허세 납부서 기재란중 '등기·등록관서명'란이 있는데, 여기에는 부동산소재지를 관할하는 등기소의 명칭을 적어주면 된다. 예를 들어, 동대문구 청량리동에 소재한 부동산이라면 그 등기관서가 동대문등기소이므로 '동대문등기소'라 기재한다.

☞ 은행에서 할 일

경락인은 부동산매입시 주택의 경우 아래의 기준표와 같이 각 시가표준액 2,000만 원 이상인 경우에 국민주택채권을 매입한 후 채권발행번호를 등기신청서에 기재해야한다.
국민주택채권은 취급은행13) 어느 지점에서든 매입이 가능하다. 이하 '제3장 매매에 의한 소유권이전등기' 참조.

|  | |
|---|---|
|  | 안양, 광교택지, 수원, 용인(수지, 기흥, 처인), 의왕, 군포, 안성(일죽, 죽산, 삼죽면 제외), 부천, 안산, 오산, 평택, 광주(초월등 제외), 양주, 의정부 |
| 인천 | 중구, 동구, 미추홀구, 연수구, 남동구, 부평구, 계양구, 서구 |
| 대전 | 중구, 동구, 서구 유성구, 대덕구 / 세종특별자치시 |
| 충북 | 청주시 (낭성면등 11개면 제외) |

12) 정액등록면허세 납부고지서는 누구든 인터넷등기소(www.iros.go.kr)에서 일정 사항의 입력 후 출력을 하여 가까운 금융기관에 납부할 수 있다. 부동산소재지 시군구 관내에서는 시중은행, 다른 관내의 경우 우체국, 농협에서 납부한다.

13) 2020. 1. 1. 현재 현금수납은행
: 농협은행, 국민은행, 신한은행, 우리은행, 하나은행, 기업은행, SC은행, 경남은행, 광주은행, 대구은행, 부산은행, 전북은행 등 12개.

## ☞ 법원에서 할 일

### 가. 등기촉탁신청서제출

① 등기신청수수료(소유권이전은 15,000원, 말소는 3,000원)를 현금납부한다. 납부방법은 취급 은행에서 현금납부하거나 인터넷등기소에서 전자납부하거나, 등기소에 설치된 무인발급기에서 현금납부 할 수 있다. 납부 후 영수필확인서를 신청서 뒷면에 호치킷으로 부착하고 신청서에는 은행 납부번호를 기재하여야 한다.

※ 인지는 없음
　※ 등기소로 촉탁시 소정의 송달료비용(우표 2회분: 4,880원 x 2회분)이 있을 수 있다.

② 등기소, 법원의 업무시간은 오전 9:00에서 오후 6:00까지이다. 등기필증을 언제 수령 가능한지 시간대를 묻도록 한다.

### 나. 대출과 관련한 유의사항

① 민사집행법 제144조 제2항 「매각대금을 지급할 때까지 매수인과 부동산을 담보로 제공받으려고 하는 사람이 대법원규칙으로 정하는 바에 따라 공동으로 신청한 경우, 제1항의 촉탁(등기촉탁)은 등기신청의 대리를 업으로 할 수 있는 사람(법무사 또는 변호사)으로서 신청인이 지정하는 사람에게 촉탁서를 교부하여 등기소에 제출하도록 하는 방법으로 하여야 한다. 이 경우 신청인이 지정하는 사람은 지체 없이 그 촉탁서를 등기소에 제출하여야 한다.」고 규정하고 있다.

　이는 대출을 받는 매수인 명의의 소유권이전등기를 촉탁하기 이전에는 매각대금 중 잔금 대출을 위한 (근)저당권설정등기를 할 수 없는 현실에서, 대출 금융기관은 당일 소유권이전등기 및 저당권 등기를 마칠 것을 전제로 대출을 하고 있기 때문에 관행적으로 있어왔던 경매담당 직원과의 청탁을 없애고, 등기촉탁 전에 안심하고 잔대금 대출을 할 수 있도록 마련된 제도로 2010. 10. 24.부터 시행되었다.

② 우선은 종전처럼 "낙찰에 의한 등기신청서"를 제출할 수 있다. 이후 개별로 근저당설정등기신청도 원칙상 가능하다(그러나 이 경우 어느날 소유권이전등기촉탁이 있을런지는 담당 경매계의 임의적 사항이다). 다만 소유권이전등기와 근저당설정등기의 동시

신청이 있는 경우, 등기촉탁서를 법무사(또는 변호사)가 직접 관할 등기소에 제출할 수 있게 된 것이다(기존에는 등기촉탁서를 법무사에게 주지 않았음).

③ 구체적으로는 매수인(낙찰인)과 근저당권자가 어느 법무사 또는 변호사를 지정하여 '등기촉탁 공동신청 및 지정서'를 작성한 후 이를 등기신청서와 함께 경매법원에 제출한다.
담당 경매계에서는 '등기촉탁서와 지정확인서'를 법무사(변호사)에게 건네 주면서, 법무사로부터 '영수증'을 징구한다. 이후 등기소에서는 위 '등기촉탁서와 지정확인서' 및 등록면허세, 채권납부 등 비용의 납부확인 및 설정등기신청서의 등기접수를 받는다.

[서식] 등기촉탁 공동신청 및 지정서

## 등기촉탁 공동신청 및 지정서

사　　건　 202○타경3453　부동산임의경매
채 권 자　 최고봉
채 무 자　 홍길동
소 유 자　 홍길동

　위 경매사건에 관하여, 신청인(매수인) 최고봉과 신청인 수산업협동조합중앙회 별지목록 기재 부동산에 관하여 (근)저당권설정계약을 체결하였으므로 민사집행법 제144조 제2항에 따라 신청인들이 지정하는 아래의 자에게 촉탁서를 교부하여 주시기 바랍니다.

아　　래

* 신청인이 지정하는 자의 표시
　성명 및 자격 : 법무사 이석호
　　　　　　　 금천구 가산동 60-11 스타밸리 207호 석호법무사사무소
　　　　　　　 연락처: 02) 2027-0663

첨 부 서 류

1. 저당권자 법인등기부등본　　　1부
2. 근저당설정 계약서 사본　　　　1부
3. 피지정자의 자격 증명 사본　　 1부

4. 부동산소유권이전등기 촉탁 관련 서류 일체

                        202○. 3. .

매 수 인 : 노승원   (인)
             경기도 의정부시 신촌로45, 203호(가능동)
근저당권자 : 서천군수산업협동조합  (인)
             충남 서천군 장항읍 장항로32
             대표자 이사장 김믿음
신청인들대리인 :

### 의정부지방법원 경매 3계  귀중

**접수방법**

1. 대리인이 신청할 경우에는 매수인, 근저당권자, 대리인 모두 신청서에 날인하여야 한다.
2. 대출상담후 은행측으로부터 위 지정서 날인을 받아두었다가, 소유권이전등기촉탁서류가 완비되면, 위 신청서를 맨 상단에 놓고 담당 경매계에 제출한다.

[서식] 등기촉탁서 수령 영수증

# 영 수 증

사    건    202○타경3453  부동산임의경매
채 권 자    최고봉
채 무 자    홍길동
소 유 자    홍길동

위 경매사건의 별지목록 기재의 부동산에 관하여, 민사집행법 제144조 제2항의 규정에 기하여 신청인이 지정하는 자로서, 등기촉탁서를 영수하였고 위 서류를 지체 없이 등기소에 제출하겠습니다.

                      202○. 3. 15.
               피지정자 법무사 이석호  (인)

금천구 가산동 60-11 스타밸리 207호
(석호법무사사무소)
연락처: 02) 2027-0663

**의정부지방법원 경매 3계 귀중**

> **접수방법**
>
> 1. 등기촉탁 피지정 법무사(변호사)는 '등기촉탁공동신청 및 지정서'를 제출하면서 영수증을 담당 경매계에 제시한다.
> 2. 이후 담당경매계로부터 '피지정자확인서'를 발부받는다.

**[서식] 피지정자 확인서**

## 피지정자 확인서
(등기소 제출용)

사　건　　202○타경3453　부동산임의경매
채 권 자　　최고봉
채 무 자　　홍길동
소 유 자　　홍길동

　아래의 자는 위 경매사건의 별지목록 기재 부동산에 관하여 민사집행법 제144조 제2항에 따른 '신청인이 지정하는 자'로서 등기과(소)에 접수하기 위하여 등기촉탁서를 교부받은 자임을 확인합니다.

아　래

자격 및 성명 : 법무사 이석호
　　　　　　　금천구 가산동 60-11 스타밸리 207호

202○. 3. 15.

**의정부지방법원　경매 3계 참여관 박무관　(직인)**

> **접수방법**
> 1. 발부받은 위 피지정자확인서는 담당경매계로부터 받은 등기촉탁서에 함께 등기소에 제출한다.
> 2. 별도로 근저당권설정등기신청서를 준비하여 위 등기촉탁서와 함께 동시접수하도록 한다.

### 다. 등기필정보 수령하기

등기필정보는 등기신청한지 2주 정도 경과하여 법원 경매를 방문하면 수령할 수 있다. 해당 부동산의 등기부등본을 신청해서 확인했을 때 매수인 명의로 등기되어 있다면 소유권이전등기가 제대로 끝난 것이다.

# 저당권 설정·이전·변경등기

**제1절** 저당권설정등기 • 283

**제2절** 등기신청 작성례 • 286

**제3절** 등기신청서 작성방법 • 288

**제4절** 관련 서식례 • 293

**제5절** 저당권의 이전등기 • 296

**제6절** 저당권의 변경등기(채무자변경) • 299

**제7절** 등기소 가기 • 302

# 제 8 장
# 저당권 설정·이전·변경등기

## 제 1 절 저당권설정등기

### 1. 의 의

저당권이라 함은 채무자 또는 제3자가 채무의 담보로 제공한 부동산에 대해 만일 채무의 변제가 없는 경우에 그 목적물로부터 다른 권리자보다도 우선하여 변제를 받을 수 있는 전형적인 담보물권이다(민법 제356조). 저당권설정등기는 이 저당권 설정계약에 따라 저당권을 설정하는 부동산 소유자(등기의무자)와 저당권자(등기권리자)가 신청하게 된다.

### 2. 저당권의 목적

가. 저당권의 대상 목적물

현행법상 저당권의 목적이 될 수 있는 것은 부동산 소유권, 부동산 물권인 지상권, 전세권, 입목, 자동차, 항공기, 중기, 선박, 어업권, 광업권 등이 있다. 전세권을 목적으로 하고 그 전세금을 채권액으로 하는 저당권 설정등기를 할 수 있다. 이 경우 저당권 설정자는 저당권자의 동의없이는 저당권의 목적인 전세권을 소멸시킬 수 없다.

권리의 일부에 대하여는 저당권설정등기를 할 수 있으나, 부동산의 일부에 대하여는 설정등기를 할 수 없다. 이점이 용익물권인 지상권, 전세권에서는 권리의 일부에 대하여는 설정이 불가능하나. 부동산의 일부에 대하여는 설정이 가능한 것과 반대이다. 또한 용역물권은 동일 목적물에 순위가 같거나 다른 수개의 용익물권을 설정할 수 없으나 저당권은 그 설정이 가능하다는 점도 다르다.

### 나. 공동저당

동일한 채권의 담보를 위하여 수개의 부동산에 설정되는 저당권을 '공동저당'이라고 한다. 공동저당은 복수의 부동산 위에 1개의 저당권이 있는 것이 아니라 각 부동산마다 1개의 저당권이 있고 이들 저당권은 피담보채권을 공통으로 하고 있는 것이다.

#### ① 창설적 공동저당

당초부터 수개의 부동산에 관한 권리를 목적으로 설정되는 저당권이다. 신청서에 수개의 부동산표시를 한다. 담보되는 부동산이 5개 이상인 때에는 종전 '공동담보목록'을 첨부하고 신청인 또는 대리인이 이에 기명날인하였으나, 전산등기부인 경우에는 자동으로 목록이 생성되기에 목록을 제출할 필요가 없다.[1]

#### ② 추가적 공동저당

동일한 채권의 담보를 위하여 일부 부동산을 담보제공한 상태에서 후일 추가적으로 담보에 제공하는 것을 말한다. 종전의 부동산표시외에 종전 저당권등기의 순위번호와 접수년월일 및 접수번호를 기재한다.

또 추가설정하는 부동산과 전에 등기한 부동산을 합하여 5개 이상일 때에는 종전에 관할 등기소의 수에 따른 '공동담보목록'을 더 제출하였는데 전산등기부인 경우에는 자동으로 목록이 생성되기에 목록을 제출할 필요가 없게 되었다.

## 3. 근저당권과의 차이점

저당권은 채권액이 특정되어 있는데 반하여, 근저당권은 장래 계속적 거래로 증감·변동

---

[1] 2004년 6월 전국의 모든 부동산등기부는 전산등기부로 전환되었다.

하는 불특정채권을 일정한 한도까지 담보하는 것이므로 기능상 약간 차이가 있다.

즉 저당권은 받을 채권이 특정되어 있으므로 별도로 장래 이자라든가 그 지급시기 등을 약정한다면 원본 채권외의 이자채권까지 부동산 전체의 가치에서 계속 확보할 수 있는 것이다.

그러나 근저당권은 장래변제기까지의 이자라든가 지연손해를 예상하여 채권최고액을 정하여 이 범위 내에서는 설정순위에 의해 우선권이 있지만 그 범위 외에 대해서는 단순한 일반 채권에 불과한 것이다. 즉 담보할 채무의 최고액만을 정하고 채무의 이자는 최고액 중에 산입한 것으로 본다.

## 4. 등기신청방법

① **공동신청** : 저당권설정계약서에 의한 등기신청인 경우에는 설정자와 저당권자가 본인임을 확인할 수 있는 주민등록증 등 신분증을 지참하여 직접 등기소에 출석하여 공동으로 신청함이 원칙이다.

② **대리인에 의한 신청** : 등기신청은 반드시 신청인 본인이 직접 하여야 하는 것은 아니고 위임장을 첨부하는 방식으로 대리인을 통한 신청이 가능하다.

## 제2절 등기신청 작성례

☞ 등기신청서 갑지

| | | | | | | | | |
|---|---|---|---|---|---|---|---|---|
| | | | 저당권설정등기신청 | | | | | |
| 접 수 | 년 월 일<br>제 호 | 처리인 | 접수 | 조사 | 기입 | 교합 | 등기필<br>통 지 | 각 종<br>통 지 |

| ① 부 동 산 의 표 시 | |
|---|---|
| 1 동의 건물의 표시 : 서울특별시 관악구 신림동 77-7 대명빌라 가동<br>　　　　　　　　[도로명주소] 서울특별시 관악구 관천로17길 23<br>전유부분의 건물의 표시<br>　　　건물의 번호 : 가- 3- 303<br>　　　구　　조 : 철근콘크리트조<br>　　　면　　적 : 3층 303호 87.89㎡<br>대지권의 표시<br>　　　토지의 표시 : 1. 서울특별시 관악구 신림동 77-1 대 702.3㎡<br>　　　대지권의종류 : 1. 소유권대지권<br>　　　대지권의비율 : 702.3분의 42.427 이상 | |
| ②등기원인과그연월일 | 202○년 3월 7일 　저당권설정계약 |
| ③ 등기의 목적 | 저당권 설정 |
| ④ 채 권 액 | 금 50,000,000원 |
| 변 제 기 | 202○년 12월 31일 |
| 이 자 | 연 1할 |
| 이자 지급 시기 | 매월 26일 |
| 채 무 자 | 김무채, 서울 관악구 관천로17길 23, 303호(신림동) |

| 구분 | 성　　명<br>(상　　호) | 주민 등록 번호<br>(등기용등록번호) | 주　　소<br>( 소　재　지 ) | 지분 |
|---|---|---|---|---|
| ⑤<br>등기<br>의무자 | 김무채 | 640928 -<br>439218 | 서울 관악구 관천로17길 23, 303호(신림동) | / |
| ⑥<br>등기<br>권리자 | (주) 우리은행<br>대표이사 이덕훈<br>지배인 홍길동 | 110111 -<br>0023393 | 서울 중구 소공로51(회현동1가)<br>(소관 : 이문동지점) | / |

☞ **등기신청서 을지**

| ⑦ 국민주택 채권 매입금액 | ※ 채권액의 10/1000  금 500,000 원 |
|---|---|
| 국민 주택 채권 발행 번호 | 1798-10-04890-8885 |
| ⑧ 등 록 면 허 세 | ※ 채권액의 2/1000  금 100,000 원 |
| ⑧ 교 육 세 | ※ 위 등록면허세액의 20/100  금 20,000 원 |
| ⑨ 세 액 합 계 | 금 120,000 원 |
| ⑩ 등 기 신 청 수 수 료 | ※ 집합건물은 1개로 봄  금 15,000 원  납부번호 : 14-11-00287622-2 |

| 등기의무자의 등기필정보 | | |
|---|---|---|
| 부동산고유번호 | 1115-1996-173964 | |
| 성명(명칭) | 일련번호 | 비밀번호 |
| 김 무 채 | ACDI-0198-7329 | 12 - 3126 |

⑪ **첨 부 서 면**

| | |
|---|---|
| 1. 등록면허세영수필확인및통지서  1통  1. 위임장  1통  1. 인감증명서  1통2)  1. 등기필증  1통 | 1. 법인등기부 등본  1통  1. 저당권설정 계약서  1통 |

202○년 3월 일

위 신청인

⑫ 위 대리인 김 대 리 (인)

서울 동대문구 휘경로4길 23

☎ 010-5964 - 3245

⑬ **서울중앙지방법원 관악등기소 귀중**

---

2) 소유자가 등기의무자인 경우 소유자의 인감증명서 1통이 필요하다.

## 제3절 등기신청서 작성방법

### ① 부동산의 표시 기재
소유권이전등기신청서 참조

> **도로명 주소**
> 2014. 1. 1.부터 도로명주소법에 의한 도로명주소가 공법상의 주소로 효력을 발생함에 따라 부동산등기에서도 건물표제부의 건물의 표시, 등기명의인의 주소는 모두 도로명주소를 기재하여야 한다.

※ 기재례 - 건물의 표시(지번주소 하단에 도로명주소를 병기한다)

```
서울특별시 서초구 서초동 1500-2
[도로명주소] 서울특별시 서초구 명달로 22길 24
철근콘크리트조 슬래브지붕 2층 사무실
1층 234㎡
2층 202㎡
```

### ② 등기원인과 그 연월일란
등기원인은 '저당권설정계약'으로, 연월일은 저당권설정계약서상 계약일을 기재한다.

### ③ 등기의 목적란
'저당권설정'이라고 기재한다.

### ④ 저당권설정 계약내용

* **채권액** : 저당권설정 계약서상의 채권액을 기재한다.
  아라비아숫자로 금 50,000,000원으로 기재한다.
* **변제기** : 저당권설정 계약서상의 변제할 시기를 기재한다.
* **이  자** : 설정 계약서상의 이자를 기재한다. ex) 매월 2푼, 연 2할
  ※ 22.4%를 달리 2할 2푼 4리라고 표현한다. 2푼은 2%를 의미한다.
* **이자지급시기** : 설정 계약서상의 이자지급시기를 기재한다.
  ex) 매월말일, 매년 12월 31일

> * 채무자 : 채무자는 금전을 채권자로부터 빌리는 사람을 의미하는데 저당권 설정자와는
> 개념을 달리함에 주의해야한다. 일반적으로 저당권 설정자는 채무자와 동일한 사람인
> 경우가 대부분이지만, 채무자를 위해 부동산을 담보로 내놓는 설정자를 '물상보증인'
> 이라고 일컫는다.
>    이 경우는 설정자와 채무자가 다른 경우이다. 저당권설정자와 채무자가 동일인인 경
> 우에도 채무자의 표시를 반드시 해야 한다. 채무자의 성명과 주소를 기재한다.

### ⑤ 등기의무자란

저당권설정자의 성명, 주민등록번호, 주소를 기재하되, 등기부상소유자 표시와 일치하여야 한다.

그러나 법인인 경우에는 상호·본점·등기용등록번호를 기재하고, 비법인 사단이나 재단인 경우에는 비법인명칭·주사무소소재지·등기용등록번호·대표자의 성명이외에도 대표자의 주민등록번호·주소까지 기재한다.

> **┃유의사항┃**
>
> ❖ **비법인사단·재단의 등기신청시 첨부서류**[3)]
>   a. 정관 기타의 규약
>   b. 등기권리자인 경우에는 부동산 등기용등록번호를 증명하는 서면
>   c. 대표자나 관리인임을 증명하는 서면
>   d. 대표자나 관리인의 주민등록표등본
>   e. 민법 제276조 제1항[4)]의 처분의 결의서(등기의무자인 경우에 한함)

| 구분 | 성 명<br>(상 호) | 주민 등록 번호<br>(등기용등록번호) | 주 소<br>( 소 재 지 ) |
|---|---|---|---|
| 등기<br>의무자 | 공주이씨강양공파종중<br>대표자 이강일 | 110111-0003914<br>630303-1234567 | 경기도 연천군 미산면 왕산로20번길7-5<br>서울 중랑구 신내로2길68(묵동) |

---

3) 교회가 등기당사자인 경우는 정관 등 서류(정, 호, 표, 주, 결) 외에 소속증명서, 대표자증명서, 직인증명서, 재직증명서를 추가 첨부한다.
4) 민법 제276조(총유물의 관리처분과 사용수익)
   ① 총유물의 관리 및 처분은 사원총회의 결의에 의한다.

### ⑥ 등기권리자란

저당권자의 성명을 기재하는 란으로, 그 기재방법은 등기의무자란과 동일. 단, 등기권리자이든 의무자이든 그 주소를 기재함에 있어서 서울특별시, 부산광역시, 대구광역시, 인천광역시, 광주광역시, 대전광역시는 부산, 대구, 인천, 광주, 대전으로 약기하고 다른 도는 행정구역 명칭대로 경기도, 충청남도와 같이 기재한다.

이 부분은 부동산표시란에서 '특별시' '광역시'를 기재하는 것과는 다르므로 구별해야한다. 그리고 번지라는 문자는 생략한다. 외국인의 성명을 기재함에 있어서는 그 국적을 병기하고 성명의 표기 방법은 교육과학기술부가 고시하는 외래어 표기법에 의한다.

### ⑦ 시가표준액 및 국민주택채권매입금액란

저당권 설정자는 설정시 저당채권액이 1,000만 원 이상인 경우에 국민주택채권을 매입하여 채권발행번호를 등기신청 을지에 기재하여야한다.

저당권설정자는 저당권자를 위해 부동산을 담보로 내놓으려는 사람을 의미하므로 채권자인 저당권자와는 구별해야 하며 <u>채권매입은 "저당권 설정자"</u>가 하도록 되어 있음에 주의한다.

국민주택채권은 취급은행[5] 어느 지점에서든 매입이 가능하다.

은행 청구에서 채권매입신청서를 작성하여 제출하고 채권매입비용을 납부하면 된다. 그리고 채권증서와 채권발행번호가 기재된 영수증을 수령해서 그 채권발행번호를 신청서 을지에 기재하면 된다.

등기비용의 절감차원에서 취급은행에서 즉시매도로 처리할시 은행에 일정 할인료(약 10~13%, 매일변동됨)만 부담하고 채권발행번호가 기재된 영수증만을 받을 수 있다.

※ 채권산출기준표  주택법 시행령 제95조 제1항 별표12

| 저당 | 2천만 원 이상 | 전국지역 | 10/1000 (1%) |
| --- | --- | --- | --- |

예를 들어 채권액이 2,000만 원으로 이 금액을 저당권설정금액으로 한다면, 주택채권 매

---

[5] 2020. 1. 1. 현재 현금수납은행
 : 농협은행, 국민은행, 신한은행, 우리은행, 하나은행, 기업은행, SC은행, 경남은행, 광주은행, 대구은행, 부산은행, 전북은행 등 12개.

입액은 200,000원이다(=2,000만 원 × 0.01).

최저매입금액은 1만 원이므로, 1만 원 미만의 단수가 있을 때에는 그 단수가 5천 원 이상 1만 원 미만일 때에는 1만 원으로 하고 그 단수가 5천 원 미만인 때에는 단수가 없는 것(절사)으로 한다.

### ⑧ 등록면허세 영수필 확인서 및 통지서

등록면허세는 은행에 납부하고 그 납부영수필(등기소보관용과 관청통보용)을 등기신청서 을지에 첨부하면 된다. 등록면허세액의 산출 기준이 되는 금액은 채권금액이 됨

$$등록면허세 = 채권금액 \times 2/1000\ (0.2\%)$$
$$교\ \ 육\ \ 세 = 등록면허세액의\ 20\%$$

### ⑨ 세액합계란 : 등록면허세액과 교육세액의 합계를 기재한다.

### ⑩ 등기신청수수료 : 부동산 1개당 15,000원의 수수료를 현금납부한다.[6]

종전의 대법원수입증지는 2013. 5. 1. 폐지되었다. 현금납부는 인터넷등기소에서 전자납부하거나, 등기소설치의 무인발급기에서 납부할 수 있으며, 은행에서의 현금납부는 종전처럼 이루어진다. 납부 후 '영수필확인서'는 신청서 뒷면에 부착하고, 은행 납부번호를 신청서 을지에 기재하여야 한다.

### ⑪ 첨부서면

> **가. 인감증명서**
> 등기의무자의 인감증명서 (발행일로부터 3월이내)를 첨부한다.
>
> **나. 주민등록등(초)본**
> 등기권리자의 주민등록등(초)본을 각 첨부한다. 발행일로부터 <u>3개월 이내</u>의 것이어야 한다. 주민등록등본 대신에 주민등록증 사본도 가능하다. 매수인의 경우는 주민등록번호 확인용 서류를 요하기 때문이다. 법인인 경우는 법인등기부등본 또는 지점등기부등본을 첨부한다.

---

6) 이 경우 e-form 신청은 13,000원, 전자신청은 10,000원이다.

다. 위 임 장
등기의무자(저당권설정자)가 등기신청을 대리인에게 위임하는 경우에 등기의무자의 인감날인한 등기위임장을 첨부한다. 등기권리자는 막도장이어도 가능하다. 대리인의 자격에는 제한이 없으며 다만 금전을 받거나 업(業)으로 할 수 있는 사람은 변호사나 법무사에 한정된다.

라. 저당권설정계약서
등기원인을 증명하는 서면으로 첨부한다.

마. 등기필증
등기의무자의 소유권에 관한 등기필증으로서 등기권리증이라고도 한다. 등기필증은 멸실, 분실되어도 재교부하지 않음에 주의해야 한다. 그렇다면 등기필증이 없으면 어떻게 저당권설정을 할 수 있는가. 다음의 3가지 방법중 하나를 택하면 된다.
첫째, 등기신청시 의무자가 신분증 지참하고 등기소에 직접 출석하면 된다. 그러면 등기공무원은 본인인지를 확인하고 확인조서를 작성한 후 확인조서등본을 교부해주는데 이를 등기신청서에 첨부하면 된다.
둘째, 등기의무자가 공증사무실을 방문하여 위임장중 등기의무자의 작성부분에 관해 공증을 받고 그 1통을 등기신청서에 첨부하면 된다.
셋째, 법무사나 변호사가 대리인으로서 등기를 신청하는 경우에는 법무사나 변호사가 등기의무자인지를 확인하고 그들로부터 위임받았음을 확인하는 확인서면 1통을 작성하여 등기소에 제출하게 된다.

* 등기의무자가 미성년자인 경우에는 법정대리인이 각 출석하여 확인조서 등의 작성에 응하면 된다.

### ⑫ 대리인란
실질적으로 양당사자가 등기소에 같이 가는 경우보다는 등기권리자가 등기의무자를 대리하여 등기신청하는 경우가 대부분이다. 대리인의 성명, 전화번호정도만 기재하고 그의 인장을 날인한다.

### ⑬ 등기소
후단의 등기소의 명칭 및 관할구역표를 참조
기재 例) 서울중앙지방법원 중부등기소

## 제 4 절  관련 서식례

### 저당권설정계약서

1. 금 50,000,000 원정
   위 금액을 본인이 영수하는 동시에 확실히 차용함에 있어 다음 사항을 약정한다.
1. 원금은 202○년 12월 31일까지 변제한다.
1. 이자는 연 1할로 하고, 매월 26일에 지급한다.

본 채무를 담보하기 위하여 본인 소유인 말미 기재 부동산에 대하여 순위 제 1번의 저당권을 설정하고 다음 사항을 준수한다.

1. 기일내에 변제치 않은 때에는 즉시 저당물건을 경매하여도 이의하지 않는다.
1. 다음의 경우에는 기한이익을 상실하고 원리금을 일시에 청구해도 이의 않는다.
   ① 채무자가 다른 채무로 인하여 가압류, 가처분 또는 강제집행을 받았을 때
   ② 이자 지급을 1회라도 연체할 때
1. 본 건에 관한 소송은 채권자의 주소지를 관할하는 법원으로 한다.
   위 약정을 준수하기 위하여 다음에 기명날인한다.

                    202○년  3월  7일
   저당권설정자    김무채    (인)
                  서울특별시 관악구 관천로17길 23, 303호(신림동)
   채 권 자    주식회사 우리은행
               서울 중구 소공로 51(회현동1가)(소관: 이문동지점)
               대표이사 이덕훈 지배인 홍길동    (인)

* 부동산의 표시
   1동의 건물의 표시 : 서울특별시 관악구 신림동 77-7 대명빌라 가동
                  [도로명주소] 서울특별시 관악구 관천로17길 23
   전유부분의 건물의 표시
           건물의 번호 : 가-3-303
           구     조 : 철근콘크리트조
           면     적 : 3층 303호 87.89$m^2$
   대지권의 표시
           토지의  표시 : 1. 서울특별시 관악구 신림동 77-1 대 702.3$m^2$
           대지권의종류 : 1. 소유권
           대지권의비율 : 702.3분의 42.427 이상

## 부동산 공동담보목록 7)

제    호

저 당 권 자 :   ㈜ 나홀로스쿨   (법인)
              서울 강남구 학동로20길 21(논현동)
              대표이사 이성준
저당권 설정자 :  최상묵           (인)
              서울특별시 영등포구 영등포로13길 10 (양평동1가)
              한병호
              서울 서초구 효령로34길9, 3동 707호(방배동,삼익아파트)
신 청 대 리 인 :

| 신청서 접수 | 20   년   월   일 |
|---|---|
|  | 제           호 |

| 일련번호 | 부동산에 관한 권리의 표시 | 순위번호 |
|---|---|---|
| 1 | 경기도 광명시 소하동 47-19  대 69㎡<br>(설정할 지분 : 최상묵 소유 전부) | |
| 2 | 위 같은 동소<br>벽돌조 시멘트기와 단층주택 42.48㎡<br>(설정할 지분 : 최상묵 소유 전부) | |
| 3 | 경기도 광명시 소하동 4-5  대 69㎡<br>(설정할 지분 : 최상묵 소유 전부) | |
| 4 | 경기도 광명시 소하동 30-40  대 69㎡<br>(설정할 지분 : 한병호 소유 전부) | |
| 5 | 위 2, 3번   양 지상<br>벽돌조 시멘트 기와지붕 단층주택 및 점포 70.91㎡<br>시멘트 블록조 슬라브 창고 3.6㎡<br>(설정할 지분: 최상묵(1/2), 한병호(1/2)지분전부) | |

---

7) 담보되는 부동산 5개 이상인 때에는 공동담보목록을 첨부하며 신청인(또는 신청대리인)이 이에 기명날인

# 위 임 장

## 부동산의 표시

1동의 건물의 표시: 서울특별시 관악구 신림동 77-7 대명빌라 가동
[도로명주소] 서울특별시 관악구 관천로17길 23
 전유부분의 건물의 표시
  건물의 번호: 가 -3 -303
  구     조: 철근콘크리트조
  면     적: 3층 303호 87.89㎡
 대지권의 표시
  토지의 표시: 1. 서울특별시 관악구 신림동 77-1 대 702.3㎡
  대지권의 종류: 1. 소유권
  대지권의 비율: 702.3분의 42.427 이상

| 등기원인과 그연월일 | 202○년 3월 7일 저당권설정계약 |
| --- | --- |
| 등 기 의 목 적 | 저당권 설정 |
| 채 권 액 | 금 50,000,000원 |
| 변 제 기 | 202○년 12월 31일 |
| 이 자 | 연 1할 |
| 이 자 지 급 시 기 | 매월 26일 |
| 채 무 자 | 김무채, 서울 관악구 관천로17길23,303호(신림동) |

등기의무자  김무채        (인감)
  서울 관악구 관천로17길23, 303호
  (신림동)

등기권리자  (주) 우리은행
  (소관: 이문동지점)
  대표이사 이덕훈
  지배인      홍길동        (인)

박대리
서울 동대문구 휘경로4길 23
☎ 02) 964-2343

위 사람을 대리인으로 정하고, 위 부동산 등기신청 및 취하에 관한 모든 행위를 위임한다.
단, 위 대리인이 위 행위를 대리함에 있어 보수를 받지아니하였음을 확인한다.
또한 복대리인 선임을 허락한다.
      202○년 3월    일

한다. 다만 전산등기부인 경우에는 자동으로 목록이 생성되기에 목록을 제출할 필요가 없다.

## 제 5 절 저당권의 이전등기

### 1. 저당권의 이전등기

저당권은 물권의 속성으로 당연히 양도, 상속의 대상이 된다. 채권이 이전하는 경우에는 저당권의 부종성 때문에 피담보채권과 함께 저당권이 이전하게 된다. 이와 같은 원인에 의한 등기를 '채권양도'에 의한 저당권의 이전등기라 한다.

또한 피담보채권의 전부 또는 일부를 대위변제(제3자 변제)한 경우에 제3자[8]는 채권자에 대위하여 채권자가 가지고 있는 채권 및 담보권을 채무자에게 구상할 수 있는 범위 내에서 행사할 수 있는 것이다. 즉 대위변제한 범위 내에서 저당권은 법률상 당연히 이전하는 것이다. 이와 같은 원인에 의한 등기를 '대위변제'에 의한 저당권의 이전등기라 한다.

### 2. 채권양도

#### ① 신 청 서

| 등기원인과 그 연월일 | 202○년 3월 8일 채권양도 |
|---|---|
| 등 기 의 목 적 | 저당권 이전 |
| 이 전 할 저당권 | 2020. 7. 7. 접수 제2322호 저당권설정등기 단, 저당권은 채권과 함께 이전함. |
| 등 기 의 무 자 | 주식회사 우리은행 |
| 등 기 권 리 자 | 주식회사 국민은행 |

---

8) ○ 제3자가 대위변제를 하려면 변제를 하는데 정당한 이익을 갖거나('법정대위'라 함) (ex. 연대채무자, 보증인, 담보물의 제3취득자, 후순위담보권자 등), 또는 그러한 이익이 없는 경우에는 채권자의 승낙이 있어야 한다('임위대위'라 함).
○ 따라서 대위변제에 의한 저당권 이전등기신청을 하려면, 변제증서는 물론이고 정당한 이익이 있음을 증명하는 서면(ex 보증계약서 등) 또는 대위승낙서를 첨부하여야 한다.

② 저당권부 채권양도계약서

# 저당권부 채권양도계약서

제1조 주식회사 우리은행(이하 갑이라함)은 2020년 7월 7일자 저당권설정계약서(이하 원계약서라고함)에 의거하여 김무채 (이하 병이라함)에 대하여 가지고 있는 일체의 채권(현재액 내역은 다음과 같음)을 이를 담보하는 말미표시의 저당권부 채권을 대금 5,000만 원으로 주식회사 국민은행 (이하 을이라함)에게 양도하고 을은 양도받은 대금의 수수를 끝냈다.
  (1) 원 금    50,000,000원
  (2) 이 자       833,300원
  (3) 손해금         -

제2조 갑은 전조의 채권양도에 관하여 매도인으로서 일체의 담보책임을 지며 동시에 병이 그 채무를 기한까지 완전할 수 있음을 보증한다.

제3조 갑은 원계약서 및 제1조에 의하여 이전한 저당권의 등기, 기타 갑의 권리보전 및 행사에 필요한 일체의 서류를 을의 지시에 따라 을에게 교부한다.

제4조 병은 이 계약을 이의 없이 승낙한다.

제5조 이 증서의 작성 및 등기, 기타 이 계약에 관한 일체의 비용은 갑이 이를 부담한다.

2020년 3월 8일

저당권자(갑)   주식회사 우리은행
              서울 중구 소공로 51 (회현동1가) (이문동 지점)
              대표이사 이덕훈, 지배인 홍길동  (인)

양 수 인 (을)   주식회사 국민은행
              서울특별시 중구 남대문로 84 (을지로2가)
              대표이사 강정원  (인)

저당권설정자(병)  김무채  (인)
              서울 관악구 관천로17길23, 303호(신림동)

* 저당권의 표시
  2020. 7. 7. 서울북부지방법원 동대문등기소 접수 제2322호로써 설정등기한 아래 물건에 대한 저당권
* 부동산의 표시
  1. 서울특별시 동대문구 이문동 123 대 200㎡ 이상.

※ 채권양도와 채무인수

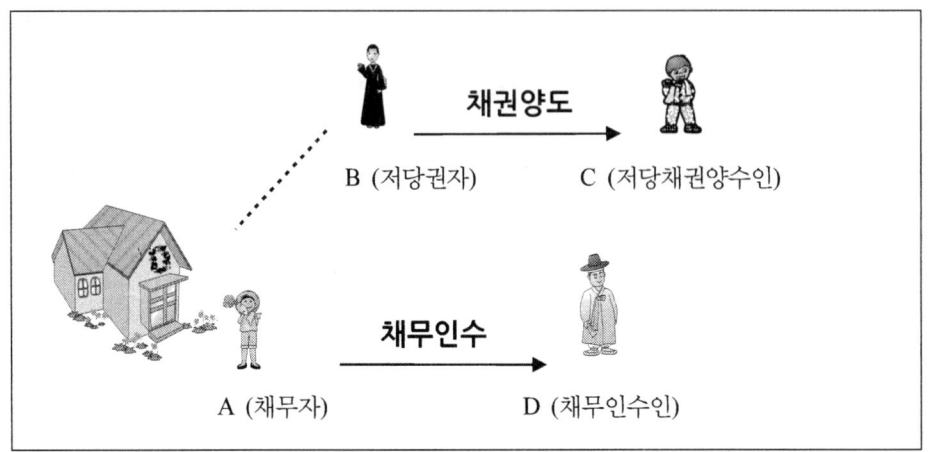

※ 채권양도
○ 채권양도란 채권의 동일성을 유지하면서 계약에 의하여 채권을 이전하는 것을 말한다. 물론 계약이외의 원인에 의해서도 채권은 이전될 수 있다. 이를테면, 유언·상속·손해배상자의 대위(민법 제399조), 변제자대위(민법 제481조), 전부명령, 종된 채권의 부수적인 이전(이자채권, 보증채권) 등이 그것이다. 그러나 계약에 의한 채권의 이전을 일반적으로 채권양도라고 한다(민법 제449조, 제450조).[9]

※ 채무인수
○ 채무인수는 채무가 그 동일성을 유지하면서 본래의 채무자로부터 인수인에게 이전하는 것이다. 이에는 구채무자를 채무로부터 면책시키는 "면책적 채무인수"(민법 제453조, 제454조)[10]와, 구채무자는 그대로 있으면서 제3자(인수인)가 채무관계에 가입하여 종래의 채무자와 더불어 동일한 내용의 채무를 부담하는 "중첩적(병존적) 채무인수"가 있다.

---

9) 민법 제449조 (채권의 양도성)
　① 채권은 양도할 수 있다. 그러나 채권의 성질이 양도를 허용하지 아니하는 때에는 그러하지 아니하다.
　② 채권은 당사자가 반대의 의사를 표시한 경우에는 양도하지 못한다. 그러나 그 의사표시로써 선의의 제3자에게 대항하지 못한다.
제450조 (지명채권양도의 대항요건)
　① 지명채권의 양도는 양도인이 채무자에게 통지 하거나 채무자가 승낙하지 아니하면 채무자 기타 제3자에게 대항하지 못한다.
　② 전항의 통지나 승낙은 확정일자있는 증서에 의하지 아니하면 채무자이외의 제3자에게 대항하지 못한다.
10) 민법 제453조 (채권자와의 계약에 의한 채무인수)
　① 제3자는 채권자와의 계약으로 채무를 인수하여 채무자의 채무를 면하게 할 수 있다. 그러나 채무의 성질이 인수를 허용하지 아니하는 때에는 그러하지 아니하다.
　② 이해관계없는 제3자는 채무자의 의사에 반하여 채무를 인수하지 못한다.
민법 제454조 (채무자와의 계약에 의한 채무인수)
　① 제3자가 채무자와의 계약으로 채무를 인수한 경우에는 채권자의 승낙에 의하여 그 효력이 생긴다.
　② 채권자의 승낙 또는 거절의 상대방은 채무자나 제3자이다.

## 제6절 저당권의 변경등기(채무자변경)

### 1. 면책적 채무인수

① 신 청 서

| 등기원인과 그 연월일 | 202○년 2월 7일 면책적 채무인수 |
|---|---|
| 등 기 의 목 적 | 저당권 변경 |
| 변 경 할 사 항 | 2020년 7월 7일 접수 제2322호로 등기한 저당권설정등기사항중 채무자 「김무채, 서울특별시 관악구 관천로17길 23, 303호(신림동)」를 「이을남, 서울 강남구 도산대로81길 12」으로 변경 |
| 등 기 의 무 자 | 김무채 |
| 등 기 권 리 자 | 주식회사 우리은행 (소관: 이문동지점) |

② 면책적 채무인수계약서[11]

---

### 면책적 채무인수계약서

채무인수인 이을남을 갑으로, 채권자 주식회사 우리은행(소관 : 이문동지점)을 을로 하여 갑 과 을 양측은 다음과 같이 채무인수계약을 체결한다.

제1조 갑은 을이 채무자 김무채에 대하여 가지고 있는 아래 채권에 관하여 채무자의 채무를 인수할 것을 약속하고 을은 이를 승낙하였다.

「을이 채무자 김무채에 대하여 가지고 있는 2020년 7월 7일 저당권설정계약에 의한 채권액

---

11) 면책적 채무인수인 경우 종전 채무자는 채무로부터 완전히 면제된다.
　　이 경우 계약의 당사자는 첫째 채권자・채무자・인수인의 3인이 체결하는 경우, 둘째 채권자와 인수인간 체결하는 경우(이해관계없는 제3자가 인수인이 되는 경우채무자의 의사에 반하여 채무를 인수하지는 못한다(민 제453조 제2항). 셋째, 채무자와 인수인간 체결하는 경우(이때는 반드시 채권자의 승낙이 있어야 함-민 제454조 제2항)가 있다.

금 50,000,000원, 변제기 202○년 12월 31일, 이자 연10%, 이자발생기 및 이자지급시기 2020년 7월 7일부터 매월 말일, 채무불이행으로 인한 손해배상은 연20%로 하는 특약에 따른 말미기재 부동산에 대한 서울북부지방법원 동대문등기소 2020. 7. 7. 접수 2322호로 등기한 저당권의 원금 및 이자채권」

제2조 갑은 을에 대하여 전조와 같은 계약에 따른 채무를 이행하여야 한다.
제3조 을은 채무자 김무채에 대하여 제1조의 채무 전부를 면제한다.

위 계약의 성립을 증명하기 위하여 본 증서 2통을 작성하여 갑, 을이 각 1통씩 보존한다.

202○년 2월 7일

채무인수인(갑)  이을남  (인)
　　　　　　　서울특별시 강남구 도산대로81길 12
채권자 (을)　주식회사 우리은행
　　　　　　　서울 중구 소공로 51 (회현동1가) (이문동지점)
　　　　　　　대표이사 이덕훈, 지배인 홍길동  (인)

* 부동산의 표시
1. 서울특별시 동대문구 이문동 123 대 200㎡ 이상.

## 2. 중첩적 채무인수

### ① 신 청 서

| 등기원인과 그연월일 | 202○년 2월 7일 중첩적 채무인수 |
|---|---|
| 등 기 의 목 적 | 저당권 변경 |
| 변 경 할 사 항 | 2020년 7월 7일 접수 제2322호로 등기한 저당권설정등기사항 중 「채무자 이을남, 서울특별시 강남구 도산대로81길 12」을 추가함. |
| 등 기 의 무 자 | 김무채 |
| 등 기 권 리 자 | 주식회사 우리은행 (소관: 이문동지점) |

② 중첩적 채무인수계약서[12]

# 중첩적 채무인수계약서

채무인수인 이을남을 갑으로, 채권자 주식회사 우리은행(소관 : 이문동지점)을 을로 하여 다음과 같이 채무인수계약을 체결한다.

제1조 갑은 을이 채무자 김무채에 대하여 가지고 있는 아래 채권에 대한 채무를 인수하여 채무자 김무채와 함께 이행할 것을 약속한다.

「을이 채무자 김무채에 대하여 가지고 있는 2020년 7월 7일 저당권설정계약에 의한 채권액 금 50,000,000원, 변제기 202○년 12월 31일, 이자 연10%, 이자발생기 및 이자지급시기 2020년 7월 7일부터 매월 말일, 채무불이행으로 인한 손해배상은 연20%로 하는 특약에 따른 말미기재 부동산에 대한 서울북부지방법원 동대문등기소 2020. 7. 7. 접수 2322호로 등기한 저당권의 원금 및 이자채권」

제2조 갑은 을에 대하여 전조와 같은 계약에 따른 채무를 이행하여야 한다.
제3조 을은 제1조의 채무에 관하여 갑 및 채무자 김무채에 대하여 동시 또는 순차로 전부 또는 일부의 이행을 청구할 수 있다.

위 계약의 성립을 증명하기 위하여 본 증서 2통을 작성하여 갑, 을이 각 1통씩 보존한다.

202○년 2월 7일

채무인수인(갑)  이을남  (인)
　　　　　　　　서울특별시 강남구 도산대로81길 12
채권자 (을)　　  주식회사 우리은행
　　　　　　　　서울 중구 소공로 51 (회현동1가) (이문동 지점)
　　　　　　　　대표이사 이덕훈, 지배인 홍길동  (인)

* 부동산의 표시
1. 서울특별시 동대문구 이문동 123 대 200㎡ 이상.

---

12) 중첩적 채무인수인 경우 종전 채무자는 채무인수자와 함께 기존 채무를 부담한다.
　이 경우 계약체결의 당사자는 첫째 채권자와 채무자·인수인의 3인이 체결하는 경우, 둘째 채권자와 인수인간 체결하는 경우(면책적 채무인수의 경우와는 달리 채무자의 의사에 반하여도 체결할 수 있다), 셋째, 채무자와 인수인간 체결하는 경우(이 계약은 일종의 '제3자를 위한 계약'이며 채권자의 수익의 의사표시, 즉 등기신청을 하는 행위가 필요하다-민 제539조 제2항)가 있다.

## 제 7 절 등기소 가기

### 1. 등기신청서류 준비하기

저당권 설정등기신청서는 부본을 포함하여 2부(묶음)를 제출한다.

※ 제1묶음은 등기소보관용이며, 제2묶음은 등기완료 후 반환받는다.

| 등기신청서류(제1묶음) | 부 본(제2묶음) |
|---|---|
| 1. 등기신청서 갑지<br>2. 등기신청서 을지<br>3. 간지[14]<br>4. 저당권설정계약서(사본)<br>5. 위임장<br>6. 등기의무자의 인감증명서<br>7. 등기권리자의 주민등록등(초)본 | 1. 저당권설정계약서(원본)<br>2. 등기필증[13] |

### 2. 거쳐야할 기관

☞ **구청**에서 할 일

가. 준비할 서류

a. 저당권설정계약서 사본
b. 등록면허세 자진신고납부서

▶ 서울북부등기소 (용마산역 1번 출구)

---

13) 첨부되는 등기필증은 등기의무자(저당권설정자)의 '소유권에 관한 등기필증'이다.
14) 간지는 각 서류의 사이에 끼어 넣는 백지의 의미이다. 실무적으로 이러한 간지에 납부한 등록면허세영수필확인서, 등기신청수수료 납부서를 붙이기도 한다. 간지없이 처리하여도 무방하다.

## 나. 등록면허세고지서 발급절차

① 저당권 설정계약서를 가지고 부동산소재지 구(군)청 세무과의 등록면허세 자진납부 창구에 가서 계약서 사본 1통과 구청에 비치된 등록면허세신고서를 작성하여 건네주고 담당자로부터 등록면허세 납부고지서를 수령한다. 즉시처리하여 발부하여 준다. 등록면허세는 저당권설정과 이전인 경우 아래와 같다.

$$등록면허세 = 채\,권\,액 \times 2/1000\ (0.2\%)$$
$$교\,\,육\,\,세 = 등록면허세액의\ 20\%\ (채권최고액의\ 0.04\%)$$

※ 저당권변경시의 등록면허세[15]는 정액세로 7,200원이다.

② 등록면허세액은 가급적 시·군·구청내의 금융기관에 납부하고 그 납부영수필(등기소 보관용과 관청통보용)을 간지에 살짝 붙이도록 한다.

## ☞ 은행에서 할 일

채권액이 2,000만 원 이상인 경우 등기신청시 국민주택채권을 매입한 후 채권발행번호를 신청서 을지에 기재하도록 한다.

국민주택채권은 취급은행[16] 어느 지점에서든 매입이 가능하다. 은행 창구에서 채권매입신청서(전표)를 작성하여 제출하고 채권매입비용을 납부한다. 그리고 채권증서와 채권발행번호가 기재된 영수증을 수령해서 그중 채권발행번호를 신청서 을지에 기재하도록 한다.

등기비용의 절감차원에서 취급은행은 '즉시매도'를 원할시 일정 할인료(약 10~13%, 매일 변동됨)만 부담시켜 채권발행번호 기재의 영수증을 내어주고 있다.

---

15) 정확하게는 등록면허세 및 지방교육세이다.
16) 2020. 1. 1. 현재 현금수납은행
 : 농협은행, 국민은행, 신한은행, 우리은행, 하나은행, 기업은행, SC은행, 경남은행, 광주은행, 대구은행, 부산은행, 전북은행 등 12개.

## ☞ 등기소에서 할 일

### 가. 등기신청서제출

① 등기신청서 을지의 채권매입금액란, 등록면허세 등의 빈란에 각 금액을 기재하도록 한다.
② 부동산 1개당 15,000원의[17] 등기신청수수료를 현금납부한다.
    종전의 대법원수입증지는 2013. 5. 1. 폐지되었다. 현금납부는 인터넷등기소에서 전자납부하거나, 등기소설치의 무인발급기에서 납부할 수 있으며, 은행에서의 현금납부는 종전처럼 이루어진다. 납부 후 '영수필확인서'는 신청서 뒷면에 부착하고, 은행 납부번호를 신청서 을지에 기재하여야 한다.
③ 등기신청서를 제출하는 사람은 신분증을 지참하고 등기신청서류를 관할 등기소 서무계에 제출한다.
④ 등기소, 법원의 업무시간은 오전 9:00에서 오후 6:00까지이다.

### 나. 등기필정보 수령하기

① 등기관은 접수 → 조사 → 기입 → 교합의 과정을 거쳐 등기가 완료된 때에는 등기완료의 증명서라고 할 등기필증을 작성하여 특별한 사정이 있는 경우를 제외하고는 접수시로부터 24시간 이내에 등기권리자에게 교부하게 되어 있다.
    등기신청 접수 후 우선은 대법원 인터넷등기소(www.iros.go.kr)에서 '신청사건처리현황'을 조회하여 보정여부를 살핀 후 <u>보정명령이 내린 경우 그 내용을 확인하여 보정을 하고</u>, 이후 교합완료가 되었다면 등기필정보를 수령하도록 한다. 등기필정보 수령시 등기소 접수장의 수령인란에 확인날인을 하게 된다.

  ※ 등기소 담당 등기관에의 통화는 종래 직접 해당 등기소로 전화하여 문의할 수 있었으나, 2010. 1.부터 전국등기소는 등기통합콜센터 「1544 - 0773」를 통하여서 해당 등기소로 연결을 받을 수 있게 되었다. 따라서 위 번호로 전화를 하여 "○○등기소 조사○계를 부탁합니다."라고 하여 연결을 받을 수 있다.

---

17) 저당권설정과 이전은 부동산 1개당 15,000원, 저당권변경은 3,000원이다.

② 해당 부동산의 등기부등본을 발급 신청해서 확인했을 때 권리자 명의로 등기되어 있다면 저당권설정 등기가 제대로 끝난 것이다. 등기부등본의 1통당 수수료는 무인자동발매기에 의해 발급받을 경우 1통에 1,000원이며 등기과 창구에서 발급받는 경우는 1,200원이고, 인터넷을 통한 등기부의 열람은 1등기용지에 관하여 700원이다(등기부등초본수수료규칙 제3조 제2항).

# 근저당권 설정·이전·변경등기

**제1절** 근저당권 설정등기 • 309

**제2절** 등기신청 작성례 • 313

**제3절** 등기신청서 작성방법 • 315

**제4절** 관련 서식례 • 322

**제5절** 근저당권 이전등기 • 324

**제6절** 근저당권 변경등기(채무자변경) • 330

**제7절** 등기소 가기 • 336

# 제 9 장
# 근저당권 설정·이전·변경등기

## 제1절 근저당권 설정등기

### 1. 근저당권이란

　근저당권은 「장래의 증감 변동하는 불특정 다수의 채무」를 담보하는 것이다. 장래의 특정의 채무에 대해서는 일반저당권이 설정되는 것이다. 참고로 특정채무일지라도 근저당권으로 설정등기 못하는바 아니다. 근저당권은 결산기의 도래 등으로 채무가 확정되는 시점에 일반저당권으로 전환되고 그때까지는 비록 채무가 기간 내에 전액이 변제되어 없더라도 이로 인하여 소멸하지 않고, 기간 내에 다시 채무가 발생하면 그 동일성을 유지하면서 그 채권을 담보하는 것이다.

　요컨대 근저당권도 담보물권에 공통된 채권에 부종하는 성질을 가지지만, 일반저당권과는 달리 그 성립, 존속, 소멸에 있어 부종성(附從性)[1]을 요하지 않는다. 우선변제를 받는 한도에서 채권의 존재를 필요로 할 뿐이다.

---

1) 저당권과 같은 담보물권은 채권을 담보하는 것을 목적으로 하는데 채권이 발생하지 않으면 담보물권(여기서는 저당권)도 발생하지 않으며 또 채권이 소멸하면 담보물권(저당권)도 당연히 소멸한다. 이렇게 채권에 의존하는 성질을 '부종성'이라고 한다.
　그런데 근저당권의 경우에는 장래의 채권의 담보를 위해서도 그 설정이 인정되는 것이므로 일반적으로 담보물권이 갖는 부종성이 근저당권에서는 완화된다.

근저당권은 대부분 거래관계를 위한 계약을 체결하는데 이에는 당좌대월계약, 물품공급계약 등이 있으며 결산기에 이르면 채권최고액의 한도 내에서 우선변제를 받을 수 있다. 따라서 근저당권을 설정함에 있어서는 채권최고액을 정하여야 하고 결산기도 정하여야 한다. 다만 결산기의 정함이 없는 때에는 일반적으로 기본 계약인 융자계약의 결산기가 근저당의 결산기로 한다.

## 2. 근저당권의 확정

실무적으로 근저당권의 결산기 도래로 인한 확정시기를 '경매신청시'로 보아 처리한다(대판 97다25521, 대판 97다26104). 즉 근저당권자가 그 피담보채권의 불이행을 이유로 경매신청을 한 때에는 그 경매신청시에 근저당권은 확정되는 것이고, 근저당권이 확정되면 그 이후에 발생하는 원본채권은 그 저당권에 의해 담보 될 수 없다.[2]

확정의 효과를 보면, A은행이 당해 부동산에 대하여 경매신청을 할 때에는 그 신청시에 근저당권은 확정되는 것이므로, 당해 근저당으로는 최고액이 5,000만 원이라고 하더라도 당시의 피담보채권인 2,000만 원의 범위 내에서 우선 변제받을 수 있다.

A은행이 경매신청 후 B에게 추가로 3,000만 원을 대출하였다고 하더라도 그 채권은 당해 근저당권에 의하여 담보될 수 없다. A은행은 추가로 대출한 3,000만 원에 관하여는 당해 사건에서 배당요구를 할 수 없을 뿐만 아니라 당해 부동산에 관하여 이중경매를 신청하여 구제 받을 수도 없다.

그런데 위와 같이 경매신청하는 자의 근저당권이 경매신청시를 기준으로 확정된다면 후순위의 다른 근저당권자도 그 경매시에 확정되는 것으로 볼 수 있을까. 마찬가지로 후순위의 근저당권자에 의해 경매신청이 이루어진 경우 선순위 근저당권의 확정시기도 경매시로 볼 수 있을까. 답은 그렇지 않다. 즉 이때는 다른 근저당권의 피담보채권은 그 근저당권의 소멸하는 시기, 즉 경락인이 경락대금을 완납한 때에 확정된다고 보아야 한다(대판 99다26085).

---

[2] 근저당권자가 경매신청을 실제로 한 것이 아니고 경매신청을 하려는 태도를 보인데 그친 것이라면 이로써 근저당권이 확정되었다고 볼 수 없다[대판 93. 3. 12. 92다48567].

## 3. 저당권과의 차이점

민법은 근저당에 대해 「저당권은 그 담보할 채무의 최고액만을 정하고 채무의 확정을 장래에 보류하여 이를 설정할 수 있다. 이 경우에는 그 확정될 때까지의 채무의 소멸 또는 이전은 저당권에 영향을 미치지 아니한다」고 규정한다(제357조 제1항).

예컨대, 甲이 은행과 1년의 기간으로 2,000만 원을 한도로 하는 당좌대월계약을 체결하였다고 하자, 은행은 甲이 발행한 수표 등을 1년의 기간과 2,000만 원의 한도에서는 甲의 예금 구좌에 잔고가 없더라도 대신 지급을 한다. 그런데 처음에 1,000만 원을 대신 지급하고 그 다음날 갑이 1,000만 원을 예금 구좌에 입금한 경우, 일반 저당권 같으면 피담보채권이 변제로 소멸할 터이지만 근저당권의 경우는 소멸하지 않는다.

은행이 대신변제하고 甲의 입금에 따라 그 때마다 일일이 일반저당권을 설정하는 번거로움을 피하기 위해, 채권최고액의 범위 내에서 채무의 확정을 장래(예 : 위 1년의 결산기)에 보류하여 그때까지 채무의 소멸이나 이전은 저당권에 아무런 영향을 주지 않는 점에서 근저당권은 일반 저당권과 차이가 있다.

## 4. 등기신청방법

① **공동신청** : 근저당권설정계약서에 의한 등기신청인 경우에는 설정자와 근저당권자가 본인임을 확인할 수 있는 주민등록증 등을 가지고 직접 등기소에 출석하여 공동으로 신청함이 원칙이다.

② **대리인에 의한 신청** : 등기신청은 반드시 신청인 본인이 하여야 하는 것은 아니고 누구든 대리인이 하여도 된다. 등기권리자 또는 등기의무자 일방이 상대방의 대리인이 되거나 쌍방이 제3자에게 위임하여 등기신청을 할 수 있으나, 변호사 또는 법무사가 아닌 자는 신청서의 작성이나 그 서류의 제출대행을 업(業)으로 할 수 없을 뿐이다.

③ **공동저당**

동일한 채권의 담보를 위하여 수개의 부동산에 설정되는 근저당권을 '공동저당'이라고 한다.

이에는 당초부터 수개의 부동산에 관한 권리를 목적으로 설정되는 「창설적 공동저당」과 일부 부동산을 담보제공한 상태에서 후일 추가적으로 담보에 제공하는 「추가적 공동저당」이 있다. 종래 공동저당 등기신청시 담보되는 부동산이 5개 이상인 때에는

'공동담보목록'을 첨부하며, 공동담보목록에는 목록의 번호에 따라 각 부동산표시 기재를 하고 신청인이 이에 기명날인하였다(법 제146조).

그러나 2004년 6월을 기하여 전국의 모든 부동산등기부는 전산등기부로 전환되었는데, 이 경우 공동담보목록이 자동생성되므로 별도 목록을 제출할 필요가 없게 되었다.

## 제2절 등기신청 작성례

☞ 등기신청서 갑지

# 근저당권설정등기신청

| 접수 | 년 월 일<br>제    호 | 처리인 | 접 수 | 조 사 | 기 입 | 교 합 | 등기필<br>통 지 | 각 종<br>통 지 |
|---|---|---|---|---|---|---|---|---|

### ① 부동산의 표시

1동의 건물의 표시: 서울특별시 관악구 신림동 77-7 대명빌라 가동
　　　　　　　[도로명주소] 서울특별시 관악구 관천로17길 23
전유부분의 건물의 표시
　　　건물의 번호 : 가동-3-303
　　　구　　　조 : 철근콘크리트조
　　　면　　　적 : 3층 303호 87.89㎡
대지권의 표시
　　　토지의 표시 : 1. 서울특별시 관악구 신림동 77-1 대 702.3㎡
　　　대지권의종류 : 1. 소유권
　　　대지권의비율 : 702.3분의 42.427    이상

| ② 등기원인과 그연월일 | 202○년 3월 7일  근저당권설정계약 |
|---|---|
| ③ 등기의 목적 | 근저당권 설정 |
| ④ 채권최고액 | 금 50,000,000원 |
| 채 무 자 | 김무채, 서울 관악구 관천로17길 23, 303호(신림동) |

| 구분 | 성 명<br>(상 호) | 주민 등록 번호<br>(등기용등록번호) | 주　　소<br>( 소 재 지 ) | 지분 |
|---|---|---|---|---|
| ⑤ 등기<br>의무<br>자 | 김 무 채 | 640928-1439218 | 서울 관악구 관천로17길 23, 303호(신림동) | / |
| ⑥ 등기<br>권리<br>자 | (주) 우리은행<br>대표이사 야훈<br>지배인 홍길동 | 110111-0023393 | 서울 중구 소공로 51(회현동1가)<br>(소관:이문동지점) | / |

☞ **등기신청서 을지**

| ⑦ 국민주택채권매입금액 | ※ 채권액의 10/1000<br>금      500,000 원 |
|---|---|
| 국민 주택 채권 발행 번호 | 0798-10-04890-8885 |
| ⑧ 등 록 면 허 세 | ※ 채권액의 2/1000<br>금      100,000 원 |
| 교 육 세 | ※ 위 등록면허세액의 20/100<br>금       20,000 원 |
| ⑨ 세 액 합 계 | 금      120,000 원 |
| ⑩ 등 기 신 청 수 료 | ※ 집합건물은 1개로 봄<br>금       15,000 원 |
| | 은행납부번호 : 14-11-00298772-1 |

<table>
<tr><td colspan="4" align="center">등기의무자의 등기필정보</td></tr>
<tr><td>부동산고유번호</td><td colspan="3">1115-1996-173964</td></tr>
<tr><td>성명(명칭)</td><td colspan="2">일련번호</td><td>비밀번호</td></tr>
<tr><td>김 무 채</td><td colspan="2">ACDI-0198-7329</td><td>12 - 3126</td></tr>
</table>

⑪ 첨 부 서 면

| | | | |
|---|---|---|---|
| 1. 등록면허세영수필확인및통지서 | 1통 | 1. 법인등기부등본 | 1통 |
| 1. 위임장 | 1통 | 1. 근저당권설정 계약서 | 1통 |
| 1. 인감증명서 | 1통 | | |
| 1. 등기필증(등기필정보는 정보기재) | 1통 | | |

202○년 3월   일

위 신청인

⑫ 위 대리인   김 대 리   (인)
서울 동대문구 휘경로4길 23
☎ 010-5964-3245

⑬ **서울중앙지방법원 관악등기소 귀중**

## 제3절 등기신청서 작성방법

① 부동산의 표시 기재

### 가. 토지만의 경우

**예시 1**

> 서울특별시 관악구 신림동 123  대  500㎡

**예시 2**

> 1. 경기도 연천군 군남면 선곡리 292-2  답 1,000㎡
> 2.           동       소       292-3  답 100㎡  이상

### 나. 단독건물인 경우 (토지+건물)

> 1. 경기도 의정부시 가능동 633-10 대 116.7㎡
> 2. 위 지상
>    [도로명주소] 경기도 의정부시 신촌로53번길 20-5
>    벽돌조 슬래브지붕 2층 주택
>           1층 61.05㎡
>           2층 61.05㎡
>           지하실 15.12㎡  이상

### 다. 아파트 등 구분소유인 경우

아파트와 같은 구분소유건물(집합건물)은 부동산표시례가 아래와 같이 정형화되어 있다. 집합건물등기부를 보면 표제부가 2개있는데 그중 첫 장은 '1동의 건물의표시' 기재가 되어 있고, 둘째 장은 '전유부분의 건물의 표시'로 이루어져 있다. 양 표제부가 흡사한듯하지만 전혀 다른 사항을 기재하고 있으므로 등기부등본을 보고 아래 각 괄호의 기재내용을 찾아 보도록 한다.

1 동의 건물의    표 시 : [소재지번, 건물명칭 및 번호]
                       [도로명주소]
전유부분의 건물의 표시
        건물의  번 호 : [1동의건물번호] – [층] – [호수]
        구       조 : [구조]
        면       적 : [층] [호수] [전유부분의 면적]㎡
대지권의 표시
        토지의    표시 : [1. 소재지번] [지목] [면적]㎡
        대지권의 종류 : [1. 소 유 권]
        대지권의 비율 : [대지권 비율]

**예시 1**

1동의 건물의 표시 : 서울특별시 강남구 대치동 123 동아아파트 제가동
            [도로명주소] 서울특별시 강남구 영동대로82길 32
전유부분의 건물의 표시
        건물의 번호 : 가-3-302
        구       조 : 철근콘크리트조
        면       적 : 3층 302호 130.89㎡
대지권의 표시
        토지의    표시 : 1. 서울특별시 강남구 대치동 123 대 17662.3㎡
        대지권의종류 : 1. 소유권
        대지권의비율 : 28066분의 115.427   이상

**예시 2**

1동의 건물의 표시 : 경기도 광명시 철산동 373, 동소 542,  동소 552
            경기도 광명시 하안동 764, 동소 769 제127동
            [도로명주소] 경기도 광명시 연서로 4
전유부분의 건물의 표시
        건물의 번호 : 127-5-577
        구       조 : 철근콘크리트조
        면       적 : 5층 577호 36.17㎡
대지권의 표시
        토지의    표시 : 1. 광명시 철산동  373 대    64371㎡
                       2. 동 소         542 대    5062.3㎡
                       3. 동 소         552 대    99787.9㎡
                       4. 광명시 하안동 764 대 154581.9㎡
                       5. 광명시 하안동 769 대   67607.2㎡
        대지권의종류 : 1. 내지 5.   소유권
        대지권의비율 : 391410.3분의 60.96   이상

## ② 등기원인과 그 연월일란

: 등기원인은 '근저당권설정계약'로, 연월일은 근저당권 설정 계약서상 계약일을 기재한다.

## ③ 등기의 목적란

: '근저당권설정'이라고 기재한다.

## ④ 채권최고액란

: 근저당권설정 계약서상의 채권액을 기재한다. 아라비아숫자로 금 50,000,000원으로 기재한다.

* 채무자란 : 채무자는 금전을 채권자로부터 빌리는 사람을 의미하는데 근저당권 설정자 내지 소유자와는 개념을 달리함에 주의해야한다.

　일반적으로 근저당권 설정자(소유자)는 채무자와 동일한 사람인 경우가 대부분이지만, 채무자를 위해 부동산을 담보로 내놓는 소유자를 '물상보증인'이라고 부르는데 이 경우는 저당권설정자와 채무자가 다른 경우이다. 근저당권설정자와 채무자가 동일인인 경우에도 채무자의 표시를 반드시 해야 한다. 채무자의 성명과 주소를 기재한다.

## ⑤ 등기의무자란

: 근저당권설정자의 성명, 주민등록번호, 주소를 기재하되, 등기부상소유자 표시와 일치하여야 한다. 그러나 법인인 경우에는 상호·본점·등기용등록번호를 기재하고, 비법인 사단이나 재단인 경우에는 비법인명칭·주사무소소재지·등기용등록번호·대표자의 성명이외에도 대표자의 주민등록번호·주소까지 기재한다.

| 구분 | 성　명<br>(상　호) | 주민 등록 번호<br>(등기용등록번호) | 주　소<br>(소　재　지) | 지분 |
|---|---|---|---|---|
| 등기<br>의무<br>자 | 공주이씨<br>강양공파종중<br>대표자 이강일 | 110111-0003914<br>630303-1234567 | 경기도 연천군 미산면 왕산로 20번길 7<br>서울 동대문구 휘경로4길 23 | |

⑥ 등기권리자란

: 근저당권자의 성명을 기재하는 란으로, 그 기재방법은 등기의무자란과 동일. 단, 등기권리자이든 의무자이든 그 주소를 기재함에 있어서 서울특별시, 부산광역시, 대구광역시, 인천광역시, 광주광역시, 대전광역시는 부산, 대구, 인천, 광주, 대전으로 약기하고 다른 시, 도는 행정구역 명칭대로 기재한다.

　　이 부분은 부동산표시란에서 '특별시', '광역시'를 기재하는 것과는 다르므로 구별해야한다. 그리고 번지라는 문자는 생략한다. 외국인의 성명을 기재함에 있어서는 그 국적을 병기하고 성명의 표기 방법은 교육과학기술부가 고시하는 외래어 표기법에 의한다.

⑦ 시가표준액 및 국민주택채권매입금액란

근저당권 설정자는 설정시 저당채권액이 2,000만 원 이상인 경우에 국민주택채권을 매입하여 채권발행번호를 등기신청서 을지에 기재하여야 한다.

근저당권 설정자는 저당권자를 위해 부동산을 담보로 내놓으려는 사람을 의미하므로 채권자인 근저당권자와는 구별해야 하며 채권매입은 "근저당권 설정자"가 하도록 되어 있음에 주의한다.

국민주택채권은 취급은행[3] 어느 지점에서든 매입이 가능하다. 취급은행에서 채권매입신청서를 작성하여 제출하고 채권매입비용을 납부하면 된다. 그리고 채권증서와 채권발행번호가 기재된 영수증을 수령해서 그중 채권발행번호를 등기신청서 을지에 기재하면 된다. 등기비용의 절감차원에서 은행은 즉시매도를 원할시 일정 할인료(약 10~13%, 매일 변동됨)만 부담시켜 채권발행번호가 기재된 영수증만을 내어주고 있다.

※ 채권산출기준표　　　주택법 시행령 제95조 제1항 별표12

| 저 당 | 2천만 원 이상 | 전국지역 | 10/1000 (1%) |
| --- | --- | --- | --- |

---

[3] 2020. 1. 1. 현재 현금수납은행
: 농협은행, 국민은행, 신한은행, 우리은행, 하나은행, 기업은행, SC은행, 경남은행, 광주은행, 대구은행, 부산은행, 전북은행 등 12개.

예를 들어 채권액이 2,000만 원으로 이 금액을 저당권설정금액으로 한다면, 주택채권매입액은 200,000원이다(= 2,000만 원 × 0.01).

최저매입금액은 1만 원이므로, 1만 원 미만의 단수가 있을 때에는 그 단수가 5천 원 이상 1만 원 미만일 때에는 1만 원으로 하고 그 단수가 5천 원 미만인 때에는 단수가 없는 것(절사)으로 한다.

⑧ 등록면허세영수필 확인서 및 통지서

등록면허세납부서(OCR용지)는 부동산 소재지 시/군/구청 취득 및 등록면허세과에서 발부받는다. 납부서는 가까운 은행에 납부하고 그 납부영수필(등기소보관용과 관청통보용)을 등기신청서 을지에 첨부하면 된다. 근저당권에서 등록면허세액의 산출 기준이 되는 금액은 채권최고액이 됨

$$\text{등록면허세} = \text{채권최고액} \times 2/1000 \ (0.2\%)$$
$$\text{교 육 세} = \text{등록면허세액의 } 20\% \ (\text{채권최고액의 } 0.04\%)$$

⑨ **세액합계란** : 등록면허세액과 교육세액의 합계를 기재한다.

⑩ **등기신청수수료** : 부동산 1개당 15,000의 수수료를 현금납부한다.[4] 종전의 대법원수입증지는 2013. 5. 1. 폐지되었다. 현금납부는 인터넷등기소에서 전자납부하거나, 등기소설치의 무인발급기에서 납부할 수 있으며, 은행에서의 현금납부는 종전처럼 이루어진다. 납부 후 '영수필확인서'는 신청서 뒷면에 부착하고, 은행 납부번호를 신청서 을지에 기재하여야 한다.

⑪ 첨부서면

> **가. 인감증명서**
> 등기의무자의 인감증명서 (발행일로부터 3월이내)를 첨부한다.

---

[4] 이 경우 e-form 신청은 13,000원, 전자신청은 10,000원이다.

### 나. 주민등록등(초)본

등기권리자의 주민등록등(초)본을 각 첨부한다. 발행일로부터 3개월 이내의 것이어야 한다. 주민등록등본 대신에 주민등록증 사본도 가능하다. 매수인의 경우는 주민등록번호 확인용 서류를 요하기 때문이다. 법인인 경우는 법인등기부등본 또는 지점등기부등본을 첨부한다.

### 다. 위 임 장

등기의무자(근저당권설정자)가 등기신청을 대리인에게 위임하는 경우에 등기의무자의 인감날인한 등기위임장을 첨부한다. 등기권리자는 막도장이어도 가능하다. 대리인의 자격에는 제한이 없으며 다만 금전을 받거나 업(業)으로 할 수 있는 사람은 변호사나 법무사에 한정되어있다.

### 라. 근저당권설정계약서

등기원인을 증명하는 서면으로 첨부한다.

### 마. 등기필증

등기의무자의 소유권에 관한 등기필증으로서 등기권리증이라고도 한다. 등기필증은 멸실, 분실되어도 재교부하지 않음에 주의해야 한다. 그렇다면 등기필증이 없으면 어떻게 저당권설정을 할 수 있는가. 다음의 3가지 방법 중 하나를 택하면 된다.

첫째, 등기신청시 의무자가 신분증 지참하고 등기소에 직접 출석하면 된다. 그러면 등기공무원은 본인인지를 확인하고 확인조서를 작성한 후 확인조서등본을 교부해주는데 이를 등기신청서에 첨부하면 된다.

둘째, 등기의무자가 공증사무실을 방문하여 위임장중 등기의무자의 작성부분에 관해 공증을 받고 그 부본1통을 등기신청서에 첨부하면 된다.

셋째, 법무사나 변호사가 대리인으로서 등기를 신청하는 경우에는 법무사나 변호사가 등기의무자인지를 확인하고 그들로부터 위임받았음을 확인하는 확인서면 2통을 작성하여 등기소에 제출하게 된다.

\* 등기의무자가 미성년자인 경우에는 법정대리인이 각 출석하여 확인조서 등의 작성에 응하면 된다.

### ⑫ 대리인란

실질적으로 양당사자가 등기소에 같이 가는 경우보다는 등기권리자가 등기의무자를 대리하여 등기신청하는 경우가 대부분이다. 대리인의 성명, 전화번호정도만 기재하고 그의 인장을 날인한다.

⑬ 등 기 소

후단의 등기소의 명칭 및 관할구역표를 참조
기재 例) 1) 서울중앙지방법원 중부등기소
         2) 부산지방법원 동부지원 등기과
         3) 수원지방법원 안산지원 시흥등기소

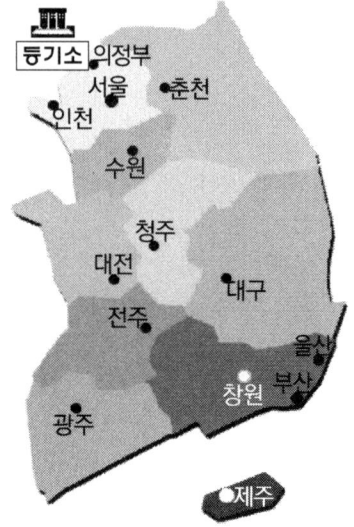

## 제4절 관련 서식례

**근저당권설정계약서**

| | |
|---|---|
| 채 권 자 | 주식회사 우리은행<br>서울 중구 소공로 51(회현동1가)(소관: 이문동지점)<br>대표이사 이덕훈, 지배인 홍길동 |
| 채 무 자 | 김무채<br>서울 관악구 관천로17길 23, 303호(신림동) |
| 근저당권설정자 | 김무채<br>서울 관악구 관천로17길 23, 303호(신림동) |
| 채 권 최 고 액 | 금 50,000,000 원정 |

제1조  근저당권설정자는 채무자가 위 금액 범위 안에서 채권자에게 대하여 기왕 현재 부담하고 또는 장래 부담하게 될 단독 혹은 연대채무나 보증인으로서 기명날인한 차용금증서 각서 지급증서 등의 채무와 발행배서 보증 인수한 모든 어음채무 및 수표금상의 채무 또는 상거래로 인하여 생긴 모든 채무를 담보코저 끝에 쓴 부동산에 순위 제1번의 근저당권을 설정한다.

제2조  장래 거래함에 있어서 채권자 사정에 따라 대여를 중지 또는 한도액을 축소시킬지라도 채무자는 이의하지 않겠다.

제3조  채무자가 약정한 이행의무를 한번이라도 지체하였을 때 또는 다른 채권자로부터 가압류 압류경매를 당한다든가 파산선고를 당하였을 때는 기한을 잃고 즉시 채무금 전액을 완제하여야 한다.

제4조  저당물건의 증축 개축 수리 개조 등의 원인으로 형태가 변경된 물건과 부가 종속된 물건도 이 근저당권의 효력이 미친다.

제5조  보증인은 채무자 및 근저당권설정자와 연대하여 이 계약의 책임을 짐은 물론 저당물건의 하자 그 외의 사유로 인하여 근저당권의 일부 또는 전부가 무효로 될 때에도 연대보증책임을 진다.

제6조  이 근저당권에 관한 소송은 채권자 주소지를 관할하는 법원으로 한다.

위 계약을 확실히 하기 위하여 이 증서를 작성하고 다음에 기명날인한다.

202○년 3월 7일

| | |
|---|---|
| 근 저 당 권 자 | 주식회사 우리은행 (소관 : 이문동지점)<br>대표이사 이덕훈, 지배인 홍길동 (인) |
| 채 무 자 | 김무채 (인) |
| 근저당권 설정자 | 김무채 (인) |

\* 부 동 산 의 표 시
 1동의 건물의 표시 : 서울특별시 관악구 신림동 77-7 대명빌라 가동
 전유부분의 건물의 표시
  건물의 번호 : 가-3-303
  구    조 : 철근콘크리트조
  면    적 : 3층 303호 87.89㎡
 대지권의 표시
  토지의  표시 : 1. 서울특별시 관악구 신림동 77-1 대 702.3㎡
  대지권의종류 : 1. 소유권
  대지권의비율 : 702.3분의 42.427  이상

# 위 임 장

## 부동산의 표시

1동의 건물의 표시 : 서울특별시 관악구 신림동 77-7 대명빌라 가동
 [도로명주소] 서울특별시 관악구 관천로17길 23
전유부분의 건물의 표시
　　건물의 번호 : 가 -3 -303
　　구　　　조 : 철근콘크리트조
　　면　　　적 : 3층 303호 87.89㎡
대지권의 표시
　　토지의 표시 : 1. 서울특별시 관악구 신림동 77-1 대 702.3㎡
　　대지권의종류 : 1. 소유권
　　대지권의비율 : 702.3분의 42.427 이상

| 등기원인과 그연월일 | 202○년 3월 7일 근저당권설정계약 |
|---|---|
| 등 기 의 목 적 | 근저당권 설정 |
| 채 권 최 고 액 | 금 50,000,000원 |
| 채 무 자 | 김무채, 서울 관악구 관천로17길 23, 303호(신림동) |

등기의무자　김무채　　　(인감)
　　　서울 관악구 관천로17길23
　　　303호(신림동)

등기권리자　(주)우리은행
　　(소관: 이문동지점)
　　대표이사 이덕훈
　　지배인 홍길동 (인)

김대리
서울 동대문구 휘경로4길 23
☎ 010-5964-2343

　위 사람을 대리인으로 정하고, 위 부동산 등기신청 및 취하에 관한 모든 행위를 위임한다.
　단, 위 대리인이 위 행위를 대리함에 있어 보수를 받지 아니하였음을 확인한다.
　또한 복대리인 선임을 허락한다.

　　　　　202○년 3월　일

## 제 5 절　근저당권 이전등기

근저당권의 이전에 관하여는 피담보채권[5])의 확정전과 확정 후에 따라 그 방법을 달리한다. 장래 불특정 채권을 담보하기 위한 근저당권의 피담보채권이 어떠한 사유로 '확정'되는가에 관하여 우리 민법은 아무런 규정을 두고 있지 않지만 이에는 ① 근저당 존속기간의 만료, ② 설정계약의 해지, ③ 경매신청 등의 사유를 든다.

❖ 근저당권이전

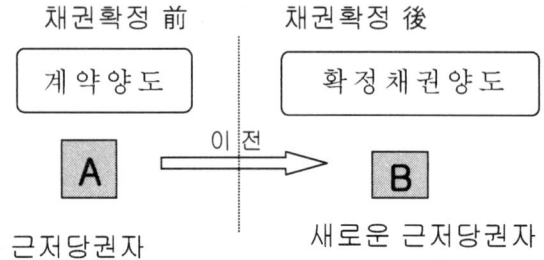

### 1. 근저당권의 피담보채권이 확정되기 前

#### 1) 확정전 양도에 대하여

① 근저당권의 피담보권이 확정되기 전은 근저당권의 기초가 되는 근저당권설정 계약상의 채권자 지위가 채권양수인에게 전부 또는 일부 양도된 경우인데, 그 양도인 및 양수인은 "계약 양도",[6]) "계약의 일부 양도"[7]) 또는 "계약가입"[8])을 등기원인으로 하여 근저당권이전등기를 신청할 수 있다. 이는 채권양수인이 채무자와 계속적 거래를 하고자 하는 경우에 할 수 있는 것이다.

※ 만일 채권양수인이 기존의 채권만을 확정하여 양수받고 채무자와 계속적 거래를 원

---

5) 저당권으로 담보하고 있는 실질 채권을 말한다.
6) 채권자의 계약상 지위가 '전부' 제3자에게 양도된 경우
7) 채권자의 계약상 지위가 '일부' 제3자에게 양도된 경우
8) 제3자가 기본계약에 가입하여 추가로 채권자가 된 경우

치 않는 경우 다음의 "2. 근저당권의 피담보채권이 확정된 후"를 참조하면 된다.
② 등기를 신청함에 있어서 근저당권설정자가 물상보증인이거나 소유자가 제3취득자인 경우에도 그의 승낙서를 첨부할 필요가 없다.

## 2) 계약양도

### ① 신 청 서

| 등기원인과 그연월일 | 20○○년 3월 8일 계약양도 |
|---|---|
| 등 기 의 목 적 | 근저당권 이전 |
| 이전할 근저당권 | 20○○. 7. 7. 접수 제2322호 순위 제1번으로 등기한 근저당권설정등기 단, 근저당권은 채권과 함께 이전함. |
| 등 기 의 무 자 | 주식회사 우리은행 (소관: 이문동 지점) |
| 등 기 권 리 자 | 주식회사 국민은행 |

### ② 근저당권이전계약서

---

# 근저당권 전부양도계약서

제1조 근저당권자는 말미기재부동산에 대하여 2020년 7월 2일 근저당권설정계약으로 인하여 설정등기를 한 채권최고액 금 50,000,000원에 대한 근저당권(2020. 7. 7. 서울북부지방법원 동대문등기소 접수 2322호 순위 제1번)의 전부를 양수인에게 양도하고 양수인은 이를 양수한다.

제2조 근저당권설정자는 제1조의 근저당권의 전부양도를 승낙하고 후일 양수인간에 그 피담보채권의 범위 및 채무자, 채권최고액 등에 관하여 협의할 것을 약정한다.

제3조 근저당권자는 지체없이 제1조의 근저당권의 전부양도로 인한 근저당권이전등기신청절차에 협력한다.

20○○년 3월 8일

근저당권자   주식회사 우리은행

```
     (양 도 인)   서울 중구 소공로 51 (회현동1가) (이문동지점)
               대표이사 이덕훈,  지배인 홍길동   (인)

     양 수 인    주식회사 국민은행
               서울특별시 중구 남대문로 84 (을지로2가)
               대표이사 강정원    (인)


     근저당권설정자  김 무 채    (인)
             서울 관악구 관천로1구길 23, 303호(신림동)

* 부동산의 표시
  1. 서울특별시 동대문구 이문동 123 대 200㎡  이상.
```

## 2. 근저당권의 피담보채권이 확정된 後

### 1) 확정후의 양도에 대하여

① 근저당권에 의하여 담보되는 채권이 확정된 후(결산기도래 등)에 그 피담보채권이 양도된 경우에는 근저당권자 및 채권양수인은 근저당권이전등기를 신청할 수 있다. 이 때의 채권양도는 기발생되어 있는 피담보채권을 변제받을 권리의 양도에 불과하다. 따라서 근저당권부 채권양도를 받은 양수인은 채권자로서의 '지위'를 양도받은 것이 아니기 때문에, 근저당권설정계약상의 채무자와 근저당권에 의하여 담보되는 새로운 거래는 할 수 없고, 오직 양도받은 채권을 회수하기 위해 그 근저당권을 실행할 수 있을 뿐이다.

② 근저당권의 피담보채권이 확정된 후에 그 피담보채권이 양도 또는 대위변제된 경우에는 근저당권자 및 그 채권양수인 또는 대위변제자[9]는 채권양도에 의한 저당권이전등

---

[9] 제3자가 대위변제를 하려면 변제를 하는데 정당한 이익을 갖거나('법정대위'라 함) (ex. 연대채무자, 보증인, 담보물의 제3취득자, 후순위담보권자 등), 또는 그러한 이익이 없는 경우에는 채권자의 승낙이 있어야 한다('임위대위'라 함).

따라서 대위변제에 의한 근저당권 이전등기신청을 하려면, 변제증서는 물론이고 정당한 이익이 있음을 증명하는 서면(ex 보증계약서 등) 또는 대위승낙서를 첨부하여야 한다.

기에 준하여 근저당권이전등기를 신청할 수 있다. 이 경우 등기원인은 "확정채권 (일부)양도" 또는 "확정채권 대위변제" 등으로 기재한다.
③ 위 등기를 신청함에 있어서 근저당권설정자가 물상보증인이거나 소유자가 제3취득자인 경우에도 그의 승낙서를 첨부할 필요가 없다.

### 2) 확정채권양도

① 신 청 서

| 등기원인과 그연월일 | 2020년 3월 8일 확정채권양도 |
|---|---|
| 등 기 의 목 적 | 근저당권 이전 |
| 이전할 근저당권 | 2020. 7. 7. 접수 제2322호 순위 제1번으로 등기한 근저당권설정등기 단, 근저당권은 채권과 함께 이전함. |
| 등 기 의 무 자 | 주식회사 우리은행 (소관: 이문동지점) |
| 등 기 권 리 자 | 주식회사 국민은행 (소관: 서초남지점) |

② 근저당권부 채권양도계약서

---

## 근저당권부 채권양도계약서

제1조 (주) 우리은행(이하 갑이라 함)은 2020년 7월 2일 근저당권설정계약서(이하 원계약서라고 함)에 의거하여 채무자 김무채에 대하여 가지고 있는 일체의 채권(현재액 내역은 별지와 같음)을 이를 담보하는 말미표시의 근저당권부 채권을 대금 1억 2,000만 원으로 (주) 국민은행(이하 을이라 함)에 양도하고 을은 양도받은 대금의 수수를 끝냈다.
제2조 갑은 전조의 채권양도에 관하여 매도인으로서 일체의 담보책임을 진다.
제3조 갑은 원계약서 및 제1조에 의하여 이전한 저당권의 등기, 기타 갑의 권리보전 및 행사에 필요한 일체의 서류를 을의 지시에 따라 을에게 교부한다.
제4조 이 증서의 작성 및 등기, 기타 이 계약에 관한 일체의 비용은 갑이 이를 부담한다.

2020년 3월 8일

> 양 도 인 (갑)   주식회사 우리은행
> 　　　　　　　서울 중구 소공로 51 (회현동1가) (이문동지점)
> 　　　　　　　대표이사 이덕훈, 지배인 홍길동　(인)
>
> 양 수 인 (을)   주식회사 국민은행 (서초남지점)
> 　　　　　　　서울 중구 남대문로 84(을지로2가) (서초남지점)
> 　　　　　　　대표이사 강정원, 지배인 최고봉　(인)
>
> * 부동산의 표시
> 1. 서울특별시 동대문구 이문동 123 대 200㎡ 이상.

## 3) 확정채권 대위변제

### ① 신 청 서

| 등기원인과 그연월일 | 202○년 3월 8일 확정채권대위변제 |
|---|---|
| 등 기 의 목 적 | 근저당권 이전 |
| 이전할 근저당권 | 202○. 7. 7. 접수 제2322호 순위 제1번으로 등기한 근저당권설정등기 단, 근저당권은 채권과 함께 이전함. |
| 등 기 의 무 자 | 주식회사 우리은행 (소관: 이문동지점) |
| 등 기 권 리 자 | 안경서 |

② **대위변제증서**

# 대 위 변 제 증 서

1. 202○. 7. 2.자로 금전소비대차계약에 의하여 당은행이 채무자 김무채에 대하여 가지고 있는 채권최고액 금 5,000만 원을 보증인인 귀하에게 변제를 받고 이를 확실히 수령하였으므로 금전소비대차계약증서를 귀하에게 교부합니다.
2. 서울북부지방법원 동대문등기소 202○. 7. 7. 접수 제2322호 순위 제1번으로 말미기재 부동산에 설정한 근저당권부 확정채권은 귀하를 위한 대위변제로 인하여 근저당권이전등기의 절차를 이행한다.

202○년 3월 8일

주식회사 우리은행
서울 중구 소공로 51 (회현동1가)(이문동지점)
대표이사 이덕훈, 지배인 홍길동 (인)

안경석 귀하

서울 강남구 개포로516, 701동 707호(개포동, 주공아파트)

* 부동산의 표시
1. 서울특별시 동대문구 이문동 123 대 200㎡

## 제6절 근저당권 변경등기(채무자변경)

### 1. 피담보채권 확정 前

#### 1) 의 의

근저당권의 피담보채권이 확정되기 前에 근저당권의 기초가 되는 기본계약상의 채무자 지위의 전부 또는 일부를 제3자가 계약에 의하여 인수한 경우, 근저당권설정자(소유자) 및 근저당권자는 "계약인수",10) "계약의 일부 인수",11) "중첩적 계약인수"12)를 등기원인으로 하여 채무자변경을 내용으로 하는 근저당권변경등기를 신청할 수 있다.

❖ 채무자 변경

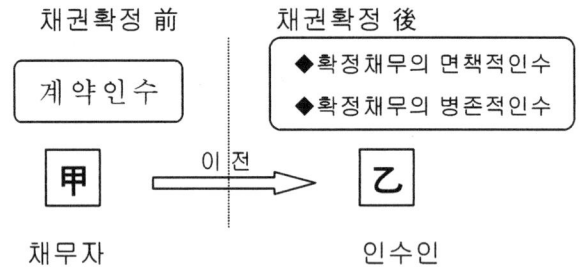

---

10) 제3자가 기본계약을 '전부' 인수하는 경우
11) 제3자가 수개의 기본계약 중 그 '일부'를 인수하는 경우
12) 제3자가 기본계약상의 채무자 지위를 '중첩적'으로 인수하는 경우 : 중첩적계약인수의 '변경할사항'란은 「2020. 7. 7. 접수 제2322호 순위 제1번으로 등기한 근저당권설정등기사항중 채무자 "이을남, 서울 강남구 도산대로81길 12"을 추가함」이라고 기재한다.

## 2) 계약인수

### ① 신 청 서

| 등기원인과 그연월일 | 20○○년 2월 16일 계약인수 |
|---|---|
| 등 기 의 목 적 | 근저당권 변경 |
| 변 경 할 사 항 | 2020. 7. 7. 접수 제2322호 순위 제1번으로 등기한 근저당권설정등기사항중 채무자 「김무채, 서울 관악구 관천로17길 23, 303호(신림동)」를 「이을남, 서울 강남구 도산대로81길 12」로 변경 |
| 등 기 의 무 자 | 김무채 |
| 등 기 권 리 자 | 주식회사 우리은행 (소관: 이문동지점) |

### ② 근저당권 변경계약서 (계약인수)[13]

**근저당권 변경계약서**

  2020년 7월 2일 근저당권설정계약으로 인한 말미기재 부동산에 설정등기한 근저당권(2020. 7. 7. 서울북부지방법원 동대문등기소 접수 2322호 순위 제1번)의 채무자를 다음과 같이 변경할 것을 약정한다.

  변경전   김무채
            서울 관악구 관천로17길 23, 303호(신림동)
  변경후   이을남
            서울 강남구 도산대로81길 125

20○○년 2월 16일

  인 수 인   이을남 (인)

---

[13] 이 경우의 (면책적) 계약인수 계약의 당사자는 **첫째** 채권자·채무자·인수인의 3인이 체결하는 경우, **둘째** 채권자와 인수인간 체결하는 경우(이해관계없는 제3자가 인수인이 되는 경우채무자의 의사에 반하여 채무를 인수하지는 못한다.-민 제453조 제2항), **셋째**, 채무자와 인수인간 체결하는 경우(이때는 반드시 채권자의 승낙이 있어야 함-민 제454조 제2항)가 있다.

> 서울 강남구 도산대로81길 12
> 근저당권자 주식회사 우리은행
> 서울 중구 소공로 51 (회현동1가) (이문동지점)
> 대표이사 이덕훈, 지배인 홍길동 (인)
>
> * 부동산의 표시
> 1. 서울특별시 동대문구 이문동 123 대 200㎡ 이상.

## 2. 피담보채권 확정된 後

### 1) 의 의

근저당권의 피담보채권이 확정된 後에 제3자가 그 피담보채무를 면책적 또는 중첩적으로 인수한 경우에는 채무인수로 인한 저당권변경등기에 준하여 채무자변경의 근저당권변경등기를 신청할 수 있다.

이 경우 등기원인은 "확정채무의 면책적 인수" 또는 "확정채무의 중첩적 인수" 등으로 기재한다.

### 2) 확정채무의 면책적인수

① 신 청 서

| 등기원인과 그연월일 | 2020년 2월 16일 확정채무의 면책적인수 |
|---|---|
| 등 기 의 목 적 | 근저당권 변경 |
| 변 경 할 사 항 | 2020. 7. 7. 접수 제12322호 순위 제1번으로 등기한 근저당권설정등기 사항중 채무자「김무채, 서울특별시 관악구 관천로1구길 23, 303호(신림동)」를「이을남, 서울 강남구 도산대로81길12」로 변경 |
| 등 기 의 무 자 | 김무채 |
| 등 기 권 리 자 | 주식회사 우리은행 (소관: 이문동지점) |

② **면책적 채무인수계약서**[14]

# 면책적 채무인수계약서

채무인수인 이을남을 '갑'으로, 채권자 주식회사 우리은행(소관 : 이문동지점)을 '을'로 하여 갑과 을 양측은 다음과 같이 채무인수계약을 체결한다.

제1조 갑은 을이 채무자 김무채에 대하여 가지고 있는 아래 담보권리에 기한 채권에 관하여 채무자의 채무를 인수할 것을 약속하고 을은 이를 승낙하였다.
① 담보권의 표시
「을이 채무자 김무채에 대하여 가지고 있는 2020년 7월 2일 근저당권설정계약에 의한 채권최고액 금 50,000,000원을 말미기재 부동산에 대한 서울북부지방법원 동대문등기소 2020. 7. 7. 접수 2322호로 등기한 근저당권의 원금 및 이자채권」
② 채권의 표시 : 금 45,000,000원
③ 이      자 : 연 10%
④ 변  제  기 : 2020. 12. 31.
⑤ 특      약 : 위 변제기에 변제치 않은 경우 그 다음날부터 연 20%의 지연이자를 지기로 함

제2조 갑은 을에 대하여 전조와 같은 계약에 따른 채무를 이행하여야 한다.

제3조 을은 채무자 김무채에 대하여 제1조의 채무 전부를 면제한다.

2020년 2월 16일

채무인수인(갑)   이을남 (인)
                서울 강남구 도산대로81길12

채권자 (을)     주식회사 우리은행
                서울 중구 소공로 51 (회현동1가)(이문동지점)
                대표이사 이덕훈, 지배인 홍길동 (인)

* 부동산의 표시
1. 서울특별시 동대문구 이문동 123 대 200㎡ 이상.

---

14) **면책적 채무**인수인 경우 종전 채무자는 채무로부터 완전히 면제된다. 이 경우 계약의 당사자는 **첫째** 채권자·채무자·인수인의 3인이 체결하는 경우, **둘째** 채권자와 인수인간 체결하는 경우(이해관계없는 제3자가 인수인이 되는 경우채무자의 의사에 반하여 채무를 인수하지는 못한다.-민 제453조 제2항), **셋째**, 채무자와 인수인간 체결하는 경우(이때는 반드시 채권자의 승낙이 있어야 함-민 제454조 제2항)가 있다.

### 3) 확정채무의 중첩적 인수

#### ① 신 청 서

| 등기원인과 그연월일 | 202○년 2월 16일 확정채무의 중첩적인수 |
|---|---|
| 등 기 의 목 적 | 근저당권 변경 |
| 변 경 할 사 항 | 2020. 7. 7. 접수 제2322호 순위 제1번으로 등기한 근저당권 설정등기사항 중 채무자 「이을남, 서울 강남구 도산대로81길2」을 추가함. |
| 등 기 의 무 자 | 김무채 |
| 등 기 권 리 자 | 주식회사 우리은행 (소관: 이문동지점) |

#### ② 중첩적 채무인수계약서[15]

## 중첩적 채무인수계약서

채무인수인 이을남을 '갑'으로, 채권자 주식회사 우리은행(소관 : 이문동지점)을 '을'로 하여 다음과 같이 채무인수계약을 체결한다.

제1조 갑은 을이 채무자 김무채에 대하여 가지고 있는 아래 담보권리에 기한 채권에 대한 채무를 인수하여 채무자 김무채와 함께 이행할 것을 약속한다.

① 담보권의 표시

을이 채무자 김무채에 대하여 가지고 있는 2020년 7월 2일 근저당권설정계약에 의한 채권최고액 금 50,000,000원을 말미기재 부동산에 대한 서울북부지방법원 동대문등기소 2020. 7. 7. 접수 2322호로 등기한 근저당권의 원금 및 이자채권

② 채권의 표시 : 금 45,000,000원

③ 이         자 : 연 10%

④ 변   제   기 : 202○. 12. 31.

---

[15] **중첩적 채무인수**인 경우 종전 채무자는 채무인수자와 함께 기존 채무를 부담한다. 이 경우 계약체결의 당사자는 **첫째** 채권자와 채무자·인수인의 3인이 체결하는 경우, **둘째** 채권자와 인수인간 체결하는 경우(면책적 채무인수의 경우와는 달리 채무자의 의사에 반하여도 체결할 수 있다), **셋째**, 채무자와 인수인간 체결하는 경우(이 계약은 일종의 '제3자를 위한 계약'이며 채권자의 수익의 의사표시, 즉 등기신청을 하는 행위가 필요하다-민 제539조 제2항)가 있다.

⑤ 특        약 : 위 변제기에 변제치 않은 경우 그 다음날부터 연 20%의 지연이자를 지기로 함
제2조 갑은 을에 대하여 전조와 같은 계약에 따른 채무를 이행하여야 한다.
제3조 을은 제1조의 채무에 관하여 갑 및 채무자 김무채에 대하여 동시 또는 순차로 전부 또는 일부의 이행을 청구할 수 있다.

202○년  2월  16일

채무인수인(갑)   이을남  (인)
              서울 강남구 도산대로81길12
채권자 (을)    주식회사 우리은행
              서울 중구 소공로 51 (회현동1가)(이문동지점)
              대표이사 이덕훈, 지배인 홍길동  (인)

* 부동산의 표시
 1. 서울특별시 동대문구 이문동 123 대 200㎡ 이상.

> **注意**  **상속으로 인한 채무자변경**
> ○ 근저당권의 채무자가 사망한 후 공동상속인 중 그 1인만이 채무자가 되려는 경우에는 상속재산분할협의서를 첨부하여 "협의분할에 의한 상속"을 등기원인으로 한 채무자변경의 근저당권변경등기를 한다.
> ○ 이 경우 신청인은 근저당권자와 근저당권설정자(또는 소유자, 제3취득자, 담보목적물의 공동상속인 등)가 공동으로 신청할 수가 있다. 주의할 점은 위 상속재산분할협의서에는 당해 근저당권의 채무자가 변경된다는 취지가 포함되어야 한다.

## 제 7 절 | 등기소 가기

### 1. 등기신청서류 준비하기

저당권 설정등기신청서는 부본을 포함하여 2부(묶음)를 제출한다.

※ 제1묶음은 등기소보관용이며, 제2묶음은 등기완료 후 반환받게 된다.

▶ 서대문등기소 전경

#### 등기신청서류(제1묶음)

1. 등기신청서 갑지
2. 등기신청서 을지
3. 간지17)
4. 근저당권설정계약서
5. 위임장
6. 등기의무자의 인감증명서
7. 등기권리자의 주민등록등(초)본

#### 부 본(제2묶음)

1. 근저당권설정계약서(원본)
2. 등기필증16)

---

16) 첨부되는 등기필증은 등기의무자(저당권설정자)의 소유권에 관한 등기필증을 말한다. 「등기필정보」라면 을지에 부동산고유번호, 일련번호, 비밀번호를 기재하는 것으로 족하고 별도 등기필정보를 첨부하지는 않는다.

17) 간지는 각 서류의 사이에 끼워 넣는 백지이다. 실무적으로 이러한 간지에 납부한 등록면허세영수필확인서를 붙이고 있다. 간지 없이 등록면허세 납수필영수증 등을 갑지와 을지 사이에 끼워 넣어도 무방하다.

## 2. 거쳐야할 기관

### ☞ 구(군)청에서 할 일

#### 가. 준비할 서류

a. 근저당권설정계약서 사본
b. 등록면허세 신고서

#### 나. 등록면허세고지서 발급절차

① 근저당권 설정계약서를 가지고 부동산소재지 구(군)청 세무과의 등록면허세 자진납부 창구에 가서 계약서 사본 1통과 구청에 비치된 등록면허세신고서를 작성하여 건네주고 담당자로부터 등록면허세 납부고지서를 수령한다. 즉시 처리하여 발부하여 준다. 등록면허세는 근저당권설정과 이전인 경우 아래와 같다.

> 등록면허세 = 채권최고액 × 2/1000 (0.2%)
> 교 육 세 = 등록면허세액의 20% (채권최고액의 0.04%)
> ※ 근저당권변경시의 등록면허세[18]는 정액세로 7,200원이다.

② 등록면허세액은 가급적 시·군·구청내의 금융기관에 납부하고 그 납부영수필(등기소 보관용과 관청통보용)을 간지에 살짝 붙이도록 한다.

### ☞ 은행에서 할 일

채권최고액이 2,000만 원 이상인 경우 등기신청시 국민주택채권을 매입한 후 채권발행번호를 등기신청서 을지에 기재한다.
국민주택채권은 취급은행[19] 어느 지점에서든 매입이 가능하다. 즉 등기소 관내 은행에서

---

[18] 정확하게는 등록면허세 및 지방교육세이다.
[19] 2020. 1. 1. 현재 현금수납은행

만 구입해야하는 것은 아니다. 취급은행을 방문하여 채권매입신청서를 작성하여 제출하고 채권매입비용을 납부한다. 그리고 채권증서와 채권발행번호가 기재된 영수증을 수령하여 그 발행번호를 신청서 을지(乙紙)의 적당한 여백에 기재하도록 한다.

등기비용의 절감차원에서 은행은 '즉시매도'를 원할시 일정 할인료(약 10~13%, 매일 변동됨)만 부담시켜 채권발행번호가 기재된 영수증만을 내어주고 있다.

## ☞ 등기소에서 할 일

### 가. 등기신청서제출

① 등기신청서 을지의 채권매입금액란, 등록면허세 등의 빈란에 각 금액을 기재하도록 한다.
② 부동산 1개당 15,000원의[20] 수수료를 현금납부한다.

▶ 등기조사관의 업무처리모습

종전의 대법원수입증지는 2013. 5. 1. 폐지되었다. 현금납부는 인터넷등기소에서 전자납부하거나, 등기소설치의 무인발급기에서 납부할 수 있으며, 은행에서의 현금납부는 종전처럼 이루어진다. 납부 후 '영수필확인서'는 신청서 뒷면에 부착하고, 은행 납부번호를 신청서 을지에 기재하여야 한다.
③ 등기신청서를 제출하는 사람은 신분증을 지참하고 등기신청서류를 관할 등기소 서무계에 제출한다.
④ 등기소, 법원의 업무시간은 오전 9:00에서 오후 6:00까지이다.

### 나. 등기필정보 수령하기

① 등기관은 접수 → 조사 → 기입 → 교합의 과정을 거쳐 등기가 완료된 때에는 등기완

---

: 농협은행, 국민은행, 신한은행, 우리은행, 하나은행, 기업은행, SC은행, 경남은행, 광주은행, 대구은행, 부산은행, 전북은행 등 12개.
20) 근저당권설정과 이전은 부동산 1개당 15,000원, 근저당권변경은 3,000원이다.

료의 증명서라고 할 등기필정보를 작성하여 특별한 사정이 있는 경우를 제외하고는 접수시로부터 24시간 이내에 등기권리자에게 교부하게 되어 있다. 등기가 완료되면 등기필정보를 수령하며, 동시에 소유자의 등기권리증도 반환받도록 한다(단 등기필정보로 기입한 경우는 불필요).

등기필증 수령시 등기소 접수장의 수령인란에 확인날인을 하거나 등기신청서 수령증이 발급된 경우에는 이를 지참하여 가지고 가서 등기필증과 교환받도록 한다.

② 해당 부동산의 등기부등본을 발급 신청해서 확인했을 때 권리자 명의로 등기되어 있다면 근저당권 등기가 제대로 끝난 것이다. 등기부등본의 1통당 수수료는 무인자동발매기에 의해 발급받을 경우 1통에 1,000원이며 등기과 창구에서 발급받는 경우는 1,200원이고, 인터넷을 통한 등기부의 열람은 1등기용지에 관하여 700원이다(등기부등초본수수료규칙 제3조 제2항).

# 전세권 설정등기

**제1절** 전세권 설정등기 • 343

**제2절** 등기신청서 작성례 • 346

**제3절** 등기신청서 작성방법 • 348

**제4절** 관련 서식례 • 354

**제5절** 등기소 가기 • 358

# 제 10 장
# 전세권 설정등기

## 제 1 절 전세권 설정등기

### 1. 전세권이란

 전세권이란 전세금을 지급하고 타인의 부동산을 점유하여 그 부동산의 용도에 좇아 사용·수익하며, 그 부동산 전부에 대하여 후순위 권리자 기타 채권자보다 전세금에 관한 우선변제권이 인정되는 특수한 용익물권이다(민법 제303조 제1항).
 말하자면 그것은 타인의 부동산을 사용·수익한다는 점에서 용익 물권이지만, 한편으로는 담보물권으로서의 특질도 아울러 가지는 특수한 물권이다. 그러나 전세권의 주된 성격은 용익 물권성에 있으며, 담보물권성은 전세금 반환의 확보를 위한 부수적인 것이다.

### 2. 전세권의 취득 및 존속기간

#### 가. 전세권의 취득
 전세권은 보통은 당사자 사이의 설정계약과 등기에 의하여 취득된다(민법 제186조). 그러나 특히 유의하여야 할 것은 전세권은 전세금의 지급을 요소로 하는 것이므로 '전세금'의 지급은 전세권설정계약의 성립요건이 된다는 점이다.

#### 나. 전세권의 존속
 전세권의 존속기간은 당사자가 설정행위에 의해 임의로 정할 수 있다. 다만 그 최장기간은 10년을 넘지 못하여, 10년을 넘는 경우에는 10년으로 단축된다(민법 제312조 제1항). 최단기

간에 관해서는 건물전세권에 한해 규정을 한다. 즉 그 존속기간을 1년 미만으로 정한 때에는 이를 1년으로 한다. 전세권의 존속기간은 등기하여야 제3자에게 대항할 수 있으며(부동산등기법 제72조 제1항), 그 등기가 없는 경우에는 존속기간의 약정이 없는 것으로 다루어진다.

### 다. 전세권의 갱신

전세권이 존속기간의 만료로 소멸하는 때에는 당사자는 이를 갱신할 수 있다. 그러나 그 기간은 갱신한 날로부터 10년을 넘지 못한다. 유의할 점은, 이 갱신은 당사자의 합의에 의해서만 가능하며, 지상권에 있어서처럼(민법 제283조 제1항) 전세권자에게 갱신청구권이 인정되어 있지는 않다.

민법은 '건물'의 전세권에 한해 법정갱신이라는 특칙을 규정한다. 즉, 건물의 전세권설정자가 전세권의 존속기간 만료 전 6월부터 1월까지 사이에 전세권자에 대하여 갱신거절의 통지 또는 조건을 변경하지 아니하면 갱신하지 아니한다는 뜻의 통지를 하지 아니한 경우에는 그 기간이 만료된 때에 前 전세권과 동일한 조건으로 다시 전세권을 설정한 것으로 다루어진다(민법 제312조 제4항). 다만 그 '존속기간은 이를 정하지 않은 것'으로 본다. 이 법정갱신은 법률규정에 의한 전세권의 존속기간의 변경이므로, 그 등기 없이도 효력이 생긴다.

## 3. 전세권등기관련 문제

❖ 전세권이전등기

전세권자는 설정행위로 금지하지 않는 한 전세권을 타인에게 양도 또는 담보로 제공할 수 있고 그 존속기간 내에서 그 목적물을 타인에게 전전세 또는 임대할 수 있으며, 전세금 반환과 전세권설정등기의 말소 및 전세목적물의 인도와는 동시이행의 관계에 있으므로, 전세권이 존속기간의 만료로 인하여 소멸된 경우에도 당해 전세권설정등기는 전세금반환채권을 담보하는 범위 내에서는 유효한 것이라 할 것이다.

<u>따라서 전세권의 존속기간이 만료되고 전세금 반환시기가 경과된 전세권의 경우에도 설정행위로 금지하지 않는 한 그러한 전세권의 이전등기는 가능할 것이다.</u>

그러나 전전세는 전세권의 존속기간 내에서만 타인에게 할 수 있으며, 전세권의 존속기간이 만료된 건물 전세권에 대한 전전세등기는 이를 할 수 없다(1998. 3. 24. 등기 3402-259 질의회답).

❖ 전세권변경등기

건물 전세권의 경우에는 토지 전세권과는 달리 법정갱신제도가 인정되고 있으므로, <u>존속기간이</u>

만료된 때에도 그 전세권설정등기의 존속기간이나 전세금에 대한 변경등기신청은 가능하다(1998. 6. 5. 등기 3402-487 질의회답).

다만 등기상 이해관계에 있는 제3자가 있는 경우 신청서에 그 승낙서 또는 이에 대항할 수 있는 판결등본을 첨부한 때에는 부기에 의하여 등기로 하고, 그렇지 않은 경우에는 주등기(독립등기)로 변경등기를 할 수 있다.

❖ 전세권변경등기 신청권자

전세권설정등기 후 목적부동산의 소유권이 제3자에게 이전된 경우, 그 소유권을 이전받은 제3취득자는 전세권설정자의 지위까지 승계하였다고 할 것이므로, 그 존속기간을 단축하거나 연장하기 위한 전세권변경등기신청은 전세권자와 제3취득자(소유자)가 공동으로 신청하여야 한다(1997. 12. 4. 등기 3402-968 질의회답).

❖ 전세권변경등기

전세권설정등기에 대한 변경등기를 신청하는 경우, 그 변경등기에 대하여 등기상 이해관계 있는 제3자가 있는 경우에는 신청서에 그 승낙서 또는 그에 대항할 수 있는 재판등본을 첨부한 때에 한하여 부기에 의하여 그 등기를 하고, 승낙서 등을 첨부하지 않은 때에는 주등기에 의하여 그 등기를 하게 된다.

전세권설정등기 후에 제3자 명의의 근저당권설정등기가 경료된 후 전세권설정등기의 변경등기를 신청하는 경우, 그 내용이 '전세금의 감액'인 경우에는 근저당권자의 승낙서 등을 첨부하지 않아도 부기에 의하여 그 등기를 할 것이나, 전세권의 존속기간 연장과 전세금의 증액을 함께 신청하는 경우에는 근저당권자의 승낙서 등을 첨부한 때에 한하여 부기에 의하여 그 등기를 할 수 있다(1998. 11. 17. 등기 3402-1146 질의회답).

❖ 전세권말소등기

등기의 말소를 신청하는 경우에 그 말소에 대하여 등기상 이해관계 있는 제3자가 있는 때에는 신청서에 그 승낙서 또는 이에 대항할 수 있는 재판등본을 첨부하여야 하는바, 전세권설정자가 전세권자를 상대로 하여 존속기간 만료를 원인으로 한 전세권설정등기의 말소등기절차이행을 명하는 확정판결을 받아 판결에 의한 말소등기를 신청하는 경우, 그 판결의 사실심 변론종결 전에 당해 전세권을 목적으로 하는 가압류등기가 경료되었다면, 가압류등기가 경료된 시점이 판결에 나타난 전세권의 존속기간 만료 시점 후라 하더라도 그 신청서에는 가압류 채권자의 승낙서 또는 그에 대항할 수 있는 재판등본을 첨부하여야 한다(1998. 8. 26. 등기 3402-811 질의회답).

## 제2절 등기신청서 작성례

☞ 등기신청서 갑지

<table>
<tr><td colspan="10" align="center">**전세권설정등기신청**</td></tr>
<tr><td rowspan="2">접<br>수</td><td>년 월 일</td><td rowspan="2">처<br>리<br>인</td><td>접수</td><td>조사</td><td>기입</td><td>교합</td><td>등기필<br>통 지</td><td>각 종<br>통 지</td></tr>
<tr><td>제 호</td><td></td><td></td><td></td><td></td><td></td><td></td></tr>
<tr><td colspan="10">① 부 동 산 의 표 시<br><br>1동의 건물의 표시: 서울특별시 관악구 신림동 77-7 대명빌라 가동<br>　　　　　[도로명주소] 서울특별시 관악구 관천로17길 23<br>전유부분의 건물의 표시<br>　　　건물의 번호: 가-3-303<br>　　　구　　　조: 철근콘크리트조<br>　　　면　　　적: 3층 303호 87.89㎡</td></tr>
<tr><td colspan="4">② 등 기 원 인 과 그 연 월 일</td><td colspan="6">202○년 2월 7일　전세권설정계약</td></tr>
<tr><td colspan="4">③ 등 기 의 목 적</td><td colspan="6">전세권 설정</td></tr>
<tr><td colspan="4">④ 전 세 금</td><td colspan="6">금 50,000,000원</td></tr>
<tr><td colspan="4">전 세 권 의 목 적 과 범 위</td><td colspan="6">건물전부</td></tr>
<tr><td colspan="4">존 속 기 간</td><td colspan="6">2020년 2월 20일부터 202○년 2월 19일까지</td></tr>
<tr><td>구분</td><td colspan="2">성　명<br>(상　호)</td><td colspan="2">주민 등록 번호<br>(등기용등록번호)</td><td colspan="4">주　　　소<br>( 소 재 지 )</td><td>지분</td></tr>
<tr><td>⑤<br>등기<br>의무자</td><td colspan="2">김무채</td><td colspan="2">640928-1439218</td><td colspan="4">서울 관악구 관천로17길 23, 303호(신림동)</td><td>/</td></tr>
<tr><td>⑥<br>등기<br>권리자</td><td colspan="2">최고봉</td><td colspan="2">680916-1239218</td><td colspan="4">서울 동대문구 이문동 휘경로22번길 23, 150동 201호(이문동,동아아파트)</td><td>/</td></tr>
</table>

☞ **등기신청서 을지**

| ⑦ 국민주택 채권매입 금액 | 금 0 원 |
|---|---|
| ⑧ 등 록 면 허 세 | ※ 전세금의 2/1000<br>금 100,000 원 |
| ⑧ 교 육 세 | ※ 위 등록면허세액의 20/100<br>금 20,000 원 |
| ⑨ 세 액 합 계 | 금 120,000 원 |
| ⑩ 등 기 신 청 수 수 료 | ※ 집합건물은 1개로 봄<br>금 15,000 원<br>은행납부번호 : 14-11-00928762-2 |

| 등기의무자의 등기필정보 |||
|---|---|---|
| 부동산고유번호 | 1115-1996-173964 ||
| 성명(명칭) | 일련번호 | 비밀번호 |
| 김 무 채 | ACDI-0198-7329 | 12 - 3126 |

⑪ 첨 부 서 면

| 1. 등록면허세영수필확인및통지서 1통<br>1. 위임장 1통<br>1. 인감증명서 1통[1]<br>1. 등기필증 1통 | 1. 주민등록등(초)본 1통<br>1. 전세권설정 계약서 1통 |
|---|---|

202○년 2월 일

위 신청인
⑫ 위 대리인 최진서 (인)
서울 동대문구 휘경로4길 23
☎ 010-5964-3245

⑬ **서울중앙지방법원 관악등기소 귀중**

---

[1] 소유자가 등기의무자인 경우 소유자의 인감증명서 1통이 필요하다.

## 제 3 절 　등기신청서 작성방법

① 부동산의 표시 기재

### 가. 토지만의 경우

[예시 1]

> 서울특별시 관악구 신림동 123　대　500㎡

[예시 2]

> 1. 경기도 연천군 군남면 선곡리 292-2　답 1,000㎡
> 2. 　　　　　동　　소　　292-3　답 100㎡　　이상

### 나. 단독건물인 경우 (토지 + 건물)

> 1. 경기도 의정부시 가능동 633-10 대 116.7㎡
> 2. 위 지상
>    [도로명주소] 경기도 의정부시 신촌로53번길 20-5
>    벽돌조 슬래브지붕 2층 주택
>    　　　1층 61.05㎡
>    　　　2층 61.05㎡
>    　　　지하실 15.12㎡　　이상

### 다. 아파트 등 구분소유인 경우

아파트와 같은 구분소유건물(집합건물)의 기재방법은 아래 부동산표시례와 같이 정형적 구조로 되어있다. 집합건물등기부를 보면 표제부가 2개있는데 그중 첫 장은 '1동의 건물의 표시' 기재가 되어있고, 둘째 장은 '전유부분의 건물의 표시'로 이루어져있다. 양 표제부가 흡사한듯하지만 전혀 다른 사항을 기재하고 있으므로 등기부등본을 보고 아래 각 괄호의 기재내용을 찾아보도록 한다.

1 동의 건물의    표 시 : [소재지번, 건물명칭 및 번호]
                        [도로명주소]
전유부분의 건물의 표시
        건물의  번 호 : [1동의건물번호] - [층] - [호수]
        구       조 : [구조]
        면       적 : [층] [호수] [전유부분의 면적]㎡
대지권의 표시
        토지의   표시 : [1. 소재지번] [지목] [면적]㎡
        대지권의 종류 : [1. 소 유 권]
        대지권의 비율 : [대지권 비율]

### 예시 1

1동의 건물의 표시 : 서울특별시 강남구 대치동 123 동아아파트 제가동
            [도로명주소] 서울특별시 강남구 영동대로82길 32
전유부분의 건물의 표시
        건물의 번호 : 가-3-302
        구       조 : 철근콘크리트조
        면       적 : 3층 302호 130.89㎡
대지권의 표시
        토지의   표시 : 1. 서울특별시 강남구 대치동 123 대 17662.3㎡
        대지권의종류 : 1. 소유권
        대지권의비율 : 28066분의 115.427   이상

### 예시 2

1동의 건물의 표시 : 경기도 광명시 철산동 373, 동소 542
경기도 광명시 하안동 764 제127동
            [도로명주소] 경기도 광명시 연서로 4
전유부분의 건물의 표시
        건물의 번호 : 127-5-577
        구       조 : 철근콘크리트조
        면       적 : 5층 577호 36.17㎡
대지권의 표시
        토지의   표시 : 1. 광명시 철산동 373 대       64371㎡
                      2. 동 소         542 대     5062.3㎡
                      3. 광명시 하안동 764 대    154581.9㎡
        대지권의종류 : 1.내지 3.  소유권
        대지권의비율 : 391410.3분의 60.96  이상

② 등기원인과 그 연월일란 : 등기원인은 '전세권설정계약'으로, 연월일은 전세권설정계약서상의 계약일을 기재한다.

③ 등기의 목적란 : '전세권설정'이라고 기재한다.

④ 전세권설정 계약내용

* 전세금란 : 아라비아 숫자로 금 50,000,000원이라 기재한다.
* 전세권의 목적과 범위란 : 전세권의 목적이 **토지**인 때에는
  "토지전부", "동쪽으로부터 100㎡" 등으로,
  건물인 경우는
  "주택전부", "건물전부", "건물 2층전부" 등으로,
  토지와 건물인 경우에는
  "토지와 건물 전부", "토지 및 주택2층 전부", "토지 및 주택 2층중 동쪽 50㎡", "101동 5층 512호 전부" 등으로 기재한다.

⑤ 등기의무자란 : 전세권설정자의 성명, 주민등록번호, 주소를 기재하되, 등기부상소유자 표시와 일치하여야 한다. 그러나 법인인 경우에는 상호·본점·등기용등록번호를 기재하고, 비법인 사단이나 재단인 경우에는 비법인명칭·주사무소소재지·등기용등록번호·대표자의 성명이외에도 대표자의 주민등록번호·주소까지 기재한다.

| 구분 | 성 명<br>(상 호) | 주민 등록 번호<br>(등기용등록번호) | 주 소<br>( 소 재 지 ) | 지분 |
|---|---|---|---|---|
| 등기<br>의무<br>자 | 공주이씨<br>강양공파종중<br>대표자 이강일 | 110111-0003914<br>630303-1234567 | 경기도 연천군 미산면 왕산로20번길 7<br>서울 동대문구 휘경로4길 23 | |

⑥ 등기권리자란 : 전세권자의 성명을 기재하는 란으로, 그 기재방법은 등기의무자란과 동일.

⑦ 시가표준액 및 국민주택채권매입금액란

　　전세권 설정자는 국민주택채권매입자가 아니므로 납부대상이 아니며 공란으로 두거나 "0"으로 기재한다.

⑧ 등록면허세영수필 확인서 및 통지서

　　등록면허세는 은행에 납부하고 그 납부영수필확인서를 등기신청서 뒷면에 호치킷으로 부착시키면 된다. 등록면허세액의 산출 기준이 되는 금액은 전세보증금액이 됨

$$등록면허세 = 전세보증금 \times 2/1000 \, (0.2\%)$$
$$교육세 = 등록면허세액의 \, 20\% \, (전세보증금의 \, 0.04\%)$$

⑨ 세액합계란 : 등록면허세액과 교육세액의 합계를 기재한다.

⑩ 등기신청수수료 : 부동산 1개당 15,000원의 수수료를 현금납부한다.[2]
　　종전의 대법원수입증지는 2013. 5. 1. 폐지되었다. 현금납부는 인터넷등기소에서 전자납부하거나, 등기소설치의 무인발급기에서 납부할 수 있으며, 은행에서의 현금납부는 종전처럼 이루어진다. 납부 후 '영수필확인서'는 신청서 뒷면에 부착하고, 은행 납부번호를 신청서 을지에 기재하여야 한다.

⑪ 첨부서면

> 가. 인감증명서
> 　　등기의무자의 인감증명서 (발행일로부터 3월 이내)를 첨부한다.
>
> 나. 주민등록등(초)본
> 　　등기권리자의 주민등록등(초)본을 각 첨부한다. 발행일로부터 3개월 이내의 것이어야 한다. 주민등록등본 대신에 주민등록증 사본도 가능하다. 매수인의 경우는 주민

---

[2] 이 경우 e-form 신청은 13,000원, 전자신청은 10,000원이다.

등록번호 확인용 서류를 요하기 때문이다. 법인인 경우는 법인등기부등본 또는 지점등기부등본을 첨부한다.

### 다. 위 임 장
등기의무자(전세권설정자)가 등기신청을 대리인에게 위임하는 경우에 등기의무자의 인감날인한 등기위임장을 첨부한다. 등기권리자는 막도장이어도 가능하다. 대리인의 자격에는 제한이 없으며 다만 금전을 받거나 업(業)으로 할 수 있는 사람은 변호사나 법무사에 한정돼있다.

### 라. 전세권설정계약서
등기원인을 증명하는 서면으로 첨부한다.

### 마. 등기필증
등기의무자의 소유권에 관한 등기필증으로서 등기권리증이라고도 한다. 등기필증은 멸실, 분실되어도 재교부하지 않음에 주의해야 한다. 그렇다면 등기필증이 없으면 어떻게 전세권설정을 할 수 있는가. 다음의 3가지 방법 중 하나를 택하면 된다.

첫째, 등기신청시 의무자가 신분증 지참하고 등기소에 직접 출석하면 된다. 그러면 등기공무원은 본인인지를 확인하고 확인조서를 작성한 후 확인조서등본을 교부해주는데 이를 등기신청서에 첨부한다.

둘째, 등기의무자가 공증사무실을 방문하여 위임장중 등기의무자의 작성부분에 관해 공증을 받고 그 부본1통을 등기신청서에 첨부한다.

셋째, 법무사나 변호사가 대리인으로서 등기를 신청하는 경우에는 법무사나 변호사가 등기의무자인지를 확인하고 그들로부터 위임받았음을 확인하는 확인서면 2통을 작성하여 등기소에 제출하게 된다.

* 등기의무자가 미성년자인 경우에는 법정대리인이 각 출석하여 확인조서 등의 작성에 응하면 된다.

### 바. 도 면
전세권의 목적이 부동산의 일부인 때에는 전세권이 설정된 부분의 도면을 첨부한다.
※ 집합건물이 아니면서 건물이 2층 이상인 경우, 어느 특정층 전부의 전세권설정인 경우는 도면을 첨부할 필요가 없다(등기선례 200707-4).

### 사. 인 지
일반적으로 전세권 설정계약서에는 10,000원의 인지를 첨부하여야 하지만, 주택(주거용건물)에 대한 전세권설정에는 인지세법의 규정에 의한 인지첨부가 면제된다. 만일 주택이 아닌 경우라면 인지를 구입하여 등기필증용 부본에 있는 전세권설정계약서에 인지를 붙이도록 한다.

⑫ 대리인란

　실질적으로 양당사자가 등기소에 같이 가는 경우보다는 등기권리자가 등기의무자를 대리하여 등기신청하는 경우가 대부분이다. 대리인의 성명, 전화번호정도만 기재하고 그의 인장을 날인한다.

⑬ 등 기 소

후단의 등기소의 명칭 및 관할구역표를 참조
기재 例) 1) 서울중앙지방법원 중부등기소
　　　　2) 부산지방법원 동부지원 등기과
　　　　3) 수원지방법원 안산지원 시흥등기소

## 제4절 관련 서식례

# 전 세 계 약 서

금 오천만 원정(₩50,000,000)

전세권설정자는 위 전세금을 틀림없이 받고 전세권자의 사용 수익을 위하여 내 소유인 다음의 부동산에 을구 순위 제2번의 전세권설정계약을 체결하고 다음 조항을 약정한다.

제1조 아래 부동산의 표시상의 '건물전부'를 전세권의 목적으로 한다.
제2조 전세권자는 이 부동산을 주택용 이외의 목적으로 쓰지 못한다.
제3조 전세권의 존속기간은 2020년 2월 20일부터 2020년 2월 19일까지로 한다.
제4조 전세권자는 전세목적물의 현상을 유지하고 선량한 관리자에 따른 주의의무를 하여야 한다.
제5조 전세권자가 전세목적물의 실내인테리어를 제외한 원형을 전세권설정자의 승낙 없이 변경하지 못하고 전세권목적물에 대하여 선량한 관리자의 주의를 가지고 사용하여야 한다.
제6조 전세권자는 그 사용수익을 위하여 현상을 변경하였을 경우에는 존속기간이 끝난 후 즉시 원상복구하여 전세권설정자에게 인도하여야한다.
제7조 전세권설정자는 원상복구와 동시에 전세권자에게 전세보증금을 반환하여야 한다.

위 계약을 확실히 하기 위하여 이 증서를 작성하고 다음에 기명, 날인한다.

2020. 2. 7.

전세권설정자 김무채 (640928-1439218) (인)
서울 관악구 관천로17길 23, 303호(신림동)
전 세 권 자 최고봉 (680916-1239218) (인)
서울 동대문구 이문동 휘경로22번길 23, 150동 201호(이문동, 신동아아파트)

\* 부동산의 표시 :

1동의 건물의 표시 : 서울특별시 관악구 신림동 77-7 대명빌라 가동
전유부분의 건물의 표시
  건물의 번호 : 가-3-303
  구         조 : 철근콘크리트조
  면        적 : 3층 303호 87.89㎡

〈도면 표지〉

# 건 물 도 면[3]

도면편철장  제            호

202○년  2월    일

등기의무자    김무채  (인)
　　　　　　　서울 관악구 관천로17길 23, 303호(신림동)

등기권리자    최고봉  (인)
　　　　　　　서울 동대문구 이문동 휘경로22번길 23,
　　　　　　　150동 201호(이문동, 신동아아파트)

**서울북부지방법원  동대문등기소  귀중**

---

[3] 전세권의 목적이 '부동산의 일부'인 때에는 전세권이 설정된 부분의 도면을 첨부한다. 다만 건물의 일부로서 특정층 전부인 때에는 도면을 첨부할 필요가 없다(등기선례 200707-4). 이 선례에 의하여 종래 도면을 첨부한다고 본 견해 변경함.

[도면 별지]

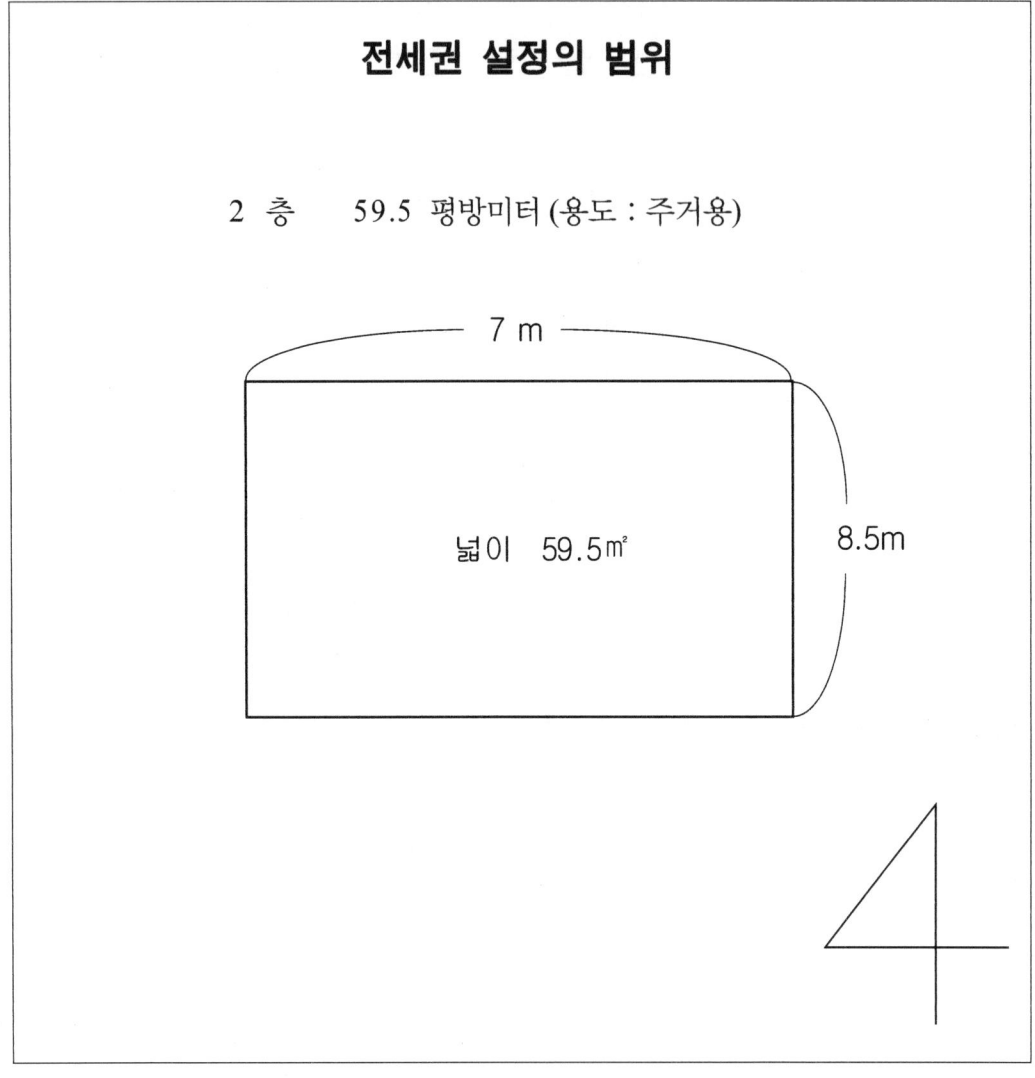

# 위 임 장

## 부 동 산 의 표 시

1동의 건물의 표시 : 서울특별시 관악구 신림동 77-7 대명빌라 가동
[도로명주소] 서울특별시 관악구 관천로17길 23

전유부분의 건물의 표시
건물의 번호 : 가-3-303
구         조 : 철근콘크리트조
면         적 : 3층 303호 87.89㎡

| | |
|---|---|
| 등기원인과 그연월일 | 202○년 2월 7일 전세권설정계약 |
| 등 기 의 목 적 | 전세권 설정 |
| 전 세 금 | 금 50,000,000원 |
| 전세권의 목적과 범위 | 건물전부 |
| 존 속 기 간 | 202○년 2월 20일부터 202○년 2월 19일까지 |

등기의무자 김무재 (인감)
　　　　　서울 관악구 관천로17길 23,
　　　　　303호(신림동)

등기권리자 최고봉 (인)
　　　　　서울 동대문구 이문동 휘경로
　　　　　22번길 23, 150동 201호(이문동,
　　　　　신동아아파트)

최진서
서울 동대문구 휘경로4길 23
☎ 010-5964-3245

　위 사람을 대리인으로 정하고, 위 부동산 등기신청 및 취하에 관한 모든 행위를 위임한다.
　단, 위 대리인이 위 행위를 대리함에 있어 보수를 받지 아니하였음을 확인한다. 또한 복대리인 선임을 허락한다.
　　　　　202○년 2월　　일

## 제5절 등기소 가기

### 1. 등기신청서류 준비하기

전세권 설정등기신청서는 부본을 포함하여 2부(묶음)를 제출한다.

※ 제1묶음은 등기소보관용이며, 제2묶음은 등기완료 후 반환받게 된다.

▶ 포천등기소 전경

### 등기신청서류

1. 등기신청서 갑지
2. 등기신청서 을지
3. 간지[5]
4. 전세권설정계약서(사본 可)
5. 도면 (부동산의 일부인 경우)
6. 위임장
7. 등기의무자의 인감증명서
8. 권리자의 주민등록등(초)본

### 부 본(제2묶음)

1. 전세권설정계약서(원본)
2. 등기필증[4]

---

[4] 첨부되는 등기필증은 전세권 설정자의 '소유권에 관한 등기필증'을 말한다. '등기필정보'인 경우 신청서 을지에 고유번호, 일련번호, 비밀번호를 기재하면 되고 등기필정보를 첨부하지는 않는다.

[5] 간지는 각 서류의 사이에 끼워 넣는 백지의 의미이다. 실무적으로 이러한 간지에 납부한 등록면허세영수필확인서 및 등기신청수수료 납부서를 붙이기도 한다.

## 2. 거쳐야할 기관

### ☞ 구(군)청에서 할 일

**가. 준비할 서류**

a. 전세권설정계약서 사본
b. 등록면허세 신고서

**나. 등록면허세고지서 발급절차**

① 전세권 설정계약서를 가지고 부동산소재지 구(군)청 세무과의 등록면허세 자진납부 창구에 가서 계약서 사본 1통과 구청에 비치된 등록면허세신고서를 작성하여 건네주고 담당자로부터 등록면허세 납부고지서를 수령한다. 즉시 처리하여 발부하여 준다. 등록면허세는 전세권설정인 경우 아래와 같다.

$$등록면허세 = 전세보증금 \times 2/1000 \ (0.2\%)$$
$$교육세 = 등록면허세액 \times 20/100 \ (20\%)$$

② 등록면허세액은 가급적 시·군·구청내의 금융기관에 납부하고 그 납부영수필(등기소 보관용과 관청통보용)을 간지에 살짝 붙이도록 한다.

### ☞ 등기소에서 할 일

**가. 등기신청서 제출**

① 등기신청서 을지의 채권매입금액란, 등록면허세 등의 빈란에 각 금액을 기재하도록 한다.
② 부동산 1개당 15,000원의[6] 수수료를 현금납부한다.

---

[6] 전세권설정과 그 이전등기는 부동산 1개당 15,000원, 전세권변경은 3,000원이다.

종전의 대법원수입증지는 2013. 5. 1. 폐지되었다. 현금납부는 인터넷등기소에서 전자납부하거나, 등기소설치의 무인발급기에서 납부할 수 있으며, 은행에서의 현금납부는 종전처럼 이루어진다. 납부 후 '영수필확인서'는 신청서 뒷면에 부착하고, 은행 납부번호를 신청서 을지에 기재하여야 한다.

③ 등기신청서를 제출하는 사람은 신분증을 지참하고 등기신청서류를 관할 등기소 서무계에 제출한다.

④ 등기소, 법원의 업무시간은 오전 9:00에서 오후 6:00까지이다.

## 나. 등기필정보 수령하기

① 등기관은 접수 → 조사 → 기입 → 교합의 과정을 거쳐 등기가 완료된 때에는 등기완료의 증명서라고 할 등기필증을 작성하여 특별한 사정이 있는 경우를 제외하고는 접수시로부터 24시간 이내에 등기권리자에게 교부하게 되어 있으므로, 1~2일정도 지나 등기필증을 수령하도록 한다.

등기필증 수령시 등기소 접수장의 수령인란에 확인날인을 하거나 등기신청서 수령증이 발급된 경우에는 이를 지참하여 가지고 가서 등기필증과 교환받도록 한다.

② 해당 부동산의 등기부등본을 발급 신청해서 확인했을 때 권리자 명의로 등기되어 있다면 전세권등기가 제대로 끝난 것이다. 등기부등본의 1통당 수수료는 무인자동발매기에 의해 발급받을 경우 1통에 1,000원이며 등기과 창구에서 발급받는 경우는 1,200원이고, 인터넷을 통한 등기부의 열람은 1등기용지에 관하여 700원이다.

# 임차권 설정등기

**제1절** 임차권 설정등기 • 363

**제2절** 등기신청서 작성례 • 365

**제3절** 등기신청서 작성방법 • 367

**제4절** 관련 서식례 • 371

**제5절** 등기소 가기 • 373

# 제 11 장
# 임차권 설정등기

## 제1절 임차권 설정등기

### 1. 임차권이란

임대차는 당사자 일방이 상대방에게 목적물을 사용·수익하게 하고 할 것을 약정하고 상대방(임차인)이 이에 대하여 차임을 지급할 것을 약정함으로써 성립하는 계약이다(민법 제618조). 부동산 임대차의 목적은 토지 또는 건물이다.

임대차에 있어서는 사용·수익의 대가로서 차임을 지급하는 것이 그 요소이며 차임은 금전에 한하지 않지만 현실에서 금전이 대부분이고 일부 농지에 대하여 賭地라는 형태로 수확된 쌀로 차임을 지급하는 예는 있다.

### 2. 임차권의 등기

부동산임차인은 당사자간에 반대약정이 없으면 임대인에 대하여 그 임대차 등기절차에 협력할 것을 청구할 수 있다(민법 제621조 제1항). 즉 반대특약이 없으면, 이 규정에 의하여 당연히 임차인의 등기청구권이 발생한다. 부동산임대차를 등기한 때에는 그 때부터 제3자에 대하여 효력이 생긴다(민법 제621조 제2항). 따라서 제3자가 임대물을 양도받은 때에는 종래의 임대차는 그대로 신소유자와 임차인 사이에 존속하는 것이 된다. 다만 다음의 2가지점을 유의하여야 한다.

첫째, 연체차임채권은 특약이 없는 한 당연히 신소유자에게 이전되지는 않는다.

둘째, 구소유자와 임차인 사이에 있었던 임대차에 부수하는 여러 특약중 등기하여야 할 사항(부동산등기법 제74조)에 관해서는 그것이 등기된 때에만 이를 신소유자에게 대항할 수 있다. 임차권등기는 그 보증금에 대하여 임차권등기 대상 부동산이 경매로 넘어가는 상황에서 임차권등기 순위에 의하여 배당에 참여할 수 있는 담보물권의 성질을 갖는다.

## 3. 등기신청방법

① **공동신청** : 임차권설정계약서에 의한 등기신청인 경우에는 설정자와 임차권자가 본인임을 확인할 수 있는 주민등록증 등을 가지고 직접 등기소에 출석하여 공동으로 신청함이 원칙이다.

② **대리인에 의한 신청** : 등기신청은 반드시 신청인 본인이 하여야 하는 것은 아니고 누구든 대리인이 하여도 된다. 등기권리자 또는 등기의무자 일방이 상대방의 대리인이 되거나 쌍방이 제3자에게 위임하여 등기신청을 할 수 있으나, 변호사 또는 법무사가 아닌 자는 신청서의 작성이나 그 서류의 제출대행을 업(業)으로 할 수 없을 뿐이다.

## 제2절 등기신청서 작성례

☞ 등기신청서 갑지

# 임차권 설정등기신청

| 접 수 | 년 월 일<br>제 호 | 처리인 | 접 수 | 조 사 | 기 입 | 교 합 | 등기필<br>통 지 | 각 종<br>통 지 |
|---|---|---|---|---|---|---|---|---|
| | | | | | | | | |

| ① 부 동 산 의 표 시 |
|---|
| 1. 서울특별시 동대문구 회기동 232-12 대 100㎡<br>2. 위 지상<br>　[도로명주소] 서울특별시 동대문구 회기로48-6<br>　벽돌조 슬래브지붕 2층주택<br>　　1층 59.5㎡<br>　　2층 59.5㎡<br>　　지하실 15.12㎡ 이상 |

| ② 등기원인과 그 연월일 | 2020년 2월 7일   임차권설정계약 |
|---|---|
| ③ 등기의 목적 | 임차권 설정 |
| ④ 임차보증금 | 금 50,000,000원 |
| 차　　　　임 | 금 300,000원 |
| 차 임 지 급 시 기 | 매월 말일 |
| 존 속 기 간 | 2020년 2월 20일부터 201○년 2월 19일까지 |
| 특　　　　약 | 임차권의 양도 또는 임차물의 전대를 허용함 |

| 구분 | 성 명<br>(상 호) | 주민등록번호<br>(등기용등록번호) | 주　　소<br>( 소 재 지 ) | 지분 |
|---|---|---|---|---|
| ⑤<br>등기<br>의무자 | 김 무 채 | 640928-1439218 | 서울 관악구 관천로17길 23, 303호<br>(신림동) | / |
| ⑥<br>등기<br>권리자 | 최 고 봉 | 680916-1239218 | 서울 동대문구 회기로48-6 | / |

☞ **등기신청서 을지**

| ⑦ 국 민 주 택 채 권 매 입 금 액 | 금　　　0　원 | |
|---|---|---|
| ⑧ 등 록 면 허 세 | ※ 월차임의  2/1000<br>금　　6,000 원 | |
| 교 육 세 | ※ 위 등록면허세액의 20/100<br>금　　1,200 원 | |
| ⑨ 세 액 합 계 | 금　　7,200 원 | |
| ⑩ 등 기 신 청 수 수 료 | 금　　30,000 원 | |
| | 은행 납부번호 : 14-11-00223986-3 | |
| 등기의무자의 등기필정보 | | |
| 부동산고유번호 | 1115-1996-173964 | |
| 성명(명칭) | 일련번호 | 비밀번호 |
| 김 무 채 | ACDI-0198-7329 | 12 - 3126 |
| ⑪ 첨 부 서 면 | | |
| 1. 등록면허세영수필확인및통지서　1통<br>1. 위임장　1통<br>1. 인감증명서　1통<br>1. 등기필증　1통<br>1. 주민등록증 사본　1통<br>1. 임차권설정 계약서　1통 | 1. 도면 (일부인 경우)　1통 | |

202○년  2월    일
위 신청인
⑬　　위 대리인 최진석　　(인)
서울 동대문구 휘경로4길 23
☎ 964-3245

⑭ 서울북부지방법원  동대문등기소   귀중

## 제 3 절 등기신청서 작성방법

※ 앞 등기신청서 갑지와 을지의 원표시(①)를 중심으로 작성방법을 설명함.

① **부동산의 표시 기재** : 생략

② **등기원인과 그 연월일란** : 등기원인은 '임차권설정계약'로, 연월일은 임차권설정계약서상 계약일을 기재한다.

③ **등기의 목적란** : '임차권설정'이라고 기재한다.

④ **임차권설정 계약내용**
   * 임차보증금 : 이에 관해 약정이 있는 경우에만 기재하며 아라비아 숫자로 「금 50,000,000원」이라 기재한다.
   * 차임 : 아라비아숫자로 「금 300,000원」으로 기재한다.

⑤ **등기의무자란** : 임차권설정자의 성명, 주민등록번호, 주소를 기재하되, 등기부상소유자 표시와 일치하여야 한다. 그러나 법인인 경우에는 상호·본점·등기용등록번호를 기재하고, 비법인 사단이나 재단인 경우에는 비법인명칭·주사무소소재지·등기용등록번호·대표자의 성명이외에도 대표자의 주민등록번호·주소까지 기재한다.

| 구분 | 성 명<br>(상 호) | 주민 등록 번호<br>(등기용등록번호) | 주 소<br>( 소 재 지 ) | 지분 |
|---|---|---|---|---|
| 등기의무자 | 공주이씨 강양공파종중<br>대표자 이강일 | 110111-0003914<br>630303-1234567 | 서울 동대문구 청량리 589<br>서울 동대문구 이문동 123 | |

⑥ **등기권리자란** : 임차권자의 성명을 기재하는 란으로, 그 기재방법은 등기의무자란과 동일.

### ⑦ 시가표준액 및 국민주택채권매입금액란

임차권 설정자는 국민주택채권매입자가 아니므로 납부대상이 아니며 공란으로 두거나 금액란에 "0"으로 기재한다.

### ⑧ 등록면허세영수필 확인서 및 통지서

등록면허세는 은행에 납부하고 그 납부영수필(등기소보관용과 관청통보용)을 등기신청서 을지에 첨부하면 된다. 등록면허세액의 산출 기준이 되는 금액은 월차임이 된다.

등록면허세 = 기준금액 × 2/1000 (0.2%)
교육세 = 등록면허세액 × 20/100 (20%)

그러나 월차임이 대개 보증금과는 비교할 수 없을 정도로 적은 금액인데 위와 같이 계산하여 산출한 금액이 6,000원에 미달하는 경우가 많게 된다. 이때에는 등록면허세의 최저한인 6,000원을 납부한다. 이때의 교육세는 1,200원이 된다.

### ⑨ 세액합계란 : 등록면허세액과 교육세액의 합계를 기재한다.

### ⑩ 등기신청수수료 : 부동산 1개당 15,000원의 수수료를 현금납부한다.[1]

종전의 대법원수입증지는 2013. 5. 1. 폐지되었다. 현금납부는 인터넷등기소에서 전자납부하거나, 등기소설치의 무인발급기에서 납부할 수 있으며, 은행에서의 현금납부는 종전처럼 이루어진다. 납부 후 '영수필확인서'는 신청서 뒷면에 부착하고, 은행 납부번호를 신청서 을지에 기재하여야 한다.

### ⑪ 첨부서면

> **가. 인감증명서**
> 등기의무자의 인감증명서 (발행일로부터 3월이내)를 첨부한다.
>
> **나. 주민등록등(초)본**
> 등기권리자의 주민등록등(초)본을 각 첨부한다. 발행일로부터 3개월 이내의 것이어야 한다. 주민등록등본 대신에 주민등록증 사본도 가능하다. 매수인의 경우는 주민

---

[1] 이 경우 e-form 신청은 13,000원, 전자신청은 10,000원이다.

등록번호 확인용 서류를 요하기 때문이다. 법인인 경우는 법인등기부등본 또는 지점등기부등본을 첨부한다.

### 다. 위 임 장

등기의무자(임차권설정자)가 등기신청을 대리인에게 위임하는 경우에 등기의무자의 인감날인한 등기위임장을 첨부한다. 등기권리자는 막도장이어도 가능하다. 대리인의 자격에는 제한이 없으며 다만 금전을 받거나 업(業)으로 할 수 있는 사람은 변호사나 법무사에 한정되어있다.

### 라. 임차권설정계약서

등기원인을 증명하는 서면으로 첨부한다.

### 마. 등기필증

등기의무자의 소유권에 관한 등기필증으로서 등기권리증이라고도 한다. 등기필증은 멸실, 분실되어도 재교부하지 않음에 주의해야 한다. 그렇다면 등기필증이 없으면 어떻게 임차권설정을 할 수 있는가. 다음의 3가지 방법 중 하나를 택하면 된다.

첫째, 등기신청시 의무자가 신분증 지참하고 등기소에 직접 출석하면 된다. 그러면 등기공무원은 본인인지를 확인하고 확인조서를 작성한 후 확인조서등본을 교부해주는데 이를 등기신청서에 첨부하면 된다.

둘째, 등기의무자가 공증사무실을 방문하여 위임장중 등기의무자의 작성부분에 관해 공증을 받고 그 부본1통을 등기신청서에 첨부하면 된다.

셋째, 법무사나 변호사가 대리인으로서 등기를 신청하는 경우에는 법무사나 변호사가 등기의무자인지를 확인하고 그들로부터 위임받았음을 확인하는 확인서면 2통을 작성하여 등기소에 제출하게 된다.

* 등기의무자가 미성년자인 경우에는 법정대리인이 각 출석하여 확인조서 등의 작성에 응하면 된다.

### 바. 도 면

임차권의 목적이 부동산의 일부인 때에는 임차권이 설정된 부분의 도면을 첨부한다. 다만 임차권의 목적인 범위가 건물의 일부로서 특정층 전부인 때에는 도면을 첨부할 필요가 없다(2007. 7. 30. 부동산등기과-2482 질의회답).

### 사. 인 지

일반적으로 임차권 설정계약서에는 10,000원의 인지를 첨부하여야 하지만, 주택에 대한 임차권설정에는 인지세법의 규정에 의한 인지첨부가 면제된다. 만일 주택이 아닌 경우라면 인지를 구입하여 등기필증용 부본에 있는 임차권설정계약서에 인지를 붙이도록 한다.

## ⑫ 대리인란

실질적으로 양당사자가 등기소에 같이 가는 경우보다는 등기권리자가 등기의무자를 대리하여 등기신청하는 경우가 대부분이다. 대리인의 성명, 전화번호정도만 기재하고 그의 인장을 날인한다.

## ⑬ 등 기 소

후단의 등기소의 명칭 및 관할구역표를 참조
기재 例) 1) 서울중앙지방법원 중부등기소
        2) 부산지방법원 동부지원 등기과
        3) 수원지방법원 안산지원 시흥등기소

## 제4절 관련 서식례

# 임 대 차 계 약 서

부동산의 표시 :

1. 서울 동대문구 회기동 232-12  대 100m²
2. 위 지상 벽돌조 슬래브지붕 2층주택
   1층  59.5m²
   2층  59.5m²
   지하실 15.12m² 이상

제 1 조  위 대상물건의 임차계약에 있어 임차인은 아래와 같이 임차금을 지불하기로 한다.

| 보 증 금 | 金 : 50,000,000 원정 |
| --- | --- |
| 계 약 금 | 金 : 5,000,000 원은 계약시 소유자에게 지불하고 |
| 잔  금 | 金 : 45,000,000 원은 202○년 2월 20일 지불한다. |
| 차  임 | 金 : 300,000 원은 매월 말일까지 지불하기로 한다. |

제 2 조  소유자는 대상 부동산을 2020년 2월 20일 임차인에게 인도한다.
제 3 조  임차권존속 기간은 2020년 2월 20부터 202○년 2월 19일까지로 한다.
제 4 조  위 대상물건은 기본시설 상태에서 임차이며, 임차인이 입주후 소유자의 동의를 얻어 변경할 수 있으나 부동산 인도시에는 자비로 원상복구하여야 한다.
제 5 조  소유자와 임차인은 중도금을 지불할 때 까지는 소유자는 계약금의 배액을 상환하고, 임차인은 계약금을 포기하고 이 계약을 해제할 수 있다.
제 6 조  소유자는 본 계약에 의거 임차인에 대하여 임차권설정등기를 해 주어야 한다.

단, 임차권의 양도 또는 임차물의 전대를 허용함

본 계약을 이행하기 위하여 계약당사자는 이의없음을 확인하고 서명 날인한다.

작성일자  2020년 2월 7일

| 소유자 | 주 소 | 서울 관악구 관천로17길 23, 303호(신림동) | | | | |
| --- | --- | --- | --- | --- | --- | --- |
| | 주민등록번호 | 640928-1432218 | 전화 | 887-1212 | 성명 | 김무해 (인) |
| 임차인 | 주 소 | 서울 동대문구 회기로 48-6 | | | | |
| | 주민등록번호 | 680916-1232218 | 전화 | 964-2322 | 성명 | 최고봉 (인) |

# 위 임 장

## 부 동 산 의 표 시

1. 서울특별시 동대문구 회기동 232-12  대 100㎡
2. 위 지상
   [도로명주소] 서울특별시 동대문구 회기로48-6
   벽돌조 슬래브지붕 2층주택
   1층 59.5㎡
   2층 59.5㎡
   지하실 15.12㎡ 이상

| | |
|---|---|
| 등기원인과 그 연월일 | 2020년 2월 7일  임차권설정계약 |
| 등 기 의 목 적 | 임차권 설정 |
| 임 차 보 증 금 | 금 50,000,000원 |
| 차 임 | 금 300,000원 |
| 차 임 지 급 시 기 | 매월 말일 |
| 존 속 기 간 | 2020년 2월 20일부터 2022년 2월 19일까지 |
| 특 약 | 임차권의 양도 또는 임차물의 전대를 허용함 |

등기의무자 김 무 재 (인감)
　　　　　 서울 관악구 관악로17길 23,
　　　　　 303호(신림동)

등기권리자 최 고 봉 (인)
　　　　　 서울 동대문구 회기로
　　　　　 48-6

최 진 석
서울 동대문구 이문동 103
☎ 964-3245

위 사람을 대리인으로 정하고, 위 부동산 등기신청 및 취하에 관한 모든 행위를 위임한다.
또한 복대리인 선임을 허락한다.
　　　　202○년 2월  일

## 제 5 절 등기소 가기

### 1. 등기신청서류 준비하기

임차권 설정등기신청서는 부본을 포함하여 2부(묶음)를 제출한다.

※ 제1묶음은 등기소보관용이며, 제2묶음은 등기완료 후 반환받게 된다.

▶ 은평등기소 전경

| 등기신청서류(제1묶음) | 부 본(제2묶음) |
|---|---|
| 1. 등기신청서 갑지<br>2. 등기신청서 을지<br>3. 간지[3]<br>4. 위임장<br>5. 등기의무자의 인감증명서<br>6. 임차권설정계약서<br>7. 도면 (부동산의 일부인 경우)<br>8. 주민등록등(초)본 또는 주민등록증 사본 | 1. 임차권설정계약서(원본)<br>2. 등기필증[2]<br>(등기필정보는 첨부 않음) |

---

[2] 첨부되는 등기필증은 임차권설정자가 가진 소유권에 관한 등기필증을 말한다.
[3] 간지는 각 서류의 사이에 끼어 넣는 백지의 의미이다. 실무적으로 이러한 간지에 납부한 등록면허세영수필확인서, 등기신청수수료납부서를 붙이기도 한다.

## 2. 거쳐야할 기관

### ☞ 구(군)청에서 할 일

가. 준비할 서류

a. 임차권설정계약서 사본
b. 등록면허세 신고서

나. 등록면허세고지서 발급절차

① 임차권 설정계약서를 가지고 부동산소재지 구(군)청 세무과의 등록면허세 자진납부 창구에 가서 계약서 사본 1통과 구청에 비치된 등록면허세신고서를 작성하여 건네주고 담당자로부터 등록면허세 납부고지서를 수령한다. 즉시 처리하여 발부하여 준다.

▶ 서초구청 전경

등록면허세는 임차권 설정인 경우 아래와 같다.

$$등록면허세 = 차임 \times 2/1000 \, (0.2\%)$$
$$교육세 = 등록면허세액 \times 20/100 \, (20\%)$$

② 등록면허세액은 가급적 시·군·구청내의 금융기관에 납부하고 그 납부영수필(등기소 보관용과 관청통보용)을 간지에 살짝 붙이도록 한다.

### ☞ 등기소에서 할 일

가. 등기신청서제출

① 등기신청서 을지의 빈란에 등록면허세 등의 각 금액을 기재하도록 한다.
② 부동산 1개당 15,000원의 수수료를 현금납부한다.

종전의 대법원수입증지는 2013. 5. 1. 폐지되었다. 현금납부는 인터넷등기소에서 전자납부하거나, 등기소설치의 무인발급기에서 납부할 수 있으며, 은행에서의 현금납부는 종전처럼 이루어진다. 납부 후 '영수필확인서'는 신청서 뒷면에 부착하고, 은행 납부번호를 신청서 을지에 기재하여야 한다.

③ 등기신청서를 제출하는 사람은 신분증을 지참하고 등기신청서류를 관할 등기소 서무계에 제출한다.

④ 등기소, 법원의 업무시간은 오전 9:00에서 오후 6:00까지다.

## 나. 등기필정보 수령하기

① 등기관은 접수 → 조사 → 기입 → 교합의 과정을 거쳐 등기가 완료된 때에는 등기완료의 증명서라고 할 등기필정보 또는 등기완료통지서를 작성하게 되어 있다.

　보정사항 없이 등기(교합)완료가 된 경우 등기소를 방문하여 등기필정보를 수령한다. 등기소에 비치된 '접수대장'의 수령인란에 확인날인을 하고 있다.

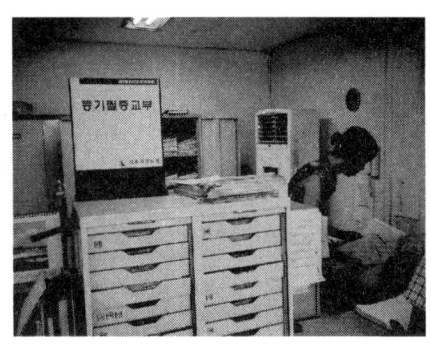

▶ 등기필정보를 교부받고 확인날인한다.

② 해당 부동산의 등기부등본을 발급 신청해서 확인했을 때 임차인 명의로 등기되어 있다면 임차권설정등기가 제대로 끝난 것이다. 등기부등본의 1통당 수수료는 무인자동발매기에 의해 발급받을 경우 1통에 1,000원이며 등기과 창구에서 발급받는 경우는 1,200원이고, 인터넷을 통한 등기부의 열람은 1등기용지에 관하여 700원이다(등기부등초본수수료규칙 제3조 제2항).

# 가등기

**제1절** 가등기의 의미 • 379

**제2절** 등기신청서 작성례 • 383

**제3절** 등기신청서 작성방법 • 385

**제4절** 관련 서식례 • 388

**제5절** 등기소 가기 • 390

# 제 12 장
# 가 등 기

## 제1절 가등기의 의미

### 1. 가등기란

가등기란 본등기를 할 수 있는 실체법적 요건이 갖추어지지 아니한 경우에 장래에 향한 등기의 준비로서 하는 등기로서 부동산등기법 제3조 각 호의 어느 하나에 해당하는 권리의 설정, 이전, 변경 또는 소멸의 청구권을 보전하려는 때에 한다. 청구권이 시기부 또는 정지조건부일 경우나 그 밖에 장래에 확정될 것인 경우에도 이용된다.

가등기에는 '청구권보전의 가등기'와 채권담보의 목적으로 경료된 '담보가등기' 둘이 있다. 전자는 부동산등기법에 의해 규율되고, 후자는 '가등기담보등에 관한 법률'에 의해 규율된다. 가등기의 효력은 본등기 후의 효력과 본등기전의 효력 둘로 나눌 수도 있지만, 본등기를 하기전의 가등기 그 자체는 아무런 실체법상의 효력이 생기지 않는다.

> ※ 가등기의 가등기는 가능한가
> □ 가등기의 가등기는 현재 판례나 등기 실무상 이를 인정하고 있다.
> □ 종래 가등기는 가등기 자체로는 어떤 권리변동이 종국적으로 발생하는 종국적으로 발생하는 종국등기가 아니라 장차 본등기를 할 때 그 순위를 보전하는 점정적이고

> 일시적인 예비등기라는 이유로 가등기의 권리는 상속의 경우를 제외하고는 이를 처분할 수 없는 것이라는 것이 판례의 입장이었다(72마399).
> □ 그러나 가등기가 예비등기이고 종국등기는 아니라하더라도 가등기도 그 자체로서는 아무런 권리의 등기도 아닌 것은 아니고 그 가등기 자체로서의 권리는 인정된다고 한다(78마282).
> □ 가등기권리자가 장차 본등기될 것을 전제로 하여 그 가등기권리자를 등기의무자로 한 새로운 소유권이전가등기나 저당권 설정가등기 등은 설정할 수 없지만(72마399) <u>가등기 자체를 이전하거나, 가등기권리 자체의 이전청구권가등기, 가등기권리이전금지가처분등기도 할 수 있다.</u>

## 2. 가등기에 기한 본등기

가등기를 한 후에 본등기를 하게 되면 본등기의 순위는 가등기의 순위에 따른다(부동산등기법 제91조). 이것은 물권변동[1]의 시기가 가등기한 때로 소급한다는 의미는 아니다. 물권변동은 본등기를 한 때에 발생한다.

다만 가등기 후에 다른 등기가 경료된 경우, 후에 가등기에 기해 본등기를 하게 되면 본등기의 순위가 가등기한 때로 소급함으로써, 가등기후 본등기 경료시까지 등기된 다른 등기는 본등기가 됨으로 인하여 직권 실효된다.

> **注意** 예컨대 A 소유의 부동산에 B앞으로 소유권이전청구권 보전의 가등기가 되어 있다고 하자. 이 경우 A는 그 부동산을 C에게 매도할 수도 있고, 또 저당권을 설정해 줄 수도 있다.
> 그러나 그 후에 B가 가등기에 기해 본등기를 하게 되면, C소유권등기 또는 저당권등기는 등기관의 직권으로 실효(말소)되는 것이다. 여기에 가등기의 위력이 존재하는 것이다.

가등기 후 그 본등기 전에 제3자에게 소유권이 이전된 경우 본등기신청의 등기의무자는 가등기를 할 때의 소유자임에 유의한다.

매매예약을 원인으로 한 가등기에 의한 본등기를 신청하는 경우 본등기의 원인일자는 매매예약완결의 의사표시를 한 날이 되고, 매매계약서를 등기원인을 증명하는 서면으로 제출하여야 한다.

---

[1] 물권변동이라 함은 소유권, 저당권, 전세권 등 물권적 권리의 발생, 변경, 소멸을 총칭하는 말이다. 민법 제186조에서 표현하고 있는 '물권의 득실변경'이란 물권의 변동을 말한다.

형식상 매매예약을 등기원인으로 하여 가등기가 마쳐져 있으나, 실제로는 매매예약완결권을 행사할 필요 없이 가등기권리자가 요구하면 언제든지 본등기를 하여 주기로 약정한 경우에는 매매예약완결권을 행사하지 않고서도 본등기를 신청할 수 있으며, 이때에는 별도로 매매계약서를 제출할 필요가 없다.

가등기에 의한 본등기를 신청할 때에는 가등기를 할 때 받은 등기필정보가 아닌 등기의무자의 권리에 관한 등기필정보를 제공하여야 한다.

## 3. 가등기를 할 수 있는 경우

### 가. 청구권보전의 가등기

① 가등기는 소유권, 지상권, 지역권, 전세권, 저당권, 임차권의 설정, 이전, 변경 또는 소멸의 청구권을 보전하려 할 때에 이를 한다.

> **注意** 예를 들면 A소유의 부동산을 B가 매수하여 소유권이전등기를 하지 못한 경우에 B는 그 소유권이전등기 청구권을 보전하기 위한 가등기를 할 수 있다. 본등기를 함에 아무런 장애가 없는데도 본등기를 하지 않고 굳이 가등기를 할 수 있는 가에 대하여 부정설도 있으나 등기공무원에게는 형식적 심사권만 있다는 점을 고려하면 긍정설이 옳다고 보며 실무도 이와 같이 처리한다.

② 가등기는 그 청구권이 시기부, 정지조건부인 때에도 그 청구권을 보전하기 위하여도 가능하다.

> **注意** 예를 들면 B가 A에게 금전을 대부하면서 이를 변제하지 않는 경우에는 A소유의 부동산을 이전한다는 계약을 체결한 경우에는 B의 A의 채무불이행을 정지조건으로 하는 소유권이전등기 청구권을 가지는 것이 되는데, B는 이러한 청구권을 보전하기 위하여 가등기를 할 수 있다. 단, 청구권이 해제조건부일 때에는 가등기를 할 수 없다.

③ 가등기는 장래에 있어서 확정될 청구권인 때에도 이를 한다. 매매예약을 체결한 경우 매수예약자는 매매계약 완결전이라도 장래에 있어서 확정될 권리에 관하여 가등기를 할 수 있는 경우를 들 수 있다.

## 나. 담보가등기

담보가등기라 함은 채권담보를 위하여 채권자와 채무자(제3자도 가능) 사이에 채무자 소유의 부동산을 목적으로 하는 대물변제예약 또는 매매예약을 체결하고, 이행기에 채무의 변제가 없는 경우에 채권자가 예약완결권을 행사함으로써 발생하게 될 장래의 소유권이전청구권을 보전하는 가등기를 말한다(가등기담보법 제2조).

형식적으로는 청구권가등기이나 실질적으로는 담보가등기일 때에는 본등기를 함에 있어 담보가등기에 관한 규정에 따라 청산절차를 밟아야 하고 이런 절차를 밟지 않은 본등기는 무효가 된다(判例). 담보가등기의 경우 등기원인은 '대물반환예약', 등기의 목적은 '소유권이전담보가등기'로 하여 등기가 된다.

그러나 외형상 청구권보전가등기도 사실상 담보목적의 가등기인 경우는 담보가등기로서의 효력만이 인정된다는 것이 판례입장이다.

---

**Knowledge is Power  담보가등기에 기한 소유권이전의 본등기절차**

❖ 담보가등기에 기한 소유권이전의 본등기를 한 경우에 가등기 이후 경료된 가압류가입등기와 근저당권설정등기 등은 등기관이 직권으로 말소할 수 있으며, 또한 가등기에 기한 본등기 신청시 그 등기원인증서로서 대물반환계약서를 첨부한다.

아울러 가등기담보등에관한법률 제3조에 의하여 채권자가 채무자 등에게 실행통지를 하고 그 통지가 채무자 등에게 도달한 날로부터 2개월이 경과하여야 채권자는 청산을 하고 그 담보가등기에 기한 소유권이전등기를 신청할 수 있는 것이며, 위 2개월의 청산기간 이전에는 본등기를 신청할 수 없다.

## 제 2 절  등기신청서 작성례

☞ 등기신청서 갑지

<table>
<tr><td colspan="9" align="center">**소유권이전청구권가등기신청**</td></tr>
<tr><td rowspan="2">접<br>수</td><td colspan="2">년 월 일</td><td rowspan="2">처<br>리<br>인</td><td>접 수</td><td>조 사</td><td>기 입</td><td>교 합</td><td>등기필<br>통 지</td><td>각 종<br>통 지</td></tr>
<tr><td colspan="2">제    호</td><td></td><td></td><td></td><td></td><td></td><td></td></tr>
<tr><td colspan="9" align="center">① 부 동 산 의 표 시</td></tr>
<tr><td colspan="9">1. 경기도 연천군 미산면 우정리 376   전 1,300㎡<br>2.    동소         376-1   전 1,000㎡<br>3.    동소          125    전  500㎡</td></tr>
<tr><td colspan="4">② 등기원인과 그 연월일</td><td colspan="5">202○년 3월 7일   매매예약</td></tr>
<tr><td colspan="4">③ 등 기 의 목 적</td><td colspan="5">소유권이전청구권 가등기</td></tr>
<tr><td colspan="4">④ 가 등 기 할 지 분</td><td colspan="5"></td></tr>
<tr><td colspan="2">구분</td><td colspan="2">성     명<br>(상     호)</td><td colspan="2">주민 등록 번호<br>(등기용등록번호)</td><td colspan="2">주       소<br>( 소  재  지 )</td><td>지분</td></tr>
<tr><td colspan="2">⑤<br>등기<br>의무자</td><td colspan="2">김무채</td><td colspan="2">670928-1439218</td><td colspan="2">경기도 연천군 군남면 군남로 23</td><td>/</td></tr>
<tr><td colspan="2">⑥<br>등기<br>권리자</td><td colspan="2">김개동</td><td colspan="2">690916-1239211</td><td colspan="2">경기도 연천군 미산면 왕산로 17</td><td>/</td></tr>
</table>

☞ **등기신청서 을지**

| ⑦ | 국민주택 채권매입 금액 | 금            0 원 |
|---|---|---|
| ⑧ | 등 록 면 허 세 | ※ 기준금액의 2/1000<br>금      100,000 원 |
| ⑧ | 교 육 세 | ※ 위 등록면허세액의<br>20/100<br>금      20,000 원 |
| ⑨ | 세 액 합 계 | 금      120,000 원 |
| ⑩ | 등 기 신 청 수 수 료 | ※ 부동산 1개당 15,000원<br>금      45,000 원<br>납부번호 : 14-11-00098329-1 |

| 등기의무자의 등기필정보 |||
|---|---|---|
| 부동산고유번호 | 1115-1996-173964 ||
| 성명(명칭) | 일련번호 | 비밀번호 |
| 김 무 채 | ACDI-0198-7329 | 12 - 3126 |

⑪ 첨 부 서 면

| | | | |
|---|---|---|---|
| 1. 등록면허세영수필확인및통지서 | 1통 | 1. 주민등록증 사본 | 1통 |
| 1. 위임장 | 1통 | 1. 매매 예약서 | 1통 |
| 1. 인감증명서 | 1통 | 1. 토지대장등본 | 1통 |
| 1. 토지거래허가서 | 1통 | | |
| 1. 신청서부본 | 1통 | | |
| 1. 등기필증(또는 등기필정보기재) | 1통 | | |

2020년 3월 일

⑫ 위 신청인 : 등기권리자겸 등기의무자의 대리인

김 개 동 (인)

경기도 연천군 미산면 왕산로 17

☎ 833-9152

⑬ **의정부지방법원 연천등기소 귀중**

## 제 3 절  등기신청서 작성방법

※ 앞 등기신청서 갑지와 을지의 원표시 (①)를 중심으로 작성방법을 설명함.

① **부동산의 표시 기재** : 생략

② **등기원인과 그 연월일란** : 등기원인은 '매매예약'으로, 연월일은 매매예약일을 기재한다.

③ **등기의 목적란** : '소유권이전청구권가등기'라고 기재한다.

④ **가등기할 지분란** : 지분에 대하여 가등기를 할 경우에만 기재한다.
ex) '홍길동지분 전부', '2번 홍길동의 지분 2분의 1중 일부(4분의1)'

⑤ **등기의무자란** : 부동산소유자의 성명, 주민등록번호, 주소를 기재하되, 등기부상소유자 표시와 일치하여야 한다. 그러나 법인인 경우에는 상호·본점·등기용등록번호를 기재하고, 비법인 사단이나 재단인 경우에는 비법인명칭·주사무소소재지·등기용등록번호·대표자의 성명이외에도 대표자의 주민등록번호·주소까지 기재한다.

⑥ **등기권리자란** : 가등기권자의 성명, 주소를 기재하는 란으로, 그 기재방법은 등기의무자란과 동일. 주소를 기재함에 있어서 서울특별시, 부산광역시, 대구광역시, 인천광역시, 광주광역시, 대전광역시는 부산, 대구, 인천, 광주, 대전으로 약기하고 다른 시, 도는 행정구역 명칭대로 기재한다. 이 부분은 부동산표시란에서 '특별시', '광역시'를 기재하는 것과는 다르므로 구별해야 한다. 그리고 번지라는 문자는 생략한다. 외국인의 성명을 기재함에 있어서는 그 국적을 병기하고 성명의 표기 방법은 교육과학기술부가 고시하는 외래어 표기법에 의한다.

⑦ **시가표준액 및 국민주택채권매입금액란**
가등기권자는 국민주택채권매입자가 아니므로 납부대상이 아니며 공란으로 두거나 "0"으로 기재한다.

### ⑧ 등록면허세영수필 확인서 및 통지서

등록면허세는 은행에 납부하고 그 납부영수필(등기소보관용과 관청통보용)을 등기신청서 을지에 첨부하면 된다. 부동산의 공시가액과 매매예약금액 중 큰 금액이 등록면허세의 산출기준, 즉 기준금액이 된다.

$$등록면허세 = 기준금액 \times 2/1000 \ (0.2\%)$$
$$교육세 = 등록면허세액 \times 20/100 \ (20\%)$$

### ⑨ 세액합계란
: 등록면허세액과 교육세액의 합계를 기재한다.

### ⑩ 등기신청수수료
: 부동산 1개당 15,000원의 수수료를 현금납부한다.[2]

종전의 대법원수입증지는 2013. 5. 1. 폐지되었다. 현금납부는 인터넷등기소에서 전자납부하거나, 등기소설치의 무인발급기에서 납부할 수 있으며, 은행에서의 현금납부는 종전처럼 이루어진다. 납부 후 '영수필확인서'는 신청서 뒷면에 부착하고, 은행 납부번호를 신청서 을지에 기재하여야 한다.

### ⑪ 첨부서면

> **가. 인감증명서**
> 등기의무자의 인감증명서 (발행일로부터 3월이내)를 첨부한다.
>
> **나. 주민등록등(초)본**
> 등기권리자의 주민등록등(초)본을 각 첨부한다. 발행일로부터 3개월 이내의 것이어야 한다. 주민등록등본 대신에 '주민등록증 사본'도 가능하다. 매수인의 경우는 주민등록번호 확인용 서류를 요하기 때문이다. 법인인 경우는 법인등기부등본 또는 지점등기부등본을 첨부한다.
>
> **다. 위 임 장**
> 등기의무자(소유자)가 등기신청을 대리인에게 위임하는 경우에 등기의무자의 인감 날인한 등기위임장을 첨부한다. 등기권리자는 막도장이어도 가능하다. 대리인의 자격에는 제한이 없으며 다만 금전을 받거나 업(業)으로 할 수 있는 사람은 변호사나 법무사에 한정되어 있다.

---

[2] 이 경우 e-form 신청은 13,000원, 전자신청은 10,000원이다.

### 라. 매매예약서
등기원인을 증명하는 서면으로 첨부한다.

### 마. 등기필증
등기의무자의 소유권에 관한 등기필증으로서 등기권리증이라고도 한다. 등기필증은 멸실, 분실되어도 재교부하지 않음에 주의해야 한다. 그렇다면 등기필증이 없으면 어떻게 저당권설정을 할 수 있는가. 다음의 3가지 방법 중 하나를 택하면 된다.

첫째, 등기신청시 의무자가 신분증 지참하고 등기소에 직접 출석하면 된다. 그러면 등기공무원은 본인인지를 확인하고 확인조서를 작성한 후 확인조서등본을 교부해주는데 이를 등기신청서에 첨부하면 된다.

둘째, 등기의무자가 공증사무실을 방문하여 위임장중 등기의무자의 작성부분에 관해 공증을 받고 그 부본1통을 등기신청서에 첨부하면 된다.

셋째, 법무사나 변호사가 대리인으로서 등기를 신청하는 경우에는 법무사나 변호사가 등기의무자인지를 확인하고 그들로부터 위임받았음을 확인하는 확인서면 2통을 작성하여 등기소에 제출하게 된다.

* 등기의무자가 미성년자인 경우에는 법정대리인이 각 출석하여 확인조서 등의 작성에 응하면 된다.

### 바. 농지취득자격증명원
지목이 전, 답, 과인 경우 농지로써 농지취득자격증명원이 본등기시에는 필요하지만, <u>가등기 단계에서는 첨부서면이 아니다.</u>

다만 토지거래허가구역인 경우 <u>토지거래허가를 받아야하므로</u> 가등기신청시에도 이 허가서면이 필요하다.

## ⑫ 대리인란
실질적으로 양당사자가 등기소에 같이 가는 경우보다는 등기권리자가 등기의무자를 대리하여 등기신청하는 경우가 대부분이다. 대리인의 성명, 전화번호정도만 기재하고 그의 인장을 날인한다.

## ⑬ 등 기 소
후단의 등기소의 명칭 및 관할구역표를 참조
기재 例) 1) 서울중앙지방법원 중부등기소
　　　　 2) 부산지방법원 동부지원 등기과
　　　　 3) 수원지방법원 안산지원 시흥등기소

## 제4절 관련 서식례

# 매 매 예 약 서

예약 당사자의 표시
    예 약 자 (갑)  김 무 채
                    경기도 연천군 군남면 군남로 23
    예약권리자 (을)  김 개 동
                    경기도 연천군 미산면 왕산로 17

부동산의 표시: 아랫면 부동산 목록과 같다.

예약자 김무채를 甲이라 칭하고 예약 권리자 김개동을 乙이라 칭하여 아래와 같이 매매예약을 체결한다.

- 아　　래 -

제 1 조  (갑)은 (을)에게 본 예약서 아랫면 목록기재부동산을 대금 50,000,000 원에 매도할 것을 예약하며 (을)은 이를 승낙한다.
제 2 조  본 매매 예약의 완결일자는 202○ 12월 31일로 하며 위 완결 일자가 경과하였을 때에는 (을)의 매매완결의 의사표시가 없어도 당연히 매매가 완결된 것으로 본다.
제 3 조  제2조에 의하여 매매가 완결되었을 때에는 (갑) (을) 간에, 위 부동산에 대한 매매계약이 성립되며 (갑)은 (을)로부터 제1조의 대금을 수령함과 동시에 (을)에게 위 부동산에 관하여 매매로 인한 소유권이전등기절차를 이행하고 위 부동산을 인도 및 명도 하여야 한다.
제 4 조  (을)은 (갑)에게 본 예약의 증거금으로 예약당일에 금 5,000,000원을 지급하기로 하며 위 금액은 제1조의 대금에서 공제한다.
제 5 조  (갑)은 본 예약체결과 동시에 위 부동산에 대하여 (을)에게 매매예약에 의한 소유권이전청구권 보전의 가등기 절차를 이행하기로 한다.
제 6 조  본 예약에 의한 등기신청비용, 등록면허세 등은 (갑)이 부담한다.

상기 계약을 증명하기 위하여 본 예약서 2통을 작성하여 (갑) (을) 쌍방이 기명날인 한 후 각자 1통을 소지한다.

202○년 3월 7일

예  약  자 (갑)  김무채   (인)
예 약 권리자 (을)  김개동   (인)

* 부동산의 표시:
    1. 경기도 연천군 미산면 우정리 376　전 1,300㎡
    2.　　　동소　　　　　　　376-1 전 1,000㎡
    3.　　　동소　　　　　　　125　전  500㎡

## 위 임 장

### 부 동 산 의 표 시

1. 경기도 연천군 미산면 우정리 376 전 1,300m²
2. 동소 376-1 전 1,000m²
3. 동소 125 전 500m²
   이 상

| 등기원인과 그 연월일 | 202○년 3월 7일 매매예약 |
|---|---|
| 등 기 의 목 적 | 소유권이전청구권가등기 |
| 가 등 기 할 지 분 | |
| | |

| 등기의무자 김무채 (인감)<br>경기도 연천군 군남로23<br><br>등기권리자 | 김개동<br>경기도 연천군 미산면 왕산리7<br>☎ 833-9152<br><br>위 사람을 대리인으로 정하고, 위 부동산 등기신청 및 취하에 관한 모든 행위를 위임한다.<br>단, 복대리인 선임을 허락한다.<br><br>202○년 3월 일 |
|---|---|

## 제 5 절  등기소 가기

### 1. 등기신청서류 준비하기

가등기신청서를 2부(묶음)를 제출한다.

※ 제1묶음은 등기소보관용이며, 제2묶음은 등기완료 후 반환받게 된다.

| 등기신청서류(제1묶음) | 부 본(제2묶음) |
|---|---|
| 1. 등기신청서 갑지<br>2. 등기신청서 을지<br>3. 매매예약서<br>4. 위임장<br>5. 등기의무자의 인감증명서<br>6. 권리자의 주민등록등(초)본<br>7. 토지(임야)대장등본 - 집합건물은 대지권등록부 추가<br>8. 건축물대장 (건물인 경우) - 집합건물은 전유부, 표제부<br>9. 토지거래허가서 (필요한 경우) | 1. 매매예약서 (원본)<br>2. 등기필증[3)]<br>　　(등기필정보는 첨부않음) |

### 2. 거쳐야할 기관

☞ **구(군)청**에서 할 일

가. 준비할 서류

a. 매매예약서
b. 등록면허세 신고서

---

3) 첨부되는 등기필증은 등기의무자(소유자)의 등기필증을 말한다.

## 나. 등록면허세고지서 발급절차

① 매매예약서[4]를 가지고 부동산소재지 구(군)청 세무과의 등록면허세 자진납부 창구에 가서 계약서 사본 1통과 구청에 비치된 등록면허세신고서를 작성하여 건네주고 담당자로부터 등록면허세 납부고지서를 수령한다. 즉시 처리하여 발부하여 준다. 토지 및 건물의 공시가액과 매매예약금액 중 큰 금액이 등록면허세의 산출기준이 된다.

$$등록면허세 = 기준가액 \times 2/1000 \ (0.2\%)$$
$$교육세 = 등록면허세액 \times 20/100 \ (20\%)$$

② 등록면허세액은 가급적 시·군·구청내의 금융기관에 납부하고 그 납부영수필(등기소 보관용과 관청통보용)을 간지에 살짝 붙이도록 한다.

## ☞ 등기소에서 할 일

### 가. 등기신청서제출

① 등기신청서 을지의 빈란에 등록면허세 등의 각 금액을 기재하도록 한다.
② 부동산 1개당 15,000원의 수수료를 현금납부한다.
　　종전의 대법원수입증지는 2013. 5. 1. 폐지되었다. 현금납부는 인터넷등기소에서 전자납부하거나, 등기소설치의 무인발급기에서 납부할 수 있으며, 은행에서의 현금납부는 종전처럼 이루어진다. 납부 후 '영수필확인서'는 신청서 뒷면에 부착하고, 은행 납부번호를 신청서 을지에 기재하여야 한다.

　※ 인지는 첨부하지 않는다.

③ 등기신청서를 제출하는 사람은 신분증을 지참하고 등기신청서류를 관할 등기소 서무계에 제출한다.
④ 등기소, 법원의 업무시간은 오전 9:00에서 오후 6:00까지이다.

---

[4] 매매예약서는 검인받지 않는다.

## 나. 등기필정보 수령하기

① 등기관은 접수 → 조사 → 기입 → 교합의 과정을 거쳐 등기가 완료된 때에는 등기완료의 증명서라고 할 등기필정보(또는 등기완료통지서)를 작성하여 특별한 사정이 있는 경우를 제외하고는 접수시로부터 24시간 이내에 등기권리자에게 교부하게 되어 있다. 교합완료가 되면 등기소를 방문하여 등기필정보를 수령하도록 한다.

② 해당 부동산의 등기부등본을 발급 신청해서 확인했을 때 권리자 명의로 등기되어 있다면 가등기가 제대로 끝난 것이다. 등기부등본의 1통당 수수료는 무인자동발매기에 의해 발급받을 경우 1통에 1,000원이며 등기과 창구에서 발급받는 경우는 1,200원이고, 인터넷을 통한 등기부의 열람은 1등기용지에 관하여 700원이다.

# 본등기에 의한 소유권이전등기

**제1절** 소유권이전 본등기 • 395

**제2절** 등기신청서 작성례 • 397

**제3절** 등기신청서 작성방법 • 399

**제4절** 기타의 서식례 • 410

**제5절** 등기소 가기 • 412

# 제 13 장
# 본등기에 의한 소유권이전등기

## 제 1 절  소유권이전 본등기

### 1. 가등기에 기한 본등기

① 소유권에 관한 가등기에 기한 본등기의 신청은 일반의 통칙에 따라 가등기를 할 당시의 소유 명의인인 가등기의무자를 등기의무자로 하고, 가등기의 등기명의인인 가등기권리자를 등기권리자로 하여 공동신청하는 것이 원칙이다. 가등기 이후에 제3취득자가 있는 경우에도 본등기의무자는 가등기의무자이다. 그 제3취득자의 권리는 본등기 후 직권말소 된다.

② 등기의무자가 본등기의 공동신청에 의하지 않는 경우에는 법원의 판결을 받아 등기권리자가 단독으로 신청을 할 수 있으며, 또한 당사자의 상속인이 신청할 수 있는 것도 일반 원칙과 같다.

③ 가등기 후에 제3자의 권리에 관한 등기가 있는 경우에도 본등기를 신청함에 아무런 지장을 주지 않는다. 본등기의 권리자는 가등기명의인과 일치되어야 한다. 따라서 가등기권리중 일부 지분만의 본등기나 가등기권리자 수인(數人)중 일부 사람의 지분만에 관한 본등기는 이를 할 수 없다.

④ 가등기에 기한 본등기절차의 이행을 명하는 판결에 의하여 곧바로 가등기에 기한 본등기가 아닌 일반적인 소유권이전등기를 신청할 수는 없다.

## 2. 본등기후의 조치

① 가등기 이후 본등기를 하기까지 사이에 경료된 제3자의 권리취득등기(일명 중간처분의 등기)는 가등기에 의한 본등기의 순위 보전적 효력에 의하여 그 효력을 부인당하며, 등기공무원은 부동산등기법 제175조 제1항과 제55조 제2항에 의하여 직권말소를 하게 된다.

　　이는 가등기후 본등기사이의 중간처분의 등기는 등기의 순위와 물권의 배타성에 저촉되어 당연히 무효가 되기 때문이다. 따라서 등기공무원은 본등기와 저촉되는 제3자의 권리의 등기는 직권 말소한다.

② 가등기 이후의 강제경매신청의 등기도 직권말소하는 것이 원칙이나 그 가등기보다 선순위의 저당권등기가 경료되어 있는 경우에는, 가등기는 저당권에 대항을 할 수가 없다.

　　그 저당권이 경매에 의한 낙찰등기로 소멸하는 한 그보다 후순위로 가등기 권리도 소멸하는 것이므로, 이 가등기는 민사소송법 제661조 제1항 제2호 소정의 「경락인이 인수하지 아니한 부동산상의 부담기입」으로서 말소의 대상이 된다.

　　등기관은 그 가등기에 기한 본등기를 하기 전에 이미 경락허가 결정 후 경락대금 납부가 완료되었는지를 쉽게 알 수 없으므로 이를 직권말소할 때에는 신중을 기하여야 한다.

## 제 2 절 등기신청서 작성례

☞ 신청서 갑지

| 접 수 | 년 월 일 제    호 | 처 리 인 | 접 수 | 조 사 | 기 입 | 교 합 | 등기필 통 지 | 각 종 통 지 |
|---|---|---|---|---|---|---|---|---|

**소유권이전 본등기신청**

① 부 동 산 의 표 시

1동의 건물의 표시: 서울특별시 관악구 신림동 777-7 대명빌라 가동
　　　　　　　　　[도로명주소] 서울특별시 관악구 관천로17길 23
전유부분의 건물의 표시
　　　건물의 번호: 가-3-303
　　　구　　　조: 철근콘크리트조
　　　면　　　적: 3층 303호 87.89m²
대지권의 표시
　　　토지의 표시: 1. 서울특별시 관악구 신림동 777-1 대 702.3m²
　　　대지권의종류: 1. 소유권
　　　대지권의비율: 702.3분의 42.427

거래신고일련번호: 12345-2010-4-1234560　　　거래가액: 100,000,000원

| ② 등기원인과 그 연월일 | 202○년 2월 5일 매매 |
|---|---|
| ③ 등 기 의 목 적 | 소유권 이전 |
| 가 등 기 의 표 시 | 202○년 2월 10일 접수 제미기호로 등기된 소유권이전 청구권 보전의 가등기 |
| ④ 이 전 할 지 분 | |

| 구분 | 성 명 (상　호) | 주민 등록 번호 (등기용등록번호) | 주　　소 ( 소 재 지 ) | 지분 |
|---|---|---|---|---|
| ⑤ 등기 의무자 | 홍길동 | 640928-1439218 | 서울 관악구 관천로17길 23, 303호(신림동) | / |
| ⑥ 등기 권리자 | 최고봉 | 671108-1239411 | 서울 동대문구 이문동 휘경로22번길 23, 150동 201호(이문동,신동아아파트) | / |

☞ 등기신청서 을지

| ⑦ **시가표준액 및 국민주택채권매입금액** | | | |
|---|---|---|---|
| 부동산의 표시 | | 시가표준액 | 국민주택채권매입금액 |
| 공동주택 (303호) 토지 | | 금 74,611,319원 | 금 1,420,000원 |
| 건물 | | | 74,611,319원 × 19/1,000 |
| 국민주택채권매입총액 | | 금 1,420,000원 | |
| 국민주택채권 발행번호 | | 0798-10-04890-8885 | |
| ⑧ 취득세(등록면허세) **금 1,000,000원**<br>※ 전용면적 85㎡초과인 경우 취득세율 : 1%<br>(등록면허세 5/1000) | | 지방 교육세    **금 100,000원**<br>※ 등록면허세의 20%= 10/1000(× 1억 원) | |
| | | 농어촌특별세    **금 200,000원**<br>※ 원래 취득세(20/1000)의 10% = 2/1000(x 1억 원) | |
| ⑨ 세 액 합 계 (1.3%) | | 금 1,300,000 원 | |
| ⑩ 등 기 신 청 수 수 료 | | ※ 집합건물은 1개로봄    금    15,000 원 | |
| | | 은행납부번호 : 14-88-00737073-3 | |
| 등기의무자의 등기필정보 | | | |
| 부동산고유번호 | 1115-1996-173964 | | |
| 성명(명칭) | 일련번호 | | 비밀번호 |
| 홍길동 | ACDI-0198-7329 | | 12 - 3126 |
| ⑪ 첨 부 서 면 | | | |

1. 취득세납세영수필통지서    1통
1. 등기필증    1통
1. 위임장    1통
1. (매도용) 인감증명서    1통
1. 주민등록등(초)본    각 1통

1. 매매계약서    1통
1. 신청서부본    1통
1. 토지대장 및 대지권등록부    1통
1. 건축물대장(전유부,표제부)    1통
1. 등기필증(또는 등기필정보 기재)    1통

2022○년 4월 일
⑫ 신청대리인   최 진 석    (인)
서울 동대문구 휘경로4길 23
☎ 010-5964-3245

⑬ **서울중앙지방법원 관악등기소 귀중**

## 제 3 절　등기신청서 작성방법

※ 신청서는 한글과 아라비아 숫자로 기재한다. 부동산이나 등기의무자란, 등기권리자란 등이 부족할 경우에는 별지를 사용하고, 별지를 포함하여 신청서가 여러 장인 때에는 각 장 사이에 '간인'을 하여야한다.

※ 아래는 앞 등기신청서 갑지와 을지의 원표시(①)를 중심으로 작성방법을 설명함.

① **부동산의 표시 기재** : 생략

(☞ '제3장 매매에 의한 소유권이전등기' 참조)

※ 거래신고일련번호 및 거래가액기재

2006. 6. 1.부터 매매에 관한 거래계약서를 등기원인증서로 하여 소유권이전등기를 신청하는 경우, 등기신청서 "부동산의 표시"란 맨 하단에 거래신고일련번호 및 거래가액을 기재하여야 한다.

② **등기원인과 그 연월일란**

등기원인은 '매매'로, 연월일은 예약완결일(매매계약 성립일)을 기재한다.

③ **등기의 목적란**

소유권 전부이전의 경우에는 '소유권이전'으로, 일부이전의 경우에는 아래 ④를 참조하여 기재한다.

\* 가등기의 표시란

본등기할 소유권이전청구권 가등기의 접수연월일, 접수번호 등을 기재하여 본등기할 가등기를 특정한다.

④ **공유자인 경우** : 등기의 목적 및 이전할 지분

○ 등기의 목적란 : (ⅰ) 이전할 소유권이 지분으로 일부를 이전한다면 '소유권일부이전'이라 기재하고, 공유지분으로 (ⅱ) 그 '전부'를 이전하는 경우라면 '공유자 홍길동 지

분 전부이전'라 기재하고, (iii) '일부'이전의 경우에는 '공유자 홍길동 지분 2분의1중 일부(4분의1)이전' 으로 하되, 괄호 안에는 부동산 전체에 대한 지분을 명시하여야 한다.

○ 이전할 지분란 : 소유권의 일부 지분을 이전하는 경우는 '공유자지분 2분의1'이라 기재하면 되고, 공유자가 그 지분을 이전할 경우에도 이전받는 지분을 기재하되, '공유자 지분 2분의1'과 같이 부동산 전체에 대한 지분을 기재한다. 수인의 공유자로부터 지분 일부씩을 이전받는 경우 이를 합산하여 기재한다(등기예규 제909호).

**예시 1**

| 등 기 의 목 적 | 소유권일부이전 |
|---|---|
| 이 전 할 지 분 | 공유자지분 2분의1 |

**예시 2**

| 등 기 의 목 적 | 공유자 홍길동지분 전부이전 |
|---|---|
| 이 전 할 지 분 | 공유자 지분 2분의1 |

**예시 3**

| 등 기 의 목 적 | 공유자 홍길동지분 2분의 1중 일부(4분의 1)이전 |
|---|---|
| 이 전 할 지 분 | 공유자 지분 4분의1 |

⑤ **등기의무자**

매도인의 성명, 주민등록번호, 주소를 기재하되, 등기부상 소유자 표시와 일치하여야 한다. 그러나 매도인이 법인인 경우에는 상호, 본점, 등기용등록번호를 기재하고, 비법인 사단이나 재단인 경우에는 비법인명칭, 주사무소소재지, 등기용등록번호, 대표자의 성명이외에도 주민등록번호, 주소까지 기재한다.

| 구분 | 성 명<br>(상 호) | 주민 등록 번호<br>(등기용등록번호) | 주 소<br>( 소 재 지 ) |
|---|---|---|---|
| 등기<br>의무<br>자 | 공주이씨 강양공파종중<br>대표자 이강일 | 110111-0003914<br>630303-1234567 | 경기도 연천군 미산면 왕산로20번길 7<br>서울 동대문구 휘경로4길 23 |

### ⑥ 등기권리자란

가등기권리자의 성명을 기재하는 란으로, 그 기재방법은 등기의무자란과 동일하다. 그 주소를 기재함에 있어서 서울특별시, 부산광역시, 대구광역시, 인천광역시, 광주광역시, 대전광역시는 부산, 대구, 인천, 광주, 대전으로 약기하고 다른 시, 도는 행정구역 명칭대로 기재한다. 이 부분은 부동산표시란에서 '특별시', '광역시'를 기재하는 것과는 다르므로 구별해야 한다. 그리고 번지라는 문자는 생략한다. 외국인의 성명을 기재함에 있어서는 그 국적을 병기하고 성명의 표기 방법은 교육과학기술부가 고시하는 외래어 표기법에 의한다.

### ⑦ 부동산별시가표준액 및 국민주택채권매입금액

취득세납부고지서(OCR)에 기재된 토지 및 건물의 시가표준액을 확인하고,[1] 이 시가표준액 해당의 국민주택채권 매입율을 적용하여 채권매입액을 계산하도록 한다. 매수인은 주택(단독, 공동)매입시 시가표준액 2,000만 원 이상인 경우에 국민주택채권을 매입하여, 그 주택채권발행번호를 등기신청서에 기재해야한다.

- 부동산이 2개 이상인 경우에는 각 부동산별로 시가표준액 및 국민주택채권매입금액을 기재한 다음 국민주택채권 매입총액을 기재한다.
- 국민주택채권발행번호란에는 국민주택채권 매입시 취급은행에서[2] 발부한 채권발행번호를 기재하며, 하나의 신청사건에 하나의 채권발행번호를 기재하는 것이 원칙이며, 동

---

[1] OCR고지서에 시가표준 외에 기준시가가 기재되어 있다면 기준시가를, 개별주택가격(공시가액)이 기재되어 있다면 공시가액을 우선적으로 적용한다.

[2] 2020. 1. 1. 현재 현금수납은행
: 농협은행, 국민은행, 신한은행, 우리은행, 하나은행, 기업은행, SC은행, 경남은행, 광주은행, 대구은행, 부산은행, 전북은행 등 12개.

일한 채권발행번호를 수 개 신청사건에 중복 기재할 수 없다.

- 부동산별(주택, 토지, 일반건물)로, 공유자 지분별로 따로 시가표준액을 구한 뒤, 각 채권매입률을 곱한 값이 채권매입금액이다. 채권의 최저 매입금액은 1만 원이므로, 1만 원 미만의 단수(端數)가 있을 때에는 그 단수가 5천 원 이상 1만 원 미만일 때에는 1만 원으로 하고(절상), 그 단수가 5천 원 미만인 때에는 단수가 없는 것(절사)으로 한다.

| | | | |
|---|---|---|---|
| 주택 | 2천만 원 이상 5천만 원 미만 | 전국지역 | 1,000 분지 13 |
| | 5천만 원 이상 1억 원 미만 | 서울특별시, 광역시 | 1,000 분지 19 |
| | | 기타지역 | 1,000 분지 14 |
| | 1억 원 이상 1억 6천만 원 미만 | 서울특별시, 광역시 | 1,000 분지 21 |
| | | 기타지역 | 1,000 분지 16 |
| | 1억 6천만 원 이상 2억 6천만 원 미만 | 서울특별시, 광역시 | 1,000 분지 23 |
| | | 기타지역 | 1,000 분지 18 |
| | 2억 6천만 원 이상 6억 원 미만 | 서울특별시, 광역시 | 1,000 분지 26 |
| | | 기타지역 | 1,000 분지 21 |
| | 6억 원 이상 | 서울특별시, 광역시 | 1,000 분지 31 |
| | | 기타지역 | 1,000 분지 26 |
| 토지 | 5백만 원 이상 5천만 원 미만 | 서울특별시, 광역시 | 1,000 분지 25 |
| | | 기타지역 | 1,000 분지 20 |
| | 5천만 원 이상 1억 원 미만 | 서울특별시, 광역시 | 1,000 분지 40 |
| | | 기타지역 | 1,000 분지 35 |
| | 1억 원 이상 | 서울특별시, 광역시 | 1,000 분지 50 |
| | | 기타지역 | 1,000 분지 45 |
| 일반 건물 | 1천만 원 이상 1억 3천만 원 미만 | 서울특별시, 광역시 | 1,000 분지 10 |
| | | 기타지역 | 1,000 분지 8 |
| | 1억 3천만 원 이상 2억 5천만 | 서울특별시, 광역시 | 1,000 분지 16 |
| | | 기타지역 | 1,000 분지 14 |
| | 2억 5천만 원 이상 | 서울특별시, 광역시 | 1,000 분지 20 |
| | | 기타지역 | 1,000 분지 18 |

※ **주택의 취득세율 강화** 아래 취득세율 : 적용시점 **2020. 8. 12. 시행**   (지방세법 13조의2)

| 구 분 | 주택 수 | 조정대상지역[3] | 비조정대상지역 |
|---|---|---|---|
| 개인 | **1주택** | 위 가액에 따른 기본세율(1~3%) | |

|  | 2주택 | 8% | 기본세율(1~3%) |
|---|---|---|---|
|  | 3주택 | 12% | 8% |
|  | 4주택이상 | 12% | 12% |
| 법인 | | 12% | |
| 증여취득 | 조정대상지역내 공시가 3억이상 주택이면 : 12% | | |

1. 조정대상지역 지정일 이전에 매매계약을 체결한 경우 비조정대상지역 취득세율 적용
2. **취득세 중과세 예외 주택** – 공시가 1억 이하 주택, 공공주택사업자, 노인복지주택, 가정어린이집, 주택시공자가 공사대금으로 받은 미분양주택, 저당권 실행으로 취득한 주택, 사원용 주택
   농어촌주택(=토지 660㎡내 + 건물 150㎡내 + 건물공시가 6,500만 원내)
3. **주택수는 세대별로 판단**
   ① 동일세대로 판단 – 주민등록상 가족(동거인제외), 단, 배우자 및 미혼인 30세 미만 자녀는 주소가 달라도 1세대.
   ② 자녀가 65세 이상 부모를 동거봉양하기 위해 합가한 경우 별도세대로 본다.
   ③ 세대전원이 90일 이상 출국하는 경우로서 출국 후 속할 거주지를 다른 가족의 주소로 신고한 경우
4. **주택수 계산방법**
   ① 지분도 주택수 포함, 단 동일세대 공동소유는 1주택으로 봄
   ② 주택 부속토지만 소유하거나 취득해도 주택 수 포함
   ③ 신탁주택은 위탁자 주택 수에 가산한다.
   ④ 상속개시일로부터 5년 내 주택은 주택 수에서 제외한다.
   ⑤ 공동상속주택 – 지분이 가장 큰 상속인 소유로, 단 지분동일하면 '해당주택거주자'와 '최연장자' 순으로 판단.
   ⑥ 법시행(2020. 8. 12.) 이후 취득하는 조합원입주권, 주택분양권, 주거용오피스텔(: 취득 시점에는 용도가 확정되지 않으므로 상가취득세율 4%적용)은 포함한다.
5. **일시적 2주택자 취득세 중과 배제**
   ① 국내에 주택, 조합원입주권, 주택분양권 또는 오피스텔을 1개 소유한 1세대가 이사·학업·취업·직장이전 및 이와 유사한 사유로 신규주택을 추가로 취득한 후 3년 이내에 종전주택을 처분하는 경우 중과세하지 않는다.
      * 종전주택 등과 신규주택 모두 조정대상지역에 있는 경우에는 1년
   ② 신규주택 취득시 우선 1주택 세율(1~3%)로 신고 납부한다.
      다만 종전주택을 처분기간내 처분하지 않는 경우 2주택에 대한 세율(8%)과의 차액이 추징됨(가산세포함)
   ③ 종전주택 또는 신규주택이 조합원입주권·분양권인 경우
      : 입주권·분양권에 의하여 주택을 취득(잔금)한 날부터 일시적 2주택 기간(3년 또는 1년)을 기산한다.
      처분기간내 종전주택이 아닌 신규주택을 처분하여도 중과세 배제한다.

---

3) 조정대상지역의 지정, 해제 등 공고(국토교통부)는 「국가법령정보센터」 > 조정대상지역에서 확인.

| 조정대상지역 (2020. 6. 19) | |
|---|---|
| 서울 | 25개구 전지역 |
| 경기 | 과천, 광명, 성남, 고양, 남양주(화도, 수동, 조안면 제외), 하남, 동탄2택지, 구리, 안양, 광교택지, 수원, 용인(수지, 기흥, 처인), 의왕, 군포, 안성(일죽, 죽산, 삼죽면 제외), 부천, 안산, 오산, 평택, 광주(초월읍 제외), 양주, 의정부 |
| 인천 | 중구, 동구, 미추홀구, 연수구, 남동구, 부평구, 계양구, 서구 |
| 대전 | 중구, 동구, 서구 유성구, 대덕구 / 세종특별자치시 |
| 충북 | 청주시 (낭성면등 11개면 제외) |

> 2. 주택채권매입액 계산
>
> ① 공동주택의 개별주택공시가는 74,611,319원인데, 이것은 '채권산출기준표'상에서 주택 > 5천만 원 이상 1억 원 미만 > 서울 > 매입율 19/1,000이 된다.
> ② 따라서 이를 적용하면,
>  * 74,611,319원 × 19/1,000 = 1,417,615원, 5,000미만 절상(올림)하면
>    = 1,420,000원

⑧ 취득세 납세영수필 통지서

취득세는 금융기관에 납부하고 그 납부영수필(등기소보관용과 관청통보용)을 등기신청서 갑지와 을지의 사이에 끼워 넣는다.

⑨ 세액합계란

취득세 관련한 세액(등록면허세, 교육세, 농특세)의 합계를 기재한다.

⑩ 등기신청수수료

부동산 1개당 15,000원의 수수료를 현금납부한다.[4]

 종전의 대법원수입증지는 2013. 5. 1. 폐지되었다. 현금납부는 인터넷등기소에서 전자납부하거나, 등기소설치의 무인발급기에서 납부할 수 있으며, 은행에서의 현금납부는 종전처럼 이루어진다. 납부 후 '영수필확인서'는 신청서 뒷면에 부착하고, 은행 납부번호를 신청서 을지에 기재하여야 한다.

※ 등기의무자의 등기필정보

2006. 6. 1.부터 전자신청이 시행되고 있는바, 전자신청 지정등기소에서는 등기필증 대신 등기필정보를 교부하고 있으며 이러한 등기필정보를 교부받은 자가 후에 등기를 신청하는 경우 신청서(을지)에 등기필정보의 일련번호 및 비밀번호를 기재하여야 한다.

---

[4] 이 경우 e-form 신청은 13,000원, 전자신청은 10,000원이다.

⑪ **첨부서면**

> 가. 매도용 인감증명서
> 
> ○ 매도인이 발부받는 것으로서 인감증명서의 용도란에 매수인의 성명, 주소, 주민등록번호가 기재된 것을 말한다.
> ○ 부동산매도용인감증명서 발급신청시 매수인이 2인 이상인 경우 인감증명서상의 매수자란중 성명란은 "홍길동외 2명"으로 기재하고, 주민등록번호 및 주소란에 첫 번째 매수인 1인의 주소와 주민등록번호를 기재한 다음 나머지 매수인들의 인적사항을 <별지>에 기재하도록 한다.
> 
> | 부동산 매수자 | 성 명 (법인명) | 홍길동 외 2명 | 주민등록번호 | 680916-1239283 |
> |---|---|---|---|---|
> | | 주 소 | 부산 부산진구 가야대로572번길 22(가야동) | | |
> | | 비 고 | 「공 란」 | | |
> 
> <별지>
> 
> | 성 명 | 홍길자 | 주민등록번호 | 620211-2239284 |
> |---|---|---|---|
> | 주 소 | 경상북도 구례시 고아읍 황산길 237-11 | | |
> | 성 명 | 홍길남 | 주민등록번호 | 730326-1239285 |
> | 주 소 | 경남 김해시 김해대로251번길34, 202동 1202호(삼정동, 가야아파트) | | |
> 
> **注意** 만일 나머지 매수인들의 인적사항이 별지에 기재되지 아니한 채 성명란에 "홍길동 외 2명"으로만 기재된 부동산매도용 인감증명서는 등기신청시 수리되지 않는다. 단 각 매수인 인적사항이 1개 매도용 인감증명서에 나타날 필요까지는 없으므로 각 공유 매수인별로 인적사항이 기재된 매도용 인감증명서를 발부받아 처리하는 경우도 가능하다.
> 
> 나. 주민등록등(초)본
> 
> ○ 소유권보존·이전인 경우 등기신청인(등기의무자 및 등기권리자)의 주소증명서면 및 등기권리자의 주민등록번호 확인서면으로 주민등록등(초)본을 각 첨부하며 등본은 발행일로부터 <u>3개월</u> 이내의 것이어야 한다.
> ○ 등기의무자는 <u>취득당시의 주소 및 주소이력이 포함된 등본</u>을 발부 받도록 한다. 간혹 이사를 하여 등기부상의 주소와 등본상의 주소가 틀린 경우 주소이전 때문

에 표시가 다른 사실을 증명할 수 있도록 하기 위함이다. 법인인 경우는 법인등기부등본을 첨부한다.

### 다. 토지대장, 건축물대장등본

- 등기신청 대상 부동산의 종류에 따라 토지대장등본, 임야대장등본, 건축물대장등본(각 발행일로부터 3월 이내)과 개별공시지가확인원(토지대장에 공시지가 기재된 경우 생략)을 첨부한다.
- 건물소유권이전등기를 위하여, 소유자로 등록되어 있음을 증명하는 서면인 '건축물대장등본'을 첨부한다. 집합건물의 경우 '전유부' 건축물대장등본이외에도 '표제부' 건축물대장등본을 첨부한다.
- 또한 토지대장(이에는 개별공시지가가 기재되어 있기 때문임)을 첨부한다. 대지권등기가 된 집합건물의 경우 토지대장 및 대지권등록부를 제출한다.

### 라. 위 임 장

매도인(등기의무자)이 등기신청을 대리인에게 위임하는 경우에 매도인의 인감을 날인한 등기위임장을 첨부한다. 등기권리자는 막도장이어도 가능하다. 대리인의 자격에는 제한이 없으며 다만 금전을 받거나 업으로 할 수 있는 사람은 변호사나 법무사에 한정돼있다.

### 마. 실거래가신고필증

공인중개사의 업무 및 부동산 거래신고에 관한 법률[5])에 따라 토지나 건물을 <u>"매매"하는 거래당사자[6])는 거래계약을 작성한 때에는 부동산의 실제 거래가격 등을 계약 체결일로부터 30일 이내에 당해 부동산 소재지의 관할 시장·군수·구청장에게 공동으로 신고하여야</u> 하고 '신고필증'을 교부받는데 이 신고필증을 받은 때에는 매수인은 '검인'을 받은 것으로 본다.

- 위 '매매' 이외의 원인으로 '계약[7])'을 체결하여 소유권이전등기를 신청할 때에는 일정한 사항을 기재한 계약서에 시장, 구청장, 군수 또는 그 권한의 위임을 받은 자의 검인을 받아 이를 등기소에 제출하여야 한다.

### 바. 인 지

계약으로 인한 소유권이전등기를 신청하는 경우에는 그 계약서에 기재된 거래금액이 1,000만 원을 초과하는 경우에는 아래 도표와 같이 일정액의 정부수입인지를 붙여야 한다. 수입인지는 매매대금(토지건물 합산금액)이 1,000만 원을 초과할시 해당 인지를 구입하여 등기필증용 검인계약서에 붙이면 된다.

※ 인지세 : 매매대금(토지 + 건물)[8])을 기준하여 산출함

| | |
|---|---|
| 1,000만 초과 ~ 3,000만 이하 | 20,000원 |
| 3,000만 초과 ~ 5,000만 이하 | 40,000원 |
| 5,000만 초과 ~ 1억 원 이하 | 70,000원 |
| 1억 원 초과 ~ 10억 원 이하 | 150,000원 |
| 10억 원 초과 | 350,000원 |

단, 소유권이전 계약서상의 기재 가격이 1억 원 이하의 주거용 주택이라면 인지를 첨부하지 않는다.

### 사. 등기필증

등기의무자의 소유권에 관한 등기필증으로서 등기권리증이라고도 한다. 등기필증은 멸실, 분실되어도 재교부하지 않음에 주의해야 한다. 그렇다면 등기필증이 없으면 어떻게 소유권이전을 할 수 있는가. 다음의 3가지 방법 중 하나를 택하면 된다.

첫째, 등기신청시 의무자가 신분증 지참하고 등기소에 직접 출석하면 된다. 그러면 등기공무원은 등기의무자 본인인지를 확인하고 확인조서를 작성한 후 확인조서 등본을 등기필증에 갈음하여 등기신청서에 첨부하게 된다.

둘째, 등기의무자가 공증사무실을 방문하여 위임장중 등기의무자의 작성부분에 관해 공증을 받고 그 부본1통을 등기신청서에 첨부하면 된다.

셋째, 법무사나 변호사가 대리인으로서 등기를 신청하는 경우에는 법무사나 변호사가 등기의무자인지를 확인하고 그들로부터 위임받았음을 확인하는 확인서면 2통을 작성하여 등기소에 제출하게 된다.

> **注意** 등기의무자가 미성년자인 경우에는 법정대리인이 각 출석하여 확인조서 등의 작성에 응하면 된다.

### 아. 농지취득자격증명원 또는 토지거래허가서

토지거래 허가구역인 경우 시·군·구청장 허가의 토지거래허가서를 첨부하며, 이 경우 농지일지라도 허가가 의제되지만 토지거래 허가구역이 아닌 경우 취득하는 부동산이 농지(전, 답, 과)라면 매수인은 농지법에 따라 해당 부동산소재지의 관할 읍, 면, 동사무소에서 '농지취득자격증명원'을 신청하여 그 자격증명원을 등기신청서에 첨부해야 한다. 농지를 취득하려는 매수인은 농지법에 의한 농업인이어야만 그 자격증명원을 취득할 수 있다. 한편 가등기시에 토지거래허가를 받은 경우 본등기시 다시 토지거래허가를 받을 필요는 없다.

⑫ **대리인란**

실질적으로 양당사자가 등기소에 같이 간다는 것은 매매가 이루어지고 서류가 넘겨진 상태에서 등기의무자의 협조를 받기가 어렵다. 따라서 등기의무자가 미리 등기신청서류를 받아서 '매수인 겸 매도인의 대리인'으로 등기 신청하는 것이 대부분이다. 대리인의 성명, 전화번호 정도만 기재하고 그의 인장을 날인한다. 첨부서류로는 등기의무자로부터 인감날인 받은 위임장이 첨부되어야 한다.

---

202○년 3월 일

위 신청인 : 매수인 겸 매도인 홍길동의 대리인

최 고 봉 (인)
서울 동대문구 이문동 휘경로22번길 23, 150동 201호
(이문동, 신동아아파트)
☎ 964-3245

**서울중앙지방법원 관악등기소 귀중**

---

5) 구 '부동산중개업법'에서 개칭됨.
6) 중개업자가 거래계약서를 작성·교부한 때에는 당해 중개업자가 신고를 하여야 함.
7) 계약의 종류를 예로 들면 상속재산협의분할서, 공유물분할계약서, 집행력 있는 판결서 또는 확정판결과 동일한 효력이 있는 조서 등에도 검인을 받아서 제출해야 한다. 검인조차 받을 필요가 없는 경우는 경매 또는 공매, 계약의 일방당사자가 국가 또는 지방자치단체인 계약서, 수용의 경우 등이다.
8) 매매대금은 <u>부가가치세(VAT)를 포함한</u> 가격임에 유의한다.

## 제4절 기타의 서식례

### 부동산매매계약서[9]

**부동산의 표시**

1동의 건물의 표시 : 서울특별시 관악구 신림동 77-7 대명빌라 가동
전유부분의 건물의 표시
    건물의 번호 : 가-3-303
    구　　　조 : 철근콘크리트조
    면　　　적 : 3층 303호 87.89㎡
대지권의 표시
    토지의 표시 : 1. 서울특별시 관악구 신림동 77-1 대 702.3㎡
    대지권의 종류 : 1. 소유권
    대지권의 비율 : 702.3분의 42.427 이상

**계약내용**

제1조 위 부동산을 매도인과 매수인 쌍방 합의하에 아래의 매매계약을 체결한다.
제2조 위 부동산의 매매에 있어 매수인은 매매대금을 다음과 같이 지불한다.

| 매 매 대 금 | 금 100,000,000원 | |
|---|---|---|
| 계 약 금 | 금 10,000,000원 | 계약시 지불하고 |
| 중 도 금 | 금 40,000,000원은 | 202○년 3월 25일 지불한다. |
| 잔 금 | 금 50,000,000원은 | 202○년 4월 25일 지불한다. |

제3조 매수인이 잔금을 매도인에게 지급한 경우 매도인은 즉시 부동산을 매수인에게 명도하고 소유권이전등기에 필요한 모든 서류를 교부하여 소유권이전등기절차에 협력하여야 한다.
제4조 위 부동산에 부과된 조세공과 기타 부과금은 매매잔금 지급일까지 부과된 것은 매도인이 부담하고, 그 이후에 부과된 것은 매수인의 부담으로 한다. 등록세 기타 소유권이전등기에 소요되는 비용은 매수인이 부담한다.
제5조 매도인과 매수인중 어느 일방이 이 계약을 위배하였을 경우 다른 일방은 최고없이 이 계약을 해제함과 동시에 매수인이 위약한 때에는 계약금은 매도인이 취득하며, 매도인이 위약한 때에는 계약금의 배액을 매수인에게 변상하여야 한다.
특약사항 :

이 계약을 증명하기 위하여 계약서 2부를 작성하여 계약당사자가 이의 없음을 확인하고 각자 기명 날인한다.
                                  202○년 2월 5일

지분

| 매도인 | 주 소 | 서울 관악구 관천로17길 23, 303호(신림동) | | | 홍길동(인) |
|---|---|---|---|---|---|
| | 주민번호 | 640928-1439218 | 전 화 | 02) 887-4354 | |
| 매수인 | 주 소 | 서울 동대문구 이문동 휘경로22나길 23, 150동 201호(이문동, 신동아아파트) | | | 홍판명(인) |
| | 주민번호 | 671108-1239411 | 전 화 | 02) 964-2343 | |

☞ **등기위임장**

# 위 임 장

## 부동산의 표시

1동의 건물의 표시 : 서울특별시 관악구 신림동 77-7 대명빌라 가동
　　　　　　　　[도로명주소] 서울특별시 관악구 관천로17길 23
전유부분의 건물의 표시
　　건물의 번호 : 가-3-303
　　구　　　조 : 철근콘크리트조
　　면　　　적 : 3층 303호 87.89m²
대지권의 표시
　　토지의 표시 : 1. 서울특별시 관악구 신림동 77-1 대 702.3m²
　　대지권의 종류 : 1. 소유권
　　대지권의 비율 : 702.3분의 42.427 이상

| 등기원인과 그 연·월·일 | 202○년 2월 5일 　매매 |
|---|---|
| 등기의 목적 | 소유권이전 |
| 가등기의 표시 | 2009년 2월 7일 접수 제21지호로 등기된 소유권이전 청구권 보전의 가등기 |
| 이전할 지분 | |

등기의무자　홍길동　　(인감)
　　　서울 관악구 관천로17길,
　　　23, 303호(신림동)

등기권리자　최고봉　　(인)
　　　서울 동대문구 이문동 휘경로
　　　22번길 23, 150동 201호
　　　(이문동, 신동아아파트)

최 진 석
서울 동대문구 휘경로4길 23
☎ 02)964-2343

　위 사람을 대리인으로 정하고, 위 부동산 등기신청 및 취하에 관한 모든 행위를 위임한다.
　단, 복대리인 선임을 허락한다.

　　　　　　202○년 4월 　일

---

9) 매매예약에 의한 가등기 후 본등기를 하려면 별도로 '매매계약서'를 첨부한다. 매매예약일자 혹은 가등기일자와 매매계약일자는 등기상 상관없다.

## 제5절 등기소 가기

### 1. 등기신청서류 준비하기

소유권이전등기신청서류는 부본을 포함하여 2부(묶음)를 제출한다.

| 등기신청서류(제1묶음) | 부 본(제2묶음) |
|---|---|
| 1. 등기신청서 갑지 | 1. 매매계약서(원본) |
| 2. 등기신청서 을지 | 2. 실거래신고필증 |
| 3. 위임장 | 3. 농취증(또는 토지거래허가서) |
| 4. 인감증명서 | 4. 등기권리증[10] |
| 5. 매매계약서 (사본) |    (등기필정보인 경우 첨부않음) |
| 6. 실거래신고필증 | ※ 위는 등기완료 후 반환받는다. |
| 7. 주민등록등(초)본 각 1통 | |
| 8. 토지(임야)대장 - 집합건물은 대지권등록부 추가 | |
| 9. 건축물대장(해당하는 경우) - 집합건물은 전유부, 표제부 | |
| 10. 농지취득자격증명원 또는 토지거래허가서(해당하는 경우) | |

※ 위는 매매계약서를 제외하고는 '원본'을 제출하며, 등기소 보관용이다.

---

[10] 매도인으로부터 건네받은 소유권에 관한 등기권리증(또는 등기필증).

## 2. 거쳐야할 기관

☞ **구청에서 할 일**

가. 준비할 서류

> * 실거래가신고 준비서류(매매인 경우)
>   ① 부동산거래계약신고서 1통, ② 계약서 사본 1통, ③ 위임장 1통
>   ④ 거래 당사자중 1인의 신분증 사본 1통
> * 취득세고지서발급 준비서류
>   ① 취득세신고서 1통
>   ② 부동산거래계약신고필증 사본 1통 (매매에 한함)
>   ③ 계약서 사본 1통

나. 실거래가신고필증(또는 검인) 및 취득세고지서 발급절차

① "매매계약서"를 등기원인증서로 하여 소유권이전등기를 신청하는 경우에는 관할 관청이 발급한 실거래가신고필증을 첨부한다.

② 매매 이외의 원인(ex 증여, 교환, 판결 등)에 의하여 본등기하는 경우, 원인증서 3부 내지 5부[11]를 준비하여 부동산소재지 구(군)청 지적과 검인창구에서 제출한 계약서 2부[12]를 제외한 나머지를 검인한 후 발부받는다.

▶ 시·군·구청내의 '취득세' 등 지방세 종합민원실의 모습

③ 위 검인 후 구(군)청 세무과의 취득세 및 등록면허세 자진납부 창구에 가서 계약서(사

---

[11] 2개 이상의 시·군·구에 있는 수개의 부동산의 소유권이전을 내용으로 하는 계약서 등을 검인받고자 하는 경우에는 시·군·구의 수에 1을 더한 수의 사본을 제출하는 것이 원칙이지만, 실무적으로 신청인이 원하는 만큼 검인을 받을 수 있다.
[12] 2부중 1부는 지적관서 보관용이고 나머지 1부는 세무관서통보용이다.

본) 1통을 건네고 담당자로부터 취득세 납부고지서를 수령한다.

매매인 경우는 부동산거래계약신고를 한 후 부동산거래계약신고필증을 받아 이의 사본을 '취득세신고서'에 첨부하여 제출한다.

취득세고지서를 발부받은 후 금융기관에 납부하고[13] 그 납부영수필(등기소보관용과 관청통보용)을 등기신청서 갑지 뒷면 혹은 간지에 호치킷이나 풀로 붙이도록 한다.

### 다. 취득세의 계산

① **일반매매의 경우** - 주택이 아닌 경우 (ex 매매가 1억 원)

| 취득세(등록면허세) **금 4,000,000원** | 지 방 교 육 세  **금  400,000원** |
|---|---|
| ※ 40/1000(=등: 20/1000+취: 20/1000) (× 1억원) | ※ 등록면허세의 20%=4/1000(× 1억 원) |
| | 농어촌특별세  **금  200,000원** |
| | ※ 취득세의 10% = 2/1000(× 1억 원) |
| - 취득관련 총 세율 : **4.6%** | |

② **주택매매의 경우** - 6억 이하의 경우

| | | 교육세 1/1000 (=① × 20%) | **1.1%** =11/1000 |
|---|---|---|---|
| 85㎡ 이하[14] | **가액의 10/1,000** = 취득세 1% (①등록면허세 5/1000) | | |
| | | 농특세 : 0 (비과세) | |
| 85㎡ 초과 | **가액의 10/1,000** = 취득세 1% (①등록면허세 5/1000) | 교육세 1/1000 (=① × 20%) | **1.3%** =13/1000 |
| | | 농특세 2/1000 (원래취득세20/1000×10%) | |

---

13) 시(군)구청 내 금융기관과 법원 내 금융기관은 세금납부인 경우에 한하여 오후6:00까지 수납한다.
14) 농어촌특별세법 제4조 제11호에 따라 농특세 '비과세' 대상인 '국민주택'(주택법 제2조 제3호)은 주거전용면적 85㎡이하인 주택 또는 도시지역 아닌 읍·면지역은 주거전용면적이 100㎡이하를 말한다.

③ **주택매매의 경우** - 6억 초과에서 9억 원이하 경우

| 85㎡이하 | **가액의 20/1,000**<br>= 취득세 2%<br>(①등록면허세10/1000) | 교육세 2/1000<br>(=① × 20%) | 2.2%<br>=22/1000 |
|---|---|---|---|
| | | 농특세 : 0 (비과세) | |
| 85㎡초과 | **가액의 20/1,000**<br>= 취득세 2%<br>(①등록면허세10/1000) | 교육세 2/1000<br>(=① × 20%) | 2.4%<br>=24/1000 |
| | | 농특세 2/1000<br>(원래취득세20/1000×10%) | |

④ **주택매매의 경우** - 9억 초과의 경우

| 85㎡이하 | **가액의 30/1,000**<br>= 취득세 3%<br>(①등록면허세15/1000) | 교육세 3/1000<br>(=① × 20%) | 3.3%<br>=33/1000 |
|---|---|---|---|
| | | 농특세 : 0 (비과세) | |
| 85㎡초과 | **가액의 30/1,000**<br>= 취득세 3%<br>(①등록면허세15/1000) | 교육세 3/1000<br>(=① × 20%) | 3.5%<br>=36.5/1000 |
| | | 농특세 2/1000<br>(원래취득세20/1000×10%) | |

※ 단, 전용면적 <u>85㎡이하</u>(국민주택규모)의 주택에 대하여는 '농어촌특별세'는 비과세된다(농특세법 제4조 제9호).

※ 세율을 적용하여 산출된 금액 중 <u>10원 미만은 절사</u>한다.

**注意** 취득세 면제
① 교회·절·종중(종교, 제사, 자선, 학술 등 공익사업목적 비영리단체)의 취득
② 사회복지법인, 학교 운영자의 취득
③ 양로원, 보육원, 모자원 등의 취득
④ 신탁 및 신탁해지로 인한 취득
⑤ 환매권행사로 인한 취득
⑥ 1년을 초과하지 않는 임시용건축물의 취득
⑦ 토지수용 지역 내에서 보상금 마지막으로 받은 날로부터 1년 이내의 대체취득
⑧ 상속에 의해 1가구 1주택 및 그 부속토지의 취득
⑨ 이혼에 따른 재산분할로 인한 취득
⑩ 자경농민이 농지취득(50%감면) (이상 지방세법 제107조, 제109조, 제110조)

## ☞ 은행에서 할 일

① 취득세납부고지서(OCR)에는 건물과 토지의 각 시가표준액 또는 주택공시가격이 고지되어 있는데 이를 통하여 정확한 국민주택채권 매입액을 계산하도록 한다.

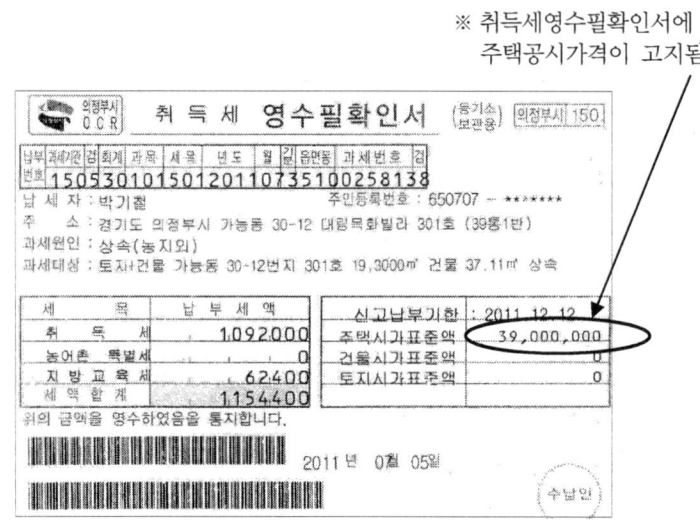

※ 취득세영수필확인서에 주택공시가격이 고지됨

② 매수인은 부동산매입시 주택(부속토지포함)의 시가표준액 2,000만 원 이상인 경우에 국민주택채권을 매입처리 후 그 '채권발행번호'를 등기신청서(乙지)에 기재하여야 한다.

국민주택채권은 취급은행[15] 어느 지점에서든 매입이 가능하다. 은행을 방문하여 '채권매입신청서'를 작성하여 제출하고 채권매입비용을 납부하면 된다. 채권발행번호가 기재된 영수증을 수령하여, 그 중 '채권발행번호'를 등기신청서에 기재하면 된다.[16]

③ 등기비용의 절감차원에서 취급은행에서 즉시매도로 처리할시 은행에 일정 할인료(약 10%, 매일 변동함)만 부담하고 채권발행번호가 기재된 영수증만을 받을 수 있다.

---

15) 2020. 1. 1. 현재 현금수납은행
: 농협은행, 국민은행, 신한은행, 우리은행, 하나은행, 기업은행, SC은행, 경남은행, 광주은행, 대구은행, 부산은행, 전북은행 등 12개.

16) 2004. 3. 31.까지 '매입필증'을 첨부하는 것으로 이용되어 왔으나, 2004. 4. 1.자로 채권발행번호를 기재하는 것으로 변경되었다. 영수증은 첨부할 필요 없음.

※ 채권매입신청서[17]

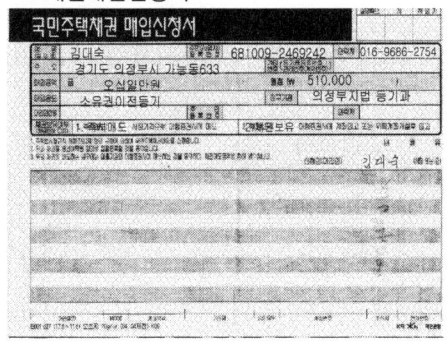

※ 채권발행번호가 기재된 영수증[18]

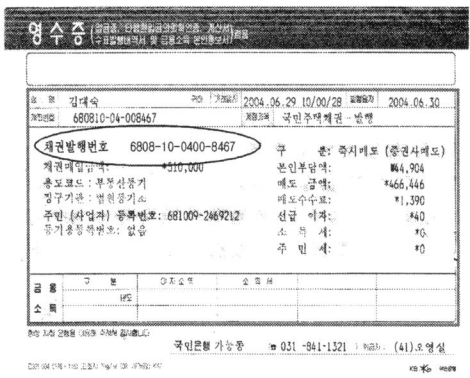

| | | | |
|---|---|---|---|
| 주택 | 2천만 원 이상 5천만 원 미만 | 전국지역 | 1,000 분지 13 |
| | 5천만 원 이상 1억 원 미만 | 서울특별시, 광역시 | 1,000 분지 19 |
| | | 기타지역 | 1,000 분지 14 |
| | 1억 원 이상 1억 6천만 원 미만 | 서울특별시, 광역시 | 1,000 분지 21 |
| | | 기타지역 | 1,000 분지 16 |
| | 1억 6천만 원 이상 2억 6천만 원 미만 | 서울특별시, 광역시 | 1,000 분지 23 |
| | | 기타지역 | 1,000 분지 18 |
| | 2억 6천만 원 이상 6억 원 미만 | 서울특별시, 광역시 | 1,000 분지 26 |
| | | 기타지역 | 1,000 분지 21 |

---

17) 채권매입을 하기 위해서는 취급은행을 방문하여 비치된 위 전표를 작성한다.
18) 채권매입 후 은행으로부터 이 영수증을 받는데, 이 중 채권발행번호를 등기신청서 을지에 기재하도록 한다(등기신청시 영수증을 첨부하는 것 아님).

| | | 서울특별시, 광역시 | 1,000 분지 31 |
|---|---|---|---|
| 토지 | 6억 원 이상 | 기타지역 | 1,000 분지 26 |
| | 5백만 원 이상 5천만 원 미만 | 서울특별시, 광역시 | 1,000 분지 25 |
| | | 기타지역 | 1,000 분지 20 |
| | 5천만 원 이상 1억 원 미만 | 서울특별시, 광역시 | 1,000 분지 40 |
| | | 기타지역 | 1,000 분지 35 |
| | 1억 원 이상 | 서울특별시, 광역시 | 1,000 분지 50 |
| | | 기타지역 | 1,000 분지 45 |
| 일반 건물 | 1천만 원 이상 1억 3천만 원 미만 | 서울특별시, 광역시 | 1,000 분지 10 |
| | | 기타지역 | 1,000 분지 8 |
| | 1억 3천만 원 이상 2억 5천만 | 서울특별시, 광역시 | 1,000 분지 16 |
| | | 기타지역 | 1,000 분지 14 |
| | 2억 5천만 원 이상 | 서울특별시, 광역시 | 1,000 분지 20 |
| | | 기타지역 | 1,000 분지 18 |

* **주택채권 매입액 계산 (등기신청서 사례)**

① 공동주택의 개별주택공시가는 사례에서 제시된 75,000,000원인데, 이것은 '채권산출기준표'상에서 <u>주택 > 5천만 원 이상 1억 원 미만 > 서울 > 매입율 19/1,000</u>이 된다.

② 따라서 이를 적용하면,
   * 75,000,000원 × 19/1,000 = 1,425,000원, 5,000미만 절상(올림)하면
   = **1,430,000원**

## ☞ 등기소에서 할 일

가. 등기신청서 제출

### ① 등기신청수수료

소유권이전에 관한 등기신청수수료는 부동산 1개당 15,000원으로 현금납부한다. 종전의

대법원수입증지는 2013. 5. 1. 폐지되었다. 현금납부는 인터넷등기소에서 전자납부하거나, 등기소설치의 무인발급기에서 납부할 수 있으며, 은행에서의 현금납부는 종전처럼 이루어진다. 납부 후 '영수필확인서'는 신청서 뒷면에 부착하고, 은행 납부번호를 신청서 을지에 기재하여야 한다.

### ② 인 지

소유권이전에 관한 원인증서에는 인지세를 납부하여야 한다. 인지세의 납부는 과세문서(계약서)에 '전자수입인지'를 첨부하여 제출한다. 2015. 1.부터는 우표 형태는 더 이상 사용할 수 없고, 정보통신망을 통하여 발행하는 전자수입인지만을 사용할 수 있다. 전자수입인지는 포탈 홈페이지를 방문하여 구매 후 출력하거나 우체국 및 은행 등 판매기관에서 구입할 수 있다.

전자수입인지 포탈홈페이지

www.e-revenuestamp.or.kr

종이문서용 전자수입인지는 A4형태 수입인지를 출력하여 매매계약서 등에 호치킷으로 첨부한다.[19]

※ 인지대 : 매매대금(VAT 포함)을 기준하여 산출함

| 1,000만 초과 ~ 3,000만 이하 | 20,000원 |
| --- | --- |
| 3,000만 초과 ~ 5,000만 이하 | 40,000원 |
| 5,000만 초과 ~ 1억 원 이하 | 70,000원 |
| 1억 원 초과 ~ 10억 원 이하 | 150,000원 |
| 10억 원 초과 | 350,000원 |

단, 2002. 1. 1.부터 작성되는 소유권이전계약서상의 기재 가격이 1억 원 이하의 '주거용주택'이라면 인지를 첨부하지 않는다.

③ 등기신청서를 제출하는 사람은 신분증을 지참하고 관할 등기소 서무계에 가서 제출한다.

---

[19] 실무상 등기신청서 부본에 첨부된 '원인서면(계약서)'의 뒷장에 인지를 붙이고 있다.

④ 등기소, 법원의 업무시간은 오전 9:00에서 오후 6:00까지이다.[20] 등기필증은 언제 수령가능한지 시간대를 묻도록 한다.

### 나. 등기필정보 수령하기

① 등기관은 접수 → 조사 → 기입 → 교합의 과정을 거쳐 등기가 완료된 때에는 등기완료의 증명서라고 할 등기필정보를 작성하여 특별한 사정이 있는 경우를 제외하고는 접수시로부터 24시간 이내에 등기권리자에게 교부하게 되어 있으므로, 교합완료 여부를 확인한 후 등기필정보를 수령하도록 한다. 만일 보정이 내린 경우에는 등기소를 방문하여 보정함에서 서류를 찾아 확인한다.

등기필정보 수령시 등기소 접수대장의 수령인란에 확인날인을 하거나 등기신청서 수령증이 발급된 경우에는 이를 지참하여 가지고 가서 등기필증과 교환받도록 한다.
② 해당 부동산의 등기부등본을 발급 신청해서 확인했을 때 매수인 명의[21]로 등기되어 있다면 소유권이전등기가 제대로 끝난 것이다.[22]

### 다. 등기부의 열람

등기부등본의 1통당 수수료는 무인자동발매기에 의해 발급받을 경우 1통에 1,000원이며 등기소 내 등기공무원에게서 발급받는 경우는 1,200원이다.

또한 인터넷(www.iros.go.kr)을 통한 등기부의 열람은 1등기용지에 관하여 700원, 발급은 1,000원이다(등기부등초본수수료규칙 제3조 제2항). 부동산등기부의 열람은 소재지번만을 알고 있는 경우 열람이 가능하다.

---

20) 2004. 11. 1.부터 6:00까지 근무한다. 단, 2005. 7. 1.부터 전 토요일은 휴무이다.
21) 현재 전산정보처리조직에 의하여 등기부의 등초본을 발급 및 열람을 하는 경우 등기명의인의 표시 중 주민등록번호를 공시하지 않을 수 있는데, 열람신청시 등기부에 기재된 바 있는 <u>아무 주민등록번호를 맞게 입력시킨다면 주민등록번호의 전부를 열람할 수 있다</u>(부동산등기법시행규칙 제134조의2).
22) 등기신청사건으로 처리중인 때에는 등(초)본을 발급받을 수 없음에 유의.

제13장 본등기에 의한 소유권이전등기 **421**

대법원 인터넷등기소 (www.iros.go.kr)

등기부등본의 <u>발급과 열람</u>을 선택한후 <u>소재지번</u>을 입력한다.

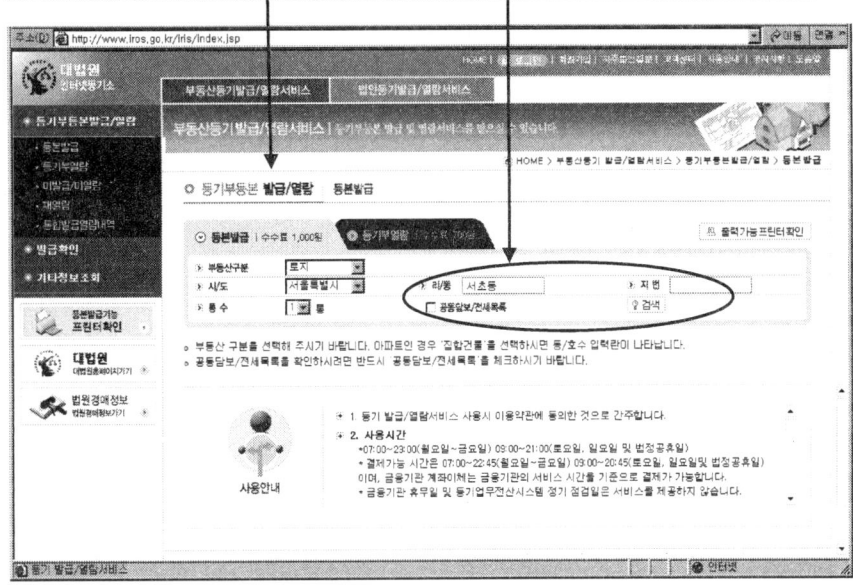

# 취득세 [√]기한 내 [ ]기한 후 신고서

| 관리번호 | | 접수 일자 | | 처리기간 즉시 | |
|---|---|---|---|---|---|
| 신고인 | 취득자(신고자) | 최고봉 | | 471108-1239411 | |
| | | 서울 동대문구 이문동 휘경로22번길 23, 150동 201호(이문동, 신동아아파트) | | 전화번호 : 964-2343 | |
| | 전소유자 | 홍길동 | | 640928-1439218 | |
| | | 서울 관악구 관천로17길 23, 303호(신림동) | | 전화번호 : 887-4354 | |

※ 취득물건 내역 : 서울 관악구 신림동 77-7 대명빌라 가동 303호

| 취득물건 | 취득일 | 면적 | 종류(지목) | 용도 | 취득 원인 | 취득가액 |
|---|---|---|---|---|---|---|
| 건물 | 2020.2.25 | 87.89㎡ | 빌라 | 주거용 | 매매 | 100,000,000원 |

| 세목 | | 과세표준 | 세율 | ① 산출세액 | ② 감면세액 | ③ 기납부세액 | 가산세 | | 계 ④ | 신고세액 합계 (①-②-③+④) |
|---|---|---|---|---|---|---|---|---|---|---|
| | | | | | | | 신고 불성실 | 납부 불성실 | | |
| 합 계 | | | | | | | | | | **1,300,000** |
| 취득세등 | 취득세 | 100,000,000 | 10/1000 | 1,000,000 | | | | | | 1,000,000 |
| | 지방교육세 | 500,000 | 20/100 | 100,000 | | | | | | 100,000 |
| | 농특세 | 2,000,000 | 10/100 | 200,000 | | | | | | 200,000 |

| 첨부서류 | 1. 취득가액 등을 증명할 수 있는 서류(매매계약서, 잔금영수증, 법인장부 등) 사본 각 1부<br>2. 취득세 감면신청서 1부<br>3. 취득세 비과세 확인서 1부<br>4. 기납부세액 영수증 사본 1부<br>5. 위임장 1부(대리인만 해당합니다) | 수수료 |
|---|---|---|
| | | 없음 |

「지방세법」제20조 제1항 및 같은 법 시행령 제33조 제1항, 「지방세법」제152조 제1항 및 「농어촌특별세법」제7조에 따라 위와 같이 신고합니다.

접수일자인

2020년 2월 일

신고인             (서명 또는 인)
대리인    최진석   (서명 또는 인)

시장·군수·구청장 귀하

## 위 임 장

위 신고인 본인은 위임받는 사람에게 취득세 신고에 관한 일체의 권리와 의무를 위임합니다.

위임자(신고인)  최고봉       (서명 또는 인)

| 위임받는 자 | 성명 | 최진석 | 위임자와의 관계 : 지인 |
|---|---|---|---|
| | 주민등록번호 | 720211-1239418 | 전화번호 964-2343 |
| | 주소 | 서울 동대문구 휘경로4길 23 | |

# 제 14 장

# 가등기 말소

**제1절** 가등기 말소 • 425

**제2절** 등기신청서 작성례 • 428

**제3절** 등기신청서 작성방법 • 430

**제4절** 관련 서식례 • 433

**제5절** 등기소 가기 • 435

# 제 14 장
# 가등기 말소

## 제 1 절 가등기 말소

### 1. 말소등기란

말소등기란 기존등기가 원시적 또는 후발적인 사유로 인하여 실체관계와 부합하지 않게 된 경우에 기존등기 전부를 소멸시킬 목적으로 하는 등기를 말한다. 그 요건을 보면

(1) '기존등기'의 전부가 실체관계에서 부합하지 않을 것[1]
(2) 등기의 '전부가' 실체관계와 부합하지 않을 것[2]
(3) 등기상 이해관계인이 있는 때에는 그의 승낙서 또는 이에 대항할 수 있는 재판의 등본이 있을 것[3] (부동산등기법 제171조)을 요한다.

---

[1] 기존등기가 실체적 관계가 부합하지 않는 원인은 원시적이든(ex 원인무효), 후발적이든(ex 채무변제로 인한 피보전권리의 소멸), 절차적(ex 중복등기)이든 이를 가리지 않는다.
[2] 등기사항의 일부가 실체관계와 부합하지 않는 경우에는 경정등기, 변경등기, 말소회복등기의 대상이 될 뿐이다.
[3] 말소등기를 신청하는 경우에 그 말소에 대하여 등기상 이해관계 있는 제3자가 있는 때에는 신청서에 그 승낙서 또는 이에 대항할 수 있는 재판서 정본을 첨부하지 않으면 말소등기는 수리될 수 없다. 이때 '말소에 관하여 등기상 이해관계 있는 제3자'라 함은 등기의 말소로 인하여 등기의 기재형식상 손해를 받을 염려가 있는 제3자를 말한다.

## 2. 공동신청의 원칙

말소등기는 말소등기를 함으로써 등기부상 권리를 잃게 되는 기존 등기명의인이 등기의무자가 되고, 말소등기를 함으로써 등기부상 권리를 얻거나 등기의 기재형식상 유리한 위치에 있는 자가 등기권리자가 되어 이를 공동 신청하는 것이 원칙이다.

예를 들면, 소유자 A가 가등기의무자가 되고 B가 가등기권자가 되어 가등기가된 경우에 그 소유권이 C에게 이전된 후의 <u>가등기의 말소등기의 의무자는 B가 되고, 등기권리자는 A가 되어도 되고, C가 되어도 된다</u>. 이때 등기의무자가 B인 것은 의문의 여지가 없으나 등기권리자가 A도 되고 C도 되는 것은 A는 등기의 기재형식상 유리한 위치에 있는 자이고, C는 그 가등기를 말소함으로써 등기부상 권리를 얻는 자이기 때문에 모두 등기권리자가 될 수 있다. 반대로 가등기가 B에서 K에게로 이전된 경우의 그 가등기의 말소등기의 의무자는 K이어야 한다.

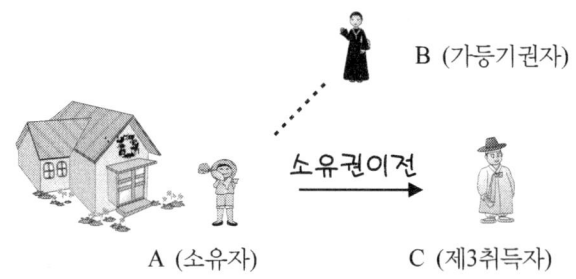

## 3. 단독신청이 가능한 경우

가등기명의인은 단독으로 가등기의 말소를 신청할 수 있다(법 제93조 제1항). 소유권에 관한 가등기명의인이 가등기의 말소를 신청할 때에는 가등기명의인의 인감증명도 첨부하여

---

예컨대 말소하려는 지상권 위에 저당권을 취득한 A가 있고, 저당권이 A→B→C 순으로 순차로 가장매매 되었을 때 C로부터 저당권을 취득한 D는 여기의 이해관계인에 해당한다. 그러나 선순위 저당권의 말소에 대하여 후순위 저당권자, 후순위 저당권의 말소에 관하여 선순위 저당권자 등은 이해관계인에 해당하지 않는다.

제3자가 승낙을 할 의무가 있는지의 여부는 실체법상의 권리관계에 따라 정하여 진다. 즉 말소의 원인이 기존등기의 명의인에게 실체법상 권리가 없고 이 무권리가 논리상 필연적으로 그 제3자의 실체상 무권리를 초래한 경우 제3자는 승낙의무가 있다. 그러나 선의의 제 3자와 같은 실체상 권리를 상실하지 않는 자는 승낙의무가 없다.

야 한다(규칙 제60조 제2호).

또한 가등기의무자 또는 가등기에 관하여 등기상 이해관계 있는 자는 가등기명의자의 승낙을 받아(또는 판결을 얻어) 단독으로 가등기말소를 신청할 수 있다(법 제93조 제2항).

한편, 가등기가처분명령에 의하여 이루어진 가등기는 통상의 가등기말소절차에 따라야 하며, '민사집행법'에서 정한 가처분이의의 방법으로 가등기의 말소를 구할 수는 없다(등기예규 제1408호).

가등기에 의하여 보전된 소유권이전등기청구권의 채권자가 그 채무자를 상속하여 채권과 채무가 동일인에 속하여 혼동이 발생하였다고 하더라도 이는 법 제29조 제1호 또는 제2호에 해당한다고 할 수 없기 때문에 혼동을 원인으로 한 말소등기신청이 없는 한 등기관이 그 가등기를 직권으로 말소할 수 없으며, 매매예약완결권이 제척기간의 도과로 소멸한 경우에도 마찬가지이다(선례 Ⅶ-378).

## 4. 가등기의 말소등기

일반원칙에 따라 등기권리자와 등기의무자의 공동신청에 의하여 말소할 수 있음은 물론이다. 이 경우 <u>등기의무자는 가등기권자이고 등기권리자는 가등기의무자 또는 제3취득자이다</u>. 즉 제3취득자가 있는 경우에는 말소등기신청의 권리자가 가등기의무자로 하거나 제3취득자로 하거나 상관없다.

## 제2절 등기신청서 작성례

☞ 등기신청서 갑지

| 접수 | 년 월 일<br>제    호 | 처리인 | 접 수 | 조 사 | 기 입 | 교 합 | 등기필<br>통 지 | 각 종<br>통 지 |
|---|---|---|---|---|---|---|---|---|
| | | | | | | | | |

가등기말소등기신청

① 부 동 산 의 표 시

1동의 건물의 표시 : 서울특별시 강북구 수유동 188-15
　　　　　　　　　[도로명주소] 서울특별시 강북구 한천로139가길80
전유부분의 건물의 표시
　　　　건물의 번호 : 4 - 402
　　　　구　　　조 : 철근콘크리트조
　　　　면　　　적 : 4층 402호 36.84㎡
대지권의 표시
　　　　토지의 표시 : 1. 서울특별시 강북구 수유동 188-15 대 249.2㎡
　　　　대지권의종류 : 1. 소유권대지권
　　　　대지권 비율 : 249.2분의 17.28 이상

| ② 등기원인과그연월일 | 202○년 3월 5일 해제 |
|---|---|
| ③ 등기의 목적 | 가등기말소 |
| ④ 말소할 등기 | 202○년 3월 1일 접수 제1234호로 경료한 가등기 |

| 구분 | 성　　명<br>(상　　호) | 주민등록번호<br>(등기용등록번호) | 주　　　　소<br>( 소 재 지 ) | 지분 |
|---|---|---|---|---|
| ⑤<br>등기<br>의무자 | 홍 길 동 | 640928-1439218 | ⑦ 서울 관악구 관천로17길 23, 303호(신림동) | / |
| ⑥<br>등기<br>권리자 | 최 고 봉 | 471108-1239411 | 서울 강북구 도당로2길 23, 202호(쌍문동) | / |

☞ **등기신청서 을지**

| | | | |
|---|---|---|---|
| ⑧ 등 록 면 허 세 | | 금 | 6,000 원 |
| 교 육 세 | | 금 | 1,200 원 |
| ⑨ 세 액 합 계 | | 금 | 7,200 원 |
| ⑩ 등 기 신 청 수 수 료 | | 금 | 3,000 원 |
| | | 납부번호 : 14-88-00987343-2 | |

| 등기의무자의 등기필정보 | | |
|---|---|---|
| 부동산고유번호 | 1115-1996-173964 | |
| 성명(명칭) | 일련번호 | 비밀번호 |
| 홍길동 | ACDI-0198-7329 | 12 - 3126 |

⑪ 첨 부 서 면

1. 등록면허세영수필확인서및통지서    1통
1. 위임장    1통
1. 인감증명서    1통
1. 등기필증    1통
1. 해제증서    1통

2010년 3월    일

위 신청인

⑫ 위 대리인   최진석   (인)

서울 동대문구 휘경로4길 23

☎ 964-3245

⑬ **서울북부지방법원 도봉등기소   귀중**

## 제3절 등기신청서 작성방법

※ 앞 등기신청서 갑지와 을지의 원표시(①)를 중심으로 작성방법을 설명함.

① **부동산의 표시 기재** : 말소하고자 하는 가등기 부동산을 기재하되, 등기부상 부동산의 표시와 일치하여야 한다.

② **등기원인과 그 연월일란** : 등기원인은 '해제', '포기', '변제', '존속기간만료'로, 연월일은 등기원인이 발생한 연월일을 기재한다.

③ **등기의 목적란** : '가등기말소'라고 기재한다.

④ **말소할 등기란** : 말소할 가등기의 접수연월일, 접수번호 등을 기재하여 말소할 등기를 특정한다.

⑤ **등기의무자란** : 가등기권자의 성명, 주민등록번호, 주소를 기재하되 , 등기부상소유자 표시와 일치하여야 한다. 그러나 법인인 경우에는 상호·본점·등기용등록번호를 기재하고, 비법인 사단이나 재단인 경우에는 비법인명칭·주사무소소재지·등기용등록번호·대표자의 성명이외에도 대표자의 주민등록번호·주소까지 기재한다.

⑥ **등기권리자란** : 가등기의무자 혹은 제3취득자의 성명을 기재하는 란으로, 그 기재방법은 등기의무자란과 동일.

⑦ **주 소 란**
주소를 기재함에 있어서 서울특별시, 부산광역시, 대구광역시, 인천광역시, 광주광역시, 대전광역시는 부산, 대구, 인천, 광주, 대전으로 약기하고 다른 시, 도는 행정구역명칭대로 기재한다. 이 부분은 부동산표시란에서 '특별시', '광역시'를 기재하는 것과는 다르므로 구별해야한다. 그리고 번지라는 문자는 생략한다. 외국인의 성명을 기재

함에 있어서는 그 국적을 병기하고 성명의 표기 방법은 교육과학기술부가 고시하는 외래어 표기법에 의한다.

### ⑧ 등록면허세영수필 확인서 및 통지서

2014. 1. 1.부터 말소등기의 등록면허·교육세는 종전 3,600원에서 7,200원으로 증액되었다.

등록면허세는 은행에 납부하고 그 납부서(등기소보관용)를 등기신청서 을지 또는 간지에 부착하도록 한다.

```
등록면허세 =  6,000원
교  육  세 =  1,200원
─────────────────────
합    계      7,200원
```

### ⑨ 세액합계란 : 등록면허세액과 교육세액의 합계를 기재한다.

### ⑩ 등기신청수수료 : 말소등기는 부동산 1개당 3,000원의 수수료를 현금납부한다.[4]

종전의 대법원수입증지는 2013. 5. 1. 폐지되었다. 현금납부는 인터넷등기소에서 전자납부하거나, 등기소설치의 무인발급기에서 납부할 수 있으며, 은행에서의 현금납부는 종전처럼 이루어진다.

납부 후 '영수필확인서'는 신청서 뒷면에 부착하고, 은행 납부번호를 신청서 을지에 기재하여야 한다.

### ⑪ 첨부서면

> **가. 위 임 장**
> 등기의무자(가등기권자)가 등기신청을 대리인에게 위임하는 경우에 등기의무자의 인감날인한 등기위임장을 첨부한다. 등기권리자는 막도장이어도 가능하다. 대리인의 자격에는 제한이 없으며 다만 금전을 받거나 업(業)으로 할 수 있는 사람은 변호

---
4) 이 경우 e-form에 의한 신청은 2,000원, 전자신청은 1,000원이다.

> 사나 법무사에 한정돼있다.
>
> **나. 인감증명서**
> 등기의무자(가등기권자)의 인감증명서(발행일로부터 3월 이내)를 첨부한다.
>
> **다. 해제증서**
> 등기원인을 증명하는 서면으로 첨부한다.
>
> **라. 등기필증**
> 등기의무자인 가등기권자의 '가등기권리증'을 제출한다.

## ⑫ 대리인란

실질적으로 양당사자가 등기소에 같이 가는 경우보다는 등기권리자가 등기의무자를 대리하여 등기신청하는 경우가 대부분이다. 대리인의 성명, 전화번호정도만 기재하고 그의 인장을 날인한다.

## ⑬ 등기소 : 후단의 등기소의 명칭 및 관할구역표를 참조

## 제4절 관련 서식례

# 해 제 증 서

202○년 2월 15일 매매예약에 기하여 본인이 다음 기재 부동산상에 가등기를 취득하고 202○년 3월 1일 접수 제1234호로 경료된 가등기를 하였는바 금번 이를 해제한다.

202○년 3월 5일

가등기권자 홍길동 (인)
서울 관악구 관천로17길 23, 303호(신림동)

최 고 봉 귀하
서울 강북구 한천로139가길80 (수유동, 동일하이츠빌라)

* 부동산의 표시

   1동 건물의 표시 : 서울특별시 강북구 수유동 188-15
   전유건물의 표시
       건물의 번호 : 4-402
       구      조 : 철근콘크리트조
       면      적 : 4층 402호 36.84㎡
   대지권의 표시
       토지의 표시 : 1. 서울특별시 강북구 수유동
                  188-15 대 249.2㎡
       대지권 종류 : 1. 소유권대지권
       대지권 비율 : 249.2분의 17.28  이상

## ☞ 등기신청위임장

<table>
<tr><td colspan="2" align="center">위 임 장</td></tr>
<tr><td colspan="2" align="center">부 동 산 의 표 시</td></tr>
<tr><td colspan="2">
1동 건물의 표시 : 서울특별시 강북구 수유동 188-15<br>
     [도로명주소] 서울특별시 강북구 한천로139가길 80<br>
전유건물의 표시<br>
   건물의 번호 : 4-402<br>
   구   조 : 철근콘크리트조<br>
   면   적 : 4층 402호 36.84㎡<br>
대지권의 표시<br>
   토지의 표시 : 1. 서울특별시 강북구 수유동 188-15 대 249.2㎡<br>
   대지권 종류 : 1. 소유권대지권<br>
   대지권 비율 : 249.2분의 17.28 이상
</td></tr>
<tr><td>등기원인과 그 연월일</td><td>202○년 3월 5일 해제</td></tr>
<tr><td>등 기 의   목 적</td><td>가등기말소</td></tr>
<tr><td>말 소 할 가 등 기</td><td>2009년 3월 1일 접수 제1234호로 경료한 가등기</td></tr>
<tr><td>
등기의무자 홍 길 동 (인감) 5)<br>
    서울 관악구 관천로17길<br>
    23, 303호(신림동)<br><br>
등기권리자 최 고 봄   (인)<br>
    서울 강북구 한천로139가길80<br>
    (수유동, 동일하이츠빌라)
</td><td>
최진석<br>
서울 동대문구 휘경로4길 23<br>
☎ 964-3245<br><br>
위 사람을 대리인으로 정하고, 위 부동산 등기신청 및 취하에 관한 모든 행위를 위임한다.<br>
또한 복대리인 선임을 허락한다.<br>
    202○년 3월   일
</td></tr>
</table>

---

5) 가등기말소에서 가등기권자의 인감을 날인하여야 한다.

## 제5절 등기소 가기

### 1. 신청서 꾸미기

가등기말소 등기신청서를 1부 제출한다.

#### 등기소제출서류

1. 등기신청서 갑지
2. 등기신청서 을지
3. 해제증서
4. 위임장
5. 가등기의무자(가등기권자)의 인감증명서
6. 권리자의 주민등록초본
7. 등기필증[6](등기필정보인 경우 불필요)

### 2. 거쳐야할 기관

☞ **구(군)청에서 할 일**

가. 준비할 서류

a. 변제증서
b. 등록면허세신고서(구청비치)

---

[6] 가등기권자가 가지고 있던 '가등기필증'을 말한다.

* 등록면허세신고서

# 등록에 대한 등록면허세 신고서

[기한 내 신고 (  ) 기한 후 신고(  )]

| 신고인 | 성 명<br>(법인명) | 최고병 | 주민등록번호<br>(법인등기번호) | 471108-1239411 |
|---|---|---|---|---|
| | 주 소<br>(영업소) | 서울 강북구 한천로139가길80 (수유동, 동일하이츠빌라) | 전 화 번 호 | ☎964-3245 |

| 등기·등록 물건 내역 ||||
|---|---|---|---|
| 소재지 | | | |
| 물건명 | 등기·등록종류 | 등기·등록원인 | 등기·등록가액 |
| | | | |
| | | | |
| | | | |

| 납부할 세액 |||||||
|---|---|---|---|---|---|---|
| 세목 | 과세표준 | 세율 | 산출세액 | 기납부세 | 가산세 | 신고세액합계 |
| 합 계 | | | | | | |
| 등록면허세 | | % | | | | |
| 지방교육세 | | % | | | | |
| 농어촌특별세 | | % | | | | |

※ 구비서류
1. 등록가액 증명서류(전세계약서 등) 사본 1부
2. 감면신청서   1부
3. 비과세확인서 1부

지방세법 제30조 및 같은 법 시행령 제48조 제3항에 따라 위와 같이 신고합니다.

202○년 3월  일
신고인
대리인 : 최진석   (인)

**강북 구청장  귀하**

이하 위 임 장

## 나. 등록면허세고지서 발급절차

① 구(군)청 세무과내 등록면허세 납부 창구에 가서 비치되어있는 등록면허세신고서를 작성한 후 담당자로부터 등록면허세 납부고지서를 수령한다.

구청(시·군·구청)을 방문하지 않더라도 정액등록면허세의 경우 2006. 6. 1.부터 대법원사이트 인터넷등기소(www.iros.go.kr)에서 「정액등록면허세납부서작성」란을 이용하여 일정사항을 입력하여 출력한 납부서를 가지고 직접 금융기관(농협, 우체국)에 납부하면 구청을 방문하는 시간을 절약할 수 있다.

▶ 인터넷등기소 www.iros.go.kr

② 등록면허세액을 금융기관에 납부하고 그 납부영수필(등기소보관용과 관청통보용)을 등기신청서 을지 혹은 간지에 살짝 붙인다.

③ 정액등록면허세의 경우 취급 은행을 방문하지 않고, 누구든 사무실 인터넷으로 이텍스 (http://etax.seoul.go.kr) 또는 위텍스(www.etax.go.kr) 홈페이지에서 이를 신고·납부할 수도 있다.

서울시 지방세의 경우는 '이텍스'를, 기타 지역의 경우 '위텍스'를 이용하면 되는데 ㉠ 직접 신고 및 납부도 가능하며, ㉡ 시·군·구청을 방문하여 등록면허세 신고를 하거나 인터넷등기소에서 정액 등록면허세 고지서를 출력(신고)한 경우 그 고지서에 기재된 전자납부번호를 위 홈페이지에 접속하여 위 신고분을 찾아 누구든 신용카드로 결제를 할 수 있다. 결제 후 위 홈페이지에서 '납부확인서'를 출력하여 이를 등기신청서에 첨부한다.

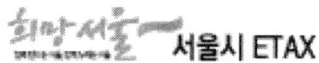

서울시 지방세의 납부  　　　　기타 지역의 지방세납부
(http://etax.seoul.go.kr)　　　　(www.wetax.go.kr)

### ☞ 등기소에서 할 일

가. 등기신청서제출

① 등기신청수수료(각 부동산 3,000원)를 사전에 현금납부한다. 인지는 붙이지 않음.
② 등기신청서를 제출하는 사람은 신분증을 지참하고 관할 등기소 접수처에 가서 제출한다.
③ 등기소, 법원의 업무시간은 오전 9:00에서 오후 6:00까지이다.

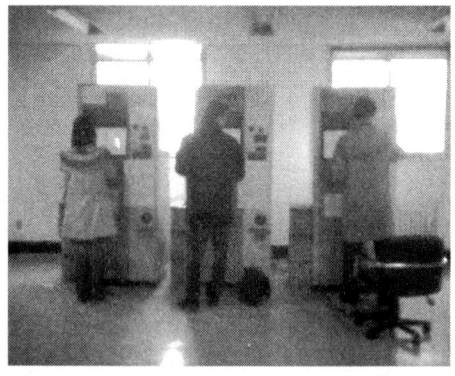

▶ 무인자동발매기를 통하여 등기부등본을 발급받고 있는 일반인 모습

나. 등기필정보 수령하기

① 등기관은 접수 → 조사 → 기입 → 교합의 과정을 거쳐 말소등기가 완료된 때에는 등기완료통지서를 24시간 내 작성하여야 한다. 실무상 등기완료통지서를 수령할 실익은 없으므로 교합완료를 확인하면 등기부등본을 발급받아 본다.
② 해당 부동산의 등기부등본을 발급 신청해서 확인했을 때 말소 등기가 되어 있다면 등기가 제대로 끝난 것이다.

# 저당권 등기말소

**제1절** 저당권 말소등기 • 441

**제2절** 등기신청서 작성례 • 444

**제3절** 등기신청서 작성방법 • 446

**제4절** 관련 서식례 • 449

**제5절** 등기소 가기 • 451

# 제 15 장
# 저당권 등기말소

## 제1절 저당권 말소등기

### 1. 말소등기란

말소등기란 기존등기가 원시적 또는 후발적인 사유로 인하여 실체관계와 부합하지 않게 된 경우에 기존등기 전부를 소멸시킬 목적으로 하는 등기를 말한다.

그 요건을 보면

(1) 「기존등기」의 전부가 실체관계에서 부합하지 않을 것,[1]
(2) 등기의 「전부가」 실체관계와 부합하지 않을 것,[2]
(3) 등기상 이해관계인이 있는 때에는 그의 승낙서 또는 이에 대항할 수 있는 재판의 등본이 있을 것[3](부동산등기법 제171조)을 요한다.

---

[1] 기존등기가 실체적 관계가 부합하지 않는 원인은 원시적이든(ex 원인무효), 후발적이든(ex 채무변제로 인한 피보전권리의 소멸), 절차적(ex 중복등기)이든 이를 가리지 않는다.
[2] 등기사항의 일부가 실체관계와 부합하지 않는 경우에는 경정등기, 변경등기, 말소회복등기의 대상이 될 뿐이다.
[3] 말소등기를 신청하는 경우에 그 말소에 대하여 등기상 이해관계있는 제3자가 있는 때에는 신청서에 그 승낙서 또는 이에 대항할 수 있는 재판서 정본을 첨부하지 않으면 말소등기의 신청은 수리될 수 없다. 이때 '말소에 관하여 등기상 이해관계있는 제3자'라 함은 등기의 말소로 인하여 등기의 기재형식상 손해를 받을 염려가 있는 제3자를 말한다.

## 2. 공동신청의 원칙

말소등기는 말소등기를 함으로써 등기부상 권리를 잃게 되는 기존 등기명의인이 등기의무자가 되고, 말소등기를 함으로써 등기부상 권리를 얻거나 등기의 기재형식상 유리한 위치에 있는 자가 등기권리자가 되어 이를 공동 신청하는 것이 원칙이다.

예를 들면, 소유자 A가 저당권설정자가 되고 B가 저당권자가 되어 저당권이 설정된 경우에 그 소유권이 C에게 이전된 후의 <u>저당권의 말소등기의 의무자는 B가 되고, 그 권리자는 A가 되어도 되고, C가 되어도 된다</u>. 이때 등기의무자가 B인 것은 의문의 여지가 없으나 등기권리자가 A도 되고 C도 되는 것은 A는 등기의 기재형식상 유리한 위치에 있는 자이고, C는 그 저당권의 말소를 함으로써 등기부상 권리를 얻는 자이기 때문에 모두 등기권리자가 될 수 있다. 반대로 저당권이 B에서 K에게로 이전된 경우의 그 저당권의 말소등기의 의무자는 K이어야 한다.

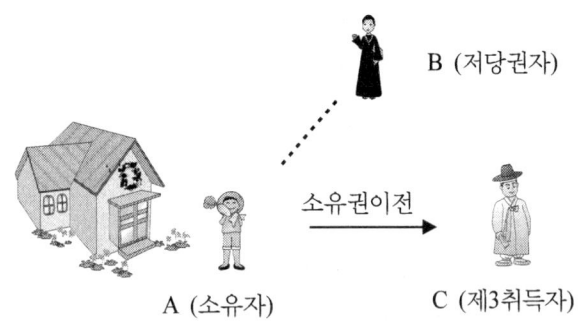

## 3. 단독신청이 가능한 경우

가. 판결에 의한 말소등기신청(부동산등기법 제29조)
나. 등기할 권리가 어떤 자의 사망으로 소멸하는 경우(제166조)
다. 등기의무자의 행방불명의 경우(제167조)
라. 가처분등기 후 제3자명의의 소유권이전등기의 말소

## 4. 저당권 말소등기

일반원칙에 따라 등기권리자와 등기의무자의 공동신청에 의하여 말소할 수 있음은 물론이다. 이 경우 등기의무자는 저당권자이고 등기권리자는 저당의무자 또는 제3취득자이다. 즉 제3취득자가 있는 경우에는 말소등기신청의 권리자가 저당의무자로 하거나 제3취득자로 하거나 상관없다.

## 제 2 절 등기신청서 작성례

☞ 등기신청서 갑지

| | | | | | | | 등기필 | 통 |
|---|---|---|---|---|---|---|---|---|
| 접 | 년 월 일 | 처 | 접 수 | 조 사 | 기 입 | 교 합 | 통 지 | 지 |
| 수 | 제    호 | 리 인 | | | | | | |

**저당권말소등기신청**

| ① 부동산의 표시 |
|---|
| 1동의 건물의 표시: 서울특별시 강북구 수유동 188-15<br>　　　　　　　　　[도로명주소] 서울특별시 강북구 한천로139가길80<br>전유부분의 건물의 표시<br>　　건물의 번호: 4-402<br>　　구　　　조: 철근콘크리트조<br>　　면　　　적: 4층 402호 36.84㎡<br>대지권의 표시<br>　　토지의 표시: 1. 서울특별시 강북구 수유동 188-15 대 249.2㎡<br>　　대지권의종류: 1. 소유권대지권<br>　　대지권 비율: 249.2분의 17.28 이상 |

| ② 등기원인과그연월일 | 202○년 3월 5일 변제 |
|---|---|
| ③ 등기의 목적 | 저당권등기말소 |
| ④ 말소할 등기 | 2009년 3월 1일 접수 제1234호로 경료한 저당권설정등기 |

| 구분 | 성　명<br>(상　호) | 주민등록번호<br>(등기용등록번호) | 주　　소<br>( 소　재　지 ) | 지분 |
|---|---|---|---|---|
| ⑤<br>등기<br>의무자 | 홍 길 동 | 640928-1439218 | ⑦ 서울 관악구 관천로17길 23, 303호(신림동) | |
| ⑥<br>등기<br>권리자 | 최 고 봉 | 471108-1239411 | 서울 강북구 한천로139가길80, 204호 (수유동, 동일하이츠빌라) | |

☞ **등기신청서 을지**

| ⑧ 등 록 면 허 세 | 금 | 6,000 원 |
|---|---|---|
| 교 육 세 | 금 | 1,200 원 |
| ⑨ 세 액 합 계 | 금 | 7,200 원 |
| ⑩ 등 기 신 청 수 수 료 | 금 | 3,000 원 |
| | 납부번호 : 14-88-00987652-3 | |

| 등기의무자의 등기필정보 |||
|---|---|---|
| 부동산고유번호 | 1115-1996-173964 ||
| 성명(명칭) | 일련번호 | 비밀번호 |
| 홍 길 동 | ACDI-0198-7329 | 12 - 3126 |

⑪ 첨 부 서 면

1. 등록면허세영수필확인서및통지서    1통
1. 위임장    1통
1. 주민등록초본    1통
1. 등기필증(또는 등기필정보 기재)    1통
1. 변제증서    1통

2020년 3월   일

위 신청인⑫  등기권리자 겸 등기의무자 홍길동의 대리인
            최고봉    (인)
            서울 강북구 한천로139가길80, 204호
            (수유동, 동일하이츠빌라)
            ☎ 010-2964-3245

⑬ **서울북부지방법원  도봉등기소  귀중**

## 제3절 등기신청서 작성방법

※ 앞 등기신청서 갑지와 을지의 원표시 (①)를 중심으로 작성방법을 설명함.

① **부동산의 표시 기재** : 말소하고자 하는 저당 부동산을 기재하되, 등기부상 부동산의 표시와 일치하여야 한다.

② **등기원인과 그 연월일란** : 등기원인은 '해지', '변제'로 그 연월일은 등기원인이 발생한 해지증서상의 연월일을 기재한다.

③ **등기의 목적란** : '저당권 등기말소'라고 기재한다.

④ **말소할 등기란** : 말소할 저당권의 접수연월일, 접수번호 등을 기재하여 말소할 등기를 특정한다.

⑤ **등기의무자란** : 저당권자의 성명, 주민등록번호, 주소를 기재하되, 등기부상 소유자 표시와 일치하여야 한다. 그러나 법인인 경우에는 상호·본점·등기용등록번호를 기재하고, 비법인 사단이나 재단인 경우에는 비법인명칭·주사무소소재지·등기용등록번호·대표자의 성명이외에도 대표자의 주민등록번호·주소까지 기재한다.

⑥ **등기권리자란** : 저당권설정자 혹은 제3취득자의 성명을 기재하는 란으로, 그 기재방법은 등기의무자란과 동일.

⑦ **주 소 란**
주소를 기재함에 있어서 서울특별시, 부산광역시, 대구광역시, 인천광역시, 광주광역시, 대전광역시는 부산, 대구, 인천, 광주, 대전으로 약기하고 다른 시, 도는 행정구역 명칭대로 기재한다. 이 부분은 부동산표시란에서 '특별시', '광역시'를 기재하는 것과는 다르므로 구별해야한다. 그리고 번지라는 문자는 생략한다. 외국인의 성명을 기재

함에 있어서는 그 국적을 병기하고 성명의 표기 방법은 교육과학기술부가 고시하는 외래어 표기법에 의한다.

⑧ **등록면허세영수필 확인서 및 통지서**

2014. 1. 1.부터 말소등기의 등록면허·교육세는 종전 3,600원에서 7,200원으로 증액되었다.

등록면허세는 은행에 납부하고 그 납부서(등기소보관용)를 등기신청서 을지 또는 간지에 부착하도록 한다.

```
등록면허세 =  6,000원
교  육  세 =  1,200원
─────────────────────
합     계    7,200원
```

⑨ **세액합계란** : 등록면허세액과 교육세액의 합계를 기재한다.

⑩ **등기신청수수료**

말소등기는 부동산 1개당 3,000원의 수수료를 현금납부한다.[4] 종전의 대법원수입증지는 2013. 5. 1. 폐지되었다. 현금납부는 인터넷등기소에서 전자납부하거나, 등기소설치의 무인발급기에서 납부할 수 있으며, 은행에서의 현금납부는 종전처럼 이루어진다(신한은행 인터넷뱅킹가능).

납부 후 '영수필확인서'는 신청서 뒷면에 부착하고, 은행 납부번호를 신청서 을지에 기재하여야 한다.

⑪ **첨부서면**

> **가. 위 임 장**
> 등기의무자(저당권자)가 등기신청을 대리인에게 위임하는 경우에 등기의무자의 등기위임장을 첨부한다. 등기권리자·의무자 모두 막도장이어도 가능하다. 대리인의

---

[4] 이 경우 e-form에 의한 신청은 2,000원, 전자신청은 1,000원이다.

> 자격에는 제한이 없으며 다만 금전을 받거나 업(業)으로 할 수 있는 사람은 변호사나 법무사에 한정된다.
>
> **나. 해지증서**
> 등기원인을 증명하는 서면으로 첨부한다.
>
> **다. 등기필증**
> 등기의무자인 저당권자의 '등기필증'을 제출한다.

### ⑫ 대리인란

실질적으로 양당사자가 등기소에 같이 가는 경우보다는 등기권리자가 등기의무자를 대리하여 등기신청하는 경우가 대부분이다. 대리인의 성명, 전화번호정도만 기재하고 그의 인장을 날인한다.

### ⑬ 등기소 : 후단의 등기소의 명칭 및 관할구역표를 참조

## 제4절 관련 서식례

# 변 제 증 서

1. 금 50,000,000원

위 금액은 202○년 2월 15일 대여하고 202○년 3월 1일 접수 제1234호로써 저당권을 설정하였던 채권액인바 그 원금 전부를 정히 영수한다.

202○년 3월 5일

저당권자 홍길동 (인)
서울 관악구 관천로17길 23, 303호(신림동)

최 고 봉 귀하
서울 강북구 한천로139가길80, 204호 (수유동, 동일하이츠빌라)

1. 부동산의 표시
   1동 건물의 표시 : 서울특별시 강북구 수유동 188-15
   전유건물의 표시
        건물의 번호 : 4-402
        구      조 : 철근콘크리트조
        면      적 : 4층 402호 36.84㎡
   대지권의 표시
        토지의 표시 : 1. 서울특별시 강북구 수유동 188-15 대 249.2㎡
        대지권 종류 : 1. 소유권대지권
        대지권 비율 : 249.2분의 17.28   이상

## ☞ 등기신청위임장

# 위 임 장

## 부 동 산 의 표 시

1동 건물의 표시 : 서울특별시 강북구 수유동 188-15
  [도로명주소] 서울 강북구 한천로139가길 80

전유건물의 표시
  건물의 번호 : 4-402
  구     조 : 철근콘크리트조
  면     적 : 4층 402호 36.84㎡

대지권의 표시
  토지의 표시 : 1. 서울특별시 강북구 수유동 188-15 대 249.2㎡
  대지권 종류 : 1. 소유권대지권
  대지권 비율 : 249.2분의 17.28   이상

| 등기원인과 그연월일 | 202○년 3월 5일  변제 |
|---|---|
| 등 기 의 목 적 | 저당권등기말소 |
| 말 소 할 가 등 기 | 202○년 3월 1일 접수 제1234호로 경료한 저당권설정등기 |

등기의무자 홍 길 동 (인)
  서울 관악구 관천로17길
  23, 303호(신림동)

등기권리자 최 고 봉 (인)
  서울 강북구 한천로139가길
  80, 204호(수유동, 동일하
  이츠빌라)

최 고 봉
서울 강북구 한천로139가길
80, 204호(수유동, 동일하이츠빌라)
☎ 02) 964-2343

위 사람을 대리인으로 정하고, 위 부동산 등기신청 및 취하에 관한 모든 행위를 위임한다.
또한 복대리인 선임을 허락한다.
  202○년 3월   일

## 제5절 등기소 가기

### 1. 신청서 꾸미기

저당권말소 등기신청서는 다음 아래와 같이 1부를 제출한다.

▶ 의정부등기소 전경

**등기소제출서류**

1. 등기신청서 갑지
2. 등기신청서 을지
3. 변제증서
4. 위임장
5. 권리자의 주민등록초본
6. 등기필증[5](등기필정보인 경우 불필요)

### 2. 거쳐야할 기관

☞ **구(군)청에서 할 일**

가. 준비할 서류

a. 해지증서
b. 등록면허세신고서(구청비치)

나. 등록면허세고지서 발급절차

① 구(군)청 세무과내 등록면허세 납부 창구에 가서 비치되어있는 등록면허세신고서를 작

---

[5] 저당권자가 가지고 있던 '저당권 등기필증'을 말한다.

성한 후 담당자로부터 등록면허세 납부고지서를 수령한다.

그런데 구청(시·군·구청)을 방문하지 않더라도 정액등록면허세의 경우 2006. 6. 1.부터 대법원사이트 인터넷등기소(www.iros.go.kr)에서 「정액등록면허세납부서작성」란을 이용하여 일정사항을 입력하여 출력한 납부서를 가지고 직접 금융기관(농협, 우체국)에 납부하면 구청을 방문하는 시간을 절약할 수 있다.

② 등록면허세액을 금융기관에 납부하고 그 납부영수필(등기소보관용과 관청통보용)을 등기신청서 을지 혹은 간지에 살짝 붙인다.6)

## ☞ 등기소에서 할 일

### 가. 등기신청서제출

① 등기신청수수료(각 부동산 3,000원)를 사전에 현금납부한다. 인지는 붙이지 않음
② 등기신청서를 제출하는 사람은 신분증을 지참하고 관할 등기소 접수처에 가서 제출한다.
③ 등기소, 법원의 업무시간은 오전 9:00에서 오후 6:00까지이다.

### 나. 등기필정보 수령하기

① 등기관은 접수 → 조사 → 기입 → 교합의 과정을 거쳐 말소등기가 완료된 때에는 등기완료통지서를 24시간 내 작성하여야 한다. 실무상 등기완료통지서를 수령할 실익은 없으므로 교합완료를 확인하면 등기부등본을 발급받아 본다.
② 해당 부동산의 등기부등본을 발급 신청해서 확인했을 때 저당 말소 등기가 되어 있다면 등기가 제대로 끝난 것이다. 등기부등본의 1통당 수수료는 무인자동발매기에 의해 발급받을 경우 1통에 1,000원이며 등기과 창구에서 발급받는 경우는 1,200원이고, 인터넷을 통한 등기부의 열람은 1등기용지에 관하여 700원이다(등기부등초본수수료규칙 제3조 제2항).

---

6) 이중 등록면허세통지서는 세무관서에 통보용으로 사용해야 하는 것이므로 간지에 심하게 달라붙도록 붙여서는 곤란할 것이다.

# 근저당권 등기말소

**제1절** 근저당권 등기말소 • 455

**제2절** 등기신청서 작성례 • 456

**제3절** 등기신청서 작성방법 • 458

**제4절** 관련 서식례 • 461

**제5절** 등기소 가기 • 464

# 제 16 장
# 근저당권 등기말소

## 제 1 절 근저당권 등기말소

### 1. 근저당권 말소등기란

근저당권 말소등기란 계속적 채권관계를 채무변제 후 당사자의 일방적 의사표시로 해지 등으로 종료시키고 그 설정된 등기를 말소시키기 위한 등기로, 이 신청에서는 근저당권설정자를 등기권리자, 근저당권자를 등기의무자라고 한다.

### 2. 등기신청방법

① **공동신청** : 근저당권설정자(또는 소유자)와 근저당권자가 본인임을 확인할 수 있는 주민등록증 등을 가지고 직접 등기소에 출석하여 공동으로 신청함이 원칙이다.
② **단독신청** : 판결에 의한 등기신청인 경우에는 승소한 등기권리자 또는 등기의무자가 단독으로 신청할 수 있다.
③ **대리인에 의한 신청** : 등기신청은 반드시 본인이 하여야 하는 것은 아니고 누구든 대리인이 하여도 된다. 등기권리자 또는 등기의무자 일방이 상대방의 대리인이 되거나 쌍방이 제3자에게 위임하여 등기신청을 할 수 있으나, 변호사 또는 법무사가 아닌 자는 신청서의 작성이나 그 서류의 제출대행을 업(業)으로 할 수 없다.

## 제2절 등기신청서 작성례

| 접수 | 년 월 일 제  호 | 처리인 | 접 수 | 조 사 | 기 입 | 교 합 | 등기필 통 지 | 통 지 |
|---|---|---|---|---|---|---|---|---|

**근저당권말소등기신청**

### ① 부 동 산 의 표 시

1동의 건물의 표시 : 서울특별시 강북구 수유동 188-15
　　　　　　　　　　[도로명주소] 서울특별시 강북구 한천로139가길 80
전유부분의 건물의 표시
　　　건물의 번호 : 4-402
　　　구　　　조 : 철근콘크리트조
　　　면　　　적 : 4층 402호 36.84㎡
대지권의 표시
　　　토지의 표시: 1. 서울특별시 강북구 수유동 188-15 대 249.2㎡
　　　대지권의 종류: 1. 소유권대지권
　　　대지권 비율: 249.2분의 17.28　이상

| ② 등기원인과 그 연월일 | 202○년 3월 5일 해지 |
|---|---|
| ③ 등기의 목적 | 근저당권등기말소 |
| ④ 말소할 등기 | 202○년 3월 1일 접수 제1234호로 경료한 근저당권설정등기 |

| 구분 | 성 명 (상 호) | 주민등록번호 (등기용등록번호) | 주　　소 ( 소 재 지 ) | 지분 |
|---|---|---|---|---|
| ⑤ 등기 의무자 | 홍길동 | 640928-1439218 | ⑦ 서울 관악구 관천로17길 23, 303호 (신림동) | |
| ⑥ 등기 권리자 | 최고봉 | 471108-1239411 | 서울 강북구 한천로139가길80, 204호 (수유동, 동일하이츠빌라) | |

☞ **등기신청서 을지**

| ⑧ 등 록 면 허 세 | 금 | 6,000 원 |
|---|---|---|
| 교 육 세 | 금 | 1,200 원 |
| ⑨ 세 액 합 계 | 금 | 7,200 원 |
| ⑩ 등 기 신 청 수 수 료 | 금 | 3,000 원 |
| | 납부번호 : 14-88-00987123-1 | |

| 등기의무자의 등기필정보 | | |
|---|---|---|
| 부동산고유번호 | | |
| 성명(명칭) | 일련번호 | 비밀번호 |
| 홍 길 동 | | |

⑪ 첨 부 서 면

| | |
|---|---|
| 1. 등록면허세영수필확인서및통지서  1통 | 1. 권리자의 주민등록초본  1통 |
| 1. 위임장  1통 | |
| 1. 인감증명서  1통1) | |
| 1. 확인서면(또는 등기필증, 등기필정보) 2통 | |
| 1. 해지증서  1통 | |

202○년  3월   일

위 신청인
⑫ 위 대리인 법무사 이근재    **(인)**
서울 서초구 서초동 1572-14 법화빌딩 3층
☎ 3474-8820

⑬ **서울북부지방법원  도봉등기소  귀중**

법무사  이근재   (직인)

## 제 3 절 등기신청서 작성방법

※ 앞 등기신청서 갑지와 을지의 원표시 (①)를 중심으로 작성방법을 설명함.

① **부동산의 표시 기재** : 말소하고자 하는 저당 부동산을 기재하되, 등기부상 부동산의 표시와 일치하여야 한다.

② **등기원인과 그 연월일란** : 등기원인은 '해지', '변제'로 그 연월일은 등기원인이 발생한 변제증서상의 연월일을 기재한다.

③ **등기의 목적란** : '근저당권 등기말소'라고 기재한다.

④ **말소할 등기란** : 말소할 근저당권의 접수연월일, 접수번호 등을 기재하여 말소할 등기를 특정한다.

⑤ **등기의무자란** : 근저당권자의 성명, 주민등록번호, 주소를 기재하되, 등기부상 소유자 표시와 일치하여야 한다. 그러나 법인인 경우에는 상호·본점·등기용등록번호를 기재하고, 비법인 사단이나 재단인 경우에는 비법인명칭·주사무소소재지·등기용등록번호·대표자의 성명이외에도 대표자의 주민등록번호·주소까지 기재한다.

⑥ **등기권리자란** : 근저당권설정자 혹은 제3취득자의 성명을 기재하는 란으로, 그 기재방법은 등기의무자란과 동일.

⑦ **주 소 란**
주소를 기재함에 있어서 서울특별시, 부산광역시, 대구광역시, 인천광역시, 광주광역시, 대전광역시는 부산, 대구, 인천, 광주, 대전으로 약기하고 다른 시, 도는 행정구역

---

1) 등기의무자가 근저당등기필증을 분실하여 '확인서면'을 작성한 경우이므로, 법무사에 대한 등기신청위임장에 인감날인을 하고 인감증명서를 첨부하여야 한다.

명칭대로 기재한다. 이 부분은 부동산표시란에서 '특별시', '광역시'를 기재하는 것과는 다르므로 구별해야한다.

### ⑧ 등록면허세영수필 확인서 및 통지서

2014. 1. 1.부터 말소등기의 등록면허·교육세는 종전 3,600원에서 7,200원으로 증액되었다.

등록면허세는 은행에 납부하고 그 납부서(등기소보관용)를 등기신청서 을지 또는 간지에 부착하도록 한다.

```
등록면허세 =  6,000원
교  육  세 =  1,200원
─────────────────────
합     계    7,200원
```

### ⑨ 세액합계란 : 등록면허세액과 교육세액의 합계를 기재한다.

### ⑩ 등기신청수수료

말소등기는 부동산 1개당 3,000원의 수수료를 현금납부한다.2) 종전의 대법원수입증지는 2013. 5. 1. 폐지되었다. 현금납부는 인터넷등기소에서 전자납부하거나, 등기소설치의 무인발급기에서 납부할 수 있으며, 은행에서의 현금납부는 종전처럼 이루어진다(신한은행 인터넷뱅킹가능).

납부 후 '영수필확인서'는 신청서 뒷면에 부착하고, 은행 납부번호를 신청서 을지에 기재하여야 한다.

### ⑪ 첨부서면

> **가. 위 임 장**
> 등기의무자(근저당권자)가 등기신청을 대리인에게 위임하는 경우에 등기의무자의 등기위임장을 첨부한다. 등기권리자·의무자 모두 막도장이어도 가능하다. 대리인

---

2) 이 경우 e-form에 의한 신청은 2,000원, 전자신청은 1,000원이다.

> 의 자격에는 제한이 없으며 다만 금전을 받거나 업(業)으로 할 수 있는 사람은 변호사나 법무사에 한정돼있다.
>
> 나. 해지증서
> 등기원인을 증명하는 서면으로 첨부한다.
>
> 다. 등기필증
> 등기의무자인 근저당권자의 '등기필증'을 제출한다(또는 '등기필정보'상의 고유번호, 일련번호, 비밀번호를 기재함). 이를 제출할 수 없는 경우 확인조서, 확인서면, 공정증서의 방식중 하나를 택하여 갈음할 수 있다. 주의 할 점은 확인서면을 작성한 변호사, 법무사는 그 등기신청대리인이 되어야 한다는 점이다.

⑫ **대리인란**

실질적으로 양당사자가 등기소에 같이 가는 경우보다는 등기권리자가 등기의무자를 대리하여 등기신청하는 경우가 대부분이다. 대리인의 성명, 전화번호정도만 기재하고 그의 인장을 날인한다.

⑬ **등기소** : 후단의 등기소의 명칭 및 관할구역표를 참조

## 제4절 관련 서식례

# 해 지 증 서

202○년 2월 15일 근저당권설정계약에 기하여 본인이 채권최고액 금 50,000,000원의 담보로 다음 기재 부동산상에 근저당권을 취득하고 202○년 3월 1일 접수 제1234호로 경료한 근저당권설정등기로써 그 설정등기를 받았는바, 금번 이를 해지한다.

202○년 3월 5일

근저당권자 홍길동 (인)
서울 관악구 관천로1가길 23, 303호(신림동)

최 고 봉 귀하
서울 강북구 한천로139가길80, 204호 (수유동, 동일하이츠빌라)

1. 부동산의 표시
   1동 건물의 표시 : 서울특별시 강북구 수유동 188-15
   전유건물의 표시
       건물의 번호 : 4-402
       구　　　조 : 철근콘크리트조
       면　　　적 : 4층 402호 36.84㎡
   대지권의 표시
       토지의 표시 : 1. 서울특별시 강북구 수유동 188-15 대 249.2㎡
       대지권 종류 : 1. 소유권대지권
       대지권 비율 : 249.2분의 17.28  이상

☞ **확인서면**

<table>
<tr><td colspan="2" align="center">**확 인 서 면** 3)</td><td></td></tr>
<tr><td colspan="2">등 기 할<br>부 동 산 의<br>표 시</td><td>1. 서울특별시 서대문구 홍제동 245-8 대 188㎡<br>2. 위지상<br>　[도로명주소] 서울특별시 서대문구 세무서길59<br>　벽돌조 슬래브지붕 2층 주택 및 근린생활시설<br>　1층 113.21㎡　2층 92.35㎡<br>　지층 11.22㎡<br>　(증축: 2층 10.53㎡)</td><td></td></tr>
<tr><td rowspan="3">등기의<br>무자</td><td>성 명</td><td>백명서</td><td rowspan="3">등기의 목적<br><br>소유권<br>이전</td></tr>
<tr><td>주 소</td><td>서울 서대문구 문화촌길 6-24<br>(홍제동, 문화촌현대아파트)</td></tr>
<tr><td>주민등록<br>번 호</td><td>620727-2037013</td></tr>
<tr><td colspan="2">본인확인<br>정 보</td><td colspan="2">주민등록증, 외국인등록증, 국내거소신고증, 여권, 운전면허증 각 사본</td></tr>
<tr><td colspan="2">특기사항</td><td colspan="2">※ 등기의무자를 면담한 일시, 장소, 당시 상황 그 외 특수한 사정을 기재한다.<br>2020. 10. 5. 오후 3시경 강남구 일원동 소재 서대문소재 노인전<br>문요양병원 1009호실로 찾아가 요양 중인 등기의무자를 면담하고<br>본인임을 확인함. 환자복을 입고 있었고 부인과 군복을 입은 아들이<br>함께 있었음</td></tr>
<tr><td rowspan="2" colspan="2">필적기재</td><td>본인은 위 등기의무자와 동일인임을 확인합니다.</td><td>성 명</td></tr>
<tr><td>본인은 위 등기의무자와 동일인임을 확인합니다.</td><td>이 현 숙</td></tr>
<tr><td colspan="2">우 무 인<br><br>(지장)</td><td colspan="2">위 첨부서면의 원본에 의하여 등기의무자 본인임을 확인하고 부동<br>산등기법 제111조 제3항의 규정에 의하여 이 서면을 작성하였습니<br>다.<br><br>　　　　　2020○년 3월 2일<br>　　　　　법무사　　김 용 식　(인)</td></tr>
</table>

☞ **등기신청위임장**

# 위 임 장

## 부 동 산 의 표 시

1동 건물의 표시 : 서울특별시 강북구 수유동 188-15
 [도로명주소] 서울특별시 강북구 한천로139가길 80

전유건물의 표시
 건물의 번호 : 4-402
 구     조 : 철근콘크리트조
 면     적 : 4층 402호 36.84㎡

대지권의 표시
 토지의 표시 : 1. 서울특별시 강북구 수유동 188-15 대 249.2㎡
 대지권 종류 : 1. 소유권대지권
 대지권 비율 : 249.2분의 17.28 이상

| 등기원인과 그연월일 | 202○년 3월 5일 해지 |
|---|---|
| 등 기 의 목 적 | 근저당권등기말소 |
| 말 소 할 가 등 기 | 202○년 3월 1일 접수 제1234호로 경료한 근저당권설정등기 |

등기의무자 홍 길 동 (인감) 4)
 서울 관악구 관천로17길
 23, 303호(신림동)

등기권리자 최 고 봉 (인)
 서울 강북구 한천로139가길80,
 204호(수유동, 동일하이츠빌라)

법무사 이근재
서초구 서초동1572-14 법화빌딩 3층
☎ 3474-8820

 위 사람을 대리인으로 정하고, 위 부동산 등기신청 및 취하에 관한 모든 행위를 위임한다.
 또한 복대리인 선임을 허락한다.
  202○년 3월   일

---

3) '확인서면'은 등기신청위임을 맡은 변호사 또는 법무사가 작성한다.
 등기의무자의 법정대리인이 있는 경우 [등기의무자란]을 기재함에 있어 '등기의무자'는 '등기의무자의 법정대리인'이라 기재하고, '등기의무자 본인임을 확인하고'를 '등기의무자의 법정대리인 본인임을 확인하고'로 기재하여 작성한다. 실무상 법무사는 인장날인과 직인날인을 하는데 반하여, 변호사는 인장날인만을 한다.
4) '확인서면'에 의한 경우에는 등기의무자가 위임장에 인감을 날인한다.

## 제5절 등기소 가기

### 1. 신청서 꾸미기

근저당권말소 등기신청서는 다음과 같이 1부를 제출한다.

▶ 양평등기소 전경

**등기소제출서류**

1. 등기신청서 갑지
2. 등기신청서 을지
3. 변제증서(해지증서)
4. 위임장
5. 확인서면
6. 등기권리자의 주민등록초본
7. 등기필증[5] (또는 등기필정보) (없는 경우 확인서면)

※ 확인서면에 의한 경우 반드시 등기신청대리위임장의 등기의무자란에는 등기의무자가 인감을 날인하고, 인감증명서를 첨부하여야 한다.

### 2. 거쳐야할 기관

☞ **구(군)청에서 할 일**

가. 준비할 서류

a. 해지증서
b. 등록면허세신고서(구청에 비치)

---

[5] 근저당권자가 가지고 있던 '저당권등기필증'을 말한다.

## 나. 등록면허세고지서 발급절차

① 구(군)청 세무과내 등록면허세 납부 창구에 가서 비치되어있는 등록면허세신고서를 작성한 후 담당자로부터 등록면허세 납부고지서를 수령한다.

　구청(시·군·구청)을 방문하지 않더라도 정액등록면허세의 경우 2006. 6. 1.부터 대법원사이트 인터넷등기소(www.iros.go.kr)에서 「정액등록면허세납부서작성」란을 이용하여 일정사항을 입력하여 출력한 납부서를 가지고 직접 금융기관(농협, 우체국)에 납부하면 구청을 방문하는 시간을 절약할 수 있다.

② 등록면허세액을 금융기관에 납부하고 그 납부영수필(등기소보관용과 관청통보용)을 등기신청서 을지 혹은 간지에 살짝 붙인다.[6]

③ 정액등록면허세의 경우 취급 은행을 방문하지 않고, 누구든 사무실 인터넷으로 이텍스(http://etax.seoul.go.kr) 또는 위텍스(www.etax.go.kr) 홈페이지에서 이를 신고·납부할 수도 있다.

　서울시 지방세의 경우는 '이텍스'를, 기타 지역의 경우 '위텍스'를 이용하면 되는데 ㉠ 직접 신고 및 납부도 가능하며, ㉡ 시·군·구청을 방문하여 등록면허세 신고를 하거나 인터넷등기소에서 정액 등록면허세 고지서를 출력(신고)한 경우 그 고지서에 기재된 전자납부번호를 위 홈페이지에 접속하여 위 신고분을 찾아 누구든 신용카드로 결제를 할 수 있다. 결제 후 위 홈페이지에서 '납부확인서'를 출력하여 이를 등기신청서에 첨부한다.

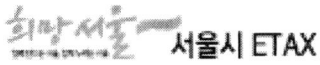

서울시 지방세의 납부　　　　　기타 지역의 지방세납부
(http://etax.seoul.go.kr)　　　　(www.wetax.go.kr)

---

[6] 이 중 등록면허세통지서는 세무관서에 통보용으로 사용해야 하는 것이므로 간지에 심하게 달라붙도록 붙여서는 안 될 것이다.

## ☞ 등기소에서 할 일

### 가. 등기신청서제출

① 말소등기는 부동산 1개당 3,000원의 수수료를 현금납부한다. 종전의 대법원수입증지는 2013. 5. 1. 폐지되었다. 현금납부는 인터넷등기소에서 전자납부하거나, 등기소설치의 무인발급기에서 납부할 수 있으며, 은행에서의 현금납부는 종전처럼 이루어진다(신한은행 인터넷뱅킹가능).
② 등기신청서를 제출하는 사람은 신분증을 지참하고 관할 등기소 접수처에 가서 제출한다.
③ 등기소, 법원의 업무시간은 오전 9:00에서 오후 6:00까지이다.

### 나. 등기필정보 수령하기

① 등기관은 접수 → 조사 → 기입 → 교합의 과정을 거쳐 말소등기가 완료된 때에는 등기완료통지서를 24시간 내 작성하여야 한다. 실무상 등기완료통지서를 수령할 실익은 없으므로 교합완료를 확인하면 등기부등본을 발급받아 본다.
② 해당 부동산의 등기부등본을 발급 신청해서 확인했을 때 근저당권 말소 등기가 되어 있다면 등기가 제대로 끝난 것이다. 등기부등본의 1통당 수수료는 무인자동발매기에 의해 발급받을 경우 1통에 1,000원이며 등기과 창구에서 발급받는 경우는 1,200원이고, 인터넷을 통한 등기부의 열람은 1등기용지에 관하여 700원이다(등기부등초본수수료규칙 제3조 제2항).

# 등기명의인 표시변경등기

**제1절** 등기명의인 표시변경등기 • 469

**제2절** 등기신청서 작성례 • 472

**제3절** 등기신청서 작성방법 • 474

**제4절** 관련 서식례 • 478

**제5절** 등기소 가기 • 480

# 제 17 장
# 등기명의인 표시변경등기

## 제 1 절  등기명의인 표시변경등기

### 1. 변경등기

변경등기라 함은 실체관계와 등기가 부합하지 아니하는 경우에 그 등기를 실체관계에 부합하도록 시정하는 등기이다. 실체관계의 존재를 전제로 하는 점에서 실체관계가 부존재 또는 소멸하게 된 경우에 그 등기를 시정하는 말소등기와 구별된다.

변경등기의 종류는 아래와 같이 분류할 수 있다.

> 가. 권리변경등기[1]
> 나. 부동산 표시변경등기[2]
> 다. 등기명의인 표시변경등기

---

[1] 「권리변경등기」란 이미 등기된 권리의 내용에 변경이 생긴 경우를 말한다. 즉 등기부상 사항란에 기재된 권리의 존속기간의 연장 혹은 감축, 차임의 증감이나 지급기일의 변경, 피담보채권의 원본액의 감소, 그 이율의 증감, 그 변제기의 변동 등을 말하며, 따라서 권리변경등기라 함은 이러한 경우에 하는 등기를 말한다.

[2] 표시변경등기
   ① 부동산표시의 변경등기 : 소재와 지번의 변경,

## 2. 등기명의인 표시변경등기

가. 등기명의인이라 함은 권리에 관한 등기의 현재의 명의인, 즉 권리자를 말한다. '등기명의인의 표시'라 함은 등기명의인의 성명(명칭), 주소(본점), 주민등록번호(부동산등기용등록번호)를 일컫는 것이고, 등기명의인 주체 자체의 변경은 여기에 포함되지 않는다.

나. 법원의 촉탁에 의하여 <u>가압류(가처분)등기, 주택임차권등기명령에 의한 주택임차권등기가 경료된 후 등기명의인의 주소, 성명 및 주민등록번호의 변경으로 인한 등기명의인 표시변경등기도 가능하다</u>(등기예규 제987조).

    등기명의인의 주소가 수차에 걸쳐서 이전되었을 경우에는 중간의 변경사항을 생략하고 최종주소지로 등기명의인의 표시변경등기를 할 수 있다.

    변경사유가 발생한 경우에 그 변경등기를 반드시 의무적으로 하여야 할 것은 아니지만, 다른 등기 신청을 하기 위해서는 선행적으로 '등기명의인 표시변경등기'를 하여야 할 것이다.

    따라서 등기명의인이 등기명의인의 표시변경등기를 하지 아니하고 다른 등기신청을 한 때에는 '각하' 사유에 해당한다(법 제55조 제6호).

> **注意 소유권이전등기신청에서의 특례**
> 소유권이전등기를 신청하는 경우에는 등기명의인의 주소변경으로 신청서상의 등기의무자의 표시가 등기부와 부합하지 않더라도 제출한 주민등록등(초)본에 의하여 주소가 변경된 사실이 명백히 나타나는 때에는 등기관이 직권으로 등기명의인표시변경등기를 하게 된다(법 제48조 제2항).

다. 등기명의인의 표시변경등기를 신청하는 경우에는 신청서에 그 표시변경을 증명하는 시·구·읍·면장의 서면 또는 이를 증명함에 족한 서면[3]을 첨부하여야 한다(법 제

---

② 부동산의 변경등기 : 토지 또는 건물의 변경, 멸실, 하천부지의 말소

3) '등기명의인의 표시변경을 증명함에 족한 서면'이란 등기명의인의 표시변경을 증명하는 시·구·읍·면장의 서면을 얻을 수 없는 경우에 등기명의인의 표시변경사실을 확인함에 상당하다고 인정되는 자의 <u>보증서와 그의 인감증명서</u> 및 기타 보증인자격을 인정할 만한 서면(공무원재직증명, 법무사인가증 사본 등) 등을 첨부한 서면을 예로 들 수 있고, 구체적인 사건에서 그러한 서면이 첨부되었다고 보아 등기신청

48조).

　적등본상의 본적지를 주소지로 하여 소유권이전등기가 경료되어 현재 소유자의 주소지가 위 본적지로 기재되어 있다면 제적등본과 주민등록등(초)본 및 동일인보증서를 첨부하여 현재의 주소지로 등기명의인 표시변경등기를 신청할 수 있다. 다만 위와 같은 경우 동일인보증서를 당해 신청사항을 증명함에 족하다고 보아 수리할 것이지 여부는 등기관이 판단할 사항이다.

## 3. 등기명의인 표시변경등기의 신청인

① 등기명의인의 표시변경등기는 '등기명의인'만으로서 이를 신청할 수 있다(부동산등기법 제31조). 따라서 지상권자의 등기명의인의 표시변경등기를 그 지상권자가 신청하는 경우에 소유자의 동의를 얻거나 또는 지상권을 목적으로 하는 저당권자의 승낙을 받을 필요가 없다.

② 등기명의인의 표시의 변경의 등기에 있어서는 불이익을 받는 자, 즉 등기의무자가 없기 때문에 등기명의인만으로서 이를 신청하더라도 불측의 손해를 받을 만한 상대자가 없으며, 등기의 진정을 확보하는 데도 아무런 문제가 없으므로 공동신청의 원칙에 대한 예외를 인정하고 있는 것이다.

---

　을 수리할 것인지의 여부는 등기관이 판단할 사항이다(등기예규 제1100조).

## 제2절 등기신청서 작성례

☞ 신청서 갑지

<table>
<tr><td colspan="9" align="center">**등기명의인 표시변경등기**</td></tr>
<tr><td rowspan="2">접수</td><td>년 월 일</td><td rowspan="2">처리인</td><td rowspan="2">접 수</td><td rowspan="2">조 사</td><td rowspan="2">기 입</td><td rowspan="2">교 합</td><td>등기필 통 지</td><td>각 종 통 지</td></tr>
<tr><td>제     호</td><td></td><td></td></tr>
<tr><td colspan="9">① 부 동 산 의 표 시<br><br>1동의 건물의 표시: 서울특별시 강북구 수유동 188-15<br>　　　　　　　[도로명주소] 서울특별시 강북구 한천로139가길 80<br>전유부분의 건물의 표시<br>　건물의 번호: 4-402<br>　구　　　조: 철근콘크리트조<br>　면　　　적: 4층 402호 36.84㎡<br>대지권의 표시<br>　토지의 표시: 1. 서울특별시 강북구 수유동 188-15 대 249.2㎡<br>　대지권의종류: 1. 소유권대지권<br>　대지권 비율: 249.2분의 17.28 이상</td></tr>
<tr><td colspan="3">②등기원인과그연월일</td><td colspan="6">202○년 5월 30일 전거</td></tr>
<tr><td colspan="3">③ 등 기 의 목 적</td><td colspan="6">소유권등기명의인 표시변경</td></tr>
<tr><td colspan="3">④ 변 경 할 사 항</td><td colspan="6">갑구 3번 등기명의인 홍길동의 주소 '서울 관악구 관천로1구길 23, 303호(신림동)'로 되어있는 것을 '서울 강북구 한천로139가길80, 204호 (수유동, 동일하이츠빌라)'로 변경</td></tr>
<tr><td>구분</td><td colspan="2">성　　명<br>(상　호)</td><td colspan="2">주민등록번호<br>(등기용등록번호)</td><td colspan="3">주　　　　소<br>( 소　재　지 )</td><td>지분</td></tr>
<tr><td>⑤<br>신청인</td><td colspan="2">홍 길 동</td><td colspan="2">640928-1439218</td><td colspan="3">서울 강북구 한천로139가길80, 204호 (수유동, 동일하이츠빌라)</td><td></td></tr>
</table>

☞ **등기신청서 을지**

| ⑦ 등 록 면 허 세 | 금　　　6,000 원 |
|---|---|
| ⑧ 교 육 세 | 금　　　1,200 원 |
| ⑨ 세 액 합 계 | 금　　　7,200 원 |
| ⑩ 등 기 신 청 수 수 료 | 금　　　3,000 원<br>납부번호 : 14-11-000987332-1 |

<table>
<tr><td colspan="2" align="center">⑪ 첨 부 서 면</td></tr>
<tr><td>
1. 등록면허세영수필확인서및통지서　1통<br>
1. 위임장　1통<br>
1. 주민등록등(초)본　1통
</td><td></td></tr>
</table>

202○년 5월　　일

위 신청인 ⑫

　　　대리인　　홍길남　　(인)
　　　　　　서울 강북구 한천로139가길80, 204호
　　　　　　(수유동, 동일하이츠빌라)
　　　　　　☎ 010-3964-3245

⑬ **서울북부지방법원　도봉등기소　귀중**

## 제3절 등기신청서 작성방법

※ 앞 등기신청서 갑지와 을지의 원표시 (①)를 중심으로 작성방법을 설명함.

① **부동산의 표시 기재** : 토지는 소재, 지번, 지목, 면적순으로, 건물은 소재, 지번, 구조, 종류, 면적 순으로, 등기부상 부동산의 표시와 일치되게 기재한다.
ex〉
토지 : 경기도 의정부시 가능동 633-10   대 120㎡
건물 : 경기도 의정부시 가능동 633-10 시멘트 벽돌조 슬래브지붕 2층 주택
        1층 100㎡
        2층 100㎡

② **등기원인과 그 연월일란**
   a. 전거인 경우 주민등록등(초)본상 여러 이사 중 최종 전입일
   b. 본점이전인 경우에는 법인등기부에 기재된 본점이전 연월일
   c. 개명인 경우 기본증명서상 법원의 개명허가일
   d. 상호변경인 경우 법인등기부상 변경일(주주총회결의일)

③ **등기의 목적란** : 「소유권등기명의인 표시변경」이라 한다. 소유권이외의 경우에는 「지상권·저당권 등기명의인의 표시변경」 등으로 기재한다.

④ **말소할 등기란** : 변경전의 표시와 변경후의 표시를 기재한다. 변경전의 표시는 등기부상의 표시와 일치해야 하며 변경후의 표시는 현재의 표시를 하여야 한다.
ex〉
   a. 전거의 경우
      갑구(을구) 3번 등기명의인 최고봉의 주소 '서울 중구 필동 123'로 되어있는 것을
      '서울 서초구 효령로34길 9, 3동 707호(방배동, 삼익아파트)'으로 변경
         ※ 여러 번 이사를 하였더라도 최종 주소지만을 기입한다.

b. 본점이전인 경우

　소유명의인 (주) 나홀로의 본점 "서울 서초구 잠원동 123"을 "서울시 서초구 서초동 1572-13"으로 변경

c. 개명인 경우

　소유명의인 성명 "이개똥"을 "이개동"으로 변경

d. 상호변경인 경우

　소유명의인 상호 "주식회사 나홀로인터"를 "주식회사 나홀로코어"로 변경

## ⑤ 신청인란

신청인의 기재는 변경된 후의 표시를 기재한다. 그 표시가 변경될 자의 성명, 주민등록번호, 주소를 기재하되, 등기부에 성명이 한자로 기재되어 있는 때에는 그 성명에 한자를 병기한다. 그 성명, 주민등록번호, 주소를 기재함에 있어 변경전의 표시를 기재하지 아니하고 변경 후의 표시를 기재한다.

　법인의 경우에는 상호, 본점, 등기용등록번호 및 대표기관의 성명, 주소를 기재하고, 비법인 사단이나 재단인 경우에는 상호, 본점, 등기용등록번호 및 대표자의 성명, 주민등록번호, 주소를 각 기재한다.

## ⑥ 주 소 란

변경후의 주소를 기재한다.

　주소를 기재함에 있어서 서울특별시, 부산광역시, 대구광역시, 인천광역시, 광주광역시, 대전광역시는 부산, 대구, 인천, 광주, 대전으로 약기하고 다른 도는 행정구역 명칭대로 기재한다. 이 부분은 부동산표시란에서 '특별시', '광역시'를 기재하는 것과는 다르므로 구별해야한다. 그리고 번지라는 문자는 생략한다. 외국인의 성명을 기재함에 있어서는 그 국적을 병기하고 성명의 표기 방법은 교육과학기술부가 고시하는 외래어 표기법에 의한다.

## ⑦, ⑧ 등록면허세영수필 확인서 및 통지서

2014. 1. 1.부터 표시변경 등기 등의 등록면허·교육세는 종전 3,600원에서 7,200원으로 증액되었다.

등록면허세는 은행에 납부하고 그 납부서(등기소보관용)를 등기신청서 을지 또는 간지에 부착하도록 한다.

```
등록면허세 =   6,000원
교  육  세 =   1,200원
─────────────────────
합     계     7,200원
```

⑨ **세액합계란** : 등록면허세액과 교육세액의 합계를 기재한다.

⑩ **등기신청수수료**

부동산 1개당 3,000원의 등기신청수수료를 현금납부한다.[4] 종전의 대법원수입증지는 2013. 5. 1. 폐지되었다. 현금납부는 인터넷등기소에서 전자납부하거나, 등기소설치의 무인발급기에서 납부할 수 있으며, 은행에서의 현금납부는 종전처럼 이루어진다(신한은행 인터넷뱅킹가능).

납부 후 '영수필확인서'는 신청서 뒷면에 부착하고, 은행 납부번호를 신청서 을지에 기재하여야 한다.

⑪ **첨부서면**

> **가. 위임장**
> 등기신청을 대리인에게 위임하는 경우에 등기의무자의 인감날인한 등기위임장을 첨부한다. 등기권리자는 막도장이어도 가능하다. 대리인의 자격에는 제한이 없으며 다만 금전을 받거나 업(業)으로 할 수 있는 사람은 변호사나 법무사에 한정되있다.
>
> **나. 주민등록등(초)본**
> 주소등 변경사실을 증명하는 서면으로 개인의 경우에는 주민등록등(초)본[5]을 첨부한다. 주민등록등본에는 등기부상의 전 주소와 변경하고자 하는 주소가 나타나고 변경전 후의 주소가 연결되어야 한다. 법인인 경우에는 법인 등기부 등본 또는 초본을 첨부한다. 이 등기부등본에는 등기부상의 전주소 등과 변경하고자 하는 주소 등이 나타나고 변경 전후의 주소 등이 연결되어야 한다.

---

4) 이 경우 e-form에 의한 신청은 2,000원, 전자신청은 1,000원이다.

> **다. 신청서부본**
> 
> 등기필증 작성용 및 대장소관청 송부용으로 신청서와 같은 내용이 부본을 각 1통씩 첨부한다. 다만 저당권, 전세권, 임차권의 등기명의인 표시변경의 경우에는 대장소관청에 등기필 통지를 하지 아니하므로 등기필증작성용 신청서 부본만 1통 첨부한다.

⑫ **대리인란**

대리인의 성명, 전화번호정도만 기재하고 그의 인장을 날인한다.

⑬ **등기소** : 후단의 등기소의 명칭 및 관할구역표를 참조.

---

5) 발행일로부터 3개월 이내의 것이어야 한다.

## 제4절 관련 서식례

# 위 임 장

### 부 동 산 의 표 시

1동 건물의 표시 : 서울특별시 강북구 수유동 188-15
　　　　　　　　[도로명주소] 서울특별시 강북구 한천로139가길 80
전유건물의 표시
　　건물의 번호 : 4-402
　　구　　　조 : 철근콘크리트조
　　면　　　적 : 4층 402호 36.84㎡
대지권의 표시
　　토지의 표시 : 1. 서울특별시 강북구 수유동 188-15 대 249.2㎡
　　대지권 종류 : 1. 소유권대지권
　　대지권 비율 : 249.2분의 17.28 이상

| 등기원인과 그 연월일 | 202○년 5월 30일 전거 |
|---|---|
| 등 기 의 목 적 | 소유권등기명의인 표시변경 |
| 변 경 할 사 항 | 갑구 3번 등기명의인 홍길동의 주소 '서울 관악구 관천로17길 23, 303호(신림동)'로 되어있는 것을 '서울 강북구 한천로139가길80, 204호(수유동, 동일하이츠빌라)'로 변경 |

신 청 인　홍길동 (인)
　　　　서울 강북구 한천로139가길80,
　　　　204호 (수유동, 동일하이츠빌라)

홍길남
서울 강북구 한천로139가길80, 204호
(수유동, 동일하이츠빌라)
☎ 02) 964-2343
위 사람을 대리인으로 정하고, 위 부동산 등기신청 및 취하에 관한 모든 행위를 위임한다.
또한 복대리인 선임을 허락한다.
202○년 5월　일

# 보 증 서[6]

한국 성명 : 조은옥(1955. 10. 15.생)
미국 성명 : 크리스팅 존스
현재 주소 : 미국 버지니아주 후레데릭스 플러크로드 5933
부동산의 표시 : 별지목록기재와 같음.

 망 이택동의 상속인 이재민, 동 이관학, 동 이동민은 상속인 중 위 조은옥이 1990년 8월 9일 미합중국인 필립에드워드 휘스첼과 혼인하였고 현재는 미국시민권자이며 미국에서 크리스팅 존스라는 이름을 사용하고 있으며, 조은옥과 크리스팅 존스는 동일인이 틀림없음을 보증하고 차후 문제가 발생할시 그 책임을 지겠기에 동 보증서에 기명날인합니다.
* 첨부 : 인감증명서 3통

202○년 4월 15일
위 확인인   이재민   (인감)
           (420426-1068315)
           이관학   (인감)
           (470828-1068319)
           이동민   (인감)
           (581104-1068311)

**인천지방법원 부천지원 등기과 귀중**

---

6) 등기명의인의 표시의 변경·경정의 등기시 이를 증명하는 시·구·읍·면의 장의 서면 또는 이를 증명함에 족한 서면을 첨부하여야 하는바(부등법 제48조 제1항), 그렇지 못한 경우 "이를 증명함에 족한 서면"의 하나로 등기예규 제785호는 "그 사실을 확인하는데 상당하다고 인정되는 자의 보증서면과 그 인감증명 및 기타 보증인의 자격을 인정할 만한 서면(공무원재직증명, 법무사인가증 사본등)을 첨부할 수 있다고 하면서, 구체적인 사건에서 어떠한 서면이 이에 해당되는지 여부는 당해 등기관이 판단하도록 규정하고 있으나, 보증인의 자격을 반드시 당해 부동산소재지 거주자로 제한하고 있지는 않다(2000. 1. 7. 등기 3402-8 질의회답, 등기선례 6-402).

## 제5절 등기소 가기

### 1. 신청서 꾸미기

등기명의인 표시변경 등기신청서는 1부를 제출한다.

※ 종래 '대관소관청통보용 부본'을 첨부하였지만, 2006. 7. 1.부터 등기소가 지적소관청간 전산정보처리 시스템에 의한 자료송부가 가능하게 되었으므로 불필요하게 되었다.

▶ 의정부등기소 내부모습

#### 등기소제출서류

1. 등기신청서 갑지
2. 등기신청서 을지
3. 위임장
4. 주민등록등(초)본 (해당하는 경우)
5. 기본증명서 (ex 개명허가시)
6. 법인등기부등본 (해당하는 경우)

※ 서류준비하기

① 등기신청서 갑지와 을지는 하나임을 나타내기 위하여 신청인이 간인(서류와 서류사이의 날인)을 하여야 한다.

## 2. 거쳐야할 기관

☞ **구(군)청에서 할 일**

가. 준비할 서류

a. 등록면허세 신고서(구청 비치)
b. 등기신청서 사본

나. 등록면허세고지서 발급절차

① 구(군)청 세무과의 등록면허세과 납부 창구에 가서 비치되어있는 등록면허세신고서를 작성한 후 담당자로부터 등록면허세 납부고지서를 수령한다. 그런데 구청(시·군·구청)을 방문하지 않더라도 정액등록면허세의 경우 2006. 6. 1.부터 대법원사이트 인터넷등기소(www.iros.go.kr)에서 「정액등록면허세납부서작성」란을 이용하여 일정사항을 입력하여 출력한 납부서를 가지고 직접 금융기관(농협, 우체국)에 납부하면 구청을 방문하는 시간을 절약할 수 있다.
② 등록면허세액은 가급적 구(군)청내 금융기관에 납부하고 그 납부영수필확인서를 등기신청서 을지 혹은 간지에 붙인다.

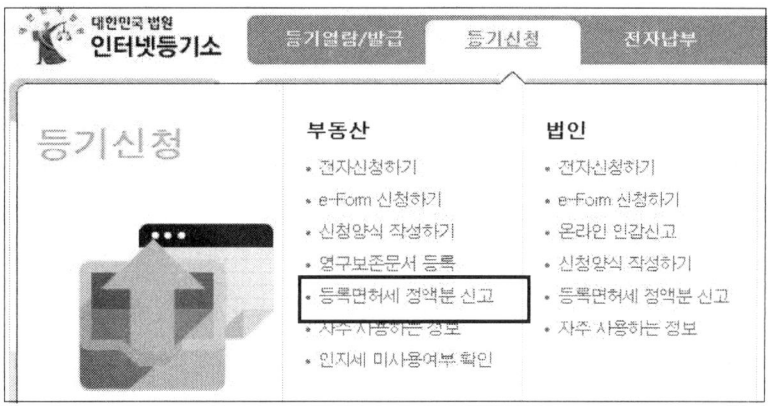

▶ 인터넷등기소 www.iros.go.kr

▶ 인터넷으로 신고한 등록면허세 납부서

## ☞ 등기소에서 할 일

가. 등기신청서제출

① 등기신청수수료(각 부동산 3,000원)를 사전에 현금납부한다. 인지는 붙이지 않음
② 등기신청서를 제출하는 사람은 신분증을 지참하고 관할 등기소 접수처에 가서 제출한다.
③ 등기소, 법원의 업무시간은 오전 9:00에서 오후 6:00까지다.
④ 등기필증을 언제 수령 가능한지 시간대를 묻도록 한다.

나. 등기필정보 수령하기

등기필정보는 신청인이 등기소 서무계에 가서 직접 수령해야 한다.
그러나 경정등기의 경우 말소등기와 마찬가지로 '등기완료통지서'를 작성하여 놓으므로 이를 수령할 실익은 거의 없다.
마지막으로 해당 부동산의 등기부등본을 신청해서 확인했을 때 등기신청서대로 표시가 변경되어 있다면 등기가 제대로 끝난 것이다. 등기부등본의 1통당 수수료는 무인자동발매기에 의해 발급받을 수 있으며 1통에 1,000원이다.

# 등기명의인 표시경정등기

**제1절** 등기명의인 표시경정등기 • 485

**제2절** 등기신청서 작성례 • 489

**제3절** 등기신청서 작성방법 • 491

**제4절** 관련 서식례 • 495

**제5절** 등기소 가기 • 498

# 제 18 장
# 등기명의인 표시경정등기

## 제1절 등기명의인 표시경정등기

### 1. 경정등기

경정등기라 함은 등기가 완료된 경우에 등기의 실행 당시부터 그 등기의 일부가 실체관계와 부합하지 않은 것을 발견한 경우에 이를 시정하여 등기의 내용이 실체관계와 일치하게 하는 등기를 말한다. 따라서 등기 실행당시에는 실체관계와 일치하였으나 그 후 후발적인 사유에 의해 실체관계와 일치하지 않게 되어 이를 시정하는 '변경등기'와는 구별된다.

경정등기의 필요성은 등기신청의 착오 또는 등기공무원의 과오로 인하여 이미 등기된 사항의 일부에 당초부터 착오 또는 유루가 있는 경우에 일정한 요건하에 그 경정을 허용하는 것이 부동산 거래의 안전과 원활한 절차이용 등 등기경제에 부합하기 때문에 필요하다.

경정등기의 종류는 아래와 같이 분류할 수 있다.

> 가. 권리경정등기[1]
> 나. 부동산 표시경정등기[2]
> 다. 등기명의인 표시경정등기

---

[1] 「권리경정등기」란 이미 등기된 권리의 내용에 경정사항이 생긴 경우를 말한다. 즉 저당권의 이자 혹은 존속기간을 경정하는 경우, 임차권등기에서 보증금을 유루한 경우, 소유권의 전부이전을 일부이전으로

## 2. 경정등기의 요건

가. 등기완료 후[3] 착오[4] 또는 유루[5]가 있어야 한다.
나. 등기사항의 일부[6]에 대한 착오 또는 유루가 당초의 등기절차[7]에서 생긴 것이어야 한다.
다. 등기의 전후를 통하여 등기의 동일성이 유지되어야 한다.

> **┃유의사항┃**
> ❖ **경정등기가 허용되는 범위 (부동산표시의 경정에서)**
> "일반적으로 부동산에 관한 등기의 지번 표시에 다소의 착오 또는 오류가 있다 할지라도 적어도 그것이 실질상의 권리관계를 표시함에 족할 정도로 동일 혹은 유사성이 있다고 인정되는 경우에 한하여 그 등기를 유효시하고 그 경정등기도 허용된다"고 해석하여 온 종전의 대법원판례(66다1475 판결)는 "이러한 <u>동일성 혹은 유사성을 인정할 수 없는 착오 또는 오류가 있는 경우</u>라 할지라도 같은 부동산에 대하여 따로 보존등기가 존재하지 아니 하거나 등기의 형식상으로 보아 예측할 수 없는 손해를 미칠 우려있는 이해관계인이 없는 경우에는 당해 오류있는 등기의 경정을 허용하여 그 경정된 등기를 유효하다고 볼 것"이라는 대법원판결(74다2188 판결)에 의하여 변경되었다.

---

경정하는 경우, 공동상속 등기후 상속재산의 협의분할로 인한 경정, 지분의 일부말소를 명한 판결에 의한 경정등기 등이 이에 해당한다.
2) 부동산 표시경정등기는 표시란에 기재된 부동산의 표시에 관한 사항에 착오 또는 유루가 있는 경우에 하는 등기로서, 예를 들어 지목이 대지인 것을 田으로 기재하거나, 소유자의 주소를 오기, 누락한 경우 등이 해당한다.
3) '등기의 완료'란 등기공무원이 등기사항을 등기부에 기재하고 날인함을 뜻하므로, 등기사항을 등기부에 기재하였다고 하더라도 날인하기 전에는 자구정정의 방법에 의하여 시정할 것이고 경정등기에 의할 것이 아니다.
4) '착오'는 기입한 등기가 실체관계와 적극적으로 저촉되는 경우이다. 예를 들어 지목이 田인 것을 畓으로 잘못 기재하였든가, 부기등기를 독립등기로 한 경우와 같이 등기 사항을 달리 기재하는 경우이다.
5) '유루'는 등기할 사항의 기입이 누락됨으로써 등기가 실체 관계에 소극적으로 저촉되는 경우를 말한다. 예를 들어, 존속기간, 특약사항 등을 기재하지 않는 것과 같이 어떤 등기사항을 빠뜨리는 것이 해당한다.
6) 등기의 전부에 대하여 착오가 있는 경우, 예컨대 저당권설정등기를 해야 할 것을 소유권이전등기를 한 경우 또는 등기를 할 이유가 전혀 없음에도 등기를 한 경우에는 말소등기 또는 말소회복등기의 문제이지 경정등기의 문제가 아니다.
7) 등기와 실체관계의 불일치는 당초의 등기절차에서 즉 원시적으로 생긴 것이어야 한다. 이 때문에 새로운 물권변동에 기하여 해야 할 신등기를 기존 등기의 경정에 의하여 처리할 수는 없다. 예컨대 A와 B 공유명의로 경락을 원인으로 하여 이루어진 소유권이전등기를, 그 후에 A 단독소유임을 확인한다는 취지의 '화해'에 의하여 A 단독명의로 경정하는 것은 안 된다.

## 3. 등기명의인 표시경정

### 가. 등기명의인 표시경정의 의미

'등기명의인의 표시'라 함은 자연인의 경우에는 성명과 주소, 주민등록번호를 말하고 법인 기타 단체의 경우에는 명칭과 사무소를 말한다.

경정등기로 말미암아 등기명의인 자체가 달라진다면 결국 등기명의인 표시 경정등기의 방법에 의하여 권리관계의 변경을 가져올 우려가 있으므로 등기명의인에 관하여 경정등기가 허용되는 것은 등기명의인의 '동일성'이 인정되는 경우에 한한다고 보아야 한다.

그러므로 비법인사단을 법인으로 경정하거나 대종중을 소종중으로 경정하는 등기는 동일성을 해하므로 등기명의인 표시경정등기신청을 할 수 없다.

### 나. 경정등기의 실례

① 소유권보존등기 후 경정을 하고자 할 때 등기명의인의 인감증명서 또는 소유권확인판결서 등을 첨부하여 단독소유의 소유권보존등기를 공동소유로 경정하거나 공동소유를 단독소유로 경정할 수 있다.
② 법정상속지분대로 등기된 후 협의분할에 의하여 소유권경정등기를 신청하는 경우 또는 협의분할에 의한 상속등기 후 협의해제를 원인으로 법정상속분대로 소유권경정등기를 할 수 있다.
③ 가압류등기나 매각에 따른 소유권이전등기 등 법원의 촉탁에 의한 등기가 완료된 후 (등기소는) 그 촉탁에 착오가 있음을 증명하는 서면을 첨부하여 권리의 경정을 촉탁할 수 있다.
④ 등기원인증서의 실질적 내용이 매매임에도 증여로 기재되어 있거나 등기 당시 도래하지 않은 일자가 등기원인일자로 등기원인증서에 기재되어 있는 등 등기원인증서상의 기재의 착오가 외관상 명백한 경우 경정할 수 있다.

### 다. 첨부서류

등기명의인표시경정등기의 신청을 위해서는 등기명의인의표시의 <u>경정을 증명하는 시·구·읍·면장의 서면 또는 이를 증명함에 족한 서면</u>을 신청서에 첨부하여야 하고, 후단에 속하는 서면으로 동일인보증서를 첨부할 경우에는 동일인임을 보증하는 자의 인감증명 및 기타 보증인의 자격을 인정할 만한 서면(공무원 재직증명서, 법무사인가증 사본 등)을 함께 제출하여야 한다.

### 라. 등기의 실행방법

등기상 이해관계 있는 제3자가 있고 그 제3자의 동의서나 이에 대항할 수 있는 재판의 등본을 첨부한 때 또는 등기상 이해관계 있는 제3자가 없는 경우에는 '부기등기'[8]로 하고, 등기상 이해관계 있는 제3자가 있으나 제3자의 동의서나 이에 대항할 수 있는 판결이 없는 경우에는 '주등기'[9]로 한다.

---

[8] 부기등기라 함은 그 자체로서는 독립한 순위번호를 갖지 않고 주등기의 순위번호에 의한다. 어떤 등기에 의하여 표시될 권리가 기존등기에 의하여 표시된 권리와 동일한 승위나 효력을 가진다는 것을 명백히 하려고 할 때에 하는 등기방식이다. 예로써 가등기, 환매권에 관한 등기, 공유물분할약정의 등기, 권리소멸의 약정등기 등을 들 수 있다.

[9] 주등기란 독립등기라고도 하며 부기등기에 대응되는 용어로서 독립한 순위번호를 부여해서 하는 보통의 등기를 말한다.

## 제2절 등기신청서 작성례

☞ 갑지

| | | | | | | | | | |
|---|---|---|---|---|---|---|---|---|---|
| | | 등기명의인 표시경정등기 | | | | | | | |
| 접수 | 년 월 일<br>제 호 | 처리인 | 접수 | 조사 | 기입 | 교합 | 등기필<br>통 지 | 각 종<br>통 지 | |

| ① 부 동 산 의 표 시 |
|---|
| 1동의 건물의 표시: 서울특별시 강북구 수유동 188-15<br>　　　　　　　　[도로명주소] 서울특별시 강북구 한천로139가길 80<br>전유부분의 건물의 표시<br>　　건물의 번호: 4-402<br>　　구　　　조: 철근콘크리트조<br>　　면　　　적: 4층 402호 36.84㎡<br>대지권의 표시<br>　　토지의 표시: 1. 서울특별시 강북구 수유동 188-15 대 249.2㎡<br>　　대지권의종류: 1. 소유권대지권<br>　　대지권 비율: 249.2분의 17.28 이상 |

| ②등기원인과그연월일 | 202○년 5월 7일 신청착오 |
|---|---|
| ③등 기 의 목 적 | 소유권등기명의인 표시경정 |
| ④경 정 할 사 항 | 소유자의 명의 '홍동길'로 되어있는 것을 '홍길동'으로 경정 |

| 구분 | 성 명<br>(상 호) | 주민등록번호<br>(등기용등록번호) | 주　　　소<br>( 소 재 지 ) | 지분 |
|---|---|---|---|---|
| ⑤<br>신청인 | 홍길동 | 640928-1439218 | 서울 강북구 한천로139가길80, 204호<br>(수유동, 동일하이츠빌라) | / |

☞ **등기신청서 을지**

| ⑦ 등 록 면 허 세 | 금　6,000 원 |
|---|---|
| ⑧ 교 육 세 | 금　1,200 원 |
| ⑨ 세 액 합 계 | 금　7,200 원 |
| ⑩ 등 기 신 청 수 수 료 | 금　3,000 원<br>납부번호 : 14-88-00912876-9 |
| ⑪ 첨 부 서 면 | |
| 1. 등록면허세영수필확인서및통지서　1통<br>1. 위임장　1통<br>1. 주민등록등(초)본　1통<br>1. 동일인 보증서　1통 | |

202○년 5월　일

위 신청인 ⑫
대리인 : 홍 길 남 (인)
서울 강북구 한천로139가길80, 204호
(수유동, 동일하이츠빌라)
☎ 010-3964-3245

⑬ 서울북부지방법원　도봉등기소　귀중

## 제3절 등기신청서 작성방법

앞 등기신청서 갑지와 을지의 원표시 (①)를 중심으로 작성방법을 설명함.

### ① 부동산의 표시 기재

토지는 소재, 지번, 지목, 면적순으로, 건물은 소재, 지번, 구조, 종류, 면적 순으로, 등기부상 부동산의 표시와 일치되게 기재한다.

ex〉

토지 - 1. 경기도 의정부시 가능동 633-10 대 120㎡

건물 - 2. 경기도 의정부시 가능동 633-10
[도로명주소] 경기도 의정부시 신흥로53번길 20-5
시멘트 벽돌조 슬래브지붕 2층 주택
1층 100㎡
2층 100㎡

### ② 등기원인[10]과 그 연월일란

등기원인은 신청인이 잘못 신청하여 경정사유가 발생한 경우에는 '신청착오'로 기재하고, 등기공무원이 기재착오로 잘못 등기가 된 경우에는 '착오발견'이라고 기재하며, 등기공무원이 기재 자체를 누락한 경우에는 '유루발견'이라고 기재한다.

등기원인일자는 '신청착오'인 경우는 착오가 생긴 등기서류를 제출한 연 월일을 기재하고, '착오발견', '유루발견'인 경우는 곧 제출할 경정등기 신청연월일을 기재한다.

---

10) 경정등기원인으로는 크게 착오와 유루가 있다.
　　착오는 기입한 등기가 실체관계와 적극적으로 저촉되는 경우를 말하고, 유루는 등기할 사항의 기입이 누락됨으로써 등기가 실체관계에 소극적으로 저촉되는 것을 말한다.
　* <u>착오의 예</u> - 지목이 전인 것을 답으로 잘못기재 하였든가, 부기등기를 독립등기로 한 경우.
　* <u>유루의 예</u> - 지목, 존속기간, 특약사항 등을 기재하지 않은 경우.
　　착오 중에서 신청인의 잘못으로 경정사유가 생긴 경우를 신청착오라고 하는데 이는 부동산 1건당 등록면허·교육세 7,200원을 첨부해야하는 경우이지만, 나머지 경정사유(착오발견, 유루발견)는 이의 공과금을 납부하지 않는다.

### ③ 등기의 목적란

* 소유권의 등기명의인 표시경정[11]
* 등기연월일 경정
* 소유권경정

### ④ 경정사항란

* 소유자의 명의 '홍동길'으로 되어있는 것을 '홍길동'으로 경정
* 소유명의인 주소 "서울 서초구 서초동 201"을 "서울 서초구 서초동 200"으로 경정.
* 2020년 4월 3일에 접수 제1234호로 등기된 소유권 이전등기 사항중 등기연월일 "2020년 4월 3일"을 "2020년 5월 3일"로 경정함.
* 2020년 4월 3일 접수 제1234호로 경료된 소유권이전등기 사항중 "지분 5분의3"을 "지분 5분의2"로 경정함.

### ⑤ 신청인란

경정할 등기명의인의 등기부상 성명, 주민등록번호, 주소를 기재하되, 등기부에 성명이 한자로 기재되어 있는 때에는 그 성명에 한자를 병기한다. 그 성명, 주민등록번호, 주소를 기재함에 있어 변경전의 표시를 기재하지 아니하고 변경 후의 표시를 기재한다.

법인의 경우에는 상호, 본점, 등기용등록번호 및 대표기관의 성명, 주소를 기재하고, 비법인 사단이나 재단인 경우에는 상호, 본점, 등기용등록번호 및 대표자의 성명, 주민등록번호, 주소를 각 기재한다.

### ⑥ 주 소 란

주소를 기재함에 있어서 서울특별시, 부산광역시, 대구광역시, 인천광역시, 광주광역시, 대전광역시는 부산, 대구, 인천, 광주, 대전으로 약기하고 다른 도는 행정구역 명칭대로 기재한다. 이 부분은 부동산표시란에서 '특별시', '광역시'를 기재하는 것과는 다르므로 구별해야 한다. 그리고 번지라는 문자는 생략한다. 외국인의 성명을 기재함에 있어서는 그 국적을 병기하고 성명의 표기 방법은 교육과학기술부가 고시하는 외래어 표기법에 의한다.

---

[11] 다만 소유권이외의 권리의 경정의 경우에는 경정되는 등기의 접수년월일, 접수번호, 순위번호 등에 의하여 특정하여야 한다.

### ⑦, ⑧ 등록면허세영수필 확인서 및 통지서

2014. 1. 1.부터 표시경정등기의 등록면허·교육세는 종전 3,600원에서 7,200원으로 증액되었다.

등록면허세는 은행에 납부하고 그 납부서(등기소보관용)를 등기신청서 을지 또는 간지에 부착하도록 한다.

```
등록면허세 =  6,000원
교 육 세 =  1,200원
─────────────────
합    계    7,200원
```

⑨ **세액합계란** : 등록면허세액과 교육세액의 합계를 기재한다. 다만, 착오발견이나 유루발견으로 인한 경정등기는 등록면허세 등을 납부하지 아니하므로, 기재하지 않는다.

⑩ **등기신청수수료** : 부동산 1개당 3,000원의 수수료를 현금납부한다.[12] 종전의 대법원수입증지는 2013. 5. 1. 폐지되었다. 현금납부는 인터넷등기소에서 전자납부하거나, 등기소설치의 무인발급기에서 납부할 수 있으며, 은행에서의 현금납부는 종전처럼 이루어진다(신한은행 인터넷뱅킹가능).

납부 후 '영수필확인서'는 신청서 뒷면에 부착하고, 은행 납부번호를 신청서 을지에 기재하여야 한다.

⑪ **첨부서면**

> **가. 위임장**
> 등기신청을 대리인에게 위임하는 경우에 등기의무자의 인감날인한 등기위임장을 첨부한다. 등기권리자는 막도장이어도 가능하다. 대리인의 자격에는 제한이 없으며 다만 금전을 받거나 업(業)으로 할 수 있는 사람은 변호사나 법무사에 한정돼있다.
>
> **나. 주민등록번호 또는 부동산등기용등록번호를 증명하는 서면**
> 등기권리자의 성명 또는 명칭을 기재함에 있어서는 등기권리자가 개인인 경우에는

---

12) 이 경우 e-form에 의한 신청은 2,000원, 전자신청은 1,000원이다.

주민등록번호를, 등기권리자가 국가·지방자치단체·국제기관·외국정부·법인·비법인사단이나 재단·외국인인 경우에는 부동산등기용등록번호를 기재하여야 한다.

 이 경우 이를 증명하는 서면으로 등기권리자가 <u>개인인 경우 종래 주민등록증사본을 첨부하였으나 주민등록등(초)본만에 의하도록 실무례가 변경되었다</u>. 법인이 등기권리자인 때에는 법인등기부등(초)본, 비법인 사단이나 재단이 등기권리자인 때에는 부동산소재지 관할 시장 군수의 증명서, 외국인이 등기권리자인 때에는 체류지 관할 출입국관리사무소장의 증명서를 각 첨부하여야 한다.

**다. 인감증명서**

등기내용을 진정한 것으로 시정하는 경정등기에 있어 그 경정등기에 의하여 등기상 불이익의 결과하는 자 즉 소유권등기명의인이 등기의무자의 관계에 있는 때에는 그 자의 인감증명서를 제출하여야 한다.

**라. 동일인 보증서**

'신청착오'에 의하여 성명 또는 주소를 경정하는 경우에는 주민등록표등본과 동일인 보증서를 첨부한다. 동일인 보증서는 그 등기소에 등기한 2인 이상이 인감증명을 첨부한다.

 '착오발견' 또는 '유루발견'에 의한 경정등기를 신청하는 경우에는 등기신청서 사본을 소명으로 첨부한다.13)

## ⑫ 대리인란

대리인의 성명, 전화번호정도만 기재하고 그의 인장을 날인한다.

## ⑬ 등기소 : 후단의 등기소의 명칭 및 관할구역표를 참조

---

13) 등기명의인의 표시(성명, 주소 등)를 착오로 신청하여 등기부상 표시와 주민등록등본 혹은 호적상 표시가 일치되지 아니한 경우에는 결정전의 등기명의인과 경정후의 등기명의인이 동일인이라는 증명을 하여야 한다.

 그 증명은 시, 구, 읍, 면장의 증명에 의하여야 할 것이며, 그 증명이 불가능할 경우에는 그 사실을 확인하는데 상당하다고 인정되는 자의 동일인보증서면과 인감증명서 및 기타 보증인 자격을 인정할 만한 서면(재직증명서)을 첨부하여야 하나 그 동일인 여부는 등기관이 판단할 사항이다. 보증인 자격이 반드시 당해 부동산 소재지 거주자로 제한되어 있지는 않다.

## 제4절 관련 서식례

# 위 임 장

### 부동산의 표시

1동 건물의 표시 : 서울특별시 강북구 수유동 188-15
　　　　　　　　[도로명주소] 서울특별시 강북구 한천로139가길 80

전유건물의 표시
　　　건물의 번호 : 4-402
　　　구　　조 : 철근콘크리트조
　　　면　　적 : 4층 402호 36.84㎡

대지권의 표시
　　　토지의 표시 : 1. 서울특별시 강북구 수유동 188-15 대 249.2㎡
　　　대지권 종류 : 1. 소유권대지권
　　　대지권 비율 : 249.2분의 17.28 이상

| 등기원인과 그 연월일 | 202○년 5월 7일 신청착오 |
|---|---|
| 등 기 의 목 적 | 소유권등기명의인 표시경정 |
| 경 정 할 사 항 | 소유자의 명의 "홍동길"로 되어 있는 것을 '홍길동'으로 경정 |

| 신 청 인 홍 길 동 (인)<br>서울 강북구 한천로139가길 80,<br>204호(수유동, 동일하이츠빌라) | 홍길남<br>서울 강북구 한천로139가길 80, 204호(수유동, 동일하이츠빌라)<br>☎ 02) 964-2343<br><br>　위 사람을 대리인으로 정하고, 위 부동산 등기신청 및 취하에 관한 모든 행위를 위임한다.<br>　또한 복대리인 선임을 허락한다.<br>　　　　　　　202○년 5월　일 |

**보증서(앞면)**

| | |
|---|---|
| <div align="center">**동 일 인 보 증 서**</div> | |
| 부동산의 표시 | 1. 경기도 의정부시 가능동 633-10 대 116.7㎡<br>2. 위 지상<br>　[도로명주소] 경기도 의정부시 신흥로53번길 20-5<br>　벽돌조 슬래브지붕 2층 주택<br>　　　　　　1층 61.05㎡<br>　　　　　　2층 61.05㎡<br>　　　　　　지하실 15.12㎡　　　　이상 |
| 등 기 의 목 적 | 소유권의 등기명의인 표시경정 |
| 성명과 주민등록번호 | 이승우 (680916-1234567) |
| 본　　　　　　적 | 경기도 연천군 청정로 1232 |
| 주　　　　　　소 | 경기도 의정부시 신흥로53번길 20-5 (가능동) |
| 등기부상 성명, 주소 | 이승우<br>경기도 의정부시 신흥로53번길 20-5 (가능동) |
| 경 정 의 사 유 | 위 신청인은 부동산의 표시 기재 부동산에 대한 소유권이전 등기신청당시에 착오로 등기부상 주소로 신청하여 등기되어 있으나 사실상 동일인이 틀림없음을 보증합니다. |

**보증서(뒷면)**

| 보 증 인 ||
|---|---|
| **등기를 받은 부동산의 표시와 연월일, 등기번호** | **성명, 주민등록번호, 주소** |
| 경기도 연천군 미산면 유촌리 123<br>답 3,300m²<br>202○년 4월 7일 등기<br>등기번호 제 1234호 | 이 진 수 (인감)<br>430112-1237519<br>경기도 연천군 미산면 왕산로19번길 3 |
| 경기도 연천군 왕징면 노동리 32<br>전 1,000m²<br>202○년 7월 27일 등기<br>등기번호 제 546호 | 이 양 수 (인감)<br>471822-1648713<br>경기도 연천군 청정로 117 |
| **보증연 월 일** | 202○년 5월 7일 |

※ 첨부서류

　 위 보증인의 인감증명서 각 1통

## 제5절 등기소 가기

### 1. 신청서 꾸미기

등기명의인 표시경정 등기신청서를 1부 제출한다.

**등기신청서류**

1. 등기신청서 갑지
2. 등기신청서 을지
3. 위임장
4. 동일인 보증서 (인감증명서첨부)
5. 주민등록등(초)본 (해당하는 경우)
6. 기본증명서 (해당하는 경우)
7. 법인등기부등본 (해당하는 경우)

▶ 등기조사관의 업무처리모습
 (지역별로 조사계를 구성하여 담당하고 있다.)

※ 위의 방법으로 철한 서류에 도장날인하기

① 등기신청서 갑지와 을지는 하나임을 나타내기 위하여 신청인이 간인(신청서간의 날인)을 하여야한다.
② 신청서 갑지와 을지에 간인과 을지 하단 말미에 날인하고 호치킷(스템플러)으로 상단 부위를 2군데 찝어 고정시킨다.

## 2. 거쳐야할 기관

### ☞ 구(군)청에서 할 일

가. 준비할 서류

- 등록면허세 신고서(구청비치)

나. 등록면허세고지서 발급절차

① 구(군)청 세무과의 등록면허세과 납부 창구에 가서 비치되어있는 등록면허세신고서를 작성한 후 담당자로부터 등록면허세 납부고지서를 수령한다. 굳이 구청에 들르지 않더라도 인터넷등기소에서 등록면허세를 전자적으로 신고하여 납부서를 출력받아 인근 은행에서 납부할 수 있다.
② 등록면허세액은 가급적 구(군)청 내 금융기관에 납부하고 그 납부영수필확인서를 등기신청서 을지 혹은 간지에 붙인다.

### ☞ 등기소에서 할 일

가. 등기신청서제출

① 등기신청수수료(각 부동산 3,000원)는 사전에 인터넷뱅킹 등으로 현금납부한다. 인지는 붙이지 않는다.
② 등기신청서를 제출하는 사람은 신분증을 지참하고 관할 등기소 접수처에 가서 제출한다.
③ 등기소, 법원의 업무시간은 오전 9:00에서 오후 6:00까지이다.
④ 등기필증을 언제 수령 가능한지 시간대를 묻도록 한다.

나. 등기필정보 수령하기

등기필정보는 신청인이 등기소 서무계에 가서 직접 수령해야 한다. 그러나 경정등기의 경우 말소등기와 마찬가지로 '등기완료통지서'를 작성하여 놓으므로 이를 수령할 실익은 거의 없다.

교합완료가 되었다면 해당 부동산의 등기부등본 발급을 하여 보아 등기신청대로 표시가 경정되어 있다면 등기가 제대로 끝난 것이다. 등기부등본의 1통당 수수료는 무인자동발매기에 의해 발급 받을 수 있으며 1통에 1,000원이다.

# 인터넷 등기신청

**제1절** e-form에 의한 등기신청 • 503

**제2절** 등기전자신청제도 • 508

# 제 19 장
# 인터넷 등기신청

대법원은 국민들이 더욱 편리하면서도 정확하고 안전하게 등기업무를 처리할 수 있도록 하기 위해 인터넷등기소(www.iros.go.kr) 구축을 추진하여 왔다.

결과 2005. 11.부터 전자표준양식(e-form)에 의한 신청서비스가 실시되어 누구나 손쉽게 등기신청서를 작성하여 인터넷으로 신청할 수 있게 되었고, 이에 부동산등기법 등 관련 법률의 근거를 마련한 후 위 전자표준양식에 의한 등기신청과는 별도로 2006. 6.부터 부동산등기 전자신청제도가 시행되었다.

## 제1절 e-form에 의한 등기신청

### 1. e-Form에 의한 등기신청의 의의

○ 전자표준양식(e-form) 시스템은 등기신청인이 인터넷등기소에서 제공하는 전자표준양식(이하 e-form으로 표현함)을 통해 민원인이 편리하고 정확하게 신청서를 작성할 수 있도록 지원하는데서 시작한 것이다.

○ 신청인은 e-form 시스템에 신청정보를 입력한 후 방문신청을 하면 등기소 공무원은 저장된 디지털 신청정보를 활용하여 업무처리를 가능하게 함으로써, 신청인의 편의 제고와 등기소 공무원의 업무 효율성을 동시에 제고할 수 있게 되었다.

○ e-form 시스템에서는 민원인이 인터넷을 통해 신청서를 작성할 수 있도록 설명기능을 부여하고, 부동산 표시 등은 등기부 자료와 연동하여 부동산고유번호(PIN) 또는 간략 정보만 입력하면 전체 부동산 표시 자동으로 입력해 주는 등 입력의 편의성을 제공하였음. 또한 행정정보 공동이용을 통해 토지대장·건축물 대장, 주민등록등본 등의 자료는 정보공동이용에 동의하는 간단한 클릭만으로도 제출하지 아니하여도 됨에 따라 첨부서류의 수를 대폭 절감할 수 있음. 그리고 전자결제 등도 가능하고 신청정보의 처리상황 실시간 조회 및 보정사항, 각하 사유 등을 직접 온라인으로 조회가 가능하게 된다.

○ e-form 시스템은 기존 등기절차를 유지하면서 종이문서와 디지털정보가 병존하는 과도기단계에서 신청인의 편의와 국가 정보화 추진 양 측면을 모두 보장할 수 있다는 데에 그 의의가 있다.

## 2. e-Form 등기신청의 절차

### 가. 표준전자양식 시스템 개요

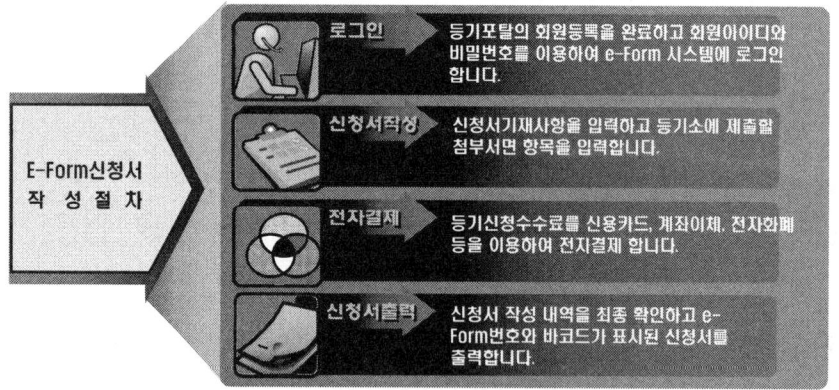

※ 전자결제는 선택사항이다.

제19장 인터넷 등기신청 505

**나. 등기포탈 회원아이디와 비밀번호를 이용하여 시스템에 로그인한다.**

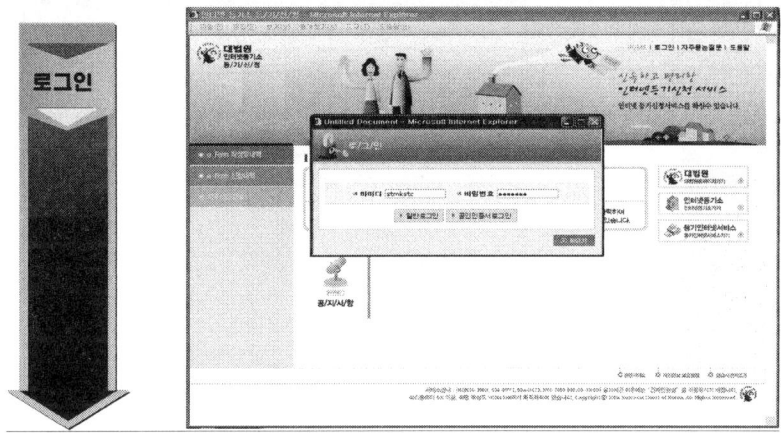

**다. 등기유형, 관할 등기소를 선택하고 부동산 정보를 입력한다.**
- 안내 기능이 포함되어 있어 선택할 수 있다.
- 부동산 정보는 등기부등본에 기재되어 있는 부동산고유번호(PIN)나, 주소자동찾기 기능을 통해서 등기부와 연계되어서 입력할 수 있다.

**라. 소유권이전 대상등기 및 등기의무자 정보를 조회하여 입력한다.**
- 등기부와 연계되어 있어 입력이 된다.

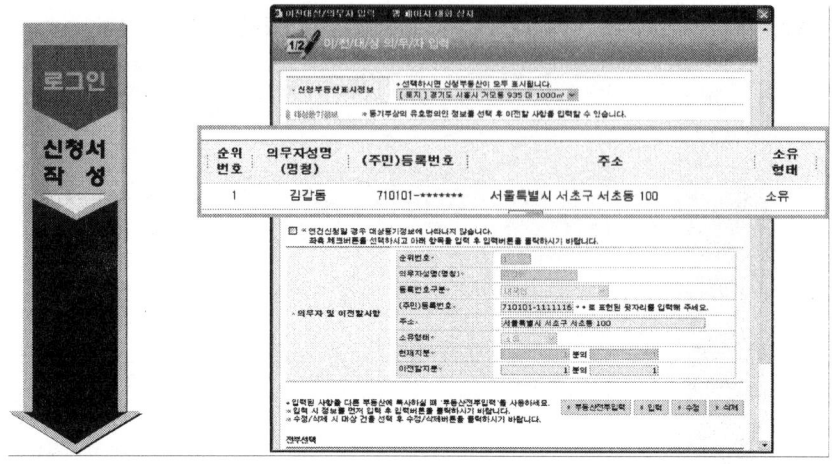

**마. 등기권리자 정보를 입력한다.**

- 신청인 자신의 정보이므로 누구나 입력할 수 있다.

**바. 국민주택채권매입액, 채권매입필증번호, 등록세, 유관기관연계 정보 등을 입력한다.**

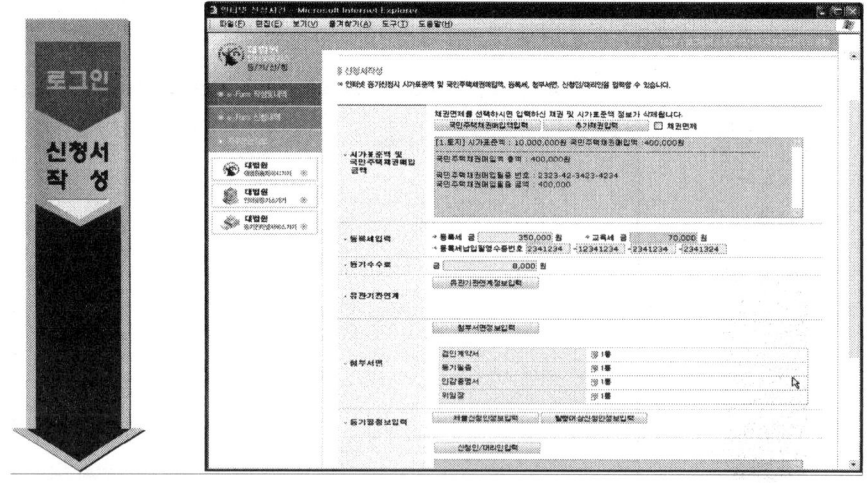

- 유관기관 연계 정보에 대해서는 행정정보공동이용을 통해 간단한 클릭만으로 첨부서면 제출에 갈음할 수 있다.

사. e-form 신청서와 함께 등기소에 제출할 첨부서면 항목을 입력한다. 등기소에서 서면으로 제출할 첨부서면을 미리 클릭 체크한다.

아. 신청인(법무사)정보를 입력한다.
- 법무사뿐만 아니라 일반인도 사용할 수 있다.
- 한번 입력한 정보는 중복하여 입력할 필요가 없다.

자. 등기신청 수수료는 신용카드, 금융기관 계좌이체, 전자화폐를 이용하여 전자납부할 수 있으며, 등기소에 방문하여 납부할 수도 있다.

차. 신청서 정보를 최종 확인하고 e-form 번호와 바코드가 표시된 신청서를 출력한다.

 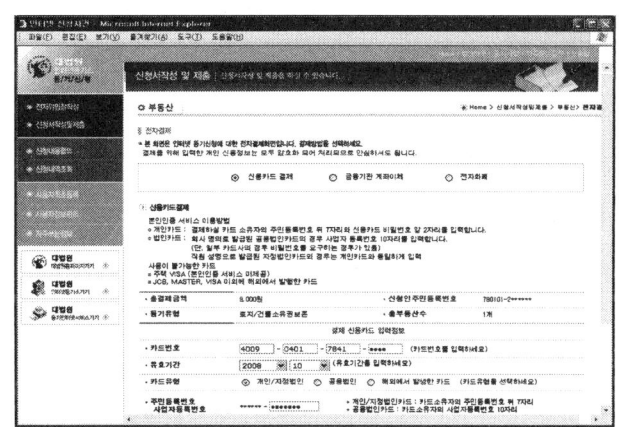

**카.** 출력된 신청서와 첨부서면을 등기소에 제출하면 등기신청이 완료된다.

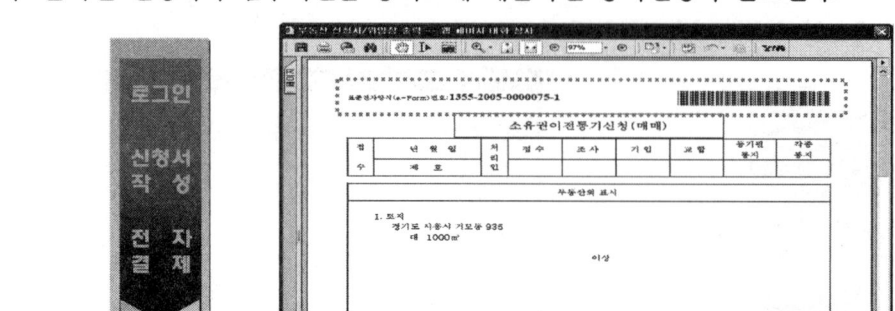

※ 현재까지 등기신청 접수일자는 e-form에 의해 접수시점이 아니라, 출력된 신청서와 첨부서면을 등기소에 제출한 시기임에 유의한다.

## 제 2 절  등기전자신청제도

### 1. 전자신청제도

**가.** 2006. 6. 1.부터 개정 부동산등기법의 시행과 함께 인터넷 등기소(www. iros.go.kr)를 통해 부동산등기전자신청서비스를 시작하게 되었다.

이 '등기전자신청제도'는 일반 국민이 인터넷등기소를 방문, 등기 신청정보를 직접 입력해 전자적으로 제출하는 제도로 편리하고 신속하게 신청서를 작성해 신청할 수 있다는 장점이 있다.

특히 등기신청 접수시점은 등기신청서의 전자적 제출시기라는 점에서 앞 절에서 언급한 전자표준양식(e-form)에 의한 제출과 크게 비교된다. 즉 이 전자적 제출은 법원직원의 전산입력이나 정보확인없이 시스템에 곧바로 접수된다.

**나.** 대법원은 서울중앙지방법원 등기과를 전자신청지정등기소로 지정하고 ① 토지소유권

보존등기, ② 검인을 대상으로 하는 매매에 의한 토지소유권이전등기, ③ 토지등기명의인표시변경등기, ④ 토지 표시변경등기 등 5개 등기유형만을 2006. 6. 1.부터 시작되었고 이후 2007. 1.부터는 서울전지역이 등기과(소)로 확대되었으며, 등기원인증서의 전자화와 전자적 검인을 위한 기술이 갖추어진 2008. 7. 1. 현재 전국의 204개 모든 등기과(소)가 모든 형태의 등기를 전자신청을 할 수 있게 되었다.

## 2. 등기전자신청의 절차

**가.** 등기신청 당사자가 전자신청을 하기 위해서는 6개 공인인증기관에서 발급받은 '범용개인공인인증서'를 발급받아 미리 등기소를 방문해 자신의 신분사항 등 사용자 등록을 해둬야 한다.

**나.** 발급받은 공인인증서는 대법원 인터넷등기소를 통해 등록해야 한다. 다만 변호사나 법무사에 의한 등기신청대리 위임인 경우 그 대리인만 사용자등록을 하면 전자신청이 가능하다.

## 3. 등기필의 통지

**가.** 전자신청등기소의 경우 부동산등기법 제177조의9 [1])에 의거 등기필정보의 통지서로써

---

1) 제177조의9 (등기필증에 관한 특례)
   ① 전산정보처리조직에 따라 등기를 마친 경우에 등기관은 등기필증을 대신하는 정보(이하 "등기필정보"라 한다)의 통지로 등기필증의 교부를 대신할 수 있다.

등기필증을 대신하고 있으며, 결과적으로 등기필증 제도를 폐지하는 것을 정책적 목표로 두고 있다.

## 나. 전자신청등기소

○ 강남등기소, 서울동부지방법원 등기과, 강동등기소, 송파등기소, 서울남부지방법원 등기과, 강서등기소, 구로등기소, 서울북부지방법원 북부등기소, 서대문등기소, 은평등기소(2006. 9. 18.부터 전자신청등기소로 지정)
○ 2008 7. 1. 전국의 모든 등기소에서 전자등기신청이 가능하게 됨.

※ **전자신청을 할 수 있는 등기유형**

### 보존 / 설정 / 이전S류

•토지/ 건물 소유권보존 •집합건물 소유권보존 •집합건물의 표시등기에 대한 소유권 보존 •근저당권 설정 •임차권 설정 •저당권 설정 •전세권 설정 •전전세권 설정 •지상권 설정 •지역권 설정 •질권 설정 •근저당권 이전 •소유권가등기의 이전 •소유권 이전(매매, 수용, 공공용지협의취득, 대물변제) •임차권 이전 •저당권 이전 •전세권 이전 •지상권 이전 변경 / 경정류 •근저당권 경정 •근저당권 변경 •등기명의인표시 경정 •등기명의인표시 변경 •등기원인일자 및 등기원인등 경정 •소유권가등기 경정 •소유권가등기 변경 •소유권 경정 •소유권 변경 •약정 / 금지사항 변경 •임차권 경정 •임차권 변경 •저당권 변경 •전세권 경정 •전세권 변경 •지상권 경정 •지상권 변경 •질권 변경 말소류 •가등기 말소 •근저당권 말소 •등기명의 인표시경정등기 말소 •등기명의인표시변경등기 말소 •본등기 말소 •소유권보존 말소 •소유권이전 말소 •신탁등기 말소 •약정금지사항 말소 •임차권 말소 •저당권 말소 •전세권 말소 •전전세권 말소•지상권 말소 •지역권 말소 •질권 말소 •토지합필등기 말소 •환매권 말소 •동멸실등기 말소 표시변경류 •건물 멸실 •건물 분할 •건물표시 '경정 •건물표시 변경 •구분건물 구분 •구분건물로 변경(증축) •구분건물 아닌 건물이 구분건물로 된 경우 •구분건물일반 합병 •구분건물 합병 •대지권표시 경정 •대지권표시 변경 •전유 멸실 •토지 멸실 •토지 분필 •토지표시 경정 •토지표시 변경 •토지 합필 •가등기 / 본등기류 •근저당권설정청구권가등기 •근저당권설정청구권 가등기에 한 본등기 •소유권이전청구권가등기 •가등기에 한 본등기 •소유권이전청구권의 이전청구권가등기 •소유권이전청구권의 이전청구권가등기에 기한 본등기 •임차권이전청구권가등기 •인차권이전청구권가등기에 기한본등기

### 기 타

•규약상공용부분취지 등기점 •수탁자의 고유재산으로 된 취지의 등기 •신탁재산복구에 의한 신탁 •신탁재산처분에 의한 신탁 •압류 •약정/금지사항

---

② 제177조의8 제1항의 규정에 따라 등기를 신청하는 경우에 등기신청의 당사자 또는 대리인은 등기필정보의 제공으로 등기필증의 제출을 대신할 수 있다.

**다.** 전자신청등기소는 물권변동을 위한 등기신청이 있는 경우(소유권의 이전과 같이 권리자를 새로이 등기부에 기록하는 경우) 기존의 등기필증 대신에 아래와 같은 일련번호(아라비아숫자 + 기타 부호)와 비밀번호로 구성된 등기필정보를 통지하고 있다.

ex〉 일련번호 : 579Q-Q3NM-3XYZ
　　비밀번호 : 01-3672, 02-1656, 03-8763... 등 50개

위 등기필정보는 ① 소유권, ② 지상권, ③ 지역권, ④ 전세권, ⑤ 저당권, ⑥ 임차권 등기를 <u>보존, 설정, 이전하는 경우와 각 가등기</u>를 하는 경우, 그리고 권리자를 추가하는 경정 또는 변경등기(ex 갑 단독소유를 갑, 을 공유로 경정하거나 합유자가 추가되는 합유명의인표시변경)에 한하여 통지를 한다.

그 외의 경우는 단순히 '**등기완료통지**'를 하고 있다.

신청인이 전자신청을 한 경우에는 인터넷등기소에 접속하여 암호화된 등기필정보를 직접 download 받고, 방문신청하여 서면신청한 경우에는 보안스티커가 부착된 등기필정보의 통지서를 등기권리자에게 교부하고 있다.[2] 만일 등기필정보를 분실하거나 훼손한 경우에는 등기권리증이 멸실된 경우와 같이 확인서면·공증서면·확인조서에 의하여 처리할 수 있다.

---

[2] 과거에서와 같이 원인증서가 첨부된 등기필증을 받지 못하므로, 등기신청 후 '원본부기환부신청'을 하여 원인서면을 반환받을 수 있다.

(별지 제3호)

대리인 : 법무사 홍길동

## 등기필정보 및 등기완료통지서

| 권 리 자 | : 김갑동 |
|---|---|
| (주민)등록번호 | : 451111-1****** |
| 주 소 | : 서울특별시 서초구 서초동 123-4 |
| 부동산고유번호 | : 1102-2006-002634 |
| 부 동 산 소 재 | : [토지] 서울특별시 서초구 서초동 362-24 |
| 접 수 일 자 | : 2010년 3월 14일    접 수 번 호 : 9578 |
| 등 기 목 적 | : 소유권이전 |
| 등기원인및일자 | : 2010년1월9일  매매 |

부착기준선

일련번호: WTDI-UPRV-P6H1

비밀번호(기재순서:순번-비밀번호 )

| 01-7952 | 11-7072 | 21-2009 | 31-8842 | 41-3168 |
| 02-5790 | 12-7320 | 22-5102 | 32-1924 | 42-7064 |
| 03-1568 | 13-9724 | 23-1903 | 33-1690 | 43-4443 |
| 04-8861 | 14-8752 | 24-5554 | 34-3155 | 44-6994 |
| 05-1205 | 15-8608 | 25-7023 | 35-9695 | 45-2263 |
| 06-8893 | 16-5164 | 26-3856 | 36-6031 | 46-2140 |
| 07-5311 | 17-1538 | 27-2339 | 37-8569 | 47-3151 |
| 08-3481 | 18-3188 | 28-8119 | 38-9800 | 48-5318 |
| 09-7450 | 19-7312 | 29-1505 | 39-6977 | 49-1314 |
| 10-1176 | 20-1396 | 30-3488 | 40-6557 | 50-6459 |

2010년 3월 17일
서울중앙지방법원 등기과
등기관

※ 주 의 사 항

☞ 등기필정보는 종래의 등기필증을 대신하여 발행된 것입니다.
◆ 전자신청등기소에서는 등기 완료후 종래와 같이 등기필증을 교부하지 아니하고, 그 대신에 등기 유형에 따라 **등기필정보** 또는 **등기완료통지서**를 발행합니다.
☞ 등기필정보 사용 및 관리방법
◆ 보안스티커 안에는 다음에 등기신청시 필요한 일련번호와 50개의 비밀번호가 기재되어 있습니다. 등기신청시 보안스티커를 떼어내고 일련번호와 비밀번호 1개를 임의로 선택하여 해당 순번과 함께 신청서에 기재하면 종래의 등기필증을 첨부한 것과 동일한 효력이 있으며, 등기필정보서면 자체를 첨부하는 것이 아닙니다.
◆ 따라서 등기신청시 등기필정보서면을 거래상대방에게 줄 필요가 없고, 대리인에게 위임한 경우에는 일련번호와 비밀번호 50개 중 1개만 알려주시면 됩니다.
◆ 만일 등기필정보의 비밀번호 등을 다른 사람이 안 경우에는 종래의 등기필증을 분실한 것과 마찬가지의 위험이 발생하므로 철저하게 관리하시기 바랍니다.

부록

**제1장** 등기소의 명칭 및 관할구역표 • 515

**제2장** 건물시가표준자료 • 522

**제3장** 사례별 시가표준액 구하기 • 535

**제4장** 등기에 관한 중요예규 • 544

# 제1장
# 등기소의 명칭 및 관할구역표

2019. 12. 2.시행[1]

| 명 칭 | | | 관 할 구 역 | |
|---|---|---|---|---|
| 지방법원 | 지원 | 등기소 | 시·도명 | 시 군 구 명 |
| 서울중앙 | | 등기국 | 서울특별시 | 강남구, 서초구, 관악구, 동작구 |
| | | 중 부 | 〃 | 종로구, 중구<br>(단, 법인등기는 등기국에서) |
| 서울동부 | | 등기국 | 〃 | 성동구, 광진구, 강동구, 송파구 |
| 서울남부 | | 등기국 | 〃 | 양천구, 영등포구, 강서구, 구로구, 금천구 |
| 서울북부 | | 등기국 | 〃 | 동대문구, 중랑구, 성북구, 도봉구, 강북구, 노원구 |
| 서울서부 | | 등기국 | 〃 | 서대문구, 마포구, 용산구, 은평구 |
| 의정부 | | 등기과 | 경기도 | 의정부시, 양주시 |
| | | 남양주 | 〃 | 남양주시 |
| | | 구 리 | 〃 | 구리시 |
| | | 연 천 | 〃 | 연천군 |
| | | 포 천 | 〃 | 포천시 |
| | | 가 평 | 〃 | 가평군 |
| | | 철 원 | 강원도 | 철원군 |
| | | 동두천 | 경기도 | 동두천시 |
| | 고양 | 고 양 | 〃 | 고양시<br>※ 고양지원 등기과 없음 |
| | | 파 주 | 〃 | 파주시 |

[1] 등기소의 설치와 관할구역에 관한 규칙

| 명 칭 | | | 관 할 구 역 | |
|---|---|---|---|---|
| 지방법원 | 지원 | 등기소 | 시·도명 | 시 군 구 명 |
| 인천 | | 등기국 | 인천광역시 | 미추홀구, 연수구, 중구, 동구, 옹진군, 부평구, 계양구, 남동구, 서구<br>(단, 상업등기 및 동산·채권담보등기는 인천광역시 전지역) |
| | | 강 화 | 〃 | 강화군 |
| | 부천 | 등기과 | 경기도 | 부천시(원미구, 오정구, 소사구) |
| | | 김 포 | 〃 | 김포시 |
| 수원 | | 동수원 | 〃 | 수원시(팔달구, 권선구, 영통구) |
| | | 장 안 | 〃 | 수원시(장안구) |
| | | 양 평 | 〃 | 양평군 |
| | | 이 천 | 〃 | 이천시 |
| | | 용 인 | 〃 | 용인시 |
| | | 안 성 | 〃 | 안성시 |
| | | 화 성 | 〃 | 오산시, 화성시 |
| | | 송 탄 | 〃 | 평택시중 가재동, 도일동, 독곡동, 모곡동, 서정동, 신장동, 이충동, 장당동, 장안동, 지산동, 칠괴동, 칠원동, 고덕면, 서탄면, 진위면 |
| | 안산 | 등기과 | 〃 | 안산시 |
| | | 광 명 | 〃 | 광명시 |
| | | 시 흥 | 〃 | 시흥시 |
| | 성남 | 등기과 | 〃 | 성남시(수정구, 중원구) |
| | | 분 당 | 〃 | 성남시(분당구) |
| | | 광 주 | 〃 | 광주시 |
| | | 하 남 | 〃 | 하남시 |
| | 안양 | 안양<br>광역등기소<br>2013.6.10.<br>통합 | 〃 | 안양시, 군포시<br>의왕시, 과천시<br>※ 안양등기소, 군포등기소, 의왕등기소, 과천등기소 각 폐소 |
| | 평택 | 등기과 | 〃 | 평택시중 군문동, 동삭동, 비전동, 세교동, 소사동, 신대동, 용이동, 월곡동, 유천동, 죽백동, 지제동, 청룡동, 통복동, 평택동, 합정동, 팽성읍, 안중면, 오성면, 청북면, 포승면, 현덕면 |
| | 여주 | 등기계 | 〃 | 여주시 |

| 명 칭 | | | 관 할 구 역 | |
|---|---|---|---|---|
| 지방법원 | 지원 | 등기소 | 시·도명 | 시 군 구 명 |
| 춘천 | | 등기과 | 강원도 | 춘천시 |
| | | 화 천 | 〃 | 화천군 |
| | | 양 구 | 〃 | 양구군 |
| | | 인 제 | 〃 | 인제군 |
| | | 고 성 | 〃 | 고성군 |
| | | 양 양 | 〃 | 양양군 |
| | | 삼 척 | 〃 | 삼척시 |
| | | 동 해 | 〃 | 동해시 |
| | | 태 백 | 〃 | 태백시 |
| | | 정 선 | 〃 | 정선군 |
| | | 평 창 | 〃 | 평창군 |
| | | 횡 성 | 〃 | 횡성군 |
| | | 홍 천 | 〃 | 홍천군 |
| | 강릉 | 등기과 | 〃 | 강릉시 |
| | 원주 | 등기과 | 〃 | 원주시 |
| | 속초 | 등기계 | 〃 | 속초시 |
| | 영월 | 등기계 | 〃 | 영월군 |
| 대전 | | 등기과 | 대전광역시 | 서구, 유성구 |
| | | 대 덕 | 〃 | 대덕구 |
| | | 남대전 | 〃 | 중구, 동구 |
| | | 금 산 | 충청남도 | 금산군 |
| | | 부 여 | 〃 | 부여군 |
| | | 장 항 | 〃 | 서천군 |
| | | 보 령 | 〃 | 보령시 |
| | | 청 양 | 〃 | 청양군 |
| | | 세 종 | 세종특별자치시 | 세종특별자치시(2012. 7.) |
| | | 아 산 | 충청남도 | 아산시 |
| | | 예 산 | 〃 | 예산군 |
| | | 당 진 | 〃 | 당진군 |
| | | 태 안 | 〃 | 태안군 |
| | 천안 | 등기과 | 〃 | 천안시 |
| | | 아 산 | 〃 | 아산시 (2007. 2.) |
| | 홍성 | 등기계 | 〃 | 홍성군 |
| | 공주 | 〃 | 〃 | 공주시 |
| | 논산 | 〃 | 〃 | 논산시, 계룡시 |
| | 서산 | 등기과 | 〃 | 서산시 |

| 명 칭 | | | 관 할 구 역 | |
|---|---|---|---|---|
| 지방법원 | 지원 | 등기소 | 시·도명 | 시 군 구 명 |
| 청주 | | 등기과 | 충청북도 | 청주시, 청원군<br>※ 동청주등기소폐소, 등기과로 통합<br>　　(2008. 6. 23.) |
| | | 보 은 | 〃 | 보은군 |
| | | 옥 천 | 〃 | 옥천군 |
| | | 진 천 | 〃 | 진천군 |
| | | 괴 산 | 〃 | 괴산군, 증평군 |
| | | 단 양 | 〃 | 단양군 |
| | | 음 성 | 〃 | 음성군 |
| | 충주 | 등기계 | 〃 | 충주시 |
| | 제천 | 〃 | 〃 | 제천시 |
| | 영동 | 〃 | 〃 | 영동군 |
| 대구 | | 등기국<br>2013.4.29<br>개원 | 대구광역시 | 중구, 동구, 남구, 북구, 수성구<br>(대구시 전역의 상업등기) |
| | | 군 위 | 경상북도 | 군위군 |
| | | 청 송 | 〃 | 청송군 |
| | | 영 양 | 〃 | 영양군 |
| | | 영 천 | 〃 | 영천시 |
| | | 경 산 | 〃 | 경산시 |
| | | 청 도 | 〃 | 청도군 |
| | | 칠 곡 | 〃 | 칠곡군 |
| | | 구 미 | 〃 | 구미시 (2007. 2.) |
| | | 문 경 | 〃 | 문경시 |
| | | 예 천 | 〃 | 예천군 |
| | | 영 주 | 〃 | 영주시 |
| | | 봉 화 | 〃 | 봉화군 |
| | | 울 진 | 〃 | 울진군 |
| | | 울 릉 | 〃 | 울릉군 |

| 명 칭 | | | 관 할 구 역 | |
|---|---|---|---|---|
| 지방법원 | 지원 | 등기소 | 시·도명 | 시군구명 |
| 대구 | 서부 (2007.2) | 등기과 | 대구광역시 | 달서구, 서구, 달성군 |
| | | 고 령 | 경상북도 | 고령군 |
| | | 성 주 | 〃 | 성주군 |
| | 포항 | 등기과 | 경상북도 | 포항시(남구, 북구) |
| | 경주 | 등기계 | 〃 | 경주시 |
| | 안동 | 등기계 | 〃 | 안동시 |
| | 김천 | 〃 | 〃 | 김천시 |
| | 상주 | 〃 | 〃 | 상주시 |
| | 의성 | 〃 | 〃 | 의성군 |
| | 영덕 | 〃 | 〃 | 영덕군 |
| 부산 | | 등기과 | 부산광역시 | 동래구, 연제구 |
| | | 부산진 | 〃 | 부산진구, 동구 |
| | | 중부산 | 〃 | 중구, 서구, 영도구 |
| | | 금 정 | 〃 | 금정구 |
| | 동부 | 등기과 | 〃 | 해운대구, 기장군 |
| | | 남부산 | 〃 | 남구, 수영구 |
| | 서부 | 등기과 | 〃 | 사하구, 강서구 |
| | | 북부산 | 〃 | 북구, 사상구 |
| 울산 | | 등기과 | 울산광역시 | 전지역 |
| | | 양 산 | 경상남도 | 양산시 |
| 창원 | | 등기과 | 〃 | 창원시(의창구, 성산구) - 2011. 3. |
| | | 진 해 | 〃 | 창원시(진해구) - 2011. 3. |
| | | 함 안 | 〃 | 함안군 |
| | | 의 령 | 〃 | 의령군 |
| | | 남 해 | 〃 | 남해군 |
| | | 하 동 | 〃 | 하동군 |
| | | 산 청 | 〃 | 산청군 |
| | | 거 제 | 〃 | 거제시 |
| | | 고 성 | 〃 | 고성군 |
| | | 창 녕 | 〃 | 창녕군 |
| | | 함 양 | 〃 | 함양군 |
| | | 합 천 | 〃 | 합천군 |
| | | 사 천 | 〃 | 사천시 |
| | | 김 해 | 〃 | 김해시 |

| 명 칭 | | | 관 할 구 역 | |
|---|---|---|---|---|
| 지방법원 | 지원 | 등기소 | 시·도명 | 시군구 명 |
| 창원 | 마산<br>(2011.3.) | 등기계 | 경상남도 | 창원시, 마산합포구, 마산회원구 |
| | 진주 | 등기과 | 〃 | 진주시 |
| | 통영 | 등기계 | 〃 | 통영시 |
| | 밀양 | 〃 | 〃 | 밀양시 |
| | 거창 | 〃 | 〃 | 거창군 |
| 광주 | | 등기국<br>2005.12.5개원 | 광주광역시 | 광주광역시 전지역<br>※ 기존의 등기과, 서광주, 북광주, 광산등기소는 폐쇄 |
| | | 담 양 | 전라남도 | 담양군 |
| | | 곡 성 | 〃 | 곡성군 |
| | | 화 순 | 〃 | 화순군 |
| | | 강 진 | 〃 | 강진군 |
| | | 영 암 | 〃 | 영암군 |
| | | 나 주 | 〃 | 나주시 |
| | | 함 평 | 〃 | 함평군 |
| | | 무 안 | 〃 | 무안군 |
| | | 영 광 | 〃 | 영광군 |
| | | 장 성 | 〃 | 장성군 |
| | | 완 도 | 〃 | 완도군 |
| | | 진 도 | 〃 | 진도군 |
| | 순천 | 등기과 | 〃 | 순천시(2007. 2.) |
| | | 구 례 | 〃 | 구례군 |
| | | 광 양 | 〃 | 광양시 |
| | | 여 수 | 〃 | 여수시중 홍화동 수정동 공화동, 관문동, 고소동, 동산동, 중앙동, 교동, 군자동, 충무동, 연등동, 광무동, 서교동, 봉가동, 봉산동, 남산동, 국동 신월동, 경호동, 여서동, 문수동, 오림동, 이평동, 둔덕동, 오천동, 만흥동, 덕충동, 돌산읍, 남면, 화정면, 삼산면 |
| | | 여 천 | 〃 | 여수시중 쌍봉동, 시전동, 여천동, 주삼동, 삼일동, 묘도동, 상암동, 소라면, 화양면, 율촌면 |
| | | 고 흥 | 〃 | 고흥군 |
| | | 보 성 | 〃 | 보성군 |

| 명 칭 | | | 관 할 구 역 | |
|---|---|---|---|---|
| 지방법원 | 지원 | 등기소 | 시·도명 | 시 군 구 명 |
| 광주 | 목포 | 등기과 | 광주광역시 | 목포시, 신안군 |
| | 장흥 | 등기계 | 〃 | 장흥군 |
| | 해남 | 〃 | 〃 | 해남군 |
| 전주 | | 등기과 2019.12.2 개원 | 전라북도 | 전주시, 완주군 |
| | | 진 안 | 〃 | 진안군 |
| | | 무 주 | 〃 | 무주군 |
| | | 장 수 | 〃 | 장수군 |
| | | 임 실 | 〃 | 임실군 |
| | | 순 창 | 〃 | 순창군 |
| | | 고 창 | 〃 | 고창군 |
| | | 부 안 | 〃 | 부안군 |
| | | 김 제 | 〃 | 김제시 |
| | | 익 산 | 〃 | 익산시 |
| | 군산 | 등기과 | 〃 | 군산시 |
| | 정읍 | 등기계 | 〃 | 정읍시 |
| | 남원 | 〃 | 〃 | 남원시 |
| 제주 | | 등기과 | 제주특별자치도 | 제주시 |
| | | 서귀포 | 〃 | 서귀포시 |

# 제 2 장
# 건물시가표준자료

## 1. 건물의 시가표준액 계산

### 가. 산출체계도

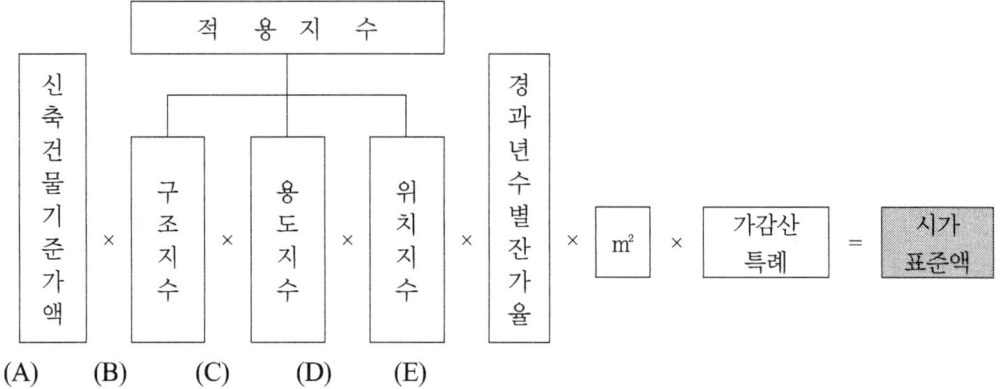

### 나. 산출요령

1) 건물에 대한 시가표준액은 소득세법 제99조 제1항 나목 규정에 의하여 산정·고시하는 <u>건물신축가격기준액 (2020. 1. 1.현재 730,000원/㎡)</u> 에 구조별, 용도별, 위치별 지수와 경과연수별 잔가율을 곱하여 1㎡당 금액을 산출한다.

2) 산출한 ㎡당 금액(A × B × C × D × E)에서 1,000원 미만 숫자는 절사한다.
   다만, 1㎡당 금액이 1,000원 미만일 때는 1,000원으로 한다.

3) 내용년수가 경과된 건물은 최종년도의 잔가율을 적용한다.

4) 가감산특례에 해당하는 건물에 대하여는 산출가액(A × B × ~ ㎡)에 일정률을 가감한 가액을 시가표준액으로 한다.

## 2. 적용지수

### 가. 구조지수

| 구조번호 | 구 조 별 | 지수 |
|---|---|---|
| 1 | 통나무조 | 140 |
| 2 | 목구조 | 125 |
| 3 | 철골(철골철근)콘크리트조 | 120 |
| 4 | 철근콘크리트조, 라멘조, 석조, 철골조, 연와조, 콘크리트조 | 100 |
| 5 | 보강콘크리트조, 보강블록조 | 95 |
| 6 | 황토조, ALC조, 시멘트벽돌조 | 90 |
| 7 | 목조 | 78 |
| 8 | 경량철골조, 시멘트블록조, 와이어패널조 | 60 |
| 9 | 조립식패널조, FRP 패널조 | 50 |
| 10 | 석회 및 흙벽돌조, 돌담 및 토담조 | 40 |
| 11 | 컨테이너건물 | 30 |
| 12 | 철파이프조 | 25 |

### 나. 용도지수

| 구분 | 용 도 | 번호 | 대 상 건 물 | 지수 |
|---|---|---|---|---|
| I | 주거용 건 물 | 주거시설 | 1 | ○ 주거용 오피스텔 | 135 |
| | | 2 | ○ 아파트 | 110 |
| | | 3 | ○ 단독주택(노인복지주택제외)<br>○ 다중주택, 다가구주택, 연립, 다세대, 기숙사<br>○ 도시형 생활주택 | 100 |
| | | 4 | ○ 전업농어가주택, 광산주택 | 80 |
| II | 상업용 및 업무용 건 물 | 숙박시설 | 5 | ○ 관광호텔(5성급·4성급) : 관광진흥법상 숙박 | 145 |
| | | 6 | ○ 관광호텔(3성급이하), 수상관광호텔, 한국전통호텔, 가족호텔 및 휴양콘도미니엄, 의료관광호텔 | 135 |
| | | 7 | ○ 호텔(공중위생법상 숙박업을 말함)<br>○ 펜션(관광진흥법상 관광편의시설)<br>○ 한옥체험시설(상동)<br>○ 생활숙박시설 | 130 |

| | | | | |
|---|---|---|---|---|
| II<br>상업용<br>및<br>업무용<br>건물 | | 8 | ○ 여관 (모텔 포함)<br>○ 호스텔 | 125 |
| | | 9 | ○ 일반펜션 | 123 |
| | | 10 | ○ 농어촌정비법에 의한 농어촌 민박, 외국인관광 도시민박(광광진흥법상 관광편의시설), 여인숙 | 100 |
| | 판매시설 | 11 | ○ 유통산업발전법, 제2조 제3호에 따른 대형마트, 전문점, 백화점, 쇼핑센터, 복합쇼핑몰, 그 밖의 대규모점포 | 135 |
| | | 12 | ○ 도매시장, 재래(전통)시장 | 110 |
| | 운수시설 | 13 | ○ 여객자동차터미널, 철도, 공항, 항만시설 | 100 |
| | 위락시설 | 14 | ○ 투전기업소 및 카지노업소, 무도장 | 135 |
| | | 15 | ○ 유흥주점 및 이와 유사한 것 | 130 |
| | | 16 | ○ 단란주점 | 127 |
| | | 17 | ○ 관광진흥법에 의한 유원시설업 및 기타 이와 유사한 것(운동시설 해당은 제외) | 125 |
| | | 18 | ○ 무도학원 | 123 |
| | 문화 및<br>집회시설 | 19 | ○ 예식장<br>○ 공연장(극장, 영화관, 연예장, 음악당, 서커스장, 비디오감상실, 비디오물소극장 등)<br>○ 집회장(공회장, 회의장, 경마·경륜·경정 장외발매소 및 전화투표소 등)<br>○ 전시장(박물관, 미술관, 과학관, 문화관, 체험관, 기념관, 산업전시장, 박람회장 등)<br>○ 관람장(경마장, 경륜장, 경정장, 자동차경기장, 기타 유사한 것) | 125 |
| | | 20 | ○ 동물원, 식물원, 수족관 | 90 |
| | 종교시설 | 21 | ○ 교회·성당·사찰·기도원·수도원·수녀원 등 종교집회장과 종교집회장내 설치하는 봉안당 | 117 |
| | | 22 | ○ 사우(재실, 정각 포함) | 80 |
| | 운동시설 | 23 | ○ 골프장, 스키장, 자동차경주장, 승마장, 옥내수영장, 옥내스케이트장, 종합체육시설업 | 127 |
| | | 24 | ○ 체육시설의설치및이용에관한법률에 따른 시설 중 23번에 해당하지 아니하는 것 | 117 |

| | | | |
|---|---|---|---|
| 의료시설 | 25 | ○ 종합병원 | 130 |
| | 26 | ○ 일반병원, 치과병원, 한방병원, 정신병원, 요양병원, 격리병원(전염병원, 마약진료소)<br>○ 장례식장 | 125 |
| 업무시설 | 27 | ○ 사무용 오피스텔 | 113 |
| 방송통신<br>시　설 | 28 | ○ 방송국(방송프로그램제작시설 및 송신·수신·중계시설 포함)<br>○ 전신전화국, 촬영소, 통신용시설 | 125 |
| | 29 | ○ 무선기지국, 간이TV중계소 | 80 |
| 교육 연구<br>시　설 | 30 | ○ 학교, 교육원(연수원), 직업훈련소, 연구소, 도서관 | 115 |
| 노 유 자<br>시　설 | 31 | ○ 아동관련시설, 노인복지시설<br>○ 기타 사회복지시설 및 근로복지시설 | 115 |
| | 32 | ○ 고아원, 노인주거복지시설(양로원, 경로당)<br>○ 용도번호 31번을 제외한 기타 유사시설 | 60 |
| 수련 시설 | 33 | ○ 청소년수련관, 청소년문화의집, 청소년특화시설, 유스호스텔, 청소년야영장, 기타 | 117 |
| 공중위생<br>시　설 | 34 | ○ 일반목욕장(연면적 3,000㎡이상) | 135 |
| | 35 | ○ 일반목욕장(연면적1,000㎡이상 3,000㎡미만) | 125 |
| | 36 | ○ 일반목욕장(연면적 1,000㎡미만) | 117 |
| 근린생활<br>시　설 | 37 | ○ 상점(슈퍼마켓, 일용품소매점)<br>○ 일반음식점, 휴게음식점, 제과점, 기원,서점, 이용원, 미용원, 세탁소<br>○ 의원, 치과의원, 한의원, 침술원, 접골원, 조산원, 산후조리원 및 안마원<br>○ 각종 사무실용건물(금융업소, 사무소, 부동산중개사무소, 결혼상담소,소개업소, 출판사 등)<br>○ 사진관, 표구점, 학원(무도학원 제외), 장의사, 동물병원, 독서실, 총포판매소 등<br>○ 고시원, 안마시술소, 노래연습자<br>○ 자동차매매장, 운전학원, 정비학원<br>○ 청소년게임제공업의 시설, 일반게임제공업의 시설, 인터넷컴퓨터게임 시설제공업의 시설, 복합유통게임제공업의 시설 | 117 |

| | | | | |
|---|---|---|---|---|
| | | | ○ 위에 열거되지 않은 기타 판매·영업시설 | |
| | 묘지관련<br>시 설 | 38 | ○ 화장시설<br>○ 봉안당(종교시설에 해당하는 것 제외)<br>○ 묘지와 자연장지에 부수되는 건축물<br>○ 동물보호법상 동물장묘시설 | 85 |
| Ⅲ | 산업용<br>및<br>기 타<br>특수용<br>건 물 | | | |
| | | 공 장 | 39 | ○ 공장<br>○ 기타 물품의 제조·가공·수리에 계속적으로 이용되는 건축물로서 자동차관련시설, 자원순환 관련시설 등으로 따로 분류되지 않은 것 | 80 |
| | | | 40 | ○ 산업집적활성화 및 공장설립에 관한 법률 제2조 제13호에 따른 지식산업센터 내 공장 | 100 |
| | | 발전시설 | 41 | ○ 원자력발전시설(원자로·터빈·보조·핵(연료)폐기물저장·방사선폐기물 처리건물에 한함 | 330 |
| | | | 42 | ○ 발전시설(41번 제외), 변전소 | 120 |
| | | 창고시설 | 43 | ○ 냉동·냉장창고 | 90 |
| | | | 44 | ○ 창고(냉동·냉장창고포함), 주거용이나 사무실용 창고 및 전업농어가 창고 제외<br>○ 하역장, 물류터미널, 집배송시설 | 80 |
| | | | 45 | ○ 전업농어가 창고 | 35 |
| | | 위험물<br>저장 및<br>처리시설 | 46 | ○ 주유소(기계식세차설비포함) 및 석유판매소, 액화석유가스충전소, 판매소, 저장소, 위험물제조소, 저장소, 취급소, 액화가스취급소, 판매소, 저장소, 도료류판매소, 도시가스제조시설, 화약류저장소, 기타 위험물저장 및 처리시설<br>○ 주유소의 캐노피 | 125 |
| | | 자원순환<br>관련시설 | 47 | ○ 하수 등 처리시설<br>○ 고물상<br>○ 폐기물처리시설 및 폐기물감량화시설 | 80 |
| | | 자동차<br>관련시설 | 48 | ○ 주차장 | 74 |
| | | | 49 | ○ 주차전용빌딩 | 65 |
| | | | 50 | ○ 세차장, 폐차장, 검사장, 정비공장, 차고 | 74 |
| | | 동·식물<br>관련시설 | 51 | ○ 가축용운동시설, 인공수정센터, 관리사, 동물검역소, 실험동물사육시설 | 80 |

| | | | ○ 양수장, 경주용마사<br>○ 도축장, 도계장 | |
|---|---|---|---|---|
| | | 52 | ○ 축사(양잠·양봉·양어시설 및 부화장), 가축시설(퇴비장, 가축용창고, 가축시장), 도축장, 도계장, 작물재배사, 종묘배양시설, 건조장, 화초 및 분재등 온실<br>○ 기타 식물관련시설(동·식물원 제외) | 30 |
| | 교정 및<br>군사시설 | 53 | ○ 교정시설(보호감호소, 구치소, 교도소)<br>○ 갱생보호시설<br>○ 소년원 및 소년분류심사원<br>○ 국방·군사시설 | 100 |

〈 적용요령 〉

1) 1구 또는 1동의 건축물이 2이상의 용도에 사용되는 경우에는 각각의 용도대로 구분한다. 다만, 공용부분은 전용면적 비율로 안분하되 안분할 수 없는 부분은 사용면적이 제일 큰 용도의 건물에 부속된 것으로 본다.

2) 전업농어가주택이란 농업·농촌 및 식품산업기본법 및 수산업·어촌발전기본법에 따른 농어촌지역에서 농업인 및 어업인이 상시 거주하는 단독주택을 말한다. 다만, 건축물의 연면적이 264㎡를 초과하는 경우에는 제외한다.

3) 견본주택(모델하우스)에 대하여는 용도번호 37의 사무실 용도지수를 적용한다.

4) 오피스텔은 건축법 시행령 제3조의5 [별표1] 제14호 나목 규정에 따른 오피스텔을 말한다.

5) 위 용도지수 적용이 불합리하다고 판단되는 경우에는 시장·군수·구청장이 해당지수의 30% 범위 내에서 조정하여 적용할 수 있으나, 그 범위를 초과하는 경우에는 행정안전부장관의 승인을 얻어 시·도지사가 변경 결정·고시하여 적용할 수 있다.

## 다. 위치지수

(단위 : 천원/㎡)

| 지역번호 | 건물부속토지가격<br>(개별공시지가) | 지 수 | 지역번호 | 건물부속토지가격<br>(개별공시지가) | 지 수 |
|---|---|---|---|---|---|
| 1 | 10 이하 | 80 | 17 | 3,000 초과 ~ 4,000 이하 | 118 |
| 2 | 10 초과 ~ 30 이하 | 82 | 18 | 4,000 초과 ~ 5,000 이하 | 121 |
| 3 | 30 초과 ~ 50 이하 | 84 | 19 | 5,000 초과 ~ 6,000 이하 | 124 |
| 4 | 50 초과 ~ 100 이하 | 86 | 20 | 6,000 초과 ~ 7,000 이하 | 127 |
| 5 | 100 초과 ~ 150 이하 | 88 | 21 | 7,000 초과 ~ 8,000 이하 | 130 |
| 6 | 150 초과 ~ 200 이하 | 90 | 22 | 8,000 초과 ~ 9,000 이하 | 133 |
| 7 | 200 초과 ~ 350 이하 | 92 | 23 | 9,000 초과 ~ 10,000 이하 | 136 |
| 8 | 350 초과 ~ 500 이하 | 94 | 24 | 10,000 초과 ~ 20,000 이하 | 140 |
| 9 | 500 초과 ~ 650 이하 | 96 | 25 | 20,000 초과 ~ 30,000 이하 | 145 |
| 10 | 650 초과 ~ 800 이하 | 98 | 26 | 30,000 초과 ~ 40,000 이하 | 150 |
| 11 | 800 초과 ~ 1,000 이하 | 100 | 27 | 40,000 초과 ~ 50,000 이하 | 155 |
| 12 | 1,000 초과 ~ 1,200 이하 | 103 | 28 | 50,000 초과 ~ 60,000 이하 | 160 |
| 13 | 1,200 초과 ~ 1,600 이하 | 106 | 29 | 60,000 초과 ~ 70,000 이하 | 163 |
| 14 | 1,600 초과 ~ 2,000 이하 | 109 | 30 | 70,000 초과 ~ 80,000 이하 | 166 |
| 15 | 2,000 초과 ~ 2,500 이하 | 112 | 31 | 50,000 초과 | 169 |
| 16 | 2,500 초과 ~ 3,000 이하 | 115 | | | |

〈적용요령〉

1) 과세대상물건의 부속토지에 대한 위치지수는 납세의무성립일 현재의 개별공시지가를 기준으로 적용한다.

   (예) 공시지가 130만 원/㎡ 경우 → 위치지수 106

2) 여러 필지의 부속토지에 건물이 있는 경우에는 각 필지의 개별공시지가를 평균한 가격에 해당하는 지수를 위치지수로 한다.

   (예) 3필지의 토지에 건물이 있는 경우

   [ A필지(30㎡) : 70만 원/㎡, B필지(50㎡) : 100만 원/㎡, C필지(20㎡) : 65만 원/㎡ ]

   → (70만 원×30㎡+100만 원×50㎡+65만 원×20㎡)÷100㎡=84만 원/㎡

   → 위치지수 : 100

3) 건물 부속토지의 개별 토지가격이 조사 누락 등으로 결정되지 아니하거나 조사 오류로 인하여 비현실적인 경우에는 인근 유사대지의 개별 토지가격을 참작하여 위치지수를 결정한다.

4) 수상가옥에 대하여는 위치지수를 적용하지 아니한다.

5) 주상복합건물내 주택에 대해 해당 위치지수 적용이 불합리하다고 판단되는 경우(주택 호수가 20호 미만인 경우에 한한다)에는 인근지역 주거용 건물 부속토지에 준하는 위치지수를 적용할 수 있다.

6) 위 위치지수의 적용이 불합리하다고 판단되는 경우에는 시장·군수·구청장이 해당지수의 30% 범위 내에서 하향 조정하여 적용할 수 있으나, 그 범위를 초과하는 경우에는 행정안전부장관의 승인을 얻어 시·도지사가 변경 결정·고시하여 적용할 수 있다.

## 3. 경과년수별 잔가율

| 구분 | 철골(철골철근)콘크리트조, 통나무조 | 철근 콘크리트조, 라멘조 석조, 프래캐스트 콘크리트조 (PC조) 목구조, | 철골조, 스틸하우스조, 연와조, 보강콘크리트조 보강블록조 황토조, 시멘트벽돌조 목조 ALC조, 와이어패널조, | 시멘트블럭조, 경량철골조, 조립식패널조, FRP 패널조 | 석회, 흙벽돌, 돌담, 토담조 철파이프조 콘테이너건물 |
|---|---|---|---|---|---|
| 내용년수 | 50 | 40 | 30 | 20 | 10 |
| 최종년도 잔가율 | 20% | 20% | 10% | 10% | 10% |
| 매 년 상 각 율 | 0.016 | 0.02 | 0.03 | 0.045 | 0.09 |
| 경 과 년 수 별 잔 가 율 | 1-0.016 × 경과년수 | 1-0.02 × 경과년수 | 1-0.03 × 경과년수 | 1-0.045 × 경과년수 | 1-0.09 × 경과년수 |

〈 적용요령 〉

1) 컨테이너건물의 경과연수별 잔가율은 경량철골조와 같게 적용한다.

## 경 과 년 수 조 견 표

| 경과년수 | 서 기 | 경과년수 | 서 기 |
|---|---|---|---|
| 0 | 2020 | 30 | 1990 |
| 1 | 2019 | 31 | 1989 |
| 2 | 2018 | 32 | 1988 |
| 3 | 2017 | 33 | 1987 |
| 4 | 2016 | 34 | 1986 |
| 5 | 2015 | 35 | 1985 |
| 6 | 2014 | 36 | 1984 |
| 7 | 2013 | 37 | 1983 |
| 8 | 2012 | 38 | 1982 |
| 9 | 2011 | 39 | 1981 |
| 10 | 2010 | 40 | 1980 |
| 11 | 2009 | 41 | 1979 |
| 12 | 2008 | 42 | 1978 |
| 13 | 2007 | 43 | 1977 |
| 14 | 2006 | 44 | 1976 |
| 15 | 2005 | 45 | 1975 |
| 16 | 2004 | 46 | 1974 |
| 17 | 2003 | 47 | 1973 |
| 18 | 2002 | 48 | 1972 |
| 19 | 2001 | 49 | 1971 |
| 20 | 2000 | 50 | 1970 |
| 21 | 1999 | | |
| 22 | 1998 | | |
| 23 | 1997 | | |
| 24 | 1996 | | |
| 25 | 1995 | | |
| 26 | 1994 | | |
| 27 | 1993 | | |
| 28 | 1992 | | |
| 29 | 1991 | | |

## 4. 가감산특례

### 가. 가산대상 및 가산율

| 가산율 적용대상 건물기준 | 가산율 | 가산율적용 제외부분 |
|---|---|---|
| (1) 특수설비가 설치되어 있는 건물<br>  ○ 인텔리전트 빌딩시스템 시설<br>    - 빌딩관리요소 4가지<br>    - 빌딩관리요소 5가지 이상 | <br><br>5/100<br>10/100 | ○ 공동주택, 복합건물내 주택, 생산설비를 설치한 공장용건물, 주차전용건축물(주차장법 제2조 제11호에 따른 건물) |
| (2) 특수건물<br>  ○ 건물의 1개층 높이가 다른 층의 높이 보다 2배 이상 되는 특수건물(해당층)<br>  ○ 건물의 1개층 높이가 8m이상이 되는 공장 등 특수건물, 단 높이가 4m 추가될 때마다 5% 가산율 추가적용<br>    (예: 7.9m는 0, 8m는 5/100, 12m는 10/100가산) | <br>5/100<br><br><br>5/100 | ○ 동일건물내 복층 구조가 병존할 경우 당해 복층부분 |
| ※ 지하층 및 옥탑 등은 층수계산시 제외<br>(3) 5층 미만 건물<br>  ○ 1층 상가부분<br>(4) 5층 이상 10층 이하 건물<br>  ○ 1층 상가부분<br>(5) 11층 이상 20층 이하 건물<br>  ○ 1층 상가부분<br>(6) 21층 이상 30층 이하 건물<br>  ○ 1층 상가부분<br>(7) 30층 초과 건물<br>  ○ 1층 상가부분 | <br><br>15/100<br><br>25/100<br><br>30/100<br><br>35/100<br><br>40/100 | ○ 단층건물<br>○ 오피스텔(용도번호1,27), 제조시설을 지원하기 위한 공장구내의 사무실(용도번호 37) |
| ※ 지하층 및 옥탑 등은 층수계산시 제외<br>(8) 11층 이상 20층이하 건물<br>  ○ 2층 상가부분<br>(9) 21층 이상 30층 이하 건물<br>  ○ 2층 상가부분<br>(10) 30층 초과 건물<br>  ○ 2층 상가부분 | <br><br>3/100<br><br>4/100<br><br>5/100 | ○ 단층건물<br>○ 오피스텔(용도번호1,27), 제조시설을 지원하기 위한 공장구내의 사무실(용도번호 37) |
| (11) 원자력발전시설 | 50/100 | ○ 원자로·터빈·보조·핵 |

| | | (연료)폐기물 저장·방사선폐기물처리건물 이외의 건물) |
|---|---|---|
| (12) 수상건축물 | 10/100 | |
| (13) 1동의 연면적이 60,000㎡ 이상이면서 지상층수 16층 이상인 건물 | 5/100 | |

## 나. 감산대상 및 감산율

| 감산율 적용대상 건물기준 | 감산율 | 감산제외대상 |
|---|---|---|
| 〔 단독주택 〕<br>(1) 1구의 연면적이 60㎡초과 85㎡이하<br>(2) 1구의 연면적이 60㎡이하 | 5/100<br>10/100 | |
| (3) 주택의 차고 | 50/100 | ○ 복합건물의 차고 |
| (4) 특수구조 건물<br>　○ 무벽 면적비율 1/4 초과 ~ 2/4미만<br>　○ 무벽 면적비율 2/4 이상 ~ 3/4미만<br>　○ 무벽 면적비율 3/4 이상 | 20/100<br>30/100<br>40/100 | |
| ※ 지하층 및 옥탑 등은 층수계산시 제외<br><br>(5) 지하2층 이상 상가부분<br>(6) 지하1층 이상 상가부분<br>　○ 10층 이하 건물<br>　○ 10층 초과 건물<br>(7) 5층 이상 10층 이하 건물<br>　○ 5층 이상 상가부분<br>(8) 11층 이상 20층 이하 건물<br>　○ 5층 이상 상가부분<br>(9) 21층 이상 30층 이하 건물<br>　○ 5층 이상 상가부분<br>(10) 30층 초과 건물<br>　○ 5층 이상 상가부분 | <br><br>30/100<br><br>20/100<br>15/100<br><br>10/100<br><br>3/100<br><br>2/100<br><br>1/100 | ○ 오피스텔<br>(용도번호1, 26) |
| (11) 주차장<br>　○ 주차장으로 사용되고 있는 2층이상 건축물 | 10/1000 | ○ 지하층 제외 |

| | | |
|---|---|---|
| (12) 철골조 건축물(벽면구조)<br>　○ 조립식패널, 칼라강판, 시멘트블록<br>(13) 연면적 30㎡이하 컨테이너구조 가설건축물<br><br>※ 2개 이상의 컨테이너를 상하 또는 좌우로 붙여서 한 곳에 설치한 경우에는 모두 합산하여 연면적을 계산함 | 10/100<br>20/100 | |

# 제 3 장
# 사례별 시가표준액 구하기

## 〈事例-1〉 단독(상가)건물 시가표준액 구하기

> **시가표준액이 갖는 의미**
>
> 주택 외의 상가, 사무실 등의 소유권이전등기를 위한 국민주택채권 매입의 기준가액은 이 건물시가 표준액방식에 의해야 하며, 이외에도 건물명도 소송에서 목적물가액(시가표준액의 50/100)으로 유용하다.

## 1. 토지의 시가표준

〈사례〉
- 토지 : 개별공시지가 : 5,900,000원/㎡
- 면적 : 1,231.3㎡

'토지'에 대한 시가표준은 개별공시지가가 되므로 아래와 같이 계산한다. 다만 개별공시지가는 행정자치부에서 매년 6. 30.에 고시되므로, 예를 들어 2020. 5. 7.기준의 토지 시가표준액은 전년도인 2019. 6. 30.이후에 공시된 2013년도 개별공시지가를 적용함에 유의한다.

$$토지시가표준액 = 개별공시지가 \times 면적$$

〈계산〉
5,900,000원/㎡ × 1231.3㎡ = 7,264,670,000원

따라서 위 7,264,670,000원이 대지의 시가표준액이 된다.

## 2. 건물의 시가표준

### 1) 기본자료

| 고유번호 | 117530022-1-09912-10 | 일반건축물대장 | | | | | 장번호 | 1-1 |
|---|---|---|---|---|---|---|---|---|
| 대지위치 | 서울특별시 강동구 길동 | | 지번 | 453-1 | 명칭및번호 | | 특이사항 | / |
| 대지면적 | 1,231.3㎡ | 연면적 | 934.34㎡ | 지역 | 일반상업지역 | 지구 | 1종미관지구 | 구역 | |
| 건축면적 | 438.22㎡ | 용적률산정용연면적 | 851.64㎡ | 주구조 | 철근콘크리트조 | 주용도 | 근린생활시설,위락시설 | 층수 | 지하:1층 지상:2층 |
| 건폐율 | 35.59% | | 69.16% | 높이 | 9.6m | 지붕 | 평스라브 | 부속건축물 | 동 ㎡ |

| 건축물현황 | | | | | 소유자현황 | | | |
|---|---|---|---|---|---|---|---|---|
| 구분 | 층별 | 구조 | 용도 | 면적(㎡) | 성 명 (명 칭) 주민등록번호 (부동산등기용등록번호) | 주 소 | 소유권지분 | 변동일자 변동원인 |
| | 지층 | 철근콘크리트조 | 근린생활시설(소매점) | 82.7 | 이영순 | 서울특별시 강남구 도곡동 464 개포한신아파트4-510 | | 2004.6.10 소유권보존 |
| | 1층 | 철근콘크리트조 | 근린생활시설(소매점) | 438.22 | 461226-2239211 | | | |
| | 2층 | 철근콘크리트조 | 위락시설(단란주점) | 413.42 | | | | |
| | | 이하여백 | | | | | | |
| | | | | | | | 뒷장 | 사용승인일자 2004. 6.5 |

### 2) 단독건물 시가표준액 계산식

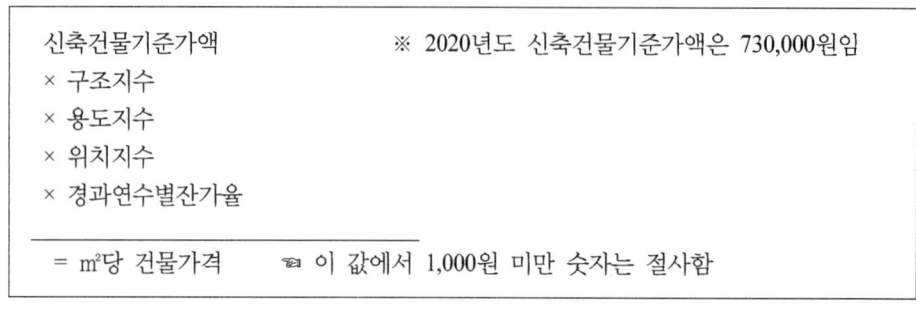

## 3) 시가표준액 계산방식

신축건물기준가액 :　　　　　　　　730,000원

구조지수 : 철근콘크리트조　　　　　1 (*지수에 1/100을 적용해야 수치가 됨)

용도지수 - ① 지층,1층 근린생활시설(소매점) 1.17

　　　　　- ② 2층 위락시설(단란주점)　1.27

위치지수 : 5,900,000원/㎡　　　　　1.24

경과연수별잔가율 : 2004년(경과연수16), 철근콘크리트조1 - 0.02 × 16 = 0.68

---

① 73만 × 1 × **1.17** × 1.24 × 0.68 = 720,177원, 1,000원미만 절사하면
　　　　　　　　　　　　　　　　= 720,000원/㎡

② 73만 × 1 × **1.27** × 1.24 × 0.68 = 781,730원, 1,000원미만 절사하면
　　　　　　　　　　　　　　　　= 781,000원/㎡

## 4) 사례의 단독건물(상가)의 시가표준

① 지층 :　 82.7㎡ × 720,000원/㎡ × 20%감산 (0.8) = 47,635,200원

① 1층 : 438.22㎡ × 720,000원/㎡ × 15%가산(1.15) = 362,846,160원

② 2층 : 413.42㎡ × 781,000원/㎡ = 322,881,020원

　　　　　　　　　　　　　　　　　위 합계　733,362,380원

---

2) 주로 '연면적'이 될 것임.

## 〈事例-2〉 집합건물(다세대) 시가표준액 구하기

> **시가표준액이 갖는 의미**
>
> 주택(주거용건물)은 개별주택공시가 또는 공동주택공시가가 공시되었고, 이에 따라 국민주택채권 매입의 기준가액은 주택공시가격에 의하므로 시가표준액 계산방식이 갖는 의미는 대폭 삭감되었다. 현재로선 건물명도소를 위한 소가산정, 점유금지가처분의 목적물가액에서 유효하므로 그 방식을 익혀보자.

## 1. 대지의 시가표준

○ 대지권의 비율: 243.13분의28 (자료: 집합건물등기부등본)
○ 개별공시지가: 969,000/㎡ (자료 : 토지대장등본 또는 개별공시지가확인원)
   〈계산〉 969,000/㎡ × 28 = 27,132,000원
      따라서 대지에 대한 시가표준액은 27,132,000원이다.

## 2. 건물의 시가표준

### 1) 기본자료

| 고유번호 | 1130010-3-30 | 집합건축물대장(전유부분) | | | | | 장 번 호 | 1-1 |
|---|---|---|---|---|---|---|---|---|
| 대지위치 | 서울특별시 강북구 수유동 | | 지번 | 188-15 | 명칭및번호 | 동일하이츠 | 호명칭 | 402 |
| 전 유 부 분 | | | | 소 유 자 현 황 | | | | |
| 층별 | 구조 | 용도 | 면적(㎡) | 성 명 ( 명 칭 ) | 주 소 | | 소유권 지 분 | 변동일자 |
| | | | | 주 민 등 록 번 호 (부동산등기용등록번호) | | | | 변동원인 |
| 4층 | 철근콘크리트조 | 다세대 주택 | 36.84 | 김기영 | 서울시 도봉구 쌍문동 59-5 | | | 2002.09.21 |
| | | | | 570925-1298872 | | | | 소유자등록 |
| 공 용 부 분 | | | | | | | | |
| 층별 | 구조 | 용도 | 면적(㎡) | | | | | |
| 각층 | 철근콘크리트조 | 계단실 | 3.75 | | | | | |
| 지층 | 철근콘크리트조 | 주차장 | 4.06 | | | | | |
| | | | | | | | 뒷장 | 사용승인일자 |
| | | | | | | | | 2002. 9. 3. |

### 2) 전유부분 계산방식

신축건물기준가액 : 730,000원

구조지수 : 철근콘크리트조    1

용도지수 : 다세대주택    1

위치지수 : 969,000원    1

경과연수별잔가율 : 2002년(경과연수18), 철근콘크리트조: 1 - 0.02 ×18= 0.6

---

위 730,000 × 1 × 1 × 1 × 0.6 = 438,000원에서 1,000원미만 절사하면,

= 438,000원/㎡

## 3) 사례의 각 부분 시가표준

| 전유면적 36.84㎡ | 40.59㎡ | × 438,000 = ① 17,778,420원 | |
|---|---|---|---|
| 계단실 3.75㎡ | | | |
| 주차장 | 4.06㎡ | × 438,000 = 1,745,800원 | 50/100 감산 = ② 872,900원<br>※ 주택의 차고 : 50/100감산 |
| 위 합계 (① + ②) | | 18,651,320 원 | |

## 〈事例-3〉 집합건물(아파트) 시가표준액 구하기

### 1. 대지의 시가표준

○ 대지권의 비율 : 6423.3분의 29.08 (자료: 집합건물등기부등본)
○ 개별공시지가 : 704,000/㎡ (자료: 토지대장등본 또는 개별공시지가확인원)
  〈계산〉
  704,000/㎡ × 29.08 = 6,392,320원
  위 6,392,230원이 대지의 시가표준이다.

## 2. 건물의 시가표준

### 1) 기본자료

| 고유번호 | 41159-3-09871 | | | 집합건축물대장<br>(전유부분) | | | | 장번호 | 1-1 |
|---|---|---|---|---|---|---|---|---|---|
| 대지위치 | 경기도 의정부시 신곡동 | | 지번 | 681-2 | 명칭및번호 | 부용아파트 102동 | 호명칭 | 801호 | |
| 전 유 부 분 | | | | 소 유 자 현 황 | | | | | |
| 층별 | 구조 | 용도 | 면적(㎡) | 성 명 (명 칭)<br>주민등록번호<br>(부동산등기용등록번호) | | 주 소 | | 소유권지분 | 변동일자<br>변동원인 |
| 8층 | 철근콘크리트조 | 아파트 | 46.62 | 의정부시<br>3113 | | 경기도 의정부시 의정부동 326-2 | | | 1995.10.10<br>소유자등록 |
| | | | | 박영순<br>571105-2982828 | | 경기도 의정부시 신곡동 681-2<br>부용아파트102-801 | | | 2000.11.14<br>소유권이전 |
| 공 용 부 분 | | | | | | | | | |
| 층별 | 구조 | 용도 | 면적(㎡) | | | | | | |
| 지층 | 철근콘크리트조 | 지하대피소 | 3.639 | | | | | | |
| 각층 | 철근콘크리트조 | 계단, 복도, E.V | 17.702 | | | | | | |
| 각층 | 철근콘크리트조 | 관리실 | 0.333 | | | | | | |
| 1층 | 철근콘크리트조 | 기계, 전기실 | 1.465 | | | | | | |
| 지층 | 철근콘크리트조 | 지하주차장 | 1.72 | * 50/100 감산 | | | | | |
| 지층 | 철근콘크리트조 | 공용주차장 | 3.796 | * 50/100 감산 | | | 뒷장 | 사용승인일자 | |
| | | | | | | | | 1995. 9. 28 | |

### 2) 전유부분 계산방식

신축건물기준가액 : 730,000원

구조지수 : 철근콘크리트조  1

용도지수 : 아파트   1.1

위치지수 : 704,000원   0.98

경과연수별잔가율 : 1995년(경과연수25), 철근콘크리트조: $1 - 0.02 \times 25 = 0.5$

위 730,000 × 1 × 1.1 × 0.98 × 0.5 = 393,470원에서

1,000원미만 절사하면,

= 393,000원/㎡

### 3) 사례의 각 부분 시가표준

| 구분 | 면적 | 계산 | 비고 |
|---|---|---|---|
| 전유면적 46.62㎡ | 69.759㎡ | × 393,000 = ① 27,415,287원 | |
| 지하대피소 3.639㎡ | | | |
| 계단, 복도 17.702㎡ | | | |
| 관리실 0.333㎡ | | | |
| 기계전기실 1.465㎡ | | | |
| 주차장 5.516㎡ (1.72+3.796) | | × 393,000 = 2,163,858원 | 50/100 감산 = ② 1,081,929 ※ 주택의 차고 : 50/100감산 |
| 위 합계 (① + ②) | | 28,497,216원 | |

### 4) 과표책자를 가지고 쉽게 구하는 방법

시중 서점에서 '부동산시가표준액' 책자를 구입하여 시가표준액을 계산하는 경우 1,000미만 절사한 ㎡당 건물의 시가표준액을 아주 간단하고도 빠른 방법에 의해 구할 수 있다.

즉 위 <사례-3>의 경우 ① 개별공시지가(704,000원)를 확인하여 그 해당의 페이지를 찾고, ② 건물구조가 철근콘크리트조이므로 그 해당의 페이지를 찾은 다음, ③ 아파트지수 110과 건축연도(1995)가 만나는 지점 해당의 '393' [3])이 찾고자 하는 건물의 ㎡당 시가표준액이다.

---

3) '393'은 단위가 천원이므로 393,000원을 의미한다.

제3장 사례별 시가표준액 구하기 543

(단위 : 천원/m²)

신축가격기준액 : 730,000원
구조번호 : 4(철근콘크리트조 등)
지역번호 : 10(공시지가 650,000원 초과 ~ 800,000원 이하)

| 용도\년도 | 30 | 60 | 62 | 78 | 80 | 82 | 100 | 110 | 113 | 115 | 117 | 123 | 125 | 127 | 128 | 132 | 135 | 137 | 250 |
|---|---|---|---|---|---|---|---|---|---|---|---|---|---|---|---|---|---|---|---|
| 2014 | 188 | 376 | 388 | 489 | 501 | 514 | 627 | 646 | 708 | 721 | 733 | 771 | 784 | 796 | 802 | 827 | 846 | 859 | 1,568 |
| 2013 | 184 | 368 | 381 | 479 | 491 | 504 | 614 | 633 | 694 | 706 | 719 | 756 | 768 | 780 | 786 | 811 | 829 | 842 | 1,536 |
| 2012 | 180 | 361 | 373 | 469 | 481 | 493 | 602 | 620 | 680 | 692 | 704 | 740 | 752 | 764 | 770 | 794 | 812 | 824 | 1,505 |
| 2011 | 176 | 353 | 365 | 459 | 471 | 483 | 589 | 607 | 666 | 678 | 689 | 725 | 736 | 748 | 754 | 778 | 795 | 807 | 1,473 |
| 2010 | 173 | 346 | 357 | 450 | 461 | 473 | 577 | 594 | 652 | 663 | 675 | 709 | 721 | 732 | 738 | 761 | 778 | 790 | 1,442 |
| 2009 | 169 | 338 | 349 | 440 | 451 | 462 | 564 | 581 | 637 | 649 | 660 | 694 | 705 | 716 | 722 | 745 | 762 | 773 | 1,411 |
| 2008 | 165 | 331 | 342 | 430 | 441 | 452 | 551 | 568 | 623 | 634 | 645 | 678 | 689 | 700 | 706 | 728 | 745 | 756 | 1,379 |
| 2007 | 161 | 323 | 334 | 420 | 431 | 442 | 539 | 555 | 609 | 620 | 631 | 663 | 674 | 685 | 690 | 711 | 728 | 738 | 1,348 |
| 2006 | 158 | 316 | 326 | 410 | 421 | 432 | 526 | 542 | 595 | 605 | 616 | 648 | 658 | 669 | 674 | 695 | 711 | 721 | 1,317 |
| 2005 | 154 | 308 | 318 | 401 | 411 | 421 | 514 | 529 | 581 | 591 | 601 | 632 | 642 | 653 | 658 | 678 | 694 | 704 | 1,285 |
| 2004 | 150 | 301 | 311 | 391 | 401 | 411 | 501 | 516 | 566 | 577 | 587 | 617 | 627 | 637 | 642 | 662 | 677 | 687 | 1,254 |
| 2003 | 146 | 293 | 303 | 381 | 391 | 401 | 489 | 503 | 552 | 562 | 572 | 601 | 611 | 621 | 626 | 645 | 660 | 670 | 1,223 |
| 2002 | 143 | 286 | 295 | 371 | 381 | 390 | 476 | 490 | 538 | 548 | 557 | 586 | 595 | 605 | 610 | 629 | 643 | 653 | 1,191 |
| 2001 | 139 | 278 | 287 | 362 | 371 | 380 | 464 | 478 | 524 | 533 | 543 | 570 | 580 | 589 | 594 | 612 | 626 | 635 | 1,160 |
| 2000 | 135 | 270 | 279 | 352 | 361 | 370 | 451 | 465 | 510 | 519 | 528 | 555 | 564 | 573 | 578 | 596 | 609 | 618 | 1,128 |
| 1999 | 131 | 263 | 272 | 342 | 351 | 360 | 439 | 452 | 496 | 504 | 513 | 540 | 548 | 557 | 561 | 579 | 592 | 601 | 1,097 |
| 1998 | 127 | 255 | 264 | 332 | 341 | 349 | 426 | 439 | 481 | 490 | 499 | 524 | 533 | 541 | 545 | 562 | 575 | 584 | 1,066 |
| 1997 | 124 | 248 | 256 | 322 | 331 | 339 | 413 | 426 | 467 | 476 | 484 | 509 | 517 | 525 | 529 | 546 | 558 | 567 | 1,034 |
| 1996 | 120 | 240 | 248 | 313 | 321 | 329 | 401 | 413 | 453 | 461 | 469 | 493 | 501 | 509 | 513 | 529 | 541 | 549 | 1,003 |
| 1995 | 116 | 233 | 241 | 303 | 311 | 318 | 388 | 393 | 439 | 447 | 454 | 478 | 486 | 493 | 497 | 513 | 524 | 532 | 972 |
| 1994 | 112 | 225 | 233 | 293 | 301 | 308 | 376 | 387 | 425 | 432 | 440 | 462 | 470 | 477 | 481 | 496 | 508 | 515 | 940 |
| 1993 | 109 | 218 | 225 | 283 | 291 | 298 | 363 | 374 | 411 | 418 | 425 | 447 | 454 | 461 | 465 | 480 | 491 | 498 | 909 |
| 1992 | 105 | 210 | 217 | 273 | 280 | 288 | 351 | 361 | 396 | 403 | 410 | 432 | 439 | 446 | 449 | 463 | 474 | 481 | 878 |
| 1991 | 101 | 203 | 209 | 264 | 270 | 277 | 338 | 348 | 382 | 389 | 396 | 416 | 423 | 430 | 433 | 447 | 457 | 464 | 846 |
| 1990 | 97 | 195 | 202 | 254 | 260 | 267 | 326 | 335 | 368 | 375 | 381 | 401 | 407 | 414 | 417 | 430 | 440 | 446 | 815 |
| 1989 | 94 | 188 | 194 | 244 | 250 | 257 | 313 | 323 | 354 | 360 | 366 | 385 | 392 | 398 | 401 | 413 | 423 | 429 | 784 |
| 1988 | 90 | 180 | 186 | 234 | 240 | 246 | 301 | 310 | 340 | 346 | 352 | 370 | 376 | 382 | 385 | 397 | 406 | 412 | 752 |
| 1987 | 86 | 173 | 178 | 225 | 230 | 236 | 288 | 297 | 326 | 331 | 337 | 354 | 360 | 366 | 369 | 380 | 389 | 395 | 721 |
| 1986 | 82 | 165 | 171 | 215 | 220 | 226 | 275 | 284 | 311 | 317 | 322 | 339 | 344 | 350 | 353 | 364 | 372 | 378 | 689 |
| 1985 | 79 | 158 | 163 | 205 | 210 | 216 | 263 | 271 | 297 | 302 | 308 | 324 | 329 | 334 | 337 | 347 | 355 | 360 | 658 |
| 1984 | 75 | 150 | 155 | 195 | 200 | 205 | 250 | 258 | 283 | 288 | 293 | 308 | 313 | 318 | 321 | 331 | 338 | 343 | 627 |
| 1983 | 71 | 143 | 147 | 185 | 190 | 195 | 238 | 245 | 269 | 274 | 278 | 293 | 297 | 302 | 305 | 314 | 321 | 326 | 595 |
| 1982 | 67 | 135 | 139 | 176 | 180 | 185 | 225 | 232 | 255 | 259 | 264 | 277 | 282 | 286 | 289 | 298 | 304 | 309 | 564 |
| 1981 | 63 | 127 | 132 | 166 | 170 | 174 | 213 | 219 | 240 | 245 | 249 | 262 | 266 | 270 | 272 | 281 | 287 | 292 | 533 |
| 1980 | 60 | 120 | 124 | 156 | 160 | 164 | 200 | 206 | 226 | 230 | 234 | 246 | 250 | 254 | 256 | 264 | 270 | 274 | 501 |
| 1979 | 56 | 112 | 116 | 146 | 150 | 154 | 188 | 193 | 212 | 216 | 220 | 231 | 235 | 238 | 240 | 248 | 254 | 257 | 470 |
| 1978 | 52 | 105 | 108 | 136 | 140 | 144 | 175 | 180 | 198 | 201 | 205 | 216 | 219 | 223 | 224 | 231 | 237 | 240 | 439 |
| 1977 | 48 | 97 | 101 | 127 | 130 | 133 | 163 | 167 | 184 | 187 | 190 | 200 | 203 | 207 | 208 | 215 | 220 | 223 | 407 |
| 1976 | 45 | 90 | 93 | 117 | 120 | 123 | 150 | 155 | 170 | 173 | 176 | 185 | 188 | 191 | 192 | 198 | 203 | 206 | 376 |
| 1975 | 41 | 82 | 85 | 107 | 110 | 113 | 137 | 142 | 155 | 158 | 161 | 169 | 172 | 175 | 176 | 182 | 186 | 189 | 344 |
| 40이상 | 37 | 75 | 77 | 97 | 100 | 102 | 125 | 129 | 141 | 144 | 146 | 154 | 156 | 159 | 160 | 165 | 169 | 171 | 313 |

# 제 4 장
# 등기에 관한 중요예규

## 목차

1. 미등기 건물의 처분제한등기에 관한 업무처리지침
2. 공익사업을위한토지등의취득및보상에관한법률에 의한 등기사무처리지침
3. 처분금지가처분채권자가 가처분채무자를 등기의무자로 하여 소유권이전 등기 또는 소유권이전(보존)등기말소등기 신청 등을 하는 경우의 업무처리지침
4. 공유토지분할에관한특례법시행에따른등기처리규칙
5. 농지의 소유권이전등기에 관한 사무처리지침
6. 미성년자의 대리인에 의한 등기신청에 관한 업무처리지침
7. 채권자대위에 의한 등기절차에 관한 사무처리지침
8. 등기완료통지서의 작성 등에 관한 업무처리지침
9. 등기필정보의 작성 및 통지 등에 관한 업무처리지침
10. 등기신청의 동시접수

### 등기예규 제1469호

## 1. 미등기 건물의 처분제한등기에 관한 업무처리 지침

개정 2002. 11. 1. 등기예규 제1065호
개정 2006. 3. 31. 등기예규 제1128호
개정 2012. 6. 29. 등기예규 제1469호

1. 미등기건물에 대하여 집행법원으로부터 처분제한의 등기촉탁이 있는 경우 다음 각 호에 서면을 첨부한 때에 한하여 그 건물에 대한 소유권보존등기를 하고 처분제한에 의하여 소유권의 등기를 한다는 뜻을 기록한다.

   가. 소유자의 주소 및 주민등록번호(부동산등기용등록번호)를 증명하는 정보

   나. 법원에서 인정한 건물의 소재와 지번·구조·면적을 증명하는 정보. 단, 구분건물의 일부 건물에 대한 처분제한의 등기촉탁의 경우에는 1동 건물의 전부에 대한 구조·면적을 증명하는 정보 및 1동 건물의 소재도, 각 층의 평면도와 구분한 건물의 평면도를 첨부정보로서 등기소에 제공하여야 한다. (건물의 표시를 증명하는 정보로서 건축물대장 정보를 등기소에 제공한 경우에는 도면을 제공할 필요가 없음)

2. 위 1. 나. 단서와 같이 1동 건물의 일부 구분건물에 대하여 처분제한등기 촉탁이 있는 경우 등기관은 처분제한의 목적물인 구분건물의 소유권보존등기와 나머지 구분건물의 표시에 관한 등기를 하여야 한다.

3. 처분제한등기촉탁서에 건축법상 사용승인을 받아야 할 건물로서 사용승인을 받지 않았다는 뜻이 기록된 등기촉탁이 있는 경우에는 별지 1. 기록례주)와 같이 등기하고, 이후 사용승인이 이루어져 위 등기의 말소등기신청이 있는 경우에는 별지 2. 기록례주)와 같이 등기한다.

4. 위와 같은 처분제한등기의 촉탁에 의하여 등기관이 직권으로 소유권보존등기를 마쳤을 때에는 등기권리자에게 할 등기완료통지와 지방세법 제33조의 규정에 의한 등록면허세미납통지를 누락하지 않도록 한다.

5. 이후 동일 지상에 다시 건물에 관한 소유권보존등기신청이 있는 경우에는 건물의 소재도 등 등기된 건물과 동일성이 인정되지 아니함을 소명하는 서면의 제출이 있는 경우에 한하여 등기한다.

6. 위 법원의 처분제한의 등기에는 경매개시결정의 등기, 가압류등기, 처분금지가처분등기 뿐만 아니라 회생절차개시결정·파산선고(보전처분 포함)의 기입등기 및 주택임차권등기 및 상가건물임차권등기가 포함된다.

부 칙(2012. 06. 29. 등기예규 제1469호)
이 예규는 즉시 시행한다.

등기예규 제1388호

## 2. 공익사업을위한토지등의취득및보상에관한법률에 의한 등기사무처리 지침

제정 2003. 3. 6. 등기예규 제1067호
개정 2008. 4. 3. 등기예규 제1247호
개정 2011. 10 .11. 등기예규 제1388호

## 1. 목 적

이 예규는 「공익사업을 위한 토지 등의 취득 및 보상에 관한 법률」(이하 "법"이라 한다)에 따른 등기절차와 이와 관련된 사항에 관하여 규정함을 목적으로 한다.

## 2. 협의취득의 등기절차

**가.** 법에 의하여 미등기 토지 등의 대장상 소유명의인과 협의가 성립된 경우에는 먼저 그 대장상 소유명의인 앞으로 소유권보존등기를 한 후 사업시행자 명의로 소유권이전등기를 한다.

**나.** 법에 의하여 등기기록상 소유명의인과 협의가 성립된 경우에는 사업시행자 명의로 소유권이전등기를 한다.

**다.** 위 가, 나. 항에 의하여 사업시행자 명의로 소유권이전등기를 함에 있어서는 그 등기신청서에 「부동산등기규칙」 제46조 제1항 제1호의 등기원인을 증명하는 정보로 공공용지의 취득협의서를 첨부하여야 한다.

## 3. 수용의 등기절차

**가. 소유권이전등기신청**
(1) 토지수용을 원인으로 한 소유권이전등기신청은 사업시행자인 등기권리자가 단독으로

이를 신청할 수 있다. 다만 관공서가 사업시행자인 경우에는 그 관공서가 소유권이전등기를 촉탁하여야 한다.
(2) 등기원인은 "토지수용"으로, 원인일자는 "수용의 개시일"을 각 기재한다. 토지수용위원회의 재결에 의하여 존속이 인정된 권리가 있는 때에는 소유권이전등기신청서에 이를 기재하여야 한다.
(3) 신청서에는 일반적인 첨부서면 외에 등기원인을 증명하는 정보로 재결에 의한 수용일 때에는 토지수용위원회의 재결서등본을, 협의성립에 의한 수용일 때에는 토지수용위원회의 협의성립확인서 또는 협의성립의 공정증서와 그 수리증명서를 첨부하고, 보상을 증명하는 서면으로 보상금수령증 원본(수령인의 인감증명은 첨부할 필요 없음) 또는 공탁서 원본을 첨부하여야 한다. 그러나 등기의무자의 등기필정보를 제공할 필요는 없다.

### 나. 대위등기신청
가. 항의 소유권이전등기를 신청함에 있어 필요한 때에는 사업시행자는 등기명의인 또는 상속인에 갈음하여 토지의 표시 또는 등기명의인의 표시변경이나 경정, 상속으로 인한 소유권이전등기를 「부동산등기법」 제28조에 의하여 대위신청할 수 있다. 이 경우 대위원인은 "○년 ○월 ○일 토지수용으로 인한 소유권이전등기청구권"으로 기재하고, 대위원인을 증명하는 정보로 재결서등본 등을 첨부한다. 다만 소유권이전등기신청과 동시에 대위신청하는 경우에는 이를 원용하면 된다.

### 다. 소유권이전등기신청의 심사
(1) 토지수용으로 인한 소유권이전등기신청서에 협의서만 첨부한 경우에는 협의성립확인서를 첨부하도록 보정을 명하고, 이를 제출하지 않는 경우에는 등기신청을 수리하여서는 아니된다.
(2) 사업인정고시 후 재결 전에 소유권의 변동이 있었음에도 사업인정 당시의 소유자를 피수용자로 하여 재결하고 그에게 보상금을 지급(공탁)한 후 소유권이전등기를 신청한 경우에는 등기신청을 수리하여서는 아니된다. 다만, 등기기록상 소유자가 사망하였음을 간과하고 재결한 후 상속인에게 보상금을 지급(공탁)한 경우에는 등기신청을 수리한다.

(3) 상속인 또는 피상속인을 피수용자로 하여 재결하고 상속인에게 보상금을 지급(공탁)하였으나 피상속인의 소유명의로 등기가 되어 있는 경우에는 대위에 의한 상속등기를 먼저 한 후 소유권이전등기를 신청하여야 하므로 상속등기를 하지 아니한 채 소유권이전등기신청을 한 경우에는 이를 수리하여서는 아니된다.

### 라. 토지수용으로 인한 말소 등기 등

(1) 토지수용으로 인한 소유권이전등기를 하는 경우에는 다음의 등기는 등기관이 이를 직권으로 말소하여야 한다.
   ① 수용의 개시일 이후에 경료된 소유권이전등기. 다만, 수용의 개시일 이전의 상속을 원인으로 한 소유권이전등기는 그러하지 아니하다.
   ② 소유권 이외의 권리 즉 지상권, 지역권, 전세권, 저당권, 권리질권 및 임차권에 관한 등기. 다만 그 부동산을 위하여 존재하는 지역권의 등기와 토지수용위원회의 재결에 의하여 인정된 권리는 그러하지 아니하다.
   ③ 가등기, 가압류, 가처분, 압류 및 예고등기
(2) 등기관이 위 (1) 항에 의하여 등기를 말소한 때에는 「부동산등기사무의 양식에 관한 예규」별지 제32호 양식의 말소통지서에 의하여 등기권리자에게 등기를 말소한 취지를 통지하여야 한다. 말소한 등기가 채권자대위에 의한 것인 경우에는 채권자에게도 통지하여야 한다.

### 마. 재결의 실효를 원인으로 한 소유권이전등기의 말소신청 등

토지수용의 재결의 실효를 원인으로 하는 토지수용으로 인한 소유권이전등기의 말소의 신청은 등기의무자와 등기권리자가 공동으로 신청하여야 하며, 이에 의하여 토지수용으로 인한 소유권이전등기를 말소한 때에는 등기관은 토지수용으로 말소한 등기를 직권으로 회복하여야 한다.

부 칙(2011. 10. 11. 제1388호)
이 예규는 2011년 10월 13일부터 시행한다.

등기예규 제1690호

## 3. 처분금지가처분채권자가 가처분채무자를 등기의무자로 하여 소유권이전등기 또는 소유권이전(보존)등기말소등기 신청 등을 하는 경우의 업무처리지침

개정 2010. 07. 21. 등기예규 제1690호

### 1. 처분금지가처분채권자가 본안사건에서 승소하여 그 승소판결에 의한 소유권이전등기를 신청하는 경우

**가. 당해 가처분등기 이후에 경료된 제3자 명의의 소유권이전등기의 말소**

(1) 부동산의 처분금지가처분채권자(이하 '가처분채권자'라 한다)가 본안사건에서 승소하여(재판상 화해 또는 인낙을 포함한다. 이하 같다) 그 확정판결의 정본을 첨부하여 소유권이전등기를 신청하는 경우, 그 가처분등기 이후에 제3자 명의의 소유권이전등기가 경료되어 있을 때에는 반드시 위 소유권이전등기신청과 함께 단독으로 그 가처분등기 이후에 경료된 제3자 명의의 소유권이전등기의 말소신청도 동시에 하여 그 가처분등기 이후의 소유권이전등기를 말소하고 가처분채권자의 소유권이전등기를 하여야 한다.

(2) 위 (1)의 경우, 가처분등기 이후에 경료된 제3자 명의의 소유권이전등기가 가처분등기에 우선하는 저당권 또는 압류에 기한 경매절차에 따른 매각을 원인으로 하여 이루어진 것인 때에는 가처분채권자의 말소신청이 있다 하더라도 이를 말소할 수 없는 것이므로, 그러한 말소신청이 있으면 경매개시결정의 원인이 가처분등기에 우선하는 권리에 기한 것인지 여부를 조사(새로운 등기기록에 이기된 경우에는 폐쇄등기기록 및 수작업 폐쇄등기부까지 조사)하여, 그 소유권이전등기가 가처분채권자에 우선하는 경우에는 가처분채권자의 등기신청(가처분에 기한 소유권이전등기신청 포함)을 전부 수리하여서는 아니된다.

**나. 당해 가처분등기 이후에 경료된 제3자 명의의 소유권이전등기 이외의 등기의 말소**

(1) 가처분채권자가 본안사건에서 승소하여 그 확정판결의 정본을 첨부하여 소유권이전등기를 신청하는 경우, 그 가처분등기 이후에 제3자 명의의 소유권이전등기를 제외한 가등기, 소유권 이외의 권리에 관한 등기, 가압류등기, 국세체납에 의한 압류등기, 경매개시결정등기 및 처분금지가처분등기 등이 경료되어 있을 때에는 위 소유권이전등기신청과 함께 단독으로 그 가처분등기 이후에 경료된 제3자 명의의 등기말소신청도 동시에 하여 그 가처분등기 이후의 등기를 말소하고 가처분채권자의 소유권이전등기를 하여야 한다.

(2) 다만, 가처분등기 전에 마쳐진 가압류에 의한 강제경매개시결정등기와 가처분등기 전에 마쳐진 담보가등기, 전세권 및 저당권에 의한 임의경매개시결정등기 및 가처분채권자에 대항할 수 있는 임차인 명의의 주택임차권등기, 주택임차권설정등기, 상가건물임차권등기 및 상가건물임차권설정등기 등이 있는 경우에는 이를 말소하지 아니하고 가처분채권자의 소유권이전등기를 하여야 한다.

(3) 위 (1)의 경우 가처분채권자가 그 가처분에 기한 소유권이전등기만 하고 가처분등기 이후에 경료된 제3자 명의의 소유권 이외의 등기의 말소를 동시에 신청하지 아니하였다면 그 소유권이전등기가 가처분에 기한 소유권이전등기였다는 소명자료를 첨부하여 다시 가처분등기 이후에 경료된 제3자 명의의 등기의 말소를 신청하여야 한다.

**다. 삭제 (2011. 10. 12. 제1412호)**

## 2. 가처분채권자가 본안사건에서 승소하여 그 승소판결에 의한 소유권이전등기말소등기(소유권보존등기말소등기를 포함한다. 이하 같다)를 신청하는 경우

**가. 당해 가처분등기 이후에 경료된 제3자 명의의 소유권이전등기의 말소**

가처분채권자가 본안사건에서 승소하여 그 확정판결의 정본을 첨부하여 소유권이전등기 말소등기를 신청하는 경우, 그 가처분등기 이후에 제3자 명의의 소유권이전등기가 경료되어 있을 때에는 위 소유권이전등기 말소등기신청과 동시에 그 가처분등기 이후에 경료된 제3자 명의의 소유권이전등기의 말소도 단독으로 신청하여 그 가처분등기 이후의 소유권이전등기를 말소하고 위 가처분에 기한 소유권이전등기 말소등기를 하여야 한다.

**나. 당해 가처분등기 이후에 경료된 제3자 명의의 소유권이전등기 이외의 등기의 말소**

(1) 가처분채권자가 본안사건에서 승소하여 그 확정판결의 정본을 첨부하여 소유권이전등기말소등기를 신청하는 경우, 가처분등기 이후에 경료된 제3자 명의의 소유권이전등기를 제외한 가등기, 소유권 이외의 권리에 관한 등기, 가압류등기, 국세체납에 의한 압류등기, 경매신청등기와 처분금지가처분등기 등이 경료되어 있을 때에는 위 소유권이전등기말소등기신청과 함께 단독으로 그 가처분등기 이후에 경료된 제3자 명의의 등기말소신청도 동시에 하여 그 가처분등기 이후의 등기를 말소하고 가처분채권자의 소유권이전등기의 말소등기를 하여야 한다.

(2) 다만, 가처분등기 전에 마쳐진 가압류에 의한 강제경매개시결정등기와 가처분등기 전에 마쳐진 담보가등기, 전세권 및 저당권에 의한 임의경매개시결정등기 및 가처분채권자에 대항할 수 있는 임차인 명의의 주택임차권등기, 주택임차권설정등기, 상가건물임차권등기 및 상가건물임차권설정등기 등이 가처분등기 이후에 경료된 때에는 그러하지 아니하다. 이 경우 가처분채권자가 가처분채무자의 소유권이전등기의 말소등기를 신청하기 위해서는 위 권리자의 승낙이나 이에 대항할 수 있는 재판이 있음을 증명하는 정보를 제공하여야 한다.

## 3. 가처분채권자가 승소판결에 의하지 아니하고 가처분채무자와 공동으로 가처분에 기한 소유권이전등기 또는 소유권이전등기말소등기를 신청하는 경우

가처분채권자가 가처분에 기한 것이라는 소명자료를 첨부하여 가처분채무자와 공동으로 소유권이전등기 또는 소유권말소등기를 신청하는 경우의 당해 가처분등기 및 그 가처분등기 이후에 경료된 제3자 명의의 등기의 말소에 관하여도 1.항 및 2.항의 절차에 의한다.

## 4. 당해 가처분등기의 말소

등기관이 1.항부터 3.항까지의 규정에 따라 가처분채권자의 신청에 의하여 가처분등기 이후의 등기를 말소하였을 때에는 직권으로 그 가처분등기도 말소하여야 한다. 가처분등기 이후의 등기가 없는 경우로서 가처분채무자를 등기의무자로 하는 소유권이전등기 또는 소유권이전(보존)등기말소등기만을 할 때에도 또한 같다.

## 5. 가처분등기 등을 말소한 경우의 집행법원 등에의 통지

**가.** 등기관이 1.항부터 3.항까지의 규정에 따라 가압류등기, 가처분등기, 경매개시결정등기, 주택임차권등기, 상가건물임차권등기를 말소한 경우와 4.항에 따라 당해 가처분등기를 직권으로 말소한 때에는 「가압류등기 등이 말소된 경우의 집행법원에 통지」(등기예규 제1368호)에 의하여 지체없이 그 뜻을 집행법원에 통지하여야 한다.

삭제(2011. 10. 12. 제1412호)

**나.** 등기관이 1.항부터 3.항까지의 규정에 따라 가처분등기 이후의 등기를 말소하였을 때에는 말소하는 이유 등을 명시하여 지체없이 말소된 권리의 등기명의인에게 통지(등기예규 제1338호 제10호 양식)하여야 한다.

부 칙

(다른 예규의 폐지) 가처분권리자의 승소판결에 의한 소유권이전과 가처분 이후의 제3자의 소유권이전등기의 말소절차(등기예규 제109호, 예규집 제487항), 가처분권리자의 승소판결에 의한 소유권이전등기와 가처분등기 이후 제3자 명의의 가처분 및 국명의의 압류등기 말소(등기예규 제796호, 예규집 제488항), 가처분권리자의 승소판결(화해 포함)에 의한 소유권이전과 가처분 이후의 가압류말소(등기예규 제497호, 예규집 제489항), 처분금지가처분 이후 경락을 원인으로 한 제3자 명의의 등기의 말소(등기예규 제504호, 예규집 제490항)는 이를 폐지한다.

부 칙(2020. 07. 21. 제1690호)
이 예규는 2020년 8월 5일부터 시행한다.

규칙 제1461호

## 4. 공유토지분할에관한특례법시행에따른등기처리규칙

제정 2004. 3. 31. 규칙 제1880호
개정 2012. 5. 11. 규칙 제1461호

제1조(목적)
제1조 (목적) 이 예규는 「공유토지분할에 관한 특례법」(이하 "특례법"이라 한다)에 따른 등기사무 처리절차에 관하여 규정함을 목적으로 한다.

제2조 (분할개시등기 후 다른 등기신청) ① 특례법에 따른 분할개시결정에는 다른 등기 정지의 효력이 없으므로, 분할개시등기를 한 공유토지에 대하여 다른 등기신청이 있는 때에는 이를 수리하여야 한다.

② 제1항의 등기신청에 따라 일부 공유자가 변경된 경우에는 분할등기촉탁서에 새로운 공유자를 표시하여야 한다.

제3조 (서로 인접한 공유토지에 대한 등기촉탁) 서로 인접한 여러 필지의 공유토지로서 각 필지의 공유자가 같은 일단의 토지도 특례법에 따른 분할의 대상이 되는 것이므로, 이러한 일단의 토지에 관한 분할개시등기의 촉탁이 있는 경우에는 한 필지의 공유토지의 분할절차에 준하여 처리한다.

제4조 (구분건물의 대지권에 대한 등기촉탁) ① 한 필지의 공유토지 중 그 일부 지분은 구분건물의 대지권으로서 구분건물 소유자에게, 나머지 지분은 그 밖의 자에게 속하는 경우에 그 토지에 관한 분할개시등기의 촉탁이 있는 때에는 이를 수리하여야 한다.

② 제1항에 따라 분할개시등기 또는 분할등기를 할 때에는 「집합건물의 소유 및 관리에 관한 법률」 제20조 제2항 단서에 정한 규약(분리처분가능 규약)을 제공할 필요가 없다.

제5조 (분할등기촉탁) 분할등기의 촉탁은 분할대상토지의 전부에 대하여 같은 촉탁서로 하여야 한다.

제6조 (등기필정보의 제공) 분할등기가 마쳐진 후 해당 토지의 소유권을 분할취득한 자가 등기의무자가 되어 그 부동산에 대하여 다른 등기를 신청할 때에는 분할 전 공유지분을

취득할 당시에 통지받은 등기필정보를 신청정보로 등기소에 제공하여야 한다.
제7조 (기록례) 특례법에 따른 등기기록례는 별지주)와 같다.
주 : 위 기록례는 부동산등기기재례집 참조.

부 칙
제1조 (시행일) 이 예규는 2012. 5. 23.부터 시행한다.
제2조 (다른 예규의 폐지) 「공유토지분할에 관한 특례법 시행에 따른 등기사무처리지침」(등기예규 제1369호)은 이를 폐지한다.

등기예규 제1631호

## 5. 농지의 소유권이전등기에 관한 사무처리지침

개정 2018. 3. 7. 등기예규 제1415호

### 1. 대상토지

이 지침은 토지대장상 지목이 전·답·과수원인 토지(이하 "농지"라 한다)에 대하여 소유권이전등기를 신청하는 경우에 해당 농지가 어느 시기에 조성, 등록전환 또는 지목변경 되었는지를 불문하고 이를 적용한다.

### 2. 농지취득자격증명을 첨부하여야 하는 경우

**가.** 아래의 경우에는 「농지법」제8조 제1항의 규정에 의하여 농지의 소재지를 관할하는 시장(도농복합형태의 시에 있어서는 농지의 소재지가 동지역인 경우에 한한다)·구청장(도농복합형태의 시의 구에 있어서는 농지의 소재지가 동지역인 경우에 한한다)·읍장 또는 면장이 발행하는 농지취득자격증명을 소유권이전등기신청서에 첨부하여야 한다.

(1) 자연인 또는 「농어업경영체 육성 및 지원에 관한 법률」제16조에 따라 설립된 영농조합법인과 같은 법 제19조에 따라 설립되고 업무집행권을 가진 자 중 3분의1 이상이 농업인인 농업회사법인이 농지에 대하여 매매, 증여, 교환, 양도담보, 명의신탁해지, 신탁법상의 신탁 또는 신탁해지, 사인증여, 계약해제, 공매, 상속인 이외의 자에 대한 특정적 유증 등을 등기원인으로 하여 소유권이전등기를 신청하는 경우. 다만, 아래 제3항에서 열거하고 있는 사유를 등기원인으로 하여 소유권이전등기를 신청하는 경우에는 그러하지 아니하다.

(2) 「초·중등교육법」및 「고등교육법」에 의한 학교, 「농지법시행규칙」제5조 관련 별표2

에 해당하는 공공단체 등이 그 목적사업을 수행하기 위하여 농지를 취득하여 소유권이전등기를 신청하는 경우

(3) 「농지법」 제6조 제2항 제9호의2에 따른 영농여건불리농지를 취득하여 소유권이전등기를 신청하는 경우

**나.** 국가나 지방자치단체로부터 농지를 매수하여 소유권이전등기를 신청하는 경우 및 농지전용허가를 받거나 농지전용신고를 한 농지에 대하여 소유권이전등기를 신청하는 경우와 동일 가구(세대)내 친족간의 매매등을 원인으로 하여 소유권이전등기를 신청하는 경우에도 농지취득자격증명을 첨부하여야 한다.

## 3. 농지취득자격증명을 첨부할 필요가 없는 경우

아래의 경우에는 농지취득자격증명을 첨부하지 아니하고 소유권이전등기를 신청할 수 있다.

**가.** 국가나 지방자치단체가 농지를 취득하여 소유권이전등기를 신청하는 경우

**나.** 상속 및 포괄유증, 상속인에 대한 특정적 유증, 취득시효완성, 공유물분할, 매각, 진정한 등기명의 회복, 농업법인의 합병을 원인으로 하여 소유권이전등기를 신청하는 경우

**다.** 「공익사업을 위한 토지 등의 취득 및 보상에 관한 법률」에 의한 수용 및 협의취득을 원인으로 하여 소유권이전등기를 신청하는 경우 및 「징발재산정리에 관한 특별조치법」 제20조, 「공익사업을 위한 토지 등의 취득 및 보상에 관한 법률」 제91조의 규정에 의한 환매권자가 환매권에 기하여 농지를 취득하여 소유권이전등기를 신청하는 경우

**라.** 「국가보위에 관한 특별조치법 제5조제4항에 의한 동원대상지역내의 토지의 수용·사용에 관한 특별조치령에 의하여 수용·사용된 토지의 정리에 관한 특별조치법」 제2

조 및 제3조의 규정에 의한 환매권자등이 환매권등에 의하여 농지를 취득하여 소유권이전등기를 신청하는 경우

마. 「농지법」제17조의 규정에 의한 농지이용증진사업시행계획에 의하여 농지를 취득하여 소유권이전등기를 신청하는 경우

바. 도시지역 내의 농지에 대한 소유권이전등기를 신청하는 경우, 다만 도시지역 중 녹지지역 안의 농지에 대하여는 도시계획시설사업에 필요한 농지에 한함(「국토의 계획 및 이용에 관한 법률」제83조 제3호 참조)

사. 「농지법」제34조 제2항에 의한 농지전용협의를 완료한 농지를 취득하여 소유권이전등기를 신청하는 경우 및 「부동산 거래신고 등에 관한 법률」제11조의 규정에 의하여 토지거래계약 허가를 받은 농지에 대하여 소유권이전등기를 신청하는 경우(「부동산 거래신고 등에 관한 법률」제20조 제1항 참조)

아. 「농지법」제13조 제1항 제1호부터 제6호까지에 해당하는 저당권자가 농지저당권의 실행으로 인한 경매절차에서 매수인이 없어 「농지법」제13조 제1항의 규정에 의하여 스스로 그 경매절차에서 담보농지를 취득하는 경우 및 「자산유동화에 관한 법률」제3조의 규정에 의한 유동화전문회사 등이 「농지법」제13조 제1항 제1호 부터 제4호까지의 규정에 의한 저당권자로부터 농지를 취득하는 경우

자. 한국농어촌공사가 「한국농어촌공사 및 농지관리기금법」에 의하여 농지를 취득하거나, 「농어촌정비법」제16조에 의하여 농지를 취득하여 소유권이전등기를 신청하는 경우

차. 「농어촌정비법」제25조 소정의 농업생산기반 정비사업 시행자에 의하여 시행된 환지계획 및 같은 법 제43조 소정의 교환·분할·합병에 따라 농지를 취득하여 소유권이전등기를 신청하는 경우와 같은 법 제82조 소정의 농어촌관광휴양단지개발사업자가 그 사업의 시행을 위하여 농어촌관광휴양단지로 지정된 지역내의 농지를 취득하여 소유권이전등기를 신청하는 경우

카. 「농어촌정비법」 제96조의 규정에 의하여 지정된 한계농지등의 정비사업시행자가 정비지구안의 농지를 취득하여 소유권이전등기를 신청하는 경우(같은 법 제100조 참조)

타. 지목이 농지이나 토지의 현상이 농작물의 경작 또는 다년생식물재배지로 이용되지 않음이 관할관청이 발급하는 서면에 의하여 증명되는 토지에 관하여 소유권이전등기를 신청하는 경우

파. 「산업집적활성화 및 공장설립에 관한 법률」 제13조 제1항 또는 제20조 제2항의 규정에 의한 공장설립등의 승인을 신청하여 공장입지승인을 얻은 자 및 「중소기업창업 지원법」 제33조 제1항의 규정에 의한 사업계획의 승인을 신청하여 공장입지승인을 얻은 자가 당해 농지를 취득하여 소유권이전등기를 신청하는 경우(「기업활동 규제완화에 관한 특별조치법」 제9조 제4항, 제13조 참조)

## 4. 종중의 농지취득

종중은 원칙적으로 농지를 취득할 수 없으므로 위토를 목적으로 새로이 농지를 취득하는 것도 허용되지 아니하며, 다만 농지개혁 당시 위토대장에 등재된 기존 위토인 농지에 한하여 당해 농지가 위토대장에 종중 명의로 등재되어 있음을 확인하는 내용의 위토대장 소관청 발급의 증명서를 첨부하여 그 종중 명의로의 소유권이전등기를 신청할 수 있다.

## 5. 다른 등기예규의 폐지 및 개정

등기예규 제5호(등기예규집 제597항, 이하 괄호 안의 번호는 등기예규집의 항번호를 말한다), 제15호(제594항), 제26호(590항), 제29호(제582), 제49호(제585항), 제65호(제589항), 제88호(제592항), 제227호(제606항), 제273호(제584항), 제274호(제583항), 제381호(제587항), 제464호(제588호), 제521호(제595항), 제596호(제593항), 제597호(제596항), 제736호(제598항), 제802호(제584-1항)는 이를 각 폐지하고, 등기예규 제721호(제92항)의 2.① 중 "농지개혁법 제19조 제2항"을 "농지법 제8조"로, 등기예규 제718호(제266항)의 5. 중 "임야매매증명 및 농지개혁법 제19조 제2항의 규정에 의한 농지매매증명의 제출을 요하지 아니한다."를 "임야매매증명의 제출을 요하지 아니한다."로 각 개정한다.

부 칙(1998. 03. 06. 제920호)

(다른 예규의 폐지) 공업배치및공장설립에관한법률에 의한 공정설립시 그 공장용지의 매수에 따른 농지 소유권이전등기와 농지취득 자격증명(등기예규 제896호)는 이를 폐지한다.

부 칙(2007. 04. 03. 제1177호)

(다른 예규의 폐지) 분배농지의 소유권이전등기처리요령(등기예규 제7호), 분배농지의 소유권이전등기신청의 명의인표시(등기예규 제13호), 상환완료로 인한 분배농지 취득의 효력(등기예규 제90호), 분배농지에 대한 관리청 명칭 첨기등기 요부(등기예규 제173호), 분배농지의 상환증서와 등기부의 표시가 불일치한 경우의 처리방법(등기예규 제25호), 등기부상 지목이 잡종지로서 군정법령 제33호 의하여 국가에 권리귀속된 토지를 농지로서 분배한 경우 그 상환완료에 따른 등기처리(등기예규 제117호), 분배농지의 등기처리절차(등기예규 제9호), 분배농지의 등기처리절차(등기예규 제8호), 상환농지에 대하여 지주의 상속등기의 말소(등기예규 제150호), 농지개혁법 제19조 제2항의 증명없이 경료한 등기의 효력(등기예규 제95호), 농지 이전등기신청서의 첨부서면(토지대장)에 의하여 도시계획시행지구라는 것이 인정될 때의 부지증명의 첨부 여부(등기예규 제435호), 발전용지(농지)의 매수에 따른 농지 소유권이전등기시의 농지매매증명의 요부(등기예규 제96호), 농약제조업자 등의 농지취득과 농지취득자격증명(등기예규 제895호), 징발농지의 매수에 소재지관서의 증명이 필요한지 여부(등기예규 제308호), 미분배농지를 원소유자가 농지개혁법 제19조 제2항의 증명을 얻지 않고 제3자에게 소유권이전등기를 경료한 경우 직권말소 여부(등기예규 제258호), 농지개혁법 제5조의 규정에 의하여 정부가 취득한 것이라는 증서를 첨부하여 농지 및 농지부속시설에 대한 국유등기신청의 수리 가부(등기예규 제294호), 농지부속시설에 대한 국유등기절차(등기예규 제356호), 분배농지부속시설의 이전등기절차(등기예규 제139호)는 이를 폐지한다.

부 칙(2018. 03. 07. 제1635호)

이 예규는 즉시 시행한다.

### 등기예규 제1088호

## 6. 미성년자의 대리인에 의한 등기신청에 관한 업무처리지침

제정 2004. 11. 16.    등기예규 제1088호

### 1. 친권자에 의한 등기신청

#### 가. 공동친권자가 있는 경우
미성년자인 자의 부모가 공동친권자인 경우로서 친권자가 그 미성년자를 대리하여 등기신청을 할 때에는 부모가 공동으로 하여야 한다. 다만 공동친권자 중 한 사람이 법률상 또는 사실상 친권을 행사할 수 없는 경우(친권행사금지가처분결정을 받은 경우나 장기부재 등)에는 다른 친권자가 그 사실을 증명하는 서면(가처분결정문 등)을 첨부하여 단독으로 미성년자인 자를 대리하여 등기신청을 할 수 있다.

#### 나. 친권행사자로 지정된 자가 친권을 행사할 수 없는 경우
친권행사자로 지정된 자가 사망, 실종선고 등으로 친권을 행사할 수 없는 경우에 다른 부 또는 모가 있는 때에는 그 부 또는 모가 미성년자인 자를 대리하여 등기신청을 할 수 있다.

### 2. 미성년자의 특별대리인의 선임 여부

#### 가. 원 칙
(1) 친권자와 그 친권에 복종하는 미성년자인 자 사이에 이해상반되는 행위 또는 동일한 친권에 복종하는 수인의 미성년자인 자 사이에 이해상반되는 행위를 하는 경우, 그 미성년자 또는 그 미성년자 일방의 대리는 법원에서 선임한 특별대리인(이하 "특별대리인"이라 한다)이 하여야 한다.

(2) 공동친권자 중 한 사람만이 미성년자인 자와 이해가 상반되는 경우 이해가 상반되는 그 친권자는 미성년자인 자를 대리할 수 없고, 이 경우 특별대리인이 이해가 상반되지 않는 다른 일방의 친권자와 공동하여 그 미성년자를 대리하여야 한다.

### 나. 이해관계가 상반되는 예
(1) 미성년자인 자가 그 소유 부동산을 친권자에게 매매 또는 증여하는 경우
(2) 상속재산협의분할서를 작성하는데 있어서 친권자와 미성년자인 자 1인이 공동상속인인 경우(친권자가 당해 부동산에 관하여 권리를 취득하지 않는 경우를 포함한다)
(3) 친권자와 미성년자인 자의 공유부동산을 친권자의 채무에 대한 담보로 제공하고 그에 따른 근저당권설정등기를 신청하는 경우
(4) 미성년자인 자 2인의 공유부동산에 관하여 공유물분할계약을 하는 경우(미성년자인 자 1인에 관한 특별대리인의 선임이 필요하다)

### 다. 이해관계가 상반되지 않는 예
(1) 친권자가 그 소유 부동산을 미성년자인 자에게 증여하는 경우
(2) 친권자가 미성년자인 자 소유의 부동산을 제3자에게 증여하는 경우
(3) 친권자가 미성년자인 자 소유의 부동산을 채무자인 그 미성년자를 위하여 담보로 제공하거나 제3자에게 처분하는 경우
(4) 친권자와 미성년자인 자의 공유부동산에 관하여 친권자와 그 미성년자를 공동채무자로 하거나 그 미성년자만을 채무자로 하여 저당권설정등기를 신청하는 경우
(5) 친권자와 미성년자인 자가 근저당권을 준공유하는 관계로서 근저당권설정등기의 말소를 신청하는 경우
(6) 미성년자인 자 1인의 친권자가 민법 제1041조의 규정에 의하여 상속포기를 하고 그 미성년자를 위하여 상속재산분할협의를 하는 경우
(7) 이혼하여 상속권이 없는 피상속인의 전처가 자기가 낳은 미성년자 1인을 대리하여 상속재산분할협의를 하는 경우

## 3. 미성년자와 후견인의 관계에 준용

위 1. 2.의 규정은 그 성질에 반하지 아니하는 한 미성년자와 후견인의 관계에 준용한다.

부 칙

다른 예규의 폐지) 미성년자와 그 후견인의 공동상속재산에 관하여 미성년자가 그 지분을 포기할 경우(등기예규 제42호), 친권자가 친권에 복종하는 미성년자 일방을 위하여는 이

익이 되고 다른 미성년자에 대하여는 불이익이 되는 행위를 하는 경우에는 민법 제921조 제2항 소정의 이해상반행위에 해당하는지 여부(등기예규 제268호), 협의분할에 의한 재산상속을 함에 있어 상속인 중 미성년자가 있는 경우 공동상속인인 친권자가 미성년자를 대리하여 협의서를 작성할 수 있는지 여부(등기예규 제405호)를 각 폐지한다.

## 등기예규 제1432호

## 7. 채권자대위에 의한 등기절차에 관한 사무처리지침

제정 2001. 4. 13. 등기예규 제1019호
개정 2011. 10. 12. 등기예규 제1432호

### 1. 목 적

이 예규는 채권자(특정의 등기청구권을 가진 채권자 및 금전채권자 포함)가 「민법」 제404조 및 「부동산등기법」 제28조의 규정에 의한 대위등기절차 등을 규정함을 목적으로 한다.

### 2. 대위원인의 기재

신청서에는 대위권의 발생원인, 즉 보전하여야 하는 채권이 발생된 법률관계를 간략히 기재한다.

> **예시** 매매인 경우에는 "○년 ○월 ○일 매매에 의한 소유권이전등기청구권", 대여금채권인 경우에는 "○년 ○월 ○일 소비대차의 대여금반환청구권"등

### 3. 대위원인을 증명하는 서면의 첨부

대위의 기초인 권리가 특정채권인 때에는 당해 권리의 발생원인인 법률관계의 존재를 증명하는 서면(예: 매매계약서 등)을, 금전채권인 때에는 당해 금전채권증서(예: 금전소비대차계약서 등)를 첨부하여야 한다. 이 때의 매매계약서 등은 공정증서가 아닌 사서증서라도 무방하다.

### 4. 등기완료통지 등

**가.** 채권자가 채무자를 대위하여 등기를 신청하는 경우 채무자로부터 채권자 자신으로의

등기를 동시에 신청하지 않더라도 이를 수리한다.
**나.** 채권자대위에 의한 등기신청이 있는 경우에 등기를 함에는 사항란에 채권자의 성명 또는 명칭, 주소 또는 사무소 소재지와 대위원인을 기재하여야 한다(「부동산등기법」 제28조 제2항).
**다.** 등기관이 등기를 완료한 때에는 대위신청인 및 피대위자에게 등기완료통지를 하여야 한다(「부동산등기규칙」 제53조 제1항).

## 5. 기 타

### 가. 가압류등기촉탁과 채권자의 대위에 의한 상속등기
(1) 상속등기를 하지 아니한 부동산에 대하여 가압류결정이 있을 때 가압류채권자는 그 기입등기촉탁 이전에 먼저 대위에 의하여 상속등기를 함으로써 등기의무자의 표시가 등기기록과 부합하도록 하여야 한다.
(2) 대위원인 : "○년 ○월 ○일 ○○지방법원의 가압류 결정"이라고 기재한다.
(3) 대위원인증서 : 가압류결정의 정본 또는 그 등본을 첨부한다.

### 나. 근저당권자의 대위에 의한 상속등기
(1) 근저당권설정자가 사망한 경우에 근저당권자가 임의경매신청을 하기 위하여 근저당권의 목적인 부동산에 대하여 대위에 의한 상속등기를 신청하는 때에는 다음의 예에 의한다.
(2) 대위원인 : "○년 ○월 ○일 설정된 근저당권의 실행을 위한 경매에 필요함"이라고 기재한다.
(3) 대위원인증서 : 당해 부동산의 등기사항증명서를 첨부한다. 다만, 등기신청서 첨부서류란에 "대위원인을 증명하는 서면은 ○년 ○월 ○일 접수번호 제○○호로 본 부동산에 근저당권설정등기가 경료되었기에 생략"이라고 기재하고 첨부하지 않아도 된다.

부 칙(2011. 10. 12. 제1432호)
이 예규는 2011년 10월 13일부터 시행한다.

> 등기예규 제1623호

## 8. 등기완료통지서의 작성 등에 관한 업무처리지침

개정 2017. 6. 1. 등기예규 제1623호

### 1. 등기완료통지서를 받을 자

  법원행정처장이 전산정보처리조직을 이용한 등기신청을 할 수 있는 등기소로 지정한 등기소에서 등기관이 등기를 완료한 때에는 등기완료통지서를 작성하여 신청인 및 다음 각 호에 해당하는 자에게 등기완료사실을 통지하여야 한다.

  (1) 승소한 등기의무자의 등기신청에 있어서 등기권리자

  (2) 대위채권자의 등기신청에 있어서 등기권리자

  (3) 직권보존등기에 있어서 등기명의인

  (4) 등기필정보(등기필증 포함)를 제공해야 하는 등기신청에서 등기필정보를 제공하지 않고 확인정보 등을 제공한 등기신청에 있어서 등기의무자

  (5) 관공서의 등기촉탁에 있어서 그 관공서

### 2. 등기완료통지서 기재사항 및 작성방법

  등기완료통지서에는 신청인(또는 권리자)의 성명과 주소, 부동산소재, 접수일자, 접수번호, 등기목적, 등기원인 및 일자, 작성일자를 기재하고 등기관의 전자이미지관인을 기록한다. 대리인에 의한 신청의 경우에는 대리인의 자격과 성명을 기재한다.

## 3. 등기완료통지의 방법

### 가. 등기필정보를 부여받을 사람에 대한 통지

(1) 전자신청의 경우등기필정보를 송신할 때 함께 송신한다.

(2) 서면신청의 경우이 경우의 등기완료의 통지는 별지 제3호 양식에 의하여 등기필정보가 함께 기재된 등기필정보 및 등기완료통지서로 하여야 한다.

### 나. 등기필정보를 부여받지 않는 사람에 대한 통지

(1) 공동신청에 있어서 등기의무자에 대한 통지

신청서에 등기완료사실의 통지를 원한다는 등기의무자의 의사표시가 기재되어 있는 경우에만 등기완료사실의 통지를 하며, 그 방식은 전자신청의 경우에는 전산정보처리조직을 이용하여 송신하는 방법에 의하고, 서면신청의 경우에는 등기완료사실을 인터넷등기소에 게시하는 방법에 의한다. 다만 서면신청의 경우 그 통지를 받을 자가 등기소에 출석하여 직접 서면의 교부를 요청하는 때에는 등기완료통지서를 출력하여 직접 교부한다.

(2) 위 (1) 을 제외한 신청인에 대한 통지

다음 각 호에 해당하는 자에 대한 등기완료사실의 통지는 전자신청의 경우에는 전산정보처리조직을 이용하여 송신하는 방법에 의하고, 서면신청의 경우에는 등기완료사실을 인터넷등기소에 게시하는 방법에 의한다. 다만 서면신청의 경우 그 통지를 받을 자가 등기소에 출석하여 직접 서면의 교부를 요청하는 때에는 등기완료통지서를 출력하여 직접 교부한다.

(가) 공동신청에 있어서 등기필정보를 부여받지 않는 등기권리자
(나) 단독신청에 있어서 신청인
(다) 법 제23조 제4항에 의한 승소한 등기의무자의 등기신청에 있어서 등기의무자
(라) 법 제28조에 의한 대위채권자의 등기신청에 있어서 대위자

(3) 신청인이 아닌 등기명의인 등에 대한 통지

다음 각 호에 해당하는 자에 대한 등기완료사실의 통지는 등기완료통지서를 출력하여 등기부에 기록된 주소로 우편 송달한다.

(가) 법 제23조 제4항에 의한 승소한 등기의무자의 등기신청에 있어서 등기권리자
(나) 법 제28조에 의한 대위채권자의 등기신청에 있어서 등기권리자
(다) 법 제66조에 의한 소유권의 처분제한의 등기촉탁에 있어서 소유권 보존등기의 명의인
(라) 「부동산등기규칙」 제53조 제1항 제3호의 등기의무자

(4) 관공서에 대한 통지
(가) 전자촉탁의 경우전산정보처리조직을 이용하여 송신하는 방법에 의한다.
(나) 서면촉탁의 경우

1) 법원등기완료통지서를 출력하여 직접 교부하거나 우편으로 송부한다. 다만 우편 송부는 경매개시결정등기촉탁을 제외하고는 등기촉탁서에 등기완료통지서 송부용봉투가 첨부된 경우에 한한다.

2) 기타 관공서등기완료사실을 인터넷등기소에 게시하는 방법에 의한다.

### 4. 등기완료통지서의 양식

**가.** 등기완료통지를 받아야 할 자가 등기신청인인 경우에는 별지 제1호 양식에 의하여 통지하되, 다만 그 신청인이 대위자인 경우에는 별지 제4호의 양식에 의하여 통지한다.

**나.** 등기완료통지를 받아야 할 자가 관공서인 경우에는 별지 제2호 양식에 의하여 통지하되, 다만 전산정보처리조직에 의하여 통지하는 경우에는 별지 제2호 양식에 의하지 아니하고 단지 등기가 완료되었다는 취지의 정보만을 전송할 수 있다.

**다.** 등기완료통지서를 받아야 할 자가 이 예규 1.의 (1) 부터 (4) 까지에 해당하는 경우에

는 별지 제5호부터 제8호까지의 양식에 의하여 통지한다.

부 칙
이 예규는 2006. 6. 1.부터 시행한다.

부 칙(2017. 06. 01. 제1623호)
이 예규는 2017년 7월 21일부터 시행한다.

(별지 제1호)

대리인 : 법무사 홍길동

# 등 기 완 료 통 지 서

아래의 등기신청에 대해서 등기가 완료되었습니다.

신 청 인 : 김갑동
　(주민)등록번호 : 730305-1******
　주　　　　소 : 서울특별시 서초구 서초동 200

부동산고유번호 : 1102-2006-002634
부 동 산 소 재 : [토지] 서울특별시 서초구 서초동 111

접 수 일 자 : 2020년 3월 14일
　접 수 번 호 : 3456
　등 기 목 적 : 근저당권설정등기말소
등기원인및일자 : 2020년 3월 12일 해지


2020년 3월 17일

서울중앙지방법원 등기과
등기관

(별지 제2호)

촉탁관서 : 서울중앙지방법원

# 등기완료통지서

아래의 등기신청에 대해서 등기가 완료되었습니다.

권 리 자 : 김갑동
  (주민)등록번호 : 730305-1******
  주    소 : 서울특별시 서초구 서초동 200

부동산고유번호 : 1102-2006-002634
부 동 산 소 재 : [토지] 서울특별시 서초구 서초동 111

접 수 일 자 : 2020년 3월 14일
  접 수 번 호 : 3456
  등 기 목 적 : 가처분
등기원인및일자 : 2012년 3월 12일 서울중앙지방법원의 가처분결정
             (2009카합323)

2020년 3월 17일

서울중앙지방법원 등기과
등기관

(별지 제3호)

대리인 : 법무사 홍길동

## 등기필정보 및 등기완료통지서

```
권  리  자 : 김갑동
(주민)등록번호 : 451111-1******
주      소 : 서울특별시 서초구 서초동 123-4
부동산고유번호 : 1102-2006-002634
부 동 산 소 재 : [토지] 서울특별시 서초구 서초동 362-24
접 수 일 자 : 2020년3월14일     접 수 번 호 : 9578
등 기 목 적 : 소유권이전
등기원인및일자 : 2020년1월9일  매매
```

부착기준선 ┌

일련번호 : WTDI-UPRV-P6H1

비밀번호(기재순서:순번-비밀번호 )

| | | | | |
|---|---|---|---|---|
| 01-7952 | 11-7072 | 21-2009 | 31-8842 | 41-3168 |
| 02-5790 | 12-7320 | 22-5102 | 32-1924 | 42-7064 |
| 03-1568 | 13-9724 | 23-1903 | 33-1690 | 43-4443 |
| 04-8861 | 14-8752 | 24-5554 | 34-3155 | 44-6994 |
| 05-1205 | 15-8608 | 25-7023 | 35-9695 | 45-2263 |
| 06-8893 | 16-5164 | 26-3856 | 36-6031 | 46-2140 |
| 07-5311 | 17-1538 | 27-2339 | 37-8569 | 47-3151 |
| 08-3481 | 18-3188 | 28-8119 | 38-9800 | 48-5318 |
| 09-7450 | 19-7312 | 29-1505 | 39-6977 | 49-1314 |
| 10-1176 | 20-1396 | 30-3488 | 40-6557 | 50-6459 |

2020년 3월 17일
서울중앙지방법원 등기과
등기관

### ※ 주 의 사 항

☞ **등기필정보는 종래의 등기필증을 대신하여 발행된 것입니다.**
◆ 전자신청등기소에서는 등기 완료후 종래와 같이 등기필증을 교부하지 아니하고, 그 대신에 등기 유형에 따라 **등기필정보** 또는 **등기완료통지서**를 발행합니다.

☞ **등기필정보 사용 및 관리방법**
◆ 보안스티커 안에는 다음에 등기신청시 필요한 일련번호와 50개의 비밀번호가 기재되어 있습니다. 등기신청시 보안스티커를 떼어내고 일련번호와 비밀번호 1개를 임의로 선택하여 해당 순번과 함께 신청서에 기재하면 종래의 등기필증을 첨부한 것과 동일한 효력이 있으며, 등기필정보서면 자체를 첨부하는 것이 아닙니다.
◆ 따라서 등기신청시 등기필정보서면을 거래상대방에게 줄 필요가 없고, 대리인에게 위임한 경우에는 일련번호와 비밀번호 50개 중 1개만 알려주시면 됩니다.
◆ 만일 등기필정보의 비밀번호 등을 다른 사람이 안 경우에는 종래의 등기필증을 분실한 것과 마찬가지의 위험이 발생하므로 철저하게 관리하시기 바랍니다.

(별지 제4호)

대리인 : 법무사 홍길동

## 등기완료통지서

아래의 등기신청에 대해서 등기가 완료되었습니다.

대 위 자 : 박병동
   주       소 : 서울특별시 강남구 청담동 300

권 리 자 : 김갑동
  (주민)등록번호 : 730305-1\*\*\*\*\*\*
   주       소 : 서울특별시 서초구 서초동 200

부동산고유번호 : 1102-2006-002634
부 동 산 소 재 : [토지] 서울특별시 서초구 서초동 111

접 수 일 자 : 2020년 3월 14일
  접 수 번 호 : 3456
  등 기 목 적 : 소유권이전
등기원인및일자 : 2020년 1월 3일 상속

2020년 3월 17일

서울중앙지방법원 등기과
        등기관

각통 제 35 호(전산)

# 등기의무자에 의한 등기완료통지서

**부동산고유번호** : 1102-2006-002634
**부 동 산 소 재** : [토지] 서울특별시 서초구 서초동 111

**접 수 일 자** : 2020년 3월 14일
**접 수 번 호** : 3456
**등 기 목 적** : 소유권이전
**등기원인및일자** : 2020년 1월 3일 매매

**권 리 자** : 김갑동
 **(주민)등록번호** : 730305-1******
 **주 소** : 서울특별시 서초구 서초동 200

**의 무 자** : 이을동
 **(주민)등록번호** : 700407-1******
 **주 소** : 서울특별시 강남구 청담동 300

위와 같이 등기의무자의 등기신청에 의하여 등기를 완료하였으므로 「부동산등기규칙」 제145조의15에 의하여 통지합니다.

2020년 3월 17일

서울중앙지방법원 등기과
등기관

김갑동
서울특별시 서초구 서초동 200

각통 제 36 호(전산)

# 대위등기완료통지서

**부동산고유번호** : 1102-2006-002634
**부 동 산 소 재** : [토지] 서울특별시 서초구 서초동 111

**접 수 일 자** : 2020년 3월 14일
  **접 수 번 호** : 3456
  **등 기 목 적** : 소유권이전
**등기원인및일자** : 2020년 1월 3일 상속

**권 리 자** : 김갑동
  **(주민)등록번호** : 730305-1******
  **주 소** : 서울특별시 서초구 서초동 200

**대 위 원 인** : 2020년 3월 13일 서울중앙지법의가압류결정

**대 위 자** : 박병동
  **주 소** : 서울특별시 강남구 청담동 300

위와 같이 등기를 완료하였으므로 「부동산등기규칙」 제145조의15에 의하여 통지합니다.

2020년 3월 17일

서울중앙지방법원 등기과
등기관

김갑동
서울특별시 서초구 서초동 200

각통   제 37 호 (전산)

# 직권에 의한 등기완료통지서

**부동산고유번호** : 1102-2006-002634
**부 동 산 소 재** : [토지] 서울특별시 서초구 서초동 111

**접 수 일 자** : 2020년 3월 14일
　**접 수 번 호** : 3456
　**등 기 목 적** : 가처분
**등기원인및일자** : 2020년 3월 12일 서울중앙지방법원의 가처분
　　　　　　　　　결정
　　　　　　　　　(2012카합323)

**권 리 자** : 김갑동
　**(주민)등록번호** : 650203-1******
　**주　　　소** : 서울특별시 서초구 서초동 200

　위와 같이 등기를 하기 위하여 직권으로 소유권보존등기를 하였으므로「부동산등기규칙」제145조의15에 의하여 통지합니다.

2020년  3월  17일

서울중앙지방법원 등기과
　　　　　등기관

**이을동**
서울특별시 서초구 서초동 100

각통 제 38 호 (전산)

# 확인서(공증서)에 의한 등기완료통지서

부동산고유번호 : 1102-2006-002634
부 동 산 소 재 : [토지] 서울특별시 서초구 서초동 111

접 수 일 자 : 2020년 3월 14일
 접 수 번 호 : 3456
 등 기 목 적 : 소유권이전
등기원인및일자 : 2020년 2월 13일 매매

권 리 자 : 김갑동
 (주민)등록번호 : 701102-1\*\*\*\*\*\*
 주 소 : 서울특별시 서초구 서초동 200

등기필정보의 부존재(등기필증의 멸실)로 확인서(공증서)를 첨부하여 위와 같이 등기를 완료하였으므로 「부동산등기규칙」 제145조의15에 의하여 통지합니다.

2020년 3월 17일

서울중앙지방법원 등기과
등기관

이을동
서울특별시 서초구 서초동 100

> 등기예규 제1604호

## 9. 등기필정보의 작성 및 통지 등에 관한 업무처리지침

개정 2016. 11. 17. 등기예규 제1604호

### 1. 목적

이 예규는 등기필정보의 작성, 통지 등을 규정하고 있는 「부동산등기규칙」 제106조부터 제111조까지의 시행에 필요한 사항을 규정함을 목적으로 한다.

### 2. 등기필정보의 작성

등기관이 등기권리자의 신청에 의하여 다음 각 호 중 어느 하나의 등기를 하는 때에는 등기필정보를 작성하여야 한다. 그 이외의 등기를 하는 때에는 등기필정보를 작성하지 아니한다.

(1) 「부동산등기법」 제3조 기타 법령에서 등기할 수 있는 권리로 규정하고 있는 권리를 보존, 설정, 이전하는 등기를 하는 경우
(2) 위 (1) 의 권리의 설정 또는 이전청구권 보전을 위한 가등기를 하는 경우
(3) 권리자를 추가하는 경정 또는 변경등기(갑 단독소유를 갑, 을 공유로 경정하는 경우나 합유자가 추가되는 합유명의인표시변경 등기 등)를 하는 경우

### 3. 등기필정보의 기재사항과 구성

**가.** 등기필정보의 기재사항등기필정보에는 권리자, (주민)등록번호, 부동산고유번호, 부동산소재, 접수일자, 접수번호, 등기목적, 일련번호 및 비밀번호를 기재한다.

**나.** 등기필정보의 구성등기필정보의 일련번호는 영문 또는 아라비아 숫자를 조합한 12개

로 구성하고 비밀번호는 50개를 부여한다.

## 4. 등기필정보의 작성방법

**가.** 일반신청의 경우등기필정보는 부동산 및 등기명의인이 된 신청인별로 작성하되, 등기신청서의 접수년월일 및 접수번호가 동일한 경우에는 부동산이 다르더라도 등기명의인별로 작성할 수 있다. 그러므로 등기명의인이 신청하지 않은 다음 각 호의 등기 중 어느 하나의 등기를 하는 경우에는 등기명의인을 위한 등기필정보를 작성하지 아니한다.

(1) 채권자대위에 의한 등기
(2) 등기관의 직권에 의한 보존등기
(3) 승소한 등기의무자의 신청에 의한 등기

**나.** 관공서 촉탁의 경우관공서가 등기를 촉탁한 경우에는 등기필정보를 작성하지 아니한다. 다만, 관공서가 등기권리자를 위해 등기를 촉탁하는 경우에는 그러하지 아니하다.

## 5. 등기필정보의 통지 방법

**가. 전자신청의 경우**
(1) 당사자가 직접 신청한 경우등기권리자는 다음의 순서에 따라 등기필정보를 수신한다.

(가) 인터넷등기소에 접속하여 인터넷등기전자신청 메뉴에서 신청내역조회를 선택하고, 개인공인인증서(이하 "공인인증서"라 한다)정보와 사용자등록번호를 입력하여 사용자인증을 받는다.

(나) 신청내역을 조회하여 처리상태가 등기완료로 기록되어 있는 사건을 표시한 후 등기필정보를 전송받는다(등기필정보는 3회에 한하여 전송받을 수 있다). 동일한 등기신청 사건에서 수인이 권리자로 표시되어 있는 경우 다른 사람에 관한 등기필정보는 전송받을 수 없다.

(다) 전송된 등기필정보를 확인하기 위해서는 등기권리자의 공인인증서정보를 입력하여야 한다.

(2) 대리인이 신청한 경우 전자신청을 대리인에게 위임한 경우 등기필정보를 권리자 자신이 직접 전송받을 수 없으며, 대리인이 위 (1) 의 (가) ,(나) 의 절차에 의하여 등기필정보를 전송받은 후 등기권리자에게 그 파일을 전자우편으로 송신하거나 직접 전달한다. 다만 권리자가 등기신청을 대리인에게 위임하면서 등기필정보의 수령 및 그 확인에 관한 일체의 권한을 부여한 경우에는 대리인이 직접 자신의 공인인증서정보를 입력하여 전송받은 등기필정보를 확인할 수 있으며, 이를 서면으로 출력하여 등기권리자에게 교부할 수 있다.

(3) 전자촉탁의 경우 관공서가 등기권리자를 위하여 소유권이전등기를 전자촉탁한 때에는 등기필정보통지서를 출력하여 관공서에 직접 교부 또는 송달할 수 있고, 이 경우 관공서는 밀봉된 등기필정보통지서를 뜯지 않은 채 그대로 등기권리자에게 교부한다.

## 나. 서면신청의 경우

등기필정보통지서를 교부받고자 하는 자는 신분증(법무사 또는 변호사의 사무원은 사무원증)을 제시하여야 하고, 교부담당 공무원은 아래와 같은 방법으로 등기필정보통지서를 출력하여 교부한다.

(1) 등기필정보통지서의 출력・관리

(가) 전산정보처리조직상 등기필정보관리 기능을 선택하여 등기필정보 교부대상을 확인한다.

(나) 교부 대상자 중 특정 등기명의인을 선택하여 등기필정보통지서를 출력하거나 일괄하여 출력한다.

(다) 출력된 등기필정보통지서의 기재사항 중 일련번호 및 비밀번호가 보이지 않도록 그

기재된 부분에는 스티커를 부착한다.

(2) 등기필정보통지서의 교부방법

(가) (삭제 2014. 04. 09. 제1513호)

(나) 전자패드에 전자펜을 이용하여 수령인의 서명(이하 "전자서명"이라 함)을 받고 교부하는 방법

1) 위 (1) 의 방법으로 등기필정보통지서를 출력·관리하되, 등기필정보통지서 우측상단에 바코드를 생성하여 출력한다.
2) 교부담당 공무원은 교부할 등기필정보통지서를 바코드리더기 등을 이용하여 확인하여야 한다.
3) 신청인 본인 또는 대리인, 대리인인 법무사 또는 변호사의 사무원은 전자서명을 한 후 등기필정보통지서를 교부받아야 한다.
4) 수령인은 본인의 성명을 제3자가 알아볼 수 있도록 적어야 하고, 교부담당 공무원은 수령인의 성명을 제3자가 알아보기 어렵다고 인정하는 경우에는 다시 서명할 것을 요청할 수 있다.
5) 등기소에 정전, 전산망 훼손, 전산시스템 장애 등으로 부동산등기시스템의 정상작동이 불가능하거나 전자서명장치의 오류로 전자서명을 할 수 없는 경우에는 별지 제5호 양식의 "등기필정보통지서 및 등기원인증서 수령부"에 수령인의 날인 또는 서명을 받고 등기필정보통지서를 교부할 수 있다. "등기필정보통지서 및 등기원인증서 수령부"는 별도로 편철하여 5년간 보존하여야 한다.

(3) 우편에 의한 송부

(가) 신청인이 등기필정보통지서를 우편으로 송부받고자 하는 경우에는 등기신청서와 함께 수신인란이 기재된 봉투에 등기취급 우편 또는 특급취급우편(속달)요금에 상응하는 우표를 붙여 이를 제출하여야 한다.

(나) 위 (가) 의 경우에 등기필정보통지서 교부담당자는 등기사건이 처리된 즉시 등기필정보통지서를 수신인에게 발송하고, 부동산등기접수장의 수령인란에 "우송"이라고 기재한 후 그 영수증은 "우편물수령증철"에 첨부하여 보관하여야 한다. 이 "우편물수령증철"은 1년간 보존한다.

(4) 등기필정보통지서는 1회에 한하여 교부한다.

### 5-1. 등기필정보의 일련번호와 비밀번호(이하 "일련번호 등"이라 한다) 추가 부여 및 통지서 교부

**가. 일련번호 등 추가 부여**

(1) 하나의 등기필정보로 동시에 또는 순차적으로 등기신청을 하여야 할 예정 사건의 수가 50건을 초과하는 경우 등기명의인은 등기신청 예정 사건의 수를 소명하는 서면을 첨부한 별지 제3호 양식에 의하여 일련번호 등을 추가 부여하여 줄 것을 등기신청과 동시에 또는 사후에 신청할 수 있다. 단, 사후에 신청하는 경우에는 교부(수신)받은 등기필정보 및 등기완료통지서를 신청서와 함께 제출하여야 한다.

(2) 등기관은 위 신청서를 심사한 후 필요성이 인정될 경우에는 전산정보처리조직을 이용하여 등기신청 예정 사건의 수를 기준으로 50건을 초과할 때마다 1개의 일련번호와 각 50개의 비밀번호를 추가 부여한다.

**나. 일련번호 등 추가 부여 통지서 교부**

(1) 등기필정보통지서 교부 담당자는 위 가. (2) 의 규정에 따라 추가 부여된 일련번호 등이 표시된 별지 제4호 양식의 통지서를 출력하여 등기필정보 및 등기완료통지서와 함께 교부한다.

(2) 일련번호 등 추가 부여 통지서 교부절차는 5. 나. (3) 부터 (8) 까지의 규정을 준용한다. 다만, (3) 부터 (8) 까지 중 "등기필정보통지서"는 "일련번호 등 추가 부여 통지서"로, (4) 중 "부동산등기신청서접수장" 및 (7) 중 "부동산등기접수장"은 "일련번호 등 추가 부여 신청서"로 본다.

## 6. 등기필정보의 제공 방법

**가.** 전자신청의 경우신청인이 등기필정보를 입력하는 화면에서 일련번호와 임의로 선택한 비밀번호를 입력한다. 단, 한 번 사용한 비밀번호는 50개의 비밀번호를 모두 사용한 후가 아니면 사용하지 못한다.

**나.** 서면신청의 경우신청인이 일련번호와 비밀번호를 신청서에 기재한다. 비밀번호의 사용방법은 전자신청의 경우와 같다.

## 7. 등기필정보의 실효신청

등기필정보의 실효신청은 전산정보처리조직을 이용하거나 등기소를 방문하여 할 수 있다.

**가.** 전산정보처리조직을 이용한 신청에 의한 실효등기필정보를 부여받은 자가 인터넷등기소에 접속하여 인터넷등기전자신청을 선택한 후 성명, 주민등록번호, 공인인증서정보를 입력하여 등기필정보의 실효신청을 한다. 이 경우 해당 등기필정보는 자동적으로 효력을 상실한다.

**나. 서면신청에 의한 실효**
(1) 등기권리자가 등기소를 방문하여 별지 1호 양식에 의해 등기필정보의 실효를 신청한다.

(2) 등기필정보 실효 신청서를 접수받은 담당자는 신청인이 제시하는 신분증(주민등록증, 여권, 운전면허증 등)에 의하여 본인임을 확인한 후 전산정보처리조직의 등기필정보 관리 기능을 선택하여 등기필정보를 실효시키는 조치를 하고, 신청인이 제시한 신분증을 복사하여 그 사본을 등기필정보 실효 신청서에 편철한다.

(3) 등기권리자의 대리인에 의한 신청인 때에는 신청서에 본인의 인감증명서와 위임장을 첨부한다. 이 경우 위 (2) 의 방법으로 접수담당자가 대리인 여부를 확인하여야 하나,

대리인이 제시한 신분증의 사본을 등기필정보 실효 신청서에 편철할 필요는 없다.

## 8. 등기필정보의 입력 오류 및 오류해제

**가.** 비밀번호 입력의 오류신청인이 등기필정보를 입력하면서 일련번호와 부합하지 않는 비밀번호를 5회 연속하여 잘못 입력한 경우 그 등기필정보는 입력오류로 처리되고, 오류해제가 있을 때까지 효력이 정지된다.

**나. 입력오류 해제 신청**
(1) 등기필정보 입력오류를 해제하기 위해서는 등기소를 방문하여 별지 2호 양식에 의해 등기필정보 입력오류 해제 신청을 하여야 한다.

(2) 등기필정보 입력오류 해제 신청서를 접수받은 담당자는 신청인이 제시하는 신분증(주민등록증, 여권, 운전면허증 등)에 의하여 본인임을 확인한 후 부동산등기시스템의 등기필정보관리 기능을 선택하여 입력오류를 해제하는 조치를 하고, 신청인이 제시한 신분증을 복사하여 그 사본을 신청서에 편철한다.

(3) 등기권리자의 대리인에 의한 신청인 때에는 신청서에 본인의 인감증명서와 위임장을 첨부한다. 이 경우 위 (2) 의 방법으로 접수담당자가 대리인 여부를 확인하여야 하나, 대리인이 제시한 신분증의 사본을 등기필정보 실효 신청서에 편철할 필요는 없다.

## 9. 등기필정보 실효 신청서의 편철 등

**가.** 등기필정보 실효신청서 기타 부속서류편철장의 비치등기소에는 등기필정보 실효신청서 기타 부속서류편철장을 비치한다. 다만, 등기필정보 실효 신청, 입력오류 해제 신청 및 일련번호 등 추가 부여 신청이 없는 경우에는 그러하지 아니하다.

**나.** 등기필정보 실효 신청서, 입력오류 해제 신청서 및 일련번호 등 추가 부여 신청서의 편철서무담당자는 매주 금요일까지 그 전주까지 접수된 등기필정보 실효 신청서, 등기필정보 입력오류 해제 신청서 및 일련번호 등 추가 부여 신청서와 그 부속서류를

접수번호의 순서대로 등기필정보 실효 신청서 기타 부속서류편철장에 편철하여야 한다.

**다.** 보존기간등기필정보 실효 신청서, 등기필정보 입력오류 해제 신청서 및 일련번호 등 추가 부여 신청서는 5년간 이를 보존하여야 한다.

## 10. 등기필정보가 없는 경우의 전자확인서면 송신 방법

「부동산등기규칙」 제111조 제2항 및 제3항 후단에 의하여 자격자대리인이 본인임을 확인하였다는 정보를 등기소에 송신하는 경우에는 등기의무자의 우무인 및 필적기재를 담고 있는 서면과 신분증 사본을 전사(전사)하여 함께 송신하여야 한다.

부 칙

이 예규는 2006. 6. 1.부터 시행한다.

부 칙(2016. 11. 17. 제1604호)

이 예규는 2017년 1월 1일부터 시행한다.

> 등기예규 제1348호

## 10. 등기신청의 동시접수

제정 1984. 04. 30. 등기예규 제 520호
개정 2011. 10. 11. 등기예규 제1348호


등기신청의 접수순위는 등기신청정보가 전산정보처리조직에 저장되었을 때를 기준으로 하고 동일 부동산에 관하여 동시에 수개의 등기신청이 있는 때에는 동일 접수번호를 부여하여 동일 순위로 등기하여야 하므로(「부동산등기규칙」 제65조 제2항), 처분금지가처분신청이 가압류 신청보다 신청법원에 먼저 접수되었다 하더라도 법원으로부터 동처분금지가처분등기촉탁서와 가압류등기 촉탁서를 등기관이 동시에 받았다면 양등기는 이를 동시 접수 처리하여야 하고 그 등기의 순위는 동일순위등기이다.

부 칙(2011. 10. 11. 제1348호)
이 예규는 2011년 10월 13일부터 시행한다.

# 찾아보기

## ㄱ

가등기에 기한 본등기　380
가등기의 가등기　379
가집행선고　32
간인　43
거주사실증명서　77
건물의 종류　44
검인계약서　52
결산기　310
경과년수별잔가율　530
경락에 의한 소유권이전　261
경정등기　485
계약양도　324
계약인수　330
공동담보목록　284, 294
공법상의 행위　23
공유물불분할의 특약　49
공정증서　32
공증　91
공증서면　60
국내거소사실증명　75

권리변동적 효력　22
규약　141
근저당권변경계약서　331
근저당권설정계약서　322
근저당권 설정등기　309
근저당권 이전등기　324
기명날인　43
기판력의 주관적 범위　33

## ㄴ

농지취득자격증명　64

## ㄷ

담보가등기　382
당사자신청주의　25
당사자출석주의　27
대물반환계약서　382
대습상속　196
대위등기　37
대위변제증서　329
대위승낙서　296

대장등본 90
대지권 141
대지권비율 131
동일인보증서 479
등기권리자 29
등기명의인 표시경정 487
등기부의 열람 190, 420
등기소의 명칭 및 관할구역표 515
등기소출입지정사무원 27
등기수취청구권 34
등기신청대리인 40
등기신청수수료 98
등기완료통지 62
등기의무자 29
등기필의 통지 39
등기필의 통지서 54
등기필정보 60
등기필증 54, 84
등기필증 멸실 56
등기할 사항 21
등록번호등록증명서 83
등록세 92
등록세납부고지서(OCR) 401
등록세신고서 435

## ㅁ

말소기준권리 262
매매목록 160
매매에 의한 소유권이전등기 162
매매예약서 388
면책적 채무인수계약서 299, 333
물권적 청구권 33

## ㅂ

방해배제청구권 34

법정대위 296
변제증서 449
본등기 395
부가가치세 110
부기등기 22, 488
부동산고유번호 175, 176
부동산등기용 등록번호 79
부동산등기용등록증명서발급신청서 82
부동산매도용인감증명서 88
부종성 309
비밀번호 64, 176
비송행위 23
비영리법인 66

## ㅅ

상속등기 195
상속의 순위 196
상속인에 의한 등기 37, 199
상속재산분할협의서 85, 217
서면신청주 26
세무서장 87
소유권 경정등기 219
소유권보존등기 115
소유권이전등기 촉탁신청서 265
소유권일부이전 400
송달증명원 31
순위확정적 효력 22
승계집행문 33
승낙의무 426
시가표준액계산방식 92
신청주의의 원칙 25
신청착오 491
실거래가 신고제도 147

## ㅇ

외국국적동포  75
외국인의 토지취득  66
우편에 의한 등기필증교부  223
원본부기환부신청  511
원본환부  112
원인증명서면  50
유루발견  491
의사능력  23
의사진술을 명한 판결  30
이사회의 승인  91
이사회의사록  91
이전할 지분  170
이해관계있는 제3자  425
이해상반행위  40
이행판결  30
인감증명서  84
인수되는 권리  263
인지세법  110
일1건 1신청주의  42
일괄신청  42
일련번호  64
임대인의 동의서  70
임의대리인  40
임의대위  296
임의적 기재사항  48
임차권설정등기  363
임차인이 갖는 권리  264

## ㅈ

재외국민  72, 86
저당권말소등기신청  444
저당권설정계약서  293
저당권의 변경등기  299
적용지수  523

전세권의 존속  343
전자신청등기소  60
전자신청제도  508
전자표준양식(e-form)  503
제1종 국민주택채권  110
조선민사령  206
주등기  488
주민등록번호를 증명하는 서면  79
주소를 증명하는 서면  72
주택건설사업계획승인서  22
주택법  22
중첩적 채무인수계약서  301, 334
즉시매도  106
증여계약서  235
증여등기  227
지목  44
직권등기  25
진정명의회복등기  248
집합건물 소유권보존등기  129
집행문부여  33
집행정지  34

## ㅊ

착오발견  491
채권매입의 면제  103
채권발행번호  101
채권양도  296
채권자대위  39
채권적 청구권  33
채무인수  298
처분의 제한  21
청산기간  382
총유  230

## ㅌ

토지거래허가서 67
특별대리인선임청구서 218

## ㅍ

필요적 기재사항 43

## ㅎ

해제증서 433
해지증서 461

행방불명자 72
행위능력 24
협의분할에 의한 소유권이전 198
호주상속 206
확인서면 58
확인조서 56
확정증명원 31
확정채권양도 327
확정채무의 면책적 인수 332
확정채무의 중첩적 인수 332
확정판결 31

### 이 병 일

한국외대 법학과 졸업
한국외대 일반대학원 박사수료
전국부동산중개업협회 사전교육 강사
나홀로닷컴 콘텐츠팀장
나홀로스쿨 운영자
토요링컨센타(링컨로펌) 상담위원
한국소비자보호원 직무교육 강사
법무사 2차 시험(넥서스) 강사
법무행정실무협회 교수
호원대학교 법경찰학부 겸임교수
후즈후코리아 : 『21C한국의인물』 인명사전에 등재
법무법인 誠佑 사무국장
중앙법률사무교육원 교수
지식경제부공무원교육원 강사(국가소송수행자전문교육)
현, 법무법인 링컨로펌 사무국장

## 이병일의 나홀로 하는 부동산등기

2021年 1月 14日 初1版 印刷
2021年 1月 26日 初1版 發行

著　者　　이　병　일
發行人　　김　정　원
發行處　　도서출판 유로

　　　　　서울특별시 강북구 도봉로34길 62
　　　　　電話 948-5824　팩스 959-9994
　　　　　登錄 2006. 9. 14. 제310-2006-00022호

破本은 바꿔드립니다. 本書의 無斷複製行爲를 禁합니다.

定　價　45,000원

ISBN　978-89-93796-53-7　14360
ISBN　978-89-93796-34-6 (세트)